Mietrecht (MietR)

2. Auflage 2021

Rechtsstand: April 2021

W0207880

Inhaltsverzeichnis

Mietvertrag - Bauvertrag - Architektenvertrag - Maklervertrag

Wohnungseigentumsrecht

Gebäudeenergieeffizienz - Betriebskosten - Heizkosten - Wärmelieferung

Gerichtsprozess - Zwangsvollstreckung - Zwangsversteigerung - Insolvenz

Sonstige Vorschriften

Mietvertrag - Bauvertrag - Architektenvertrag - Maklervertrag

Bürgerliches Gesetzbuch (BGB)

Auszug aus dem Gesetz

Rechtsstand: April 2021. Letzte Änderung: 01.01.2021 (BGBl. I S. 3256).

Buch 1: Allgemeiner Teil

Abschnitt 1: Personen

Titel 1: Natürliche Personen, Verbraucher, Unternehmer

§ 13 Verbraucher

Verbraucher ist jede natürliche Person, die ein Rechtsgeschäft zu Zwecken abschließt, die überwiegend weder ihrer gewerblichen noch ihrer selbständigen beruflichen Tätigkeit zugerechnet werden können.

§ 14 Unternehmer

(1) Unternehmer ist eine natürliche oder juristische Person oder eine rechtsfähige Personengesellschaft, die bei Abschluss eines Rechtsgeschäfts in Ausübung ihrer gewerblichen oder selbständigen beruflichen Tätigkeit handelt.

(2) Eine rechtsfähige Personengesellschaft ist eine Personengesellschaft, die mit der Fähigkeit ausgestattet ist, Rechte zu erwerben und Verbindlichkeiten einzugehen.

Titel 2: Juristische Personen

Untertitel 1: Vereine

Kapitel 1: Allgemeine Vorschriften

§ 37 Berufung auf Verlangen einer Minderheit

(1) Die Mitgliederversammlung ist zu berufen, wenn der durch die Satzung bestimmte Teil oder in Ermangelung einer Bestimmung der zehnte Teil der Mitglieder die Berufung schriftlich unter Angabe des Zweckes und der Gründe verlangt.

(2) [1]Wird dem Verlangen nicht entsprochen, so kann das Amtsgericht die Mitglieder, die das Verlangen gestellt haben, zur Berufung der Versammlung ermächtigen; es kann Anordnungen über die Führung des Vorsitzes in der Versammlung treffen. [2]Zuständig ist das Amtsgericht, das für den Bezirk, in dem der Verein seinen Sitz hat, das Vereinsregister führt. [3]Auf die Ermächtigung muss bei der Berufung der Versammlung Bezug genommen werden.

Abschnitt 3: Rechtsgeschäfte

Titel 2: Willenserklärung

§ 125 Nichtigkeit wegen Formmangels

[1]Ein Rechtsgeschäft, welches der durch Gesetz vorgeschriebenen Form ermangelt, ist nichtig. [2]Der Mangel der durch Rechtsgeschäft bestimmten Form hat im Zweifel gleichfalls Nichtigkeit zur Folge.

§ 126 Schriftform

(1) Ist durch Gesetz schriftliche Form vorgeschrieben, so muss die Urkunde von dem Aussteller eigenhändig durch Namensunterschrift oder mittels notariell beglaubigten Handzeichens unterzeichnet werden.

(2) [1]Bei einem Vertrag muss die Unterzeichnung der Parteien auf derselben Urkunde erfolgen. [2]Werden über den Vertrag mehrere gleichlautende Urkunden aufgenommen, so genügt es, wenn jede Partei die für die andere Partei bestimmte Urkunde unterzeichnet.

(3) Die schriftliche Form kann durch die elektronische Form ersetzt werden, wenn sich nicht aus dem Gesetz ein anderes ergibt.

(4) Die schriftliche Form wird durch die notarielle Beurkundung ersetzt.

§ 126a Elektronische Form

(1) Soll die gesetzlich vorgeschriebene schriftliche Form durch die elektronische Form ersetzt werden, so muss der Aussteller der Erklärung dieser seinen Namen hinzufügen und das elektronische Dokument mit einer qualifizierten elektronischen Signatur versehen.

(2) Bei einem Vertrag müssen die Parteien jeweils ein gleichlautendes Dokument in der in Absatz 1 bezeichneten Weise elektronisch signieren.

§ 126b Textform

[1]Ist durch Gesetz Textform vorgeschrieben, so muss eine lesbare Erklärung, in der die Person des Erklärenden genannt ist, auf einem dauerhaften Datenträger abgegeben werden. [2]Ein dauerhafter Datenträger ist jedes Medium, das

1. es dem Empfänger ermöglicht, eine auf dem Datenträger befindliche, an ihn persönlich gerichtete Erklärung so aufzubewahren oder zu speichern, dass sie ihm während eines für ihren Zweck angemessenen Zeitraums zugänglich ist, und
2. geeignet ist, die Erklärung unverändert wiederzugeben.

§ 127 Vereinbarte Form

(1) Die Vorschriften des § 126, des § 126a oder des § 126b gelten im Zweifel auch für die durch Rechtsgeschäft bestimmte Form.

(2) [1]Zur Wahrung der durch Rechtsgeschäft bestimmten schriftlichen Form genügt, soweit nicht ein anderer Wille anzunehmen ist, die telekommunikative Übermittlung und bei einem Vertrag der Briefwechsel. [2]Wird eine solche Form gewählt, so kann nachträglich eine dem § 126 entsprechende Beurkundung verlangt werden.

(3) [1]Zur Wahrung der durch Rechtsgeschäft bestimmten elektronischen Form genügt, soweit nicht ein anderer Wille anzunehmen ist, auch eine andere als die in § 126a bestimmte elektronische Signatur und bei einem Vertrag der Austausch von Angebots- und Annahmeerklärung, die jeweils mit einer elektronischen Signatur versehen sind. [2]Wird eine solche Form gewählt, so kann nachträglich eine dem § 126a entsprechende elektronische Signierung oder, wenn diese einer der Parteien nicht möglich ist, eine dem § 126 entsprechende Beurkundung verlangt werden.

§ 128 Notarielle Beurkundung

Ist durch Gesetz notarielle Beurkundung eines Vertrags vorgeschrieben, so genügt es, wenn zunächst der Antrag und sodann die Annahme des Antrags von einem Notar beurkundet wird.

§ 132 Ersatz des Zugehens durch Zustellung

(1) [1]Eine Willenserklärung gilt auch dann als zugegangen, wenn sie durch Vermittlung eines Gerichtsvollziehers zugestellt worden ist. [2]Die Zustellung erfolgt nach den Vorschriften der Zivilprozeßordnung.

(2) [1]Befindet sich der Erklärende über die Person desjenigen, welchem gegenüber die Erklärung abzugeben ist, in einer nicht auf Fahrlässigkeit beruhenden Unkenntnis oder ist der Aufenthalt dieser Person unbekannt, so kann die Zustellung nach den für die öffentliche Zustellung geltenden Vorschriften der Zivilprozeßordnung erfolgen. [2]Zuständig für die Bewilligung ist im ersteren Fall das Amtsgericht, in dessen Bezirk der Erklärende seinen Wohnsitz oder in Ermangelung eines inländischen Wohnsitzes seinen Aufenthalt hat, im letzteren Falle das Amtsgericht, in dessen Bezirk die Person, welcher zuzustellen ist, den letzten Wohnsitz oder in Ermangelung eines inländischen Wohnsitzes den letzten Aufenthalt hatte.

§ 133 Auslegung einer Willenserklärung

Bei der Auslegung einer Willenserklärung ist der wirkliche Wille zu erforschen und nicht an dem buchstäblichen Sinne des Ausdrucks zu haften.

§ 138 Sittenwidriges Rechtsgeschäft; Wucher

(1) Ein Rechtsgeschäft, das gegen die guten Sitten verstößt, ist nichtig.

(2) Nichtig ist insbesondere ein Rechtsgeschäft, durch das jemand unter Ausbeutung der Zwangslage, der Unerfahrenheit, des Mangels an Urteilsvermögen oder der erheblichen Willensschwäche eines anderen sich oder einem Dritten für eine Leistung Vermögensvorteile versprechen oder gewähren lässt, die in einem auffälligen Missverhältnis zu der Leistung stehen.

Titel 3: Vertrag

§ 145 Bindung an den Antrag

Wer einem anderen die Schließung eines Vertrags anträgt, ist an den Antrag gebunden, es sei denn, dass er die Gebundenheit ausgeschlossen hat.

§ 146 Erlöschen des Antrags

Der Antrag erlischt, wenn er dem Antragenden gegenüber abgelehnt oder wenn er nicht diesem gegenüber nach den §§ 147 bis 149 rechtzeitig angenommen wird.

§ 147 Annahmefrist

(1) [1]Der einem Anwesenden gemachte Antrag kann nur sofort angenommen werden. [2]Dies gilt auch von einem mittels Fernsprechers oder einer sonstigen technischen Einrichtung von Person zu Person gemachten Antrag.

(2) Der einem Abwesenden gemachte Antrag kann nur bis zu dem Zeitpunkt angenommen werden, in welchem der Antragende den Eingang der Antwort unter regelmäßigen Umständen erwarten darf.

§ 148 Bestimmung einer Annahmefrist

Hat der Antragende für die Annahme des Antrags eine Frist bestimmt, so kann die Annahme nur innerhalb der Frist erfolgen.

§ 149 Verspätet zugegangene Annahmeerklarung

[1]Ist eine dem Antragenden verspätet zugegangene Annahmeerklärung dergestalt abgesendet worden, dass sie bei regelmäßiger Beförderung ihm rechtzeitig zugegangen sein würde, und musste der Antragende dies erkennen, so hat er die Verspätung dem Annehmenden unverzüglich nach dem Empfang der Erklärung anzuzeigen, sofern es nicht schon vorher geschehen ist. [2]Verzögert er die Absendung der Anzeige, so gilt die Annahme als nicht verspätet.

§ 150 Verspätete und abändernde Annahme

(1) Die verspätete Annahme eines Antrags gilt als neuer Antrag.

(2) Eine Annahme unter Erweiterungen, Einschränkungen oder sonstigen Änderungen gilt als Ablehnung verbunden mit einem neuen Antrag.

§ 151 Annahme ohne Erklärung gegenüber dem Antragenden

[1]Der Vertrag kommt durch die Annahme des Antrags zustande, ohne dass die Annahme dem Antragenden gegenüber erklärt zu werden braucht, wenn eine solche Erklärung nach der Verkehrssitte nicht zu erwarten ist oder der Antragende auf sie verzichtet hat. [2]Der Zeitpunkt, in welchem der Antrag erlischt, bestimmt sich nach dem aus dem Antrag oder den Umständen zu entnehmenden Willen des Antragenden.

§ 157 Auslegung von Verträgen

Verträge sind so auszulegen, wie Treu und Glauben mit Rücksicht auf die Verkehrssitte es erfordern.

Abschnitt 5: Verjährung

Titel 1: Gegenstand und Dauer der Verjährung

§ 194 Gegenstand der Verjährung

(1) Das Recht, von einem anderen ein Tun oder Unterlassen zu verlangen (Anspruch), unterliegt der Verjährung.

(2) Ansprüche aus einem familienrechtlichen Verhältnis unterliegen der Verjährung nicht, soweit sie auf die Herstellung des dem Verhältnis entsprechenden Zustands für die Zukunft oder auf die Einwilligung in eine genetische Untersuchung zur Klärung der leiblichen Abstammung gerichtet sind.

§ 195 Regelmäßige Verjährungsfrist

Die regelmäßige Verjährungsfrist beträgt drei Jahre.

§ 196 Verjährungsfrist bei Rechten an einem Grundstück

Ansprüche auf Übertragung des Eigentums an einem Grundstück sowie auf Begründung, Übertragung oder Aufhebung eines Rechts an einem Grundstück oder auf Änderung des Inhalts eines solchen Rechts sowie die Ansprüche auf die Gegenleistung verjähren in zehn Jahren.

§ 197 Dreißigjährige Verjährungsfrist

(1) In 30 Jahren verjähren, soweit nicht ein anderes bestimmt ist,

1. Schadensersatzansprüche, die auf der vorsätzlichen Verletzung des Lebens, des Körpers, der Gesundheit, der Freiheit oder der sexuellen Selbstbestimmung beruhen,
2. Herausgabeansprüche aus Eigentum, anderen dinglichen Rechten, den §§ 2018, 2130 und 2362 sowie die Ansprüche, die der Geltendmachung der Herausgabeansprüche dienen,
3. rechtskräftig festgestellte Ansprüche,
4. Ansprüche aus vollstreckbaren Vergleichen oder vollstreckbaren Urkunden,
5. Ansprüche, die durch die im Insolvenzverfahren erfolgte Feststellung vollstreckbar geworden sind, und
6. Ansprüche auf Erstattung der Kosten der Zwangsvollstreckung.

(2) Soweit Ansprüche nach Absatz 1 Nr. 3 bis 5 künftig fällig werdende regelmäßig wiederkehrende Leistungen zum Inhalt haben, tritt an die Stelle der Verjährungsfrist von 30 Jahren die regelmäßige Verjährungsfrist.

§ 198 Verjährung bei Rechtsnachfolge

Gelangt eine Sache, hinsichtlich derer ein dinglicher Anspruch besteht, durch Rechtsnachfolge in den Besitz eines Dritten, so kommt die während des Besitzes des Rechtsvorgängers verstrichene Verjährungszeit dem Rechtsnachfolger zugute.

§ 199 Beginn der regelmäßigen Verjährungsfrist und Verjährungshöchstfristen

(1) Die regelmäßige Verjährungsfrist beginnt, soweit nicht ein anderer Verjährungsbeginn bestimmt ist, mit dem Schluss des Jahres, in dem

1. der Anspruch entstanden ist und
2. der Gläubiger von den den Anspruch begründenden Umständen und der Person des Schuldners Kenntnis erlangt oder ohne grobe Fahrlässigkeit erlangen müsste.

(2) Schadensersatzansprüche, die auf der Verletzung des Lebens, des Körpers, der Gesundheit oder der Freiheit beruhen, verjähren ohne Rücksicht auf ihre Entstehung und die Kenntnis oder grob fahrlässige Unkenntnis in 30 Jahren von der Begehung der Handlung, der Pflichtverletzung oder dem sonstigen, den Schaden auslösenden Ereignis an.

(3) [1]Sonstige Schadensersatzansprüche verjähren

1. ohne Rücksicht auf die Kenntnis oder grob fahrlässige Unkenntnis in zehn Jahren von ihrer Entstehung an und
2. ohne Rücksicht auf ihre Entstehung und die Kenntnis oder grob fahrlässige Unkenntnis in 30 Jahren von der Begehung der Handlung, der Pflichtverletzung oder dem sonstigen, den Schaden auslösenden Ereignis an.

[2]Maßgeblich ist die früher endende Frist.

(3a) Ansprüche, die auf einem Erbfall beruhen oder deren Geltendmachung die Kenntnis einer Verfügung von Todes wegen voraussetzt, verjähren ohne Rücksicht auf die Kenntnis oder grob fahrlässige Unkenntnis in 30 Jahren von der Entstehung des Anspruchs an.

(4) Andere Ansprüche als die nach den Absätzen 2 bis 3a verjähren ohne Rücksicht auf die Kenntnis oder grob fahrlässige Unkenntnis in zehn Jahren von ihrer Entstehung an.

(5) Geht der Anspruch auf ein Unterlassen, so tritt an die Stelle der Entstehung die Zuwiderhandlung.

§ 200 Beginn anderer Verjährungsfristen

[1]Die Verjährungsfrist von Ansprüchen, die nicht der regelmäßigen Verjährungsfrist unterliegen, beginnt mit der Entstehung des Anspruchs, soweit nicht ein anderer Verjährungsbeginn bestimmt ist. [2]§ 199 Abs. 5 findet entsprechende Anwendung.

§ 201 Beginn der Verjährungsfrist von festgestellten Ansprüchen

[1]Die Verjährung von Ansprüchen der in § 197 Abs. 1 Nr. 3 bis 6 bezeichneten Art beginnt mit der Rechtskraft der Entscheidung, der Errichtung des vollstreckbaren Titels oder der Feststellung im Insolvenzverfahren, nicht jedoch vor der Entstehung des Anspruchs. [2]§ 199 Abs. 5 findet entsprechende Anwendung.

§ 202 Unzulässigkeit von Vereinbarungen über die Verjährung

(1) Die Verjährung kann bei Haftung wegen Vorsatzes nicht im Voraus durch Rechtsgeschäft erleichtert werden.

(2) Die Verjährung kann durch Rechtsgeschäft nicht über eine Verjährungsfrist von 30 Jahren ab dem gesetzlichen Verjährungsbeginn hinaus erschwert werden.

Titel 2: Hemmung, Ablaufhemmung und Neubeginn der Verjährung

§ 203 Hemmung der Verjährung bei Verhandlungen

[1]Schweben zwischen dem Schuldner und dem Gläubiger Verhandlungen über den Anspruch oder die den Anspruch begründenden Umstände, so ist die Verjährung gehemmt, bis der eine oder der andere Teil die Fortsetzung der Verhandlungen verweigert. [2]Die Verjährung tritt frühestens drei Monate nach dem Ende der Hemmung ein.

§ 204 Hemmung der Verjährung durch Rechtsverfolgung

(1) Die Verjährung wird gehemmt durch

1. die Erhebung der Klage auf Leistung oder auf Feststellung des Anspruchs, auf Erteilung der Vollstreckungsklausel oder auf Erlass des Vollstreckungsurteils,

1a. die Erhebung einer Musterfeststellungsklage für einen Anspruch, den ein Gläubiger zu dem zu der Klage geführten Klageregister wirksam angemeldet hat, wenn dem angemeldeten Anspruch derselbe Lebenssachverhalt zugrunde liegt wie den Feststellungszielen der Musterfeststellungsklage,

2. die Zustellung des Antrags im vereinfachten Verfahren über den Unterhalt Minderjähriger,

3. die Zustellung des Mahnbescheids im Mahnverfahren oder des Europäischen Zahlungsbefehls im Europäischen Mahnverfahren nach der Verordnung (EG) Nr. 1896/2006 des Europäischen Parlaments und des Rates vom 12. Dezember 2006 zur Einführung eines Europäischen Mahnverfahrens (ABl. EU Nr. L 399 S. 1),

4. die Veranlassung der Bekanntgabe eines Antrags, mit dem der Anspruch geltend gemacht wird, bei einer
   a) staatlichen oder staatlich anerkannten Streitbeilegungsstelle oder
   b) anderen Streitbeilegungsstelle, wenn das Verfahren im Einvernehmen mit dem Antragsgegner betrieben wird;
   die Verjährung wird schon durch den Eingang des Antrags bei der Streitbeilegungsstelle gehemmt, wenn der Antrag demnächst bekannt gegeben wird,

5. die Geltendmachung der Aufrechnung des Anspruchs im Prozess,

6. die Zustellung der Streitverkündung,

6a. die Zustellung der Anmeldung zu einem Musterverfahren für darin bezeichnete Ansprüche, soweit diesen der gleiche Lebenssachverhalt zugrunde liegt wie den Feststellungszielen des Musterverfahrens und wenn innerhalb von drei Monaten nach dem rechtskräftigen Ende des Musterverfahrens die Klage auf Leistung oder Feststellung der in der Anmeldung bezeichneten Ansprüche erhoben wird,

7. die Zustellung des Antrags auf Durchführung eines selbständigen Beweisverfahrens,

8. den Beginn eines vereinbarten Begutachtungsverfahrens,

9. die Zustellung des Antrags auf Erlass eines Arrests, einer einstweiligen Verfügung oder einer einstweiligen Anordnung, oder, wenn der Antrag nicht zugestellt wird, dessen Einreichung, wenn der Arrestbefehl, die einstweilige Verfügung oder die einstweilige Anordnung innerhalb eines Monats seit Verkündung oder Zustellung an den Gläubiger dem Schuldner zugestellt wird,

10. die Anmeldung des Anspruchs im Insolvenzverfahren oder im Schifffahrtsrechtlichen Verteilungsverfahren,

10a. die Anordnung einer Vollstreckungssperre nach dem Unternehmensstabilisierungs- und -restrukturierungsgesetz, durch die der Gläubiger an der Einleitung der Zwangsvollstreckung wegen des Anspruchs gehindert ist,

11. den Beginn des schiedsrichterlichen Verfahrens,

12. die Einreichung des Antrags bei einer Behörde, wenn die Zulässigkeit der Klage von der Vorentscheidung dieser Behörde abhängt und innerhalb von drei Monaten nach Erledigung des Gesuchs die Klage erhoben wird; dies gilt entsprechend für bei einem Gericht oder bei einer in Nummer 4 bezeichneten Streitbeilegungsstelle zu stellende Anträge, deren Zulässigkeit

von der Vorentscheidung einer Behörde abhängt,

13. die Einreichung des Antrags bei dem höheren Gericht, wenn dieses das zuständige Gericht zu bestimmen hat und innerhalb von drei Monaten nach Erledigung des Gesuchs die Klage erhoben oder der Antrag, für den die Gerichtsstandsbestimmung zu erfolgen hat, gestellt wird, und
14. die Veranlassung der Bekanntgabe des erstmaligen Antrags auf Gewährung von Prozesskostenhilfe oder Verfahrenskostenhilfe; wird die Bekanntgabe demnächst nach der Einreichung des Antrags veranlasst, so tritt die Hemmung der Verjährung bereits mit der Einreichung ein.

(2) [1]Die Hemmung nach Absatz 1 endet sechs Monate nach der rechtskräftigen Entscheidung oder anderweitigen Beendigung des eingeleiteten Verfahrens. [2]Die Hemmung nach Absatz 1 Nummer 1a endet auch sechs Monate nach der Rücknahme der Anmeldung zum Klageregister. [3]Gerät das Verfahren dadurch in Stillstand, dass die Parteien es nicht betreiben, so tritt an die Stelle der Beendigung des Verfahrens die letzte Verfahrenshandlung der Parteien, des Gerichts oder der sonst mit dem Verfahren befassten Stelle. [4]Die Hemmung beginnt erneut, wenn eine der Parteien das Verfahren weiter betreibt.

(3) Auf die Frist nach Absatz 1 Nr. 6a, 9, 12 und 13 finden die §§ 206, 210 und 211 entsprechende Anwendung.

§ 205 Hemmung der Verjährung bei Leistungsverweigerungsrecht

Die Verjährung ist gehemmt, solange der Schuldner auf Grund einer Vereinbarung mit dem Gläubiger vorübergehend zur Verweigerung der Leistung berechtigt ist.

§ 208 Hemmung der Verjährung bei Ansprüchen wegen Verletzung der sexuellen Selbstbestimmung

[1]Die Verjährung von Ansprüchen wegen Verletzung der sexuellen Selbstbestimmung ist bis zur Vollendung des 21. Lebensjahrs des Gläubigers gehemmt. [2]Lebt der Gläubiger von Ansprüchen wegen Verletzung der sexuellen Selbstbestimmung bei Beginn der Verjährung mit dem Schuldner in häuslicher Gemeinschaft, so ist die Verjährung auch bis zur Beendigung der häuslichen Gemeinschaft gehemmt.

§ 209 Wirkung der Hemmung

Der Zeitraum, während dessen die Verjährung gehemmt ist, wird in die Verjährungsfrist nicht eingerechnet.

§ 210 Ablaufhemmung bei nicht voll Geschäftsfähigen

(1) [1]Ist eine geschäftsunfähige oder in der Geschäftsfähigkeit beschränkte Person ohne gesetzlichen Vertreter, so tritt eine für oder gegen sie laufende Verjährung nicht vor dem Ablauf von sechs Monaten nach dem Zeitpunkt ein, in dem die Person unbeschränkt geschäftsfähig oder der Mangel der Vertretung behoben wird. [2]Ist die Verjährungsfrist kürzer als sechs Monate, so tritt der für die Verjährung bestimmte Zeitraum an die Stelle der sechs Monate.

(2) Absatz 1 findet keine Anwendung, soweit eine in der Geschäftsfähigkeit beschränkte Person prozessfähig ist.

§ 212 Neubeginn der Verjährung

(1) Die Verjährung beginnt erneut, wenn

1. der Schuldner dem Gläubiger gegenüber den Anspruch durch Abschlagszahlung, Zinszahlung, Sicherheitsleistung oder in anderer Weise anerkennt oder
2. eine gerichtliche oder behördliche Vollstreckungshandlung vorgenommen oder beantragt wird.

(2) Der erneute Beginn der Verjährung infolge einer Vollstreckungshandlung gilt als nicht eingetreten, wenn die Vollstreckungshandlung auf Antrag des Gläubigers oder wegen Mangels der gesetzlichen Voraussetzungen aufgehoben wird.

(3) Der erneute Beginn der Verjährung durch den Antrag auf Vornahme einer Vollstreckungshandlung gilt als nicht eingetreten, wenn dem Antrag nicht stattgegeben oder der Antrag vor der Vollstreckungshandlung zurückgenommen oder die erwirkte Vollstreckungshandlung nach Absatz 2 aufgehoben wird.

§ 213 Hemmung, Ablaufhemmung und erneuter Beginn der Verjährung bei anderen Ansprüchen

Die Hemmung, die Ablaufhemmung und der erneute Beginn der Verjährung gelten auch für Ansprüche, die aus demselben Grunde wahlweise neben dem Anspruch oder an seiner Stelle gegeben sind.

Titel 3: Rechtsfolgen der Verjährung

§ 214 Wirkung der Verjährung

(1) Nach Eintritt der Verjährung ist der Schuldner berechtigt, die Leistung zu verweigern.

(2) [1]Das zur Befriedigung eines verjährten Anspruchs Geleistete kann nicht zurückgefordert werden, auch wenn in Unkenntnis der Verjährung geleistet worden ist. [2]Das Gleiche gilt von einem vertragsmäßigen Anerkenntnis sowie einer Sicherheitsleistung des Schuldners.

§ 215 Aufrechnung und Zurückbehaltungsrecht nach Eintritt der Verjährung

Die Verjährung schließt die Aufrechnung und die Geltendmachung eines Zurückbehaltungsrechts nicht aus, wenn der Anspruch in dem Zeitpunkt noch nicht verjährt war, in dem erstmals aufgerechnet oder die Leistung verweigert werden konnte.

§ 216 Wirkung der Verjährung bei gesicherten Ansprüchen

(1) Die Verjährung eines Anspruchs, für den eine Hypothek, eine Schiffshypothek oder ein Pfandrecht besteht, hindert den

Gläubiger nicht, seine Befriedigung aus dem belasteten Gegenstand zu suchen.

(2) [1]Ist zur Sicherung eines Anspruchs ein Recht verschafft worden, so kann die Rückübertragung nicht auf Grund der Verjährung des Anspruchs gefordert werden. [2]Ist das Eigentum vorbehalten, so kann der Rücktritt vom Vertrag auch erfolgen, wenn der gesicherte Anspruch verjährt ist.

(3) Die Absätze 1 und 2 finden keine Anwendung auf die Verjährung von Ansprüchen auf Zinsen und andere wiederkehrende Leistungen.

§ 217 Verjährung von Nebenleistungen

Mit dem Hauptanspruch verjährt der Anspruch auf die von ihm abhängenden Nebenleistungen, auch wenn die für diesen Anspruch geltende besondere Verjährung noch nicht eingetreten ist.

Buch 2: Recht der Schuldverhältnisse

Abschnitt 8: Einzelne Schuldverhältnisse

Titel 2: Teilzeit-Wohnrechteverträge, Verträge über langfristige Urlaubsprodukte, Vermittlungsverträge und Tauschsystemverträge

§ 481 Teilzeit-Wohnrechtevertrag

(1) [1]Ein Teilzeit-Wohnrechtevertrag ist ein Vertrag, durch den ein Unternehmer einem Verbraucher gegen Zahlung eines Gesamtpreises das Recht verschafft oder zu verschaffen verspricht, für die Dauer von mehr als einem Jahr ein Wohngebäude mehrfach für einen bestimmten oder zu bestimmenden Zeitraum zu Übernachtungszwecken zu nutzen. [2]Bei der Berechnung der Vertragsdauer sind sämtliche im Vertrag vorgesehenen Verlängerungsmöglichkeiten zu berücksichtigen.

(2) [1]Das Recht kann ein dingliches oder anderes Recht sein und insbesondere auch durch eine Mitgliedschaft in einem Verein oder einen Anteil an einer Gesellschaft eingeräumt werden. [2]Das Recht kann auch darin bestehen, aus einem Bestand von Wohngebäuden ein Wohngebäude zur Nutzung zu wählen.

(3) Einem Wohngebäude steht ein Teil eines Wohngebäudes gleich, ebenso eine bewegliche, als Übernachtungsunterkunft gedachte Sache oder ein Teil derselben.

§ 481a Vertrag über ein langfristiges Urlaubsprodukt

[1]Ein Vertrag über ein langfristiges Urlaubsprodukt ist ein Vertrag für die Dauer von mehr als einem Jahr, durch den ein Unternehmer einem Verbraucher gegen Zahlung eines Gesamtpreises das Recht verschafft oder zu verschaffen verspricht, Preisnachlässe oder sonstige Vergünstigungen in Bezug auf eine Unterkunft zu erwerben. [2]§ 481 Absatz 1 Satz 2 gilt entsprechend.

§ 481b Vermittlungsvertrag, Tauschsystemvertrag

(1) Ein Vermittlungsvertrag ist ein Vertrag, durch den sich ein Unternehmer von einem Verbraucher ein Entgelt versprechen lässt für den Nachweis der Gelegenheit zum Abschluss eines Vertrags oder für die Vermittlung eines Vertrags, durch den die Rechte des Verbrauchers aus einem Teilzeit-Wohnrechtevertrag oder einem Vertrag über ein langfristiges Urlaubsprodukt erworben oder veräußert werden sollen.

(2) Ein Tauschsystemvertrag ist ein Vertrag, durch den sich ein Unternehmer von einem Verbraucher ein Entgelt versprechen lässt für den Nachweis der Gelegenheit zum Abschluss eines Vertrags oder für die Vermittlung eines Vertrags, durch den einzelne Rechte des Verbrauchers aus einem Teilzeit-Wohnrechtevertrag oder einem Vertrag über ein langfristiges Urlaubsprodukt getauscht oder auf andere Weise erworben oder veräußert werden sollen.

§ 482 Vorvertragliche Informationen, Werbung und Verbot des Verkaufs als Geldanlage

(1) [1]Der Unternehmer hat dem Verbraucher rechtzeitig vor Abgabe von dessen Vertragserklärung zum Abschluss eines Teilzeit-Wohnrechtevertrags, eines Vertrags über ein langfristiges Urlaubsprodukt, eines Vermittlungsvertrags oder eines Tauschsystemvertrags vorvertragliche Informationen nach Artikel 242 § 1 des Einführungsgesetzes zum Bürgerlichen Gesetzbuche in Textform zur Verfügung zu stellen. [2]Diese müssen klar und verständlich sein.

(2) [1]In jeder Werbung für solche Verträge ist anzugeben, dass vorvertragliche Informationen erhältlich sind und wo diese angefordert werden können. [2]Der Unternehmer hat bei der Einladung zu Werbe- oder Verkaufsveranstaltungen deutlich auf den gewerblichen Charakter der Veranstaltung hinzuweisen. [3]Dem Verbraucher sind auf solchen Veranstaltungen die vorvertraglichen Informationen jederzeit zugänglich zu machen.

(3) Ein Teilzeit-Wohnrecht oder ein Recht aus einem Vertrag über ein langfristiges Urlaubsprodukt darf nicht als Geldanlage beworben oder verkauft werden.

§ 482a Widerrufsbelehrung

[1]Der Unternehmer muss den Verbraucher vor Vertragsschluss in Textform auf das Widerrufsrecht einschließlich der Widerrufsfrist sowie auf das Anzahlungsverbot nach § 486 hinweisen. [2]Der Erhalt der entsprechenden Vertragsbestimmungen ist vom Verbraucher schriftlich zu bestätigen. [3]Die Einzelheiten sind in Artikel 242 § 2 des Einführungsgesetzes zum Bürgerlichen Gesetzbuche geregelt.

§ 483 Sprache des Vertrags und der vorvertraglichen Informationen

(1) [1]Der Teilzeit-Wohnrechtevertrag, der Vertrag über ein langfristiges Urlaubsprodukt, der Vermittlungsvertrag oder der Tauschsystemvertrag ist in der Amtssprache oder, wenn es dort mehrere Amtssprachen gibt, in der vom Verbraucher gewählten Amtssprache des Mitgliedstaats der Europäischen Union oder des Vertragsstaats des Abkommens über den Europäischen Wirtschaftsraum abzufassen, in dem der Verbraucher seinen Wohnsitz hat. [2]Ist der Verbraucher Angehöriger eines anderen Mitgliedstaats, so kann er statt der Sprache seines Wohnsitzstaats auch die oder eine der Amtssprachen des Staats, dem er angehört, wählen. [3]Die Sätze 1 und 2 gelten auch für die vorvertraglichen Informationen und für die Widerrufsbelehrung.

(2) Ist der Vertrag von einem deutschen Notar zu beurkunden, so gelten die §§ 5 und 16 des Beurkundungsgesetzes mit der Maßgabe, dass dem Verbraucher eine beglaubigte Übersetzung des Vertrags in der von ihm nach Absatz 1 gewählten Sprache auszuhändigen ist.

(3) Verträge, die Absatz 1 Satz 1 und 2 oder Absatz 2 nicht entsprechen, sind nichtig.

§ 484 Form und Inhalt des Vertrags

(1) Der Teilzeit-Wohnrechtevertrag, der Vertrag über ein langfristiges Urlaubsprodukt, der Vermittlungsvertrag oder der Tauschsystemvertrag bedarf der schriftlichen Form, soweit nicht in anderen Vorschriften eine strengere Form vorgeschrieben ist.

(2) [1]Die dem Verbraucher nach § 482 Absatz 1 zur Verfügung gestellten vorvertraglichen Informationen werden Inhalt des Vertrags, soweit sie nicht einvernehmlich oder einseitig durch den Unternehmer geändert wurden. [2]Der Unternehmer darf die vorvertraglichen Informationen nur einseitig ändern, um sie an Veränderungen anzupassen, die durch höhere Gewalt verursacht wurden. [3]Die Änderungen nach Satz 1 müssen dem Verbraucher vor Abschluss des Vertrags in Textform mitgeteilt werden. [4]Sie werden nur wirksam, wenn sie in die Vertragsdokumente mit dem Hinweis aufgenommen werden, dass sie von den nach § 482 Absatz 1 zur Verfügung gestellten vorvertraglichen Informationen abweichen. [5]In die Vertragsdokumente sind aufzunehmen:
1. die vorvertraglichen Informationen nach § 482 Absatz 1 unbeschadet ihrer Geltung nach Satz 1,
2. die Namen und ladungsfähigen Anschriften beider Parteien sowie
3. Datum und Ort der Abgabe der darin enthaltenen Vertragserklärungen.

(3) [1]Der Unternehmer hat dem Verbraucher die Vertragsurkunde oder eine Abschrift des Vertrags zu überlassen. [2]Bei einem Teilzeit-Wohnrechtevertrag hat er, wenn die Vertragssprache und die Amtssprache des Mitgliedstaats der Europäischen Union oder des Vertragsstaats des Abkommens über den Europäischen Wirtschaftsraum, in dem sich das Wohngebäude befindet, verschieden sind, eine beglaubigte Übersetzung des Vertrags in einer Amtssprache des Staats beizufügen, in dem sich das Wohngebäude befindet. [3]Die Pflicht zur Beifügung einer beglaubigten Übersetzung entfällt, wenn sich der Teilzeit-Wohnrechtevertrag auf einen Bestand von Wohngebäuden bezieht, die sich in verschiedenen Staaten befinden.

§ 485 Widerrufsrecht

Dem Verbraucher steht bei einem Teilzeit-Wohnrechtevertrag, einem Vertrag über ein langfristiges Urlaubsprodukt, einem Vermittlungsvertrag oder einem Tauschsystemvertrag ein Widerrufsrecht nach § 355 zu.

§ 486 Anzahlungsverbot

(1) Der Unternehmer darf Zahlungen des Verbrauchers vor Ablauf der Widerrufsfrist nicht fordern oder annehmen.

(2) Es dürfen keine Zahlungen des Verbrauchers im Zusammenhang mit einem Vermittlungsvertrag gefordert oder angenommen werden, bis der Unternehmer seine Pflichten aus dem Vermittlungsvertrag erfüllt hat oder diese Vertragsbeziehung beendet ist.

§ 486a Besondere Vorschriften für Verträge über langfristige Urlaubsprodukte

(1) [1]Bei einem Vertrag über ein langfristiges Urlaubsprodukt enthält das in Artikel 242 § 1 Absatz 2 des Einführungsgesetzes zum Bürgerlichen Gesetzbuche bezeichnete Formblatt einen Ratenzahlungsplan. [2]Der Unternehmer darf von den dort genannten Zahlungsmodalitäten nicht abweichen. [3]Er darf den laut Formblatt fälligen jährlichen Teilbetrag vom Verbraucher nur fordern oder annehmen, wenn er den Verbraucher zuvor in Textform zur Zahlung dieses Teilbetrags aufgefordert hat. [4]Die Zahlungsaufforderung muss dem Verbraucher mindestens zwei Wochen vor Fälligkeit des jährlichen Teilbetrags zugehen.

(2) Ab dem Zeitpunkt, der nach Absatz 1 für die Zahlung des zweiten Teilbetrags vorgesehen ist, kann der Verbraucher den Vertrag innerhalb von zwei Wochen ab Zugang der Zahlungsaufforderung zum Fälligkeitstermin gemäß Absatz 1 kündigen.

§ 487 Abweichende Vereinbarungen

Von den Vorschriften dieses Titels darf nicht zum Nachteil des Verbrauchers abgewichen werden. Die Vorschriften dieses Titels finden, soweit nicht ein anderes bestimmt ist, auch Anwendung, wenn sie durch anderweitige Gestaltungen umgangen werden.

Titel 5: Mietvertrag, Pachtvertrag

Untertitel 1: Allgemeine Vorschriften für Mietverhältnisse

§ 535 Inhalt und Hauptpflichten des Mietvertrags

(1) [1]Durch den Mietvertrag wird der Vermieter verpflichtet, dem Mieter den Gebrauch der Mietsache während der Mietzeit zu

gewähren. [2]Der Vermieter hat die Mietsache dem Mieter in einem zum vertragsgemäßen Gebrauch geeigneten Zustand zu überlassen und sie während der Mietzeit in diesem Zustand zu erhalten. [3]Er hat die auf der Mietsache ruhenden Lasten zu tragen.

(2) Der Mieter ist verpflichtet, dem Vermieter die vereinbarte Miete zu entrichten.

§ 536 Mietminderung bei Sach- und Rechtsmängeln

(1) [1]Hat die Mietsache zur Zeit der Überlassung an den Mieter einen Mangel, der ihre Tauglichkeit zum vertragsgemäßen Gebrauch aufhebt, oder entsteht während der Mietzeit ein solcher Mangel, so ist der Mieter für die Zeit, in der die Tauglichkeit aufgehoben ist, von der Entrichtung der Miete befreit. [2]Für die Zeit, während der die Tauglichkeit gemindert ist, hat er nur eine angemessen herabgesetzte Miete zu entrichten. [3]Eine unerhebliche Minderung der Tauglichkeit bleibt außer Betracht.

(1a) Für die Dauer von drei Monaten bleibt eine Minderung der Tauglichkeit außer Betracht, soweit diese auf Grund einer Maßnahme eintritt, die einer energetischen Modernisierung nach § 555b Nummer 1 dient.

(2) Absatz 1 Satz 1 und 2 gilt auch, wenn eine zugesicherte Eigenschaft fehlt oder später wegfällt.

(3) Wird dem Mieter der vertragsgemäße Gebrauch der Mietsache durch das Recht eines Dritten ganz oder zum Teil entzogen, so gelten die Absätze 1 und 2 entsprechend.

(4) Bei einem Mietverhältnis über Wohnraum ist eine zum Nachteil des Mieters abweichende Vereinbarung unwirksam.

§ 536a Schadens- und Aufwendungsersatzanspruch des Mieters wegen eines Mangels

(1) Ist ein Mangel im Sinne des § 536 bei Vertragsschluss vorhanden oder entsteht ein solcher Mangel später wegen eines Umstands, den der Vermieter zu vertreten hat, oder kommt der Vermieter mit der Beseitigung eines Mangels in Verzug, so kann der Mieter unbeschadet der Rechte aus § 536 Schadensersatz verlangen.

(2) Der Mieter kann den Mangel selbst beseitigen und Ersatz der erforderlichen Aufwendungen verlangen, wenn

1. der Vermieter mit der Beseitigung des Mangels in Verzug ist oder
2. die umgehende Beseitigung des Mangels zur Erhaltung oder Wiederherstellung des Bestands der Mietsache notwendig ist.

§ 536b Kenntnis des Mieters vom Mangel bei Vertragsschluss oder Annahme

[1]Kennt der Mieter bei Vertragsschluss den Mangel der Mietsache, so stehen ihm die Rechte aus den §§ 536 und 536a nicht zu. [2]Ist ihm der Mangel infolge grober Fahrlässigkeit unbekannt geblieben, so stehen ihm diese Rechte nur zu, wenn der Vermieter den Mangel arglistig verschwiegen hat. [3]Nimmt der Mieter eine mangelhafte Sache an, obwohl er den Mangel kennt, so kann er die Rechte aus den §§ 536 und 536a nur geltend machen, wenn er sich seine Rechte bei der Annahme vorbehält.

§ 536c Während der Mietzeit auftretende Mängel; Mängelanzeige durch den Mieter

(1) [1]Zeigt sich im Laufe der Mietzeit ein Mangel der Mietsache oder wird eine Maßnahme zum Schutz der Mietsache gegen eine nicht vorhergesehene Gefahr erforderlich, so hat der Mieter dies dem Vermieter unverzüglich anzuzeigen. [2]Das Gleiche gilt, wenn ein Dritter sich ein Recht an der Sache anmaßt.

(2) [1]Unterlässt der Mieter die Anzeige, so ist er dem Vermieter zum Ersatz des daraus entstehenden Schadens verpflichtet. [2]Soweit der Vermieter infolge der Unterlassung der Anzeige nicht Abhilfe schaffen konnte, ist der Mieter nicht berechtigt,

1. die in § 536 bestimmten Rechte geltend zu machen,
2. nach § 536a Abs. 1 Schadensersatz zu verlangen oder
3. ohne Bestimmung einer angemessenen Frist zur Abhilfe nach § 543 Abs. 3 Satz 1 zu kündigen.

§ 536d Vertraglicher Ausschluss von Rechten des Mieters wegen eines Mangels

Auf eine Vereinbarung, durch die die Rechte des Mieters wegen eines Mangels der Mietsache ausgeschlossen oder beschränkt werden, kann sich der Vermieter nicht berufen, wenn er den Mangel arglistig verschwiegen hat.

§ 537 Entrichtung der Miete bei persönlicher Verhinderung des Mieters

(1) [1]Der Mieter wird von der Entrichtung der Miete nicht dadurch befreit, dass er durch einen in seiner Person liegenden Grund an der Ausübung seines Gebrauchsrechts gehindert wird. [2]Der Vermieter muss sich jedoch den Wert der ersparten Aufwendungen sowie derjenigen Vorteile anrechnen lassen, die er aus einer anderweitigen Verwertung des Gebrauchs erlangt.

(2) Solange der Vermieter infolge der Überlassung des Gebrauchs an einen Dritten außerstande ist, dem Mieter den Gebrauch zu gewähren, ist der Mieter zur Entrichtung der Miete nicht verpflichtet.

§ 538 Abnutzung der Mietsache durch vertragsgemäßen Gebrauch

Veränderungen oder Verschlechterungen der Mietsache, die durch den vertragsgemäßen Gebrauch herbeigeführt werden, hat der Mieter nicht zu vertreten.

§ 539 Ersatz sonstiger Aufwendungen und Wegnahmerecht des Mieters

(1) Der Mieter kann vom Vermieter Aufwendungen auf die Mietsache, die der Vermieter ihm nicht nach § 536a Abs. 2 zu ersetzen hat, nach den Vorschriften über die Geschäftsführung ohne Auftrag ersetzt verlangen.

(2) Der Mieter ist berechtigt, eine Einrichtung wegzunehmen, mit der er die Mietsache versehen hat.

§ 540 Gebrauchsüberlassung an Dritte

(1) [1]Der Mieter ist ohne die Erlaubnis des Vermieters nicht berechtigt, den Gebrauch der Mietsache einem Dritten zu überlassen, insbesondere sie weiter zu vermieten. [2]Verweigert der Vermieter die Erlaubnis, so kann der Mieter das Mietverhältnis außerordentlich mit der gesetzlichen Frist kündigen, sofern nicht in der Person des Dritten ein wichtiger Grund vorliegt.

(2) Überlässt der Mieter den Gebrauch einem Dritten, so hat er ein dem Dritten bei dem Gebrauch zur Last fallendes Verschulden zu vertreten, auch wenn der Vermieter die Erlaubnis zur Überlassung erteilt hat.

§ 541 Unterlassungsklage bei vertragswidrigem Gebrauch

Setzt der Mieter einen vertragswidrigen Gebrauch der Mietsache trotz einer Abmahnung des Vermieters fort, so kann dieser auf Unterlassung klagen.

§ 542 Ende des Mietverhältnisses

(1) Ist die Mietzeit nicht bestimmt, so kann jede Vertragspartei das Mietverhältnis nach den gesetzlichen Vorschriften kündigen.

(2) Ein Mietverhältnis, das auf bestimmte Zeit eingegangen ist, endet mit dem Ablauf dieser Zeit, sofern es nicht

1. in den gesetzlich zugelassenen Fällen außerordentlich gekündigt oder
2. verlängert wird.

§ 543 Außerordentliche fristlose Kündigung aus wichtigem Grund

(1) [1]Jede Vertragspartei kann das Mietverhältnis aus wichtigem Grund außerordentlich fristlos kündigen. [2]Ein wichtiger Grund liegt vor, wenn dem Kündigenden unter Berücksichtigung aller Umstände des Einzelfalls, insbesondere eines Verschuldens der Vertragsparteien, und unter Abwägung der beiderseitigen Interessen die Fortsetzung des Mietverhältnisses bis zum Ablauf der Kündigungsfrist oder bis zur sonstigen Beendigung des Mietverhältnisses nicht zugemutet werden kann.

(2) [1]Ein wichtiger Grund liegt insbesondere vor, wenn

1. dem Mieter der vertragsgemäße Gebrauch der Mietsache ganz oder zum Teil nicht rechtzeitig gewährt oder wieder entzogen wird,
2. der Mieter die Rechte des Vermieters dadurch in erheblichem Maße verletzt, dass er die Mietsache durch Vernachlässigung der ihm obliegenden Sorgfalt erheblich gefährdet oder sie unbefugt einem Dritten überlässt oder
3. der Mieter
   a) für zwei aufeinander folgende Termine mit der Entrichtung der Miete oder eines nicht unerheblichen Teils der Miete in Verzug ist oder
   b) in einem Zeitraum, der sich über mehr als zwei Termine erstreckt, mit der Entrichtung der Miete in Höhe eines Betrages in Verzug ist, der die Miete für zwei Monate erreicht.

[2]Im Falle des Satzes 1 Nr. 3 ist die Kündigung ausgeschlossen, wenn der Vermieter vorher befriedigt wird. [3]Sie wird unwirksam, wenn sich der Mieter von seiner Schuld durch Aufrechnung befreien konnte und unverzüglich nach der Kündigung die Aufrechnung erklärt.

(3) [1]Besteht der wichtige Grund in der Verletzung einer Pflicht aus dem Mietvertrag, so ist die Kündigung erst nach erfolglosem Ablauf einer zur Abhilfe bestimmten angemessenen Frist oder nach erfolgloser Abmahnung zulässig. [2]Dies gilt nicht, wenn

1. eine Frist oder Abmahnung offensichtlich keinen Erfolg verspricht,
2. die sofortige Kündigung aus besonderen Gründen unter Abwägung der beiderseitigen Interessen gerechtfertigt ist oder
3. der Mieter mit der Entrichtung der Miete im Sinne des Absatzes 2 Nr. 3 in Verzug ist.

(4) [1]Auf das dem Mieter nach Absatz 2 Nr. 1 zustehende Kündigungsrecht sind die §§ 536b und 536d entsprechend anzuwenden. [2]Ist streitig, ob der Vermieter den Gebrauch der Mietsache rechtzeitig gewährt oder die Abhilfe vor Ablauf der hierzu bestimmten Frist bewirkt hat, so trifft ihn die Beweislast.

§ 544 Vertrag über mehr als 30 Jahre

[1]Wird ein Mietvertrag für eine längere Zeit als 30 Jahre geschlossen, so kann jede Vertragspartei nach Ablauf von 30 Jahren nach Überlassung der Mietsache das Mietverhältnis außerordentlich mit der gesetzlichen Frist kündigen. [2]Die Kündigung ist unzulässig, wenn der Vertrag für die Lebenszeit des Vermieters oder des Mieters geschlossen worden ist.

§ 545 Stillschweigende Verlängerung des Mietverhältnisses

[1]Setzt der Mieter nach Ablauf der Mietzeit den Gebrauch der Mietsache fort, so verlängert sich das Mietverhältnis auf unbestimmte Zeit, sofern nicht eine Vertragspartei ihren entgegenstehenden Willen innerhalb von zwei Wochen dem anderen Teil erklärt. [2]Die Frist beginnt

1. für den Mieter mit der Fortsetzung des Gebrauchs,
2. für den Vermieter mit dem Zeitpunkt, in dem er von der Fortsetzung Kenntnis erhält.

§ 546 Rückgabepflicht des Mieters

(1) Der Mieter ist verpflichtet, die Mietsache nach Beendigung des Mietverhältnisses zurückzugeben.

(2) Hat der Mieter den Gebrauch der Mietsache einem Dritten überlassen, so kann der Vermieter die Sache nach Beendigung des Mietverhältnisses auch von dem Dritten zurückfordern.

§ 546a Entschädigung des Vermieters bei verspäteter Rückgabe

(1) Gibt der Mieter die Mietsache nach Beendigung des Mietverhältnisses nicht zurück, so kann der Vermieter für die Dauer der Vorenthaltung als Entschädigung die vereinbarte Miete oder die Miete verlangen, die für vergleichbare Sachen ortsüblich ist.

(2) Die Geltendmachung eines weiteren Schadens ist nicht ausgeschlossen.

§ 547 Erstattung von im Voraus entrichteter Miete

(1) [1]Ist die Miete für die Zeit nach Beendigung des Mietverhältnisses im Voraus entrichtet worden, so hat der Vermieter sie zurückzuerstatten und ab Empfang zu verzinsen. [2]Hat der Vermieter die Beendigung des Mietverhältnisses nicht zu vertreten, so hat er das Erlangte nach den Vorschriften über die Herausgabe einer ungerechtfertigten Bereicherung zurückzuerstatten.

(2) Bei einem Mietverhältnis über Wohnraum ist eine zum Nachteil des Mieters abweichende Vereinbarung unwirksam.

§ 548 Verjährung der Ersatzansprüche und des Wegnahmerechts

(1) [1]Die Ersatzansprüche des Vermieters wegen Veränderungen oder Verschlechterungen der Mietsache verjähren in sechs Monaten. [2]Die Verjährung beginnt mit dem Zeitpunkt, in dem er die Mietsache zurückerhält. [3]Mit der Verjährung des Anspruchs des Vermieters auf Rückgabe der Mietsache verjähren auch seine Ersatzansprüche.

(2) Ansprüche des Mieters auf Ersatz von Aufwendungen oder auf Gestattung der Wegnahme einer Einrichtung verjähren in sechs Monaten nach der Beendigung des Mietverhältnisses.

Untertitel 2: Mietverhältnisse über Wohnraum

Kapitel 1: Allgemeine Vorschriften

§ 549 Auf Wohnraummietverhältnisse anwendbare Vorschriften

(1) Für Mietverhältnisse über Wohnraum gelten die §§ 535 bis 548, soweit sich nicht aus den §§ 549 bis 577a etwas anderes ergibt.

(2) Die Vorschriften über die Miethöhe bei Mietbeginn in Gebieten mit angespannten Wohnungsmärkten (§§ 556d bis 556g), über die Mieterhöhung (§§ 557 bis 561) und über den Mieterschutz bei Beendigung des Mietverhältnisses sowie bei der Begründung von Wohnungseigentum (§ 568 Abs. 2, §§ 573, 573a, 573d Abs. 1, §§ 574 bis 575, 575a Abs. 1 und §§ 577, 577a) gelten nicht für Mietverhältnisse über

1. Wohnraum, der nur zum vorübergehenden Gebrauch vermietet ist,
2. Wohnraum, der Teil der vom Vermieter selbst bewohnten Wohnung ist und den der Vermieter überwiegend mit Einrichtungsgegenständen auszustatten hat, sofern der Wohnraum dem Mieter nicht zum dauernden Gebrauch mit seiner Familie oder mit Personen überlassen ist, mit denen er einen auf Dauer angelegten gemeinsamen Haushalt führt,
3. Wohnraum, den eine juristische Person des öffentlichen Rechts oder ein anerkannter privater Träger der Wohlfahrtspflege angemietet hat, um ihn Personen mit dringendem Wohnungsbedarf zu überlassen, wenn sie den Mieter bei Vertragsschluss auf die Zweckbestimmung des Wohnraums und die Ausnahme von den genannten Vorschriften hingewiesen hat.

(3) Für Wohnraum in einem Studenten- oder Jugendwohnheim gelten die §§ 556d bis 561 sowie die §§ 573, 573a, 573d Abs. 1 und §§ 575, 575a Abs. 1, §§ 577, 577a nicht.

§ 550 Form des Mietvertrags

[1]Wird der Mietvertrag für längere Zeit als ein Jahr nicht in schriftlicher Form geschlossen, so gilt er für unbestimmte Zeit. [2]Die Kündigung ist jedoch frühestens zum Ablauf eines Jahres nach Überlassung des Wohnraums zulässig.

§ 551 Begrenzung und Anlage von Mietsicherheiten

(1) Hat der Mieter dem Vermieter für die Erfüllung seiner Pflichten Sicherheit zu leisten, so darf diese vorbehaltlich des Absatzes 3 Satz 4 höchstens das Dreifache der auf einen Monat entfallenden Miete ohne die als Pauschale oder als Vorauszahlung ausgewiesenen Betriebskosten betragen.

(2) [1]Ist als Sicherheit eine Geldsumme bereitzustellen, so ist der Mieter zu drei gleichen monatlichen Teilzahlungen berechtigt. [2]Die erste Teilzahlung ist zu Beginn des Mietverhältnisses fällig. [3]Die weiteren Teilzahlungen werden zusammen mit den unmittelbar folgenden Mietzahlungen fällig.

(3) [1]Der Vermieter hat eine ihm als Sicherheit überlassene Geldsumme bei einem Kreditinstitut zu dem für Spareinlagen mit dreimonatiger Kündigungsfrist üblichen Zinssatz anzulegen. [2]Die Vertragsparteien können eine andere Anlageform vereinbaren. [3]In beiden Fällen muss die Anlage vom Vermögen des Vermieters getrennt erfolgen und stehen die Erträge dem Mieter zu. [4]Sie erhöhen die Sicherheit. [5]Bei Wohnraum in einem Studenten- oder Jugendwohnheim besteht für den Vermieter keine Pflicht, die Sicherheitsleistung zu verzinsen.

(4) Eine zum Nachteil des Mieters abweichende Vereinbarung ist unwirksam.

§ 552 Abwendung des Wegnahmerechts des Mieters

(1) Der Vermieter kann die Ausübung des Wegnahmerechts (§ 539 Abs. 2) durch Zahlung einer angemessenen Entschädigung abwenden, wenn nicht der Mieter ein berechtigtes Interesse an der Wegnahme hat.

(2) Eine Vereinbarung, durch die das Wegnahmerecht ausgeschlossen wird, ist nur wirksam, wenn ein angemessener Ausgleich vorgesehen ist.

§ 553 Gestattung der Gebrauchsüberlassung an Dritte

(1) [1]Entsteht für den Mieter nach Abschluss des Mietvertrags ein berechtigtes Interesse, einen Teil des Wohnraums einem Dritten zum Gebrauch zu überlassen, so kann er von dem Vermieter die Erlaubnis hierzu verlangen. [2]Dies gilt nicht, wenn in der Person des Dritten ein wichtiger Grund vorliegt, der Wohnraum übermäßig belegt würde oder dem Vermieter die Überlassung aus sonstigen Gründen nicht zugemutet werden kann.

(2) Ist dem Vermieter die Überlassung nur bei einer angemessenen Erhöhung der Miete zuzumuten, so kann er die Erlaubnis davon abhängig machen, dass der Mieter sich mit einer solchen Erhöhung einverstanden erklärt.

(3) Eine zum Nachteil des Mieters abweichende Vereinbarung ist unwirksam.

§ 554 Barrierereduzierung, E-Mobilität und Einbruchsschutz

(1) [1]Der Mieter kann verlangen, dass ihm der Vermieter bauliche Veränderungen der Mietsache erlaubt, die dem Gebrauch durch Menschen mit Behinderungen, dem Laden elektrisch betriebener Fahrzeuge oder dem Einbruchsschutz dienen. [2]Der Anspruch besteht nicht, wenn die bauliche Veränderung dem Vermieter auch unter Würdigung der Interessen des Mieters nicht zugemutet werden kann. [3]Der Mieter kann sich im Zusammenhang mit der baulichen Veränderung zur Leistung einer besonderen Sicherheit verpflichten; § 551 Absatz 3 gilt entsprechend.

(2) Eine zum Nachteil des Mieters abweichende Vereinbarung ist unwirksam.

§ 555 Unwirksamkeit einer Vertragsstrafe

Eine Vereinbarung, durch die sich der Vermieter eine Vertragsstrafe vom Mieter versprechen lässt, ist unwirksam.

Kapitel 1a: Erhaltungs- und Modernisierungsmaßnahmen

§ 555a Erhaltungsmaßnahmen

(1) Der Mieter hat Maßnahmen zu dulden, die zur Instandhaltung oder Instandsetzung der Mietsache erforderlich sind (Erhaltungsmaßnahmen).

(2) Erhaltungsmaßnahmen sind dem Mieter rechtzeitig anzukündigen, es sei denn, sie sind nur mit einer unerheblichen Einwirkung auf die Mietsache verbunden oder ihre sofortige Durchführung ist zwingend erforderlich.

(3) [1]Aufwendungen, die der Mieter infolge einer Erhaltungsmaßnahme machen muss, hat der Vermieter in angemessenem Umfang zu ersetzen. [2]Auf Verlangen hat er Vorschuss zu leisten.

(4) Eine zum Nachteil des Mieters von Absatz 2 oder 3 abweichende Vereinbarung ist unwirksam.

§ 555b Modernisierungsmaßnahmen

Modernisierungsmaßnahmen sind bauliche Veränderungen,

1. durch die in Bezug auf die Mietsache Endenergie nachhaltig eingespart wird (energetische Modernisierung),
2. durch die nicht erneuerbare Primärenergie nachhaltig eingespart oder das Klima nachhaltig geschützt wird, sofern nicht bereits eine energetische Modernisierung nach Nummer 1 vorliegt,
3. durch die der Wasserverbrauch nachhaltig reduziert wird,
4. durch die der Gebrauchswert der Mietsache nachhaltig erhöht wird,
5. durch die die allgemeinen Wohnverhältnisse auf Dauer verbessert werden,
6. die auf Grund von Umständen durchgeführt werden, die der Vermieter nicht zu vertreten hat, und die keine Erhaltungsmaßnahmen nach § 555a sind, oder
7. durch die neuer Wohnraum geschaffen wird.

§ 555c Ankündigung von Modernisierungsmaßnahmen

(1) [1]Der Vermieter hat dem Mieter eine Modernisierungsmaßnahme spätestens drei Monate vor ihrem Beginn in Textform anzukündigen (Modernisierungsankündigung). [2]Die Modernisierungsankündigung muss Angaben enthalten über:

1. die Art und den voraussichtlichen Umfang der Modernisierungsmaßnahme in wesentlichen Zügen,
2. den voraussichtlichen Beginn und die voraussichtliche Dauer der Modernisierungsmaßnahme,
3. den Betrag der zu erwartenden Mieterhöhung, sofern eine Erhöhung nach § 559 oder § 559c verlangt werden soll, sowie die voraussichtlichen künftigen Betriebskosten.

(2) Der Vermieter soll den Mieter in der Modernisierungsankündigung auf die Form und die Frist des Härteeinwands nach § 555d Absatz 3 Satz 1 hinweisen.

(3) In der Modernisierungsankündigung für eine Modernisierungsmaßnahme nach § 555b Nummer 1 und 2 kann der Vermieter insbesondere hinsichtlich der energetischen Qualität von Bauteilen auf allgemein anerkannte Pauschalwerte Bezug nehmen.

(4) Die Absätze 1 bis 3 gelten nicht für Modernisierungsmaßnahmen, die nur mit einer unerheblichen Einwirkung auf die Mietsache verbunden sind und nur zu einer unerheblichen Mieterhöhung führen.

(5) Eine zum Nachteil des Mieters abweichende Vereinbarung ist unwirksam.

§ 555d Duldung von Modernisierungsmaßnahmen, Ausschlussfrist

(1) Der Mieter hat eine Modernisierungsmaßnahme zu dulden.

(2) [1]Eine Duldungspflicht nach Absatz 1 besteht nicht, wenn die Modernisierungsmaßnahme für den Mieter, seine Familie

oder einen Angehörigen seines Haushalts eine Härte bedeuten würde, die auch unter Würdigung der berechtigten Interessen sowohl des Vermieters als auch anderer Mieter in dem Gebäude sowie von Belangen der Energieeinsparung und des Klimaschutzes nicht zu rechtfertigen ist. [2]Die zu erwartende Mieterhöhung sowie die voraussichtlichen künftigen Betriebskosten bleiben bei der Abwägung im Rahmen der Duldungspflicht außer Betracht; sie sind nur nach § 559 Absatz 4 und 5 bei einer Mieterhöhung zu berücksichtigen.

(3) [1]Der Mieter hat dem Vermieter Umstände, die eine Härte im Hinblick auf die Duldung oder die Mieterhöhung begründen, bis zum Ablauf des Monats, der auf den Zugang der Modernisierungsankündigung folgt, in Textform mitzuteilen. [2]Der Lauf der Frist beginnt nur, wenn die Modernisierungsankündigung den Vorschriften des § 555c entspricht.

(4) [1]Nach Ablauf der Frist sind Umstände, die eine Härte im Hinblick auf die Duldung oder die Mieterhöhung begründen, noch zu berücksichtigen, wenn der Mieter ohne Verschulden an der Einhaltung der Frist gehindert war und er dem Vermieter die Umstände sowie die Gründe der Verzögerung unverzüglich in Textform mitteilt. [2]Umstände, die eine Härte im Hinblick auf die Mieterhöhung begründen, sind nur zu berücksichtigen, wenn sie spätestens bis zum Beginn der Modernisierungsmaßnahme mitgeteilt werden.

(5) [1]Hat der Vermieter in der Modernisierungsankündigung nicht auf die Form und die Frist des Härteeinwands hingewiesen (§ 555c Absatz 2), so bedarf die Mitteilung des Mieters nach Absatz 3 Satz 1 nicht der dort bestimmten Form und Frist. [2]Absatz 4 Satz 2 gilt entsprechend.

(6) § 555a Absatz 3 gilt entsprechend.

(7) Eine zum Nachteil des Mieters abweichende Vereinbarung ist unwirksam.

§ 555e Sonderkündigungsrecht des Mieters bei Modernisierungsmaßnahmen

(1) [1]Nach Zugang der Modernisierungsankündigung kann der Mieter das Mietverhältnis außerordentlich zum Ablauf des übernächsten Monats kündigen. [2]Die Kündigung muss bis zum Ablauf des Monats erfolgen, der auf den Zugang der Modernisierungsankündigung folgt.

(2) § 555c Absatz 4 gilt entsprechend.

(3) Eine zum Nachteil des Mieters abweichende Vereinbarung ist unwirksam.

§ 555f Vereinbarungen über Erhaltungs- oder Modernisierungsmaßnahmen

Die Vertragsparteien können nach Abschluss des Mietvertrags aus Anlass von Erhaltungs- oder Modernisierungsmaßnahmen Vereinbarungen treffen, insbesondere über die

1. zeitliche und technische Durchführung der Maßnahmen,
2. Gewährleistungsrechte und Aufwendungsersatzansprüche des Mieters,
3. künftige Höhe der Miete.

Kapitel 2: Die Miete

Unterkapitel 1: Vereinbarungen über die Miete

§ 556 Vereinbarungen über Betriebskosten

(1) [1]Die Vertragsparteien können vereinbaren, dass der Mieter Betriebskosten trägt. [2]Betriebskosten sind die Kosten, die dem Eigentümer oder Erbbauberechtigten durch das Eigentum oder das Erbbaurecht am Grundstück oder durch den bestimmungsmäßigen Gebrauch des Gebäudes, der Nebengebäude, Anlagen, Einrichtungen und des Grundstücks laufend entstehen. [3]Für die Aufstellung der Betriebskosten gilt die Betriebskostenverordnung vom 25. November 2003 (BGBl. I S. 2346, 2347) fort. [4]Die Bundesregierung wird ermächtigt, durch Rechtsverordnung ohne Zustimmung des Bundesrates Vorschriften über die Aufstellung der Betriebskosten zu erlassen.

(2) [1]Die Vertragsparteien können vorbehaltlich anderweitiger Vorschriften vereinbaren, dass Betriebskosten als Pauschale oder als Vorauszahlung ausgewiesen werden. [2]Vorauszahlungen für Betriebskosten dürfen nur in angemessener Höhe vereinbart werden.

(3) [1]Über die Vorauszahlungen für Betriebskosten ist jährlich abzurechnen; dabei ist der Grundsatz der Wirtschaftlichkeit zu beachten. [2]Die Abrechnung ist dem Mieter spätestens bis zum Ablauf des zwölften Monats nach Ende des Abrechnungszeitraums mitzuteilen. [3]Nach Ablauf dieser Frist ist die Geltendmachung einer Nachforderung durch den Vermieter ausgeschlossen, es sei denn, der Vermieter hat die verspätete Geltendmachung nicht zu vertreten. [4]Der Vermieter ist zu Teilabrechnungen nicht verpflichtet. [5]Einwendungen gegen die Abrechnung hat der Mieter dem Vermieter spätestens bis zum Ablauf des zwölften Monats nach Zugang der Abrechnung mitzuteilen. [6]Nach Ablauf dieser Frist kann der Mieter Einwendungen nicht mehr geltend machen, es sei denn, der Mieter hat die verspätete Geltendmachung nicht zu vertreten.

(4) Eine zum Nachteil des Mieters von Absatz 1, Absatz 2 Satz 2 oder Absatz 3 abweichende Vereinbarung ist unwirksam.

§ 556a Abrechnungsmaßstab für Betriebskosten

(1) [1]Haben die Vertragsparteien nichts anderes vereinbart, sind die Betriebskosten vorbehaltlich anderweitiger Vorschriften nach dem Anteil der Wohnfläche umzulegen. [2]Betriebskosten, die von einem erfassten Verbrauch oder einer erfassten Verursachung durch die Mieter abhängen, sind nach einem Maßstab umzulegen, der dem unterschiedlichen Verbrauch oder der unterschiedlichen Verursachung Rechnung trägt.

(2) [1]Haben die Vertragsparteien etwas anderes vereinbart, kann der Vermieter durch Erklärung in Textform bestimmen, dass

die Betriebskosten zukünftig abweichend von der getroffenen Vereinbarung ganz oder teilweise nach einem Maßstab umgelegt werden dürfen, der dem erfassten unterschiedlichen Verbrauch oder der erfassten unterschiedlichen Verursachung Rechnung trägt. [2]Die Erklärung ist nur vor Beginn eines Abrechnungszeitraums zulässig. [3]Sind die Kosten bislang in der Miete enthalten, so ist diese entsprechend herabzusetzen.

(3) [1]Ist Wohnungseigentum vermietet und haben die Vertragsparteien nichts anderes vereinbart, sind die Betriebskosten abweichend von Absatz 1 nach dem für die Verteilung zwischen den Wohnungseigentümern jeweils geltenden Maßstab umzulegen. [2]Widerspricht der Maßstab billigem Ermessen, ist nach Absatz 1 umzulegen.

(4) Eine zum Nachteil des Mieters von Absatz 2 abweichende Vereinbarung ist unwirksam.

§ 556b Fälligkeit der Miete, Aufrechnungs- und Zurückbehaltungsrecht

(1) Die Miete ist zu Beginn, spätestens bis zum dritten Werktag der einzelnen Zeitabschnitte zu entrichten, nach denen sie bemessen ist.

(2) [1]Der Mieter kann entgegen einer vertraglichen Bestimmung gegen eine Mietforderung mit einer Forderung auf Grund der §§ 536a, 539 oder aus ungerechtfertigter Bereicherung wegen zu viel gezahlter Miete aufrechnen oder wegen einer solchen Forderung ein Zurückbehaltungsrecht ausüben, wenn er seine Absicht dem Vermieter mindestens einen Monat vor der Fälligkeit der Miete in Textform angezeigt hat. [2]Eine zum Nachteil des Mieters abweichende Vereinbarung ist unwirksam.

§ 556c Kosten der Wärmelieferung als Betriebskosten, Verordnungsermächtigung

(1) [1]Hat der Mieter die Betriebskosten für Wärme oder Warmwasser zu tragen und stellt der Vermieter die Versorgung von der Eigenversorgung auf die eigenständig gewerbliche Lieferung durch einen Wärmelieferanten (Wärmelieferung) um, so hat der Mieter die Kosten der Wärmelieferung als Betriebskosten zu tragen, wenn

1. die Wärme mit verbesserter Effizienz entweder aus einer vom Wärmelieferanten errichteten neuen Anlage oder aus einem Wärmenetz geliefert wird und
2. die Kosten der Wärmelieferung die Betriebskosten für die bisherige Eigenversorgung mit Wärme oder Warmwasser nicht übersteigen.

[2]Beträgt der Jahresnutzungsgrad der bestehenden Anlage vor der Umstellung mindestens 80 Prozent, kann sich der Wärmelieferant anstelle der Maßnahmen nach Nummer 1 auf die Verbesserung der Betriebsführung der Anlage beschränken.

(2) Der Vermieter hat die Umstellung spätestens drei Monate zuvor in Textform anzukündigen (Umstellungsankündigung).

(3) [1]Die Bundesregierung wird ermächtigt, durch Rechtsverordnung ohne Zustimmung des Bundesrates Vorschriften für Wärmelieferverträge, die bei einer Umstellung nach Absatz 1 geschlossen werden, sowie für die Anforderungen nach den Absätzen 1 und 2 zu erlassen. [2]Hierbei sind die Belange von Vermietern, Mietern und Wärmelieferanten angemessen zu berücksichtigen.

(4) Eine zum Nachteil des Mieters abweichende Vereinbarung ist unwirksam.

Unterkapitel 1a: Vereinbarungen über die Miethöhe bei Mietbeginn in Gebieten mit angespannten Wohnungsmärkten

§ 556d Zulässige Miethöhe bei Mietbeginn; Verordnungsermächtigung

(1) Wird ein Mietvertrag über Wohnraum abgeschlossen, der in einem durch Rechtsverordnung nach Absatz 2 bestimmten Gebiet mit einem angespannten Wohnungsmarkt liegt, so darf die Miete zu Beginn des Mietverhältnisses die ortsübliche Vergleichsmiete (§ 558 Absatz 2) höchstens um 10 Prozent übersteigen.

(2) [1]Die Landesregierungen werden ermächtigt, Gebiete mit angespannten Wohnungsmärkten durch Rechtsverordnung für die Dauer von jeweils höchstens fünf Jahren zu bestimmen. [2]Gebiete mit angespannten Wohnungsmärkten liegen vor, wenn die ausreichende Versorgung der Bevölkerung mit Mietwohnungen in einer Gemeinde oder einem Teil der Gemeinde zu angemessenen Bedingungen besonders gefährdet ist. [3]Dies kann insbesondere dann der Fall sein, wenn

1. die Mieten deutlich stärker steigen als im bundesweiten Durchschnitt,
2. die durchschnittliche Mietbelastung der Haushalte den bundesweiten Durchschnitt deutlich übersteigt,
3. die Wohnbevölkerung wächst, ohne dass durch Neubautätigkeit insoweit erforderlicher Wohnraum geschaffen wird, oder
4. geringer Leerstand bei großer Nachfrage besteht.

[4]Eine Rechtsverordnung nach Satz 1 muss spätestens mit Ablauf des 31. Dezember 2025 außer Kraft treten. [5]Sie muss begründet werden. [6]Aus der Begründung muss sich ergeben, auf Grund welcher Tatsachen ein Gebiet mit einem angespannten Wohnungsmarkt im Einzelfall vorliegt. [7]Ferner muss sich aus der Begründung ergeben, welche Maßnahmen die Landesregierung in dem nach Satz 1 durch die Rechtsverordnung jeweils bestimmten Gebiet und Zeitraum ergreifen wird, um Abhilfe zu schaffen.

§ 556e Berücksichtigung der Vormiete oder einer durchgeführten Modernisierung

(1) [1]Ist die Miete, die der vorherige Mieter zuletzt schuldete (Vormiete), höher als die nach § 556d Absatz 1 zulässige Miete, so darf eine Miete bis zur Höhe der Vormiete vereinbart werden. [2]Bei der Ermittlung der Vormiete unberücksichtigt bleiben Mietminderungen sowie solche Mieterhöhungen, die mit dem vorherigen Mieter innerhalb des letzten Jahres vor Beendigung des Mietverhältnisses vereinbart worden sind.

(2) [1]Hat der Vermieter in den letzten drei Jahren vor Beginn des Mietverhältnisses Modernisierungsmaßnahmen im Sinne des § 555b durchgeführt, so darf die nach § 556d Absatz 1 zulässige Miete um den Betrag überschritten werden, der sich bei einer Mieterhöhung nach § 559 Absatz 1 bis 3a und § 559a Absatz 1 bis 4 ergäbe. [2]Bei der Berechnung nach Satz 1 ist von der ortsüblichen Vergleichsmiete (§ 558 Absatz 2) auszugehen, die bei Beginn des Mietverhältnisses ohne Berücksichtigung der

Modernisierung anzusetzen wäre.

§ 556f Ausnahmen

[1]§ 556d ist nicht anzuwenden auf eine Wohnung, die nach dem 1. Oktober 2014 erstmals genutzt und vermietet wird. [2]Die §§ 556d und 556e sind nicht anzuwenden auf die erste Vermietung nach umfassender Modernisierung.

§ 556g Rechtsfolgen; Auskunft über die Miete

(1) [1]Eine zum Nachteil des Mieters von den Vorschriften dieses Unterkapitels abweichende Vereinbarung ist unwirksam. [2]Für Vereinbarungen über die Miethöhe bei Mietbeginn gilt dies nur, soweit die zulässige Miete überschritten wird. [3]Der Vermieter hat dem Mieter zu viel gezahlte Miete nach den Vorschriften über die Herausgabe einer ungerechtfertigten Bereicherung herauszugeben. [4]Die §§ 814 und 817 Satz 2 sind nicht anzuwenden.

(1a) [1]Soweit die Zulässigkeit der Miete auf § 556e oder § 556f beruht, ist der Vermieter verpflichtet, dem Mieter vor dessen Abgabe der Vertragserklärung über Folgendes unaufgefordert Auskunft zu erteilen:

1. im Fall des § 556e Absatz 1 darüber, wie hoch die Vormiete war,
2. im Fall des § 556e Absatz 2 darüber, dass in den letzten drei Jahren vor Beginn des Mietverhältnisses Modernisierungsmaßnahmen durchgeführt wurden,
3. im Fall des § 556f Satz 1 darüber, dass die Wohnung nach dem 1. Oktober 2014 erstmals genutzt und vermietet wurde,
4. im Fall des § 556f Satz 2 darüber, dass es sich um die erste Vermietung nach umfassender Modernisierung handelt.

[2]Soweit der Vermieter die Auskunft nicht erteilt hat, kann er sich nicht auf eine nach § 556e oder § 556f zulässige Miete berufen. [3]Hat der Vermieter die Auskunft nicht erteilt und hat er diese in der vorgeschriebenen Form nachgeholt, kann er sich erst zwei Jahre nach Nachholung der Auskunft auf eine nach § 556e oder § 556f zulässige Miete berufen. [4]Hat der Vermieter die Auskunft nicht in der vorgeschriebenen Form erteilt, so kann er sich auf eine nach § 556e oder § 556f zulässige Miete erst dann berufen, wenn er die Auskunft in der vorgeschriebenen Form nachgeholt hat.

(2) [1]Der Mieter kann von dem Vermieter eine nach den §§ 556d und 556e nicht geschuldete Miete nur zurückverlangen, wenn er einen Verstoß gegen die Vorschriften dieses Unterkapitels gerügt hat. [2]Hat der Vermieter eine Auskunft nach Absatz 1a Satz 1 erteilt, so muss die Rüge sich auf diese Auskunft beziehen. [3]Rügt der Mieter den Verstoß mehr als 30 Monate nach Beginn des Mietverhältnisses oder war das Mietverhältnis bei Zugang der Rüge bereits beendet, kann er nur die nach Zugang der Rüge fällig gewordene Miete zurückverlangen.

(3) [1]Der Vermieter ist auf Verlangen des Mieters verpflichtet, Auskunft über diejenigen Tatsachen zu erteilen, die für die Zulässigkeit der vereinbarten Miete nach den Vorschriften dieses Unterkapitels maßgeblich sind, soweit diese Tatsachen nicht allgemein zugänglich sind und der Vermieter hierüber unschwer Auskunft geben kann. [2]Für die Auskunft über Modernisierungsmaßnahmen (§ 556e Absatz 2) gilt § 559b Absatz 1 Satz 2 und 3 entsprechend.

(4) Sämtliche Erklärungen nach den Absätzen 1a bis 3 bedürfen der Textform.

Unterkapitel 2: Regelungen über die Miethöhe

§ 557 Mieterhöhungen nach Vereinbarung oder Gesetz

(1) Während des Mietverhältnisses können die Parteien eine Erhöhung der Miete vereinbaren.

(2) Künftige Änderungen der Miethöhe können die Vertragsparteien als Staffelmiete nach § 557a oder als Indexmiete nach § 557b vereinbaren.

(3) Im Übrigen kann der Vermieter Mieterhöhungen nur nach Maßgabe der §§ 558 bis 560 verlangen, soweit nicht eine Erhöhung durch Vereinbarung ausgeschlossen ist oder sich der Ausschluss aus den Umständen ergibt.

(4) Eine zum Nachteil des Mieters abweichende Vereinbarung ist unwirksam.

§ 557a Staffelmiete

(1) Die Miete kann für bestimmte Zeiträume in unterschiedlicher Höhe schriftlich vereinbart werden; in der Vereinbarung ist die jeweilige Miete oder die jeweilige Erhöhung in einem Geldbetrag auszuweisen (Staffelmiete).

(2) [1]Die Miete muss jeweils mindestens ein Jahr unverändert bleiben. [2]Während der Laufzeit einer Staffelmiete ist eine Erhöhung nach den §§ 558 bis 559b ausgeschlossen.

(3) [1]Das Kündigungsrecht des Mieters kann für höchstens vier Jahre seit Abschluss der Staffelmietvereinbarung ausgeschlossen werden. [2]Die Kündigung ist frühestens zum Ablauf dieses Zeitraums zulässig.

(4) [1]Die §§ 556d bis 556g sind auf jede Mietstaffel anzuwenden. [2]Maßgeblich für die Berechnung der nach § 556d Absatz 1 zulässigen Höhe der zweiten und aller weiteren Mietstaffeln ist statt des Beginns des Mietverhältnisses der Zeitpunkt, zu dem die erste Miete der jeweiligen Mietstaffel fällig wird. [3]Die in einer vorangegangenen Mietstaffel wirksam begründete Miethöhe bleibt erhalten.

(5) Eine zum Nachteil des Mieters abweichende Vereinbarung ist unwirksam.

§ 557b Indexmiete

(1) Die Vertragsparteien können schriftlich vereinbaren, dass die Miete durch den vom Statistischen Bundesamt ermittelten Preisindex für die Lebenshaltung aller privaten Haushalte in Deutschland bestimmt wird (Indexmiete).

(2) [1]Während der Geltung einer Indexmiete muss die Miete, von Erhöhungen nach den §§ 559 bis 560 abgesehen, jeweils

mindestens ein Jahr unverändert bleiben. [2]Eine Erhöhung nach § 559 kann nur verlangt werden, soweit der Vermieter bauliche Maßnahmen auf Grund von Umständen durchgeführt hat, die er nicht zu vertreten hat. [3]Eine Erhöhung nach § 558 ist ausgeschlossen.

(3) [1]Eine Änderung der Miete nach Absatz 1 muss durch Erklärung in Textform geltend gemacht werden. [2]Dabei sind die eingetretene Änderung des Preisindexes sowie die jeweilige Miete oder die Erhöhung in einem Geldbetrag anzugeben. [3]Die geänderte Miete ist mit Beginn des übernächsten Monats nach dem Zugang der Erklärung zu entrichten.

(4) Die §§ 556d bis 556g sind nur auf die Ausgangsmiete einer Indexmietvereinbarung anzuwenden.

(5) Eine zum Nachteil des Mieters abweichende Vereinbarung ist unwirksam.

§ 558 Mieterhöhung bis zur ortsüblichen Vergleichsmiete

(1) [1]Der Vermieter kann die Zustimmung zu einer Erhöhung der Miete bis zur ortsüblichen Vergleichsmiete verlangen, wenn die Miete in dem Zeitpunkt, zu dem die Erhöhung eintreten soll, seit 15 Monaten unverändert ist. [2]Das Mieterhöhungsverlangen kann frühestens ein Jahr nach der letzten Mieterhöhung geltend gemacht werden. [3]Erhöhungen nach den §§ 559 bis 560 werden nicht berücksichtigt.

(2) [1]Die ortsübliche Vergleichsmiete wird gebildet aus den üblichen Entgelten, die in der Gemeinde oder einer vergleichbaren Gemeinde für Wohnraum vergleichbarer Art, Größe, Ausstattung, Beschaffenheit und Lage einschließlich der energetischen Ausstattung und Beschaffenheit in den letzten sechs Jahren vereinbart oder, von Erhöhungen nach § 560 abgesehen, geändert worden sind. [2]Ausgenommen ist Wohnraum, bei dem die Miethöhe durch Gesetz oder im Zusammenhang mit einer Förderzusage festgelegt worden ist.

(3) [1]Bei Erhöhungen nach Absatz 1 darf sich die Miete innerhalb von drei Jahren, von Erhöhungen nach den §§ 559 bis 560 abgesehen, nicht um mehr als 20 vom Hundert erhöhen (Kappungsgrenze). [2]Der Prozentsatz nach Satz 1 beträgt 15 vom Hundert, wenn die ausreichende Versorgung der Bevölkerung mit Mietwohnungen zu angemessenen Bedingungen in einer Gemeinde oder einem Teil einer Gemeinde besonders gefährdet ist und diese Gebiete nach Satz 3 bestimmt sind. [3]Die Landesregierungen werden ermächtigt, diese Gebiete durch Rechtsverordnung für die Dauer von jeweils höchstens fünf Jahren zu bestimmen.

(4) [1]Die Kappungsgrenze gilt nicht,

1. wenn eine Verpflichtung des Mieters zur Ausgleichszahlung nach den Vorschriften über den Abbau der Fehlsubventionierung im Wohnungswesen wegen des Wegfalls der öffentlichen Bindung erloschen ist und
2. soweit die Erhöhung den Betrag der zuletzt zu entrichtenden Ausgleichszahlung nicht übersteigt.

[2]Der Vermieter kann vom Mieter frühestens vier Monate vor dem Wegfall der öffentlichen Bindung verlangen, ihm innerhalb eines Monats über die Verpflichtung zur Ausgleichszahlung und über deren Höhe Auskunft zu erteilen. [3]Satz 1 gilt entsprechend, wenn die Verpflichtung des Mieters zur Leistung einer Ausgleichszahlung nach den §§ 34 bis 37 des Wohnraumförderungsgesetzes und den hierzu ergangenen landesrechtlichen Vorschriften wegen Wegfalls der Mietbindung erloschen ist.

(5) Von dem Jahresbetrag, der sich bei einer Erhöhung auf die ortsübliche Vergleichsmiete ergäbe, sind Drittmittel im Sinne des § 559a abzuziehen, im Falle des § 559a Absatz 1 mit 8 Prozent des Zuschusses.

(6) Eine zum Nachteil des Mieters abweichende Vereinbarung ist unwirksam.

§ 558a Form und Begründung der Mieterhöhung

(1) Das Mieterhöhungsverlangen nach § 558 ist dem Mieter in Textform zu erklären und zu begründen.

(2) Zur Begründung kann insbesondere Bezug genommen werden auf

1. einen Mietspiegel (§§ 558c, 558d),
2. eine Auskunft aus einer Mietdatenbank (§ 558e),
3. ein mit Gründen versehenes Gutachten eines öffentlich bestellten und vereidigten Sachverständigen,
4. entsprechende Entgelte für einzelne vergleichbare Wohnungen; hierbei genügt die Benennung von drei Wohnungen.

(3) Enthält ein qualifizierter Mietspiegel (§ 558d Abs. 1), bei dem die Vorschrift des § 558d Abs. 2 eingehalten ist, Angaben für die Wohnung, so hat der Vermieter in seinem Mieterhöhungsverlangen diese Angaben auch dann mitzuteilen, wenn er die Mieterhöhung auf ein anderes Begründungsmittel nach Absatz 2 stützt.

(4) [1]Bei der Bezugnahme auf einen Mietspiegel, der Spannen enthält, reicht es aus, wenn die verlangte Miete innerhalb der Spanne liegt. [2]Ist in dem Zeitpunkt, in dem der Vermieter seine Erklärung abgibt, kein Mietspiegel vorhanden, bei dem § 558c Abs. 3 oder § 558d Abs. 2 eingehalten ist, so kann auch ein anderer, insbesondere ein veralteter Mietspiegel oder ein Mietspiegel einer vergleichbaren Gemeinde verwendet werden.

(5) Eine zum Nachteil des Mieters abweichende Vereinbarung ist unwirksam.

§ 558b Zustimmung zur Mieterhöhung

(1) Soweit der Mieter der Mieterhöhung zustimmt, schuldet er die erhöhte Miete mit Beginn des dritten Kalendermonats nach dem Zugang des Erhöhungsverlangens.

(2) [1]Soweit der Mieter der Mieterhöhung nicht bis zum Ablauf des zweiten Kalendermonats nach dem Zugang des Verlangens zustimmt, kann der Vermieter auf Erteilung der Zustimmung klagen. [2]Die Klage muss innerhalb von drei weiteren Monaten erhoben werden.

(3) [1]Ist der Klage ein Erhöhungsverlangen vorausgegangen, das den Anforderungen des § 558a nicht entspricht, so kann es der Vermieter im Rechtsstreit nachholen oder die Mängel des Erhöhungsverlangens beheben. [2]Dem Mieter steht auch in diesem Fall

die Zustimmungsfrist nach Absatz 2 Satz 1 zu.

(4) Eine zum Nachteil des Mieters abweichende Vereinbarung ist unwirksam.

§ 558c Mietspiegel

(1) Ein Mietspiegel ist eine Übersicht über die ortsübliche Vergleichsmiete, soweit die Übersicht von der Gemeinde oder von Interessenvertretern der Vermieter und der Mieter gemeinsam erstellt oder anerkannt worden ist.

(2) Mietspiegel können für das Gebiet einer Gemeinde oder mehrerer Gemeinden oder für Teile von Gemeinden erstellt werden.

(3) Mietspiegel sollen im Abstand von zwei Jahren der Marktentwicklung angepasst werden.

(4) [1]Gemeinden sollen Mietspiegel erstellen, wenn hierfür ein Bedürfnis besteht und dies mit einem vertretbaren Aufwand möglich ist. [2]Die Mietspiegel und ihre Änderungen sollen veröffentlicht werden.

(5) Die Bundesregierung wird ermächtigt, durch Rechtsverordnung mit Zustimmung des Bundesrates Vorschriften über den näheren Inhalt und das Verfahren zur Aufstellung und Anpassung von Mietspiegeln zu erlassen.

§ 558d Qualifizierter Mietspiegel

(1) Ein qualifizierter Mietspiegel ist ein Mietspiegel, der nach anerkannten wissenschaftlichen Grundsätzen erstellt und von der Gemeinde oder von Interessenvertretern der Vermieter und der Mieter anerkannt worden ist.

(2) [1]Der qualifizierte Mietspiegel ist im Abstand von zwei Jahren der Marktentwicklung anzupassen. [2]Dabei kann eine Stichprobe oder die Entwicklung des vom Statistischen Bundesamt ermittelten Preisindexes für die Lebenshaltung aller privaten Haushalte in Deutschland zugrunde gelegt werden. [3]Nach vier Jahren ist der qualifizierte Mietspiegel neu zu erstellen.

(3) Ist die Vorschrift des Absatzes 2 eingehalten, so wird vermutet, dass die im qualifizierten Mietspiegel bezeichneten Entgelte die ortsübliche Vergleichsmiete wiedergeben.

§ 558e Mietdatenbank

Eine Mietdatenbank ist eine zur Ermittlung der ortsüblichen Vergleichsmiete fortlaufend geführte Sammlung von Mieten, die von der Gemeinde oder von Interessenvertretern der Vermieter und der Mieter gemeinsam geführt oder anerkannt wird und aus der Auskünfte gegeben werden, die für einzelne Wohnungen einen Schluss auf die ortsübliche Vergleichsmiete zulassen.

§ 559 Mieterhöhung nach Modernisierungsmaßnahmen

(1) Hat der Vermieter Modernisierungsmaßnahmen im Sinne des § 555b Nummer 1, 3, 4, 5 oder 6 durchgeführt, so kann er die jährliche Miete um 8 Prozent der für die Wohnung aufgewendeten Kosten erhöhen.

(2) Kosten, die für Erhaltungsmaßnahmen erforderlich gewesen wären, gehören nicht zu den aufgewendeten Kosten nach Absatz 1; sie sind, soweit erforderlich, durch Schätzung zu ermitteln.

(3) Werden Modernisierungsmaßnahmen für mehrere Wohnungen durchgeführt, so sind die Kosten angemessen auf die einzelnen Wohnungen aufzuteilen.

(3a) [1]Bei Erhöhungen der jährlichen Miete nach Absatz 1 darf sich die monatliche Miete innerhalb von sechs Jahren, von Erhöhungen nach § 558 oder § 560 abgesehen, nicht um mehr als 3 Euro je Quadratmeter Wohnfläche erhöhen. [2]Beträgt die monatliche Miete vor der Mieterhöhung weniger als 7 Euro pro Quadratmeter Wohnfläche, so darf sie sich abweichend von Satz 1 nicht um mehr als 2 Euro je Quadratmeter Wohnfläche erhöhen.

(4) [1]Die Mieterhöhung ist ausgeschlossen, soweit sie auch unter Berücksichtigung der voraussichtlichen künftigen Betriebskosten für den Mieter eine Härte bedeuten würde, die auch unter Würdigung der berechtigten Interessen des Vermieters nicht zu rechtfertigen ist. [2]Eine Abwägung nach Satz 1 findet nicht statt, wenn

1. die Mietsache lediglich in einen Zustand versetzt wurde, der allgemein üblich ist, oder
2. die Modernisierungsmaßnahme auf Grund von Umständen durchgeführt wurde, die der Vermieter nicht zu vertreten hatte.

(5) [1]Umstände, die eine Härte nach Absatz 4 Satz 1 begründen, sind nur zu berücksichtigen, wenn sie nach § 555d Absatz 3 bis 5 rechtzeitig mitgeteilt worden sind. [2]Die Bestimmungen über die Ausschlussfrist nach Satz 1 sind nicht anzuwenden, wenn die tatsächliche Mieterhöhung die angekündigte um mehr als 10 Prozent übersteigt.

(6) Eine zum Nachteil des Mieters abweichende Vereinbarung ist unwirksam.

§ 559a Anrechnung von Drittmitteln

(1) Kosten, die vom Mieter oder für diesen von einem Dritten übernommen oder die mit Zuschüssen aus öffentlichen Haushalten gedeckt werden, gehören nicht zu den aufgewendeten Kosten im Sinne des § 559.

(2) [1]Werden die Kosten für die Modernisierungsmaßnahmen ganz oder teilweise durch zinsverbilligte oder zinslose Darlehen aus öffentlichen Haushalten gedeckt, so verringert sich der Erhöhungsbetrag nach § 559 um den Jahresbetrag der Zinsermäßigung. [2]Dieser wird errechnet aus dem Unterschied zwischen dem ermäßigten Zinssatz und dem marktüblichen Zinssatz für den Ursprungsbetrag des Darlehens. [3]Maßgebend ist der marktübliche Zinssatz für erstrangige Hypotheken zum Zeitpunkt der Beendigung der Modernisierungsmaßnahmen. [4]Werden Zuschüsse oder Darlehen zur Deckung von laufenden Aufwendungen gewährt, so verringert sich der Erhöhungsbetrag um den Jahresbetrag des Zuschusses oder Darlehens.

(3) [1]Ein Mieterdarlehen, eine Mietvorauszahlung oder eine von einem Dritten für den Mieter erbrachte Leistung für die Mo-

dernisierungsmaßnahmen stehen einem Darlehen aus öffentlichen Haushalten gleich. [2]Mittel der Finanzierungsinstitute des Bundes oder eines Landes gelten als Mittel aus öffentlichen Haushalten.

(4) Kann nicht festgestellt werden, in welcher Höhe Zuschüsse oder Darlehen für die einzelnen Wohnungen gewährt worden sind, so sind sie nach dem Verhältnis der für die einzelnen Wohnungen aufgewendeten Kosten aufzuteilen.

(5) Eine zum Nachteil des Mieters abweichende Vereinbarung ist unwirksam.

§ 559b Geltendmachung der Erhöhung, Wirkung der Erhöhungserklärung

(1) [1]Die Mieterhöhung nach § 559 ist dem Mieter in Textform zu erklären. [2]Die Erklärung ist nur wirksam, wenn in ihr die Erhöhung auf Grund der entstandenen Kosten berechnet und entsprechend den Voraussetzungen der §§ 559 und 559a erläutert wird. [3]§ 555c Absatz 3 gilt entsprechend.

(2) [1]Der Mieter schuldet die erhöhte Miete mit Beginn des dritten Monats nach dem Zugang der Erklärung. [2]Die Frist verlängert sich um sechs Monate, wenn

1. der Vermieter dem Mieter die Modernisierungsmaßnahme nicht nach den Vorschriften des § 555c Absatz 1 und 3 bis 5 angekündigt hat oder
2. die tatsächliche Mieterhöhung die angekündigte um mehr als 10 Prozent übersteigt.

(3) Eine zum Nachteil des Mieters abweichende Vereinbarung ist unwirksam.

§ 559c Vereinfachtes Verfahren

(1) [1]Übersteigen die für die Modernisierungsmaßnahme geltend gemachten Kosten für die Wohnung vor Abzug der Pauschale nach Satz 2 10.000 Euro nicht, so kann der Vermieter die Mieterhöhung nach einem vereinfachten Verfahren berechnen. [2]Als Kosten, die für Erhaltungsmaßnahmen erforderlich gewesen wären (§ 559 Absatz 2), werden pauschal 30 Prozent der nach Satz 1 geltend gemachten Kosten abgezogen. [3]§ 559 Absatz 4 und § 559a Absatz 2 Satz 1 bis 3 finden keine Anwendung.

(2) Hat der Vermieter die Miete in den letzten fünf Jahren bereits nach Absatz 1 oder nach § 559 erhöht, so mindern sich die Kosten, die nach Absatz 1 Satz 1 für die weitere Modernisierungsmaßnahme geltend gemacht werden können, um die Kosten, die in diesen früheren Verfahren für Modernisierungsmaßnahmen geltend gemacht wurden.

(3) [1]§ 559b gilt für das vereinfachte Verfahren entsprechend. [2]Der Vermieter muss in der Mieterhöhungserklärung angeben, dass er die Mieterhöhung nach dem vereinfachten Verfahren berechnet hat.

(4) [1]Hat der Vermieter eine Mieterhöhung im vereinfachten Verfahren geltend gemacht, so kann er innerhalb von fünf Jahren nach Zugang der Mieterhöhungserklärung beim Mieter keine Mieterhöhungen nach § 559 geltend machen. [2]Dies gilt nicht,

1. soweit der Vermieter in diesem Zeitraum Modernisierungsmaßnahmen auf Grund einer gesetzlichen Verpflichtung durchzuführen hat und er diese Verpflichtung bei Geltendmachung der Mieterhöhung im vereinfachten Verfahren nicht kannte oder kennen musste,
2. sofern eine Modernisierungsmaßnahme auf Grund eines Beschlusses von Wohnungseigentümern durchgeführt wird, der frühestens zwei Jahre nach Zugang der Mieterhöhungserklärung beim Mieter gefasst wurde.

(5) Für die Modernisierungsankündigung, die zu einer Mieterhöhung nach dem vereinfachten Verfahren führen soll, gilt § 555c mit den Maßgaben, dass

1. der Vermieter in der Modernisierungsankündigung angeben muss, dass er von dem vereinfachten Verfahren Gebrauch macht,
2. es der Angabe der voraussichtlichen künftigen Betriebskosten nach § 555c Absatz 1 Satz 2 Nummer 3 nicht bedarf.

§ 559d Pflichtverletzungen bei Ankündigung oder Durchführung einer baulichen Veränderung

[1]Es wird vermutet, dass der Vermieter seine Pflichten aus dem Schuldverhältnis verletzt hat, wenn

1. mit der baulichen Veränderung nicht innerhalb von zwölf Monaten nach deren angekündigtem Beginn oder, wenn Angaben hierzu nicht erfolgt sind, nach Zugang der Ankündigung der baulichen Veränderung begonnen wird,
2. in der Ankündigung nach § 555c Absatz 1 ein Betrag für die zu erwartende Mieterhöhung angegeben wird, durch den die monatliche Miete mindestens verdoppelt würde,
3. die bauliche Veränderung in einer Weise durchgeführt wird, die geeignet ist, zu erheblichen, objektiv nicht notwendigen Belastungen des Mieters zu führen, oder
4. die Arbeiten nach Beginn der baulichen Veränderung mehr als zwölf Monate ruhen.

[2]Diese Vermutung gilt nicht, wenn der Vermieter darlegt, dass für das Verhalten im Einzelfall ein nachvollziehbarer objektiver Grund vorliegt.

§ 560 Veränderungen von Betriebskosten

(1) [1]Bei einer Betriebskostenpauschale ist der Vermieter berechtigt, Erhöhungen der Betriebskosten durch Erklärung in Textform anteilig auf den Mieter umzulegen, soweit dies im Mietvertrag vereinbart ist. [2]Die Erklärung ist nur wirksam, wenn in ihr der Grund für die Umlage bezeichnet und erläutert wird.

(2) [1]Der Mieter schuldet den auf ihn entfallenden Teil der Umlage mit Beginn des auf die Erklärung folgenden übernächsten Monats. [2]Soweit die Erklärung darauf beruht, dass sich die Betriebskosten rückwirkend erhöht haben, wirkt sie auf den Zeitpunkt der Erhöhung der Betriebskosten, höchstens jedoch auf den Beginn des der Erklärung vorausgehenden Kalenderjahres zurück, sofern der Vermieter die Erklärung innerhalb von drei Monaten nach Kenntnis von der Erhöhung abgibt.

(3) [1]Ermäßigen sich die Betriebskosten, so ist eine Betriebskostenpauschale vom Zeitpunkt der Ermäßigung an entsprechend herabzusetzen. [2]Die Ermäßigung ist dem Mieter unverzüglich mitzuteilen.

(4) Sind Betriebskostenvorauszahlungen vereinbart worden, so kann jede Vertragspartei nach einer Abrechnung durch Erklärung in Textform eine Anpassung auf eine angemessene Höhe vornehmen.

(5) Bei Veränderungen von Betriebskosten ist der Grundsatz der Wirtschaftlichkeit zu beachten.

(6) Eine zum Nachteil des Mieters abweichende Vereinbarung ist unwirksam.

§ 561 Sonderkündigungsrecht des Mieters nach Mieterhöhung

(1) [1]Macht der Vermieter eine Mieterhöhung nach § 558 oder § 559 geltend, so kann der Mieter bis zum Ablauf des zweiten Monats nach dem Zugang der Erklärung des Vermieters das Mietverhältnis außerordentlich zum Ablauf des übernächsten Monats kündigen. [2]Kündigt der Mieter, so tritt die Mieterhöhung nicht ein.

(2) Eine zum Nachteil des Mieters abweichende Vereinbarung ist unwirksam.

Kapitel 3: Pfandrecht des Vermieters

§ 562 Umfang des Vermieterpfandrechts

(1) [1]Der Vermieter hat für seine Forderungen aus dem Mietverhältnis ein Pfandrecht an den eingebrachten Sachen des Mieters. [2]Es erstreckt sich nicht auf die Sachen, die der Pfändung nicht unterliegen.

(2) Für künftige Entschädigungsforderungen und für die Miete für eine spätere Zeit als das laufende und das folgende Mietjahr kann das Pfandrecht nicht geltend gemacht werden.

§ 562a Erlöschen des Vermieterpfandrechts

[1]Das Pfandrecht des Vermieters erlischt mit der Entfernung der Sachen von dem Grundstück, außer wenn diese ohne Wissen oder unter Widerspruch des Vermieters erfolgt. [2]Der Vermieter kann nicht widersprechen, wenn sie den gewöhnlichen Lebensverhältnissen entspricht oder wenn die zurückbleibenden Sachen zur Sicherung des Vermieters offenbar ausreichen.

§ 562b Selbsthilferecht, Herausgabeanspruch

(1) [1]Der Vermieter darf die Entfernung der Sachen, die seinem Pfandrecht unterliegen, auch ohne Anrufen des Gerichts verhindern, soweit er berechtigt ist, der Entfernung zu widersprechen. [2]Wenn der Mieter auszieht, darf der Vermieter diese Sachen in seinen Besitz nehmen.

(2) [1]Sind die Sachen ohne Wissen oder unter Widerspruch des Vermieters entfernt worden, so kann er die Herausgabe zum Zwecke der Zurückschaffung auf das Grundstück und, wenn der Mieter ausgezogen ist, die Überlassung des Besitzes verlangen. [2]Das Pfandrecht erlischt mit dem Ablauf eines Monats, nachdem der Vermieter von der Entfernung der Sachen Kenntnis erlangt hat, wenn er diesen Anspruch nicht vorher gerichtlich geltend gemacht hat.

§ 562c Abwendung des Pfandrechts durch Sicherheitsleistung

[1]Der Mieter kann die Geltendmachung des Pfandrechts des Vermieters durch Sicherheitsleistung abwenden. [2]Er kann jede einzelne Sache dadurch von dem Pfandrecht befreien, dass er in Höhe ihres Wertes Sicherheit leistet.

§ 562d Pfändung durch Dritte

Wird eine Sache, die dem Pfandrecht des Vermieters unterliegt, für einen anderen Gläubiger gepfändet, so kann diesem gegenüber das Pfandrecht nicht wegen der Miete für eine frühere Zeit als das letzte Jahr vor der Pfändung geltend gemacht werden.

Kapitel 4: Wechsel der Vertragsparteien

§ 563 Eintrittsrecht bei Tod des Mieters

(1) Der Ehegatte oder Lebenspartner, der mit dem Mieter einen gemeinsamen Haushalt führt, tritt mit dem Tod des Mieters in das Mietverhaltnis ein.

(2) [1]Leben in dem gemeinsamen Haushalt Kinder des Mieters, treten diese mit dem Tod des Mieters in das Mietverhältnis ein, wenn nicht der Ehegatte oder Lebenspartner eintritt. [2]Andere Familienangehörige, die mit dem Mieter einen gemeinsamen Haushalt führen, treten mit dem Tod des Mieters in das Mietverhältnis ein, wenn nicht der Ehegatte oder der Lebenspartner eintritt. [3]Dasselbe gilt für Personen, die mit dem Mieter einen auf Dauer angelegten gemeinsamen Haushalt führen.

(3) [1]Erklären eingetretene Personen im Sinne des Absatzes 1 oder 2 innerhalb eines Monats, nachdem sie vom Tod des Mieters Kenntnis erlangt haben, dem Vermieter, dass sie das Mietverhältnis nicht fortsetzen wollen, gilt der Eintritt als nicht erfolgt. [2]Für geschäftsunfähige oder in der Geschäftsfähigkeit beschränkte Personen gilt § 210 entsprechend. [3]Sind mehrere Personen in das Mietverhältnis eingetreten, so kann jeder die Erklärung für sich abgeben.

(4) Der Vermieter kann das Mietverhältnis innerhalb eines Monats, nachdem er von dem endgültigen Eintritt in das Mietverhältnis Kenntnis erlangt hat, außerordentlich mit der gesetzlichen Frist kündigen, wenn in der Person des Eingetretenen ein wichtiger Grund vorliegt.

(5) Eine abweichende Vereinbarung zum Nachteil des Mieters oder solcher Personen, die nach Absatz 1 oder 2 eintrittsberechtigt sind, ist unwirksam.

§ 563a Fortsetzung mit überlebenden Mietern

(1) Sind mehrere Personen im Sinne des § 563 gemeinsam Mieter, so wird das Mietverhältnis beim Tod eines Mieters mit den

überlebenden Mietern fortgesetzt.

(2) Die überlebenden Mieter können das Mietverhältnis innerhalb eines Monats, nachdem sie vom Tod des Mieters Kenntnis erlangt haben, außerordentlich mit der gesetzlichen Frist kündigen.

(3) Eine abweichende Vereinbarung zum Nachteil der Mieter ist unwirksam.

§ 563b Haftung bei Eintritt oder Fortsetzung

(1) [1]Die Personen, die nach § 563 in das Mietverhältnis eingetreten sind oder mit denen es nach § 563a fortgesetzt wird, haften neben dem Erben für die bis zum Tod des Mieters entstandenen Verbindlichkeiten als Gesamtschuldner. [2]Im Verhältnis zu diesen Personen haftet der Erbe allein, soweit nichts anderes bestimmt ist.

(2) Hat der Mieter die Miete für einen nach seinem Tod liegenden Zeitraum im Voraus entrichtet, sind die Personen, die nach § 563 in das Mietverhältnis eingetreten sind oder mit denen es nach § 563a fortgesetzt wird, verpflichtet, dem Erben dasjenige herauszugeben, was sie infolge der Vorausentrichtung der Miete ersparen oder erlangen.

(3) Der Vermieter kann, falls der verstorbene Mieter keine Sicherheit geleistet hat, von den Personen, die nach § 563 in das Mietverhältnis eingetreten sind oder mit denen es nach § 563a fortgesetzt wird, nach Maßgabe des § 551 eine Sicherheitsleistung verlangen.

§ 564 Fortsetzung des Mietverhältnisses mit dem Erben, außerordentliche Kündigung

[1]Treten beim Tod des Mieters keine Personen im Sinne des § 563 in das Mietverhältnis ein oder wird es nicht mit ihnen nach § 563a fortgesetzt, so wird es mit dem Erben fortgesetzt. [2]In diesem Fall ist sowohl der Erbe als auch der Vermieter berechtigt, das Mietverhältnis innerhalb eines Monats außerordentlich mit der gesetzlichen Frist zu kündigen, nachdem sie vom Tod des Mieters und davon Kenntnis erlangt haben, dass ein Eintritt in das Mietverhältnis oder dessen Fortsetzung nicht erfolgt sind.

§ 565 Gewerbliche Weitervermietung

(1) [1]Soll der Mieter nach dem Mietvertrag den gemieteten Wohnraum gewerblich einem Dritten zu Wohnzwecken weitervermieten, so tritt der Vermieter bei der Beendigung des Mietverhältnisses in die Rechte und Pflichten aus dem Mietverhältnis zwischen dem Mieter und dem Dritten ein. [2]Schließt der Vermieter erneut einen Mietvertrag zur gewerblichen Weitervermietung ab, so tritt der Mieter anstelle der bisherigen Vertragspartei in die Rechte und Pflichten aus dem Mietverhältnis mit dem Dritten ein.

(2) Die §§ 566a bis 566e gelten entsprechend.

(3) Eine zum Nachteil des Dritten abweichende Vereinbarung ist unwirksam.

§ 566 Kauf bricht nicht Miete

(1) Wird der vermietete Wohnraum nach der Überlassung an den Mieter von dem Vermieter an einen Dritten veräußert, so tritt der Erwerber anstelle des Vermieters in die sich während der Dauer seines Eigentums aus dem Mietverhältnis ergebenden Rechte und Pflichten ein.

(2) [1]Erfüllt der Erwerber die Pflichten nicht, so haftet der Vermieter für den von dem Erwerber zu ersetzenden Schaden wie ein Bürge, der auf die Einrede der Vorausklage verzichtet hat. [2]Erlangt der Mieter von dem Übergang des Eigentums durch Mitteilung des Vermieters Kenntnis, so wird der Vermieter von der Haftung befreit, wenn nicht der Mieter das Mietverhältnis zum ersten Termin kündigt, zu dem die Kündigung zulässig ist.

§ 566a Mietsicherheit

[1]Hat der Mieter des veräußerten Wohnraums dem Vermieter für die Erfüllung seiner Pflichten Sicherheit geleistet, so tritt der Erwerber in die dadurch begründeten Rechte und Pflichten ein. [2]Kann bei Beendigung des Mietverhältnisses der Mieter die Sicherheit von dem Erwerber nicht erlangen, so ist der Vermieter weiterhin zur Rückgewähr verpflichtet.

§ 566b Vorausverfügung über die Miete

(1) [1]Hat der Vermieter vor dem Übergang des Eigentums über die Miete verfügt, die auf die Zeit der Berechtigung des Erwerbers entfällt, so ist die Verfügung wirksam, soweit sie sich auf die Miete für den zur Zeit des Eigentumsübergangs laufenden Kalendermonat bezieht. [2]Geht das Eigentum nach dem 15. Tag des Monats über, so ist die Verfügung auch wirksam, soweit sie sich auf die Miete für den folgenden Kalendermonat bezieht.

(2) Eine Verfügung über die Miete für eine spätere Zeit muss der Erwerber gegen sich gelten lassen, wenn er sie zur Zeit des Übergangs des Eigentums kennt.

§ 566c Vereinbarung zwischen Mieter und Vermieter über die Miete

[1]Ein Rechtsgeschäft, das zwischen dem Mieter und dem Vermieter über die Mietforderung vorgenommen wird, insbesondere die Entrichtung der Miete, ist dem Erwerber gegenüber wirksam, soweit es sich nicht auf die Miete für eine spätere Zeit als den Kalendermonat bezieht, in welchem der Mieter von dem Übergang des Eigentums Kenntnis erlangt. [2]Erlangt der Mieter die Kenntnis nach dem 15. Tag des Monats, so ist das Rechtsgeschäft auch wirksam, soweit es sich auf die Miete für den folgenden Kalendermonat bezieht. [3]Ein Rechtsgeschäft, das nach dem Übergang des Eigentums vorgenommen wird, ist jedoch unwirksam, wenn der Mieter bei der Vornahme des Rechtsgeschäfts von dem Übergang des Eigentums Kenntnis hat.

§ 566d Aufrechnung durch den Mieter

[1]Soweit die Entrichtung der Miete an den Vermieter nach § 566c dem Erwerber gegenüber wirksam ist, kann der Mieter gegen die Mietforderung des Erwerbers eine ihm gegen den Vermieter zustehende Forderung aufrechnen. [2]Die Aufrechnung ist ausgeschlossen, wenn der Mieter die Gegenforderung erworben hat, nachdem er von dem Übergang des Eigentums Kenntnis erlangt hat, oder wenn die Gegenforderung erst nach der Erlangung der Kenntnis und später als die Miete fällig geworden ist.

§ 566e Mitteilung des Eigentumsübergangs durch den Vermieter

(1) Teilt der Vermieter dem Mieter mit, dass er das Eigentum an dem vermieteten Wohnraum auf einen Dritten übertragen hat, so muss er in Ansehung der Mietforderung dem Mieter gegenüber die mitgeteilte Übertragung gegen sich gelten lassen, auch wenn sie nicht erfolgt oder nicht wirksam ist.

(2) Die Mitteilung kann nur mit Zustimmung desjenigen zurückgenommen werden, der als der neue Eigentümer bezeichnet worden ist.

§ 567 Belastung des Wohnraums durch den Vermieter

[1]Wird der vermietete Wohnraum nach der Überlassung an den Mieter von dem Vermieter mit dem Recht eines Dritten belastet, so sind die §§ 566 bis 566e entsprechend anzuwenden, wenn durch die Ausübung des Rechts dem Mieter der vertragsgemäße Gebrauch entzogen wird. [2]Wird der Mieter durch die Ausübung des Rechts in dem vertragsgemäßen Gebrauch beschränkt, so ist der Dritte dem Mieter gegenüber verpflichtet, die Ausübung zu unterlassen, soweit sie den vertragsgemäßen Gebrauch beeinträchtigen würde.

§ 567a Veräußerung oder Belastung vor der Überlassung des Wohnraums

Hat vor der Überlassung des vermieteten Wohnraums an den Mieter der Vermieter den Wohnraum an einen Dritten veräußert oder mit einem Recht belastet, durch dessen Ausübung der vertragsgemäße Gebrauch dem Mieter entzogen oder beschränkt wird, so gilt das Gleiche wie in den Fällen des § 566 Abs. 1 und des § 567, wenn der Erwerber dem Vermieter gegenüber die Erfüllung der sich aus dem Mietverhältnis ergebenden Pflichten übernommen hat.

§ 567b Weiterveräußerung oder Belastung durch Erwerber

[1]Wird der vermietete Wohnraum von dem Erwerber weiterveräußert oder belastet, so sind § 566 Abs. 1 und die §§ 566a bis 567a entsprechend anzuwenden. [2]Erfüllt der neue Erwerber die sich aus dem Mietverhältnis ergebenden Pflichten nicht, so haftet der Vermieter dem Mieter nach § 566 Abs. 2.

Kapitel 5: Beendigung des Mietverhältnisses

Unterkapitel 1: Allgemeine Vorschriften

§ 568 Form und Inhalt der Kündigung

(1) Die Kündigung des Mietverhältnisses bedarf der schriftlichen Form.

(2) Der Vermieter soll den Mieter auf die Möglichkeit, die Form und die Frist des Widerspruchs nach den §§ 574 bis 574b rechtzeitig hinweisen.

§ 569 Außerordentliche fristlose Kündigung aus wichtigem Grund

(1) [1]Ein wichtiger Grund im Sinne des § 543 Abs. 1 liegt für den Mieter auch vor, wenn der gemietete Wohnraum so beschaffen ist, dass seine Benutzung mit einer erheblichen Gefährdung der Gesundheit verbunden ist. [2]Dies gilt auch, wenn der Mieter die Gefahr bringende Beschaffenheit bei Vertragsschluss gekannt oder darauf verzichtet hat, die ihm wegen dieser Beschaffenheit zustehenden Rechte geltend zu machen.

(2) Ein wichtiger Grund im Sinne des § 543 Abs. 1 liegt ferner vor, wenn eine Vertragspartei den Hausfrieden nachhaltig stört, so dass dem Kündigenden unter Berücksichtigung aller Umstände des Einzelfalls, insbesondere eines Verschuldens der Vertragsparteien, und unter Abwägung der beiderseitigen Interessen die Fortsetzung des Mietverhältnisses bis zum Ablauf der Kündigungsfrist oder bis zur sonstigen Beendigung des Mietverhältnisses nicht zugemutet werden kann.

(2a) [1]Ein wichtiger Grund im Sinne des § 543 Absatz 1 liegt ferner vor, wenn der Mieter mit einer Sicherheitsleistung nach § 551 in Höhe eines Betrages im Verzug ist, der der zweifachen Monatsmiete entspricht. [2]Die als Pauschale oder als Vorauszahlung ausgewiesenen Betriebskosten sind bei der Berechnung der Monatsmiete nach Satz 1 nicht zu berücksichtigen. [3]Einer Abhilfefrist oder einer Abmahnung nach § 543 Absatz 3 Satz 1 bedarf es nicht. [4]Absatz 3 Nummer 2 Satz 1 sowie § 543 Absatz 2 Satz 2 sind entsprechend anzuwenden.

(3) Ergänzend zu § 543 Abs. 2 Satz 1 Nr. 3 gilt:

1. Im Falle des § 543 Abs. 2 Satz 1 Nr. 3 Buchstabe a ist der rückständige Teil der Miete nur dann als nicht unerheblich anzusehen, wenn er die Miete für einen Monat übersteigt. Dies gilt nicht, wenn der Wohnraum nur zum vorübergehenden Gebrauch vermietet ist.
2. Die Kündigung wird auch dann unwirksam, wenn der Vermieter spätestens bis zum Ablauf von zwei Monaten nach Eintritt der Rechtshängigkeit des Räumungsanspruchs hinsichtlich der fälligen Miete und der fälligen Entschädigung nach § 546a Abs. 1 befriedigt wird oder sich eine öffentliche Stelle zur Befriedigung verpflichtet. Dies gilt nicht, wenn der Kündigung vor nicht länger als zwei Jahren bereits eine nach Satz 1 unwirksam gewordene Kündigung vorausgegangen ist.

3. Ist der Mieter rechtskräftig zur Zahlung einer erhöhten Miete nach den §§ 558 bis 560 verurteilt worden, so kann der Vermieter das Mietverhältnis wegen Zahlungsverzugs des Mieters nicht vor Ablauf von zwei Monaten nach rechtskräftiger Verurteilung kündigen, wenn nicht die Voraussetzungen der außerordentlichen fristlosen Kündigung schon wegen der bisher geschuldeten Miete erfüllt sind.

(4) Der zur Kündigung führende wichtige Grund ist in dem Kündigungsschreiben anzugeben.

(5) [1]Eine Vereinbarung, die zum Nachteil des Mieters von den Absätzen 1 bis 3 dieser Vorschrift oder von § 543 abweicht, ist unwirksam. [2]Ferner ist eine Vereinbarung unwirksam, nach der der Vermieter berechtigt sein soll, aus anderen als den im Gesetz zugelassenen Gründen außerordentlich fristlos zu kündigen.

§ 570 Ausschluss des Zurückbehaltungsrechts

Dem Mieter steht kein Zurückbehaltungsrecht gegen den Rückgabeanspruch des Vermieters zu.

§ 571 Weiterer Schadensersatz bei verspäteter Rückgabe von Wohnraum

(1) [1]Gibt der Mieter den gemieteten Wohnraum nach Beendigung des Mietverhältnisses nicht zurück, so kann der Vermieter einen weiteren Schaden im Sinne des § 546a Abs. 2 nur geltend machen, wenn die Rückgabe infolge von Umständen unterblieben ist, die der Mieter zu vertreten hat. [2]Der Schaden ist nur insoweit zu ersetzen, als die Billigkeit eine Schadloshaltung erfordert. [3]Dies gilt nicht, wenn der Mieter gekündigt hat.

(2) Wird dem Mieter nach § 721 oder § 794a der Zivilprozessordnung eine Räumungsfrist gewährt, so ist er für die Zeit von der Beendigung des Mietverhältnisses bis zum Ablauf der Räumungsfrist zum Ersatz eines weiteren Schadens nicht verpflichtet.

(3) Eine zum Nachteil des Mieters abweichende Vereinbarung ist unwirksam.

§ 572 Vereinbartes Rücktrittsrecht; Mietverhältnis unter auflösender Bedingung

(1) Auf eine Vereinbarung, nach der der Vermieter berechtigt sein soll, nach Überlassung des Wohnraums an den Mieter vom Vertrag zurückzutreten, kann der Vermieter sich nicht berufen.

(2) Ferner kann der Vermieter sich nicht auf eine Vereinbarung berufen, nach der das Mietverhältnis zum Nachteil des Mieters auflösend bedingt ist.

Unterkapitel 2: Mietverhältnisse auf unbestimmte Zeit

§ 573 Ordentliche Kündigung des Vermieters

(1) [1]Der Vermieter kann nur kündigen, wenn er ein berechtigtes Interesse an der Beendigung des Mietverhältnisses hat. [2]Die Kündigung zum Zwecke der Mieterhöhung ist ausgeschlossen.

(2) Ein berechtigtes Interesse des Vermieters an der Beendigung des Mietverhältnisses liegt insbesondere vor, wenn

1. der Mieter seine vertraglichen Pflichten schuldhaft nicht unerheblich verletzt hat,
2. der Vermieter die Räume als Wohnung für sich, seine Familienangehörigen oder Angehörige seines Haushalts benötigt oder
3. der Vermieter durch die Fortsetzung des Mietverhältnisses an einer angemessenen wirtschaftlichen Verwertung des Grundstücks gehindert und dadurch erhebliche Nachteile erleiden würde; die Möglichkeit, durch eine anderweitige Vermietung als Wohnraum eine höhere Miete zu erzielen, bleibt außer Betracht; der Vermieter kann sich auch nicht darauf berufen, dass er die Mieträume im Zusammenhang mit einer beabsichtigten oder nach Überlassung an den Mieter erfolgten Begründung von Wohnungseigentum veräußern will.

(3) [1]Die Gründe für ein berechtigtes Interesse des Vermieters sind in dem Kündigungsschreiben anzugeben. [2]Andere Gründe werden nur berücksichtigt, soweit sie nachträglich entstanden sind.

(4) Eine zum Nachteil des Mieters abweichende Vereinbarung ist unwirksam.

§ 573a Erleichterte Kündigung des Vermieters

(1) [1]Ein Mietverhältnis über eine Wohnung in einem vom Vermieter selbst bewohnten Gebäude mit nicht mehr als zwei Wohnungen kann der Vermieter auch kündigen, ohne dass es eines berechtigten Interesses im Sinne des § 573 bedarf. [2]Die Kündigungsfrist verlängert sich in diesem Fall um drei Monate.

(2) Absatz 1 gilt entsprechend für Wohnraum innerhalb der vom Vermieter selbst bewohnten Wohnung, sofern der Wohnraum nicht nach § 549 Abs. 2 Nr. 2 vom Mieterschutz ausgenommen ist.

(3) In dem Kündigungsschreiben ist anzugeben, dass die Kündigung auf die Voraussetzungen des Absatzes 1 oder 2 gestützt wird.

(4) Eine zum Nachteil des Mieters abweichende Vereinbarung ist unwirksam.

§ 573b Teilkündigung des Vermieters

(1) Der Vermieter kann nicht zum Wohnen bestimmte Nebenräume oder Teile eines Grundstücks ohne ein berechtigtes Interesse im Sinne des § 573 kündigen, wenn er die Kündigung auf diese Räume oder Grundstücksteile beschränkt und sie dazu verwenden will,

1. Wohnraum zum Zwecke der Vermietung zu schaffen oder
2. den neu zu schaffenden und den vorhandenen Wohnraum mit Nebenräumen oder Grundstücksteilen auszustatten.

(2) Die Kündigung ist spätestens am dritten Werktag eines Kalendermonats zum Ablauf des übernächsten Monats zulässig.

(3) Verzögert sich der Beginn der Bauarbeiten, so kann der Mieter eine Verlängerung des Mietverhältnisses um einen entsprechenden Zeitraum verlangen.

(4) Der Mieter kann eine angemessene Senkung der Miete verlangen.

(5) Eine zum Nachteil des Mieters abweichende Vereinbarung ist unwirksam.

§ 573c Fristen der ordentlichen Kündigung

(1) [1]Die Kündigung ist spätestens am dritten Werktag eines Kalendermonats zum Ablauf des übernächsten Monats zulässig. [2]Die Kündigungsfrist für den Vermieter verlängert sich nach fünf und acht Jahren seit der Überlassung des Wohnraums um jeweils drei Monate.

(2) Bei Wohnraum, der nur zum vorübergehenden Gebrauch vermietet worden ist, kann eine kürzere Kündigungsfrist vereinbart werden.

(3) Bei Wohnraum nach § 549 Abs. 2 Nr. 2 ist die Kündigung spätestens am 15. eines Monats zum Ablauf dieses Monats zulässig.

(4) Eine zum Nachteil des Mieters von Absatz 1 oder 3 abweichende Vereinbarung ist unwirksam.

§ 573d Außerordentliche Kündigung mit gesetzlicher Frist

(1) Kann ein Mietverhältnis außerordentlich mit der gesetzlichen Frist gekündigt werden, so gelten mit Ausnahme der Kündigung gegenüber Erben des Mieters nach § 564 die §§ 573 und 573a entsprechend.

(2) [1]Die Kündigung ist spätestens am dritten Werktag eines Kalendermonats zum Ablauf des übernächsten Monats zulässig, bei Wohnraum nach § 549 Abs. 2 Nr. 2 spätestens am 15. eines Monats zum Ablauf dieses Monats (gesetzliche Frist). [2]§ 573a Abs. 1 Satz 2 findet keine Anwendung.

(3) Eine zum Nachteil des Mieters abweichende Vereinbarung ist unwirksam.

§ 574 Widerspruch des Mieters gegen die Kündigung

(1) [1]Der Mieter kann der Kündigung des Vermieters widersprechen und von ihm die Fortsetzung des Mietverhältnisses verlangen, wenn die Beendigung des Mietverhältnisses für den Mieter, seine Familie oder einen anderen Angehörigen seines Haushalts eine Härte bedeuten würde, die auch unter Würdigung der berechtigten Interessen des Vermieters nicht zu rechtfertigen ist. [2]Dies gilt nicht, wenn ein Grund vorliegt, der den Vermieter zur außerordentlichen fristlosen Kündigung berechtigt.

(2) Eine Härte liegt auch vor, wenn angemessener Ersatzwohnraum zu zumutbaren Bedingungen nicht beschafft werden kann.

(3) Bei der Würdigung der berechtigten Interessen des Vermieters werden nur die in dem Kündigungsschreiben nach § 573 Abs. 3 angegebenen Gründe berücksichtigt, außer wenn die Gründe nachträglich entstanden sind.

(4) Eine zum Nachteil des Mieters abweichende Vereinbarung ist unwirksam.

§ 574a Fortsetzung des Mietverhältnisses nach Widerspruch

(1) [1]Im Falle des § 574 kann der Mieter verlangen, dass das Mietverhältnis so lange fortgesetzt wird, wie dies unter Berücksichtigung aller Umstände angemessen ist. [2]Ist dem Vermieter nicht zuzumuten, das Mietverhältnis zu den bisherigen Vertragsbedingungen fortzusetzen, so kann der Mieter nur verlangen, dass es unter einer angemessenen Änderung der Bedingungen fortgesetzt wird.

(2) [1]Kommt keine Einigung zustande, so werden die Fortsetzung des Mietverhältnisses, deren Dauer sowie die Bedingungen, zu denen es fortgesetzt wird, durch Urteil bestimmt. [2]Ist ungewiss, wann voraussichtlich die Umstände wegfallen, auf Grund derer die Beendigung des Mietverhältnisses eine Härte bedeutet, so kann bestimmt werden, dass das Mietverhältnis auf unbestimmte Zeit fortgesetzt wird.

(3) Eine zum Nachteil des Mieters abweichende Vereinbarung ist unwirksam.

§ 574b Form und Frist des Widerspruchs

(1) [1]Der Widerspruch des Mieters gegen die Kündigung ist schriftlich zu erklären. [2]Auf Verlangen des Vermieters soll der Mieter über die Gründe des Widerspruchs unverzüglich Auskunft erteilen.

(2) [1]Der Vermieter kann die Fortsetzung des Mietverhältnisses ablehnen, wenn der Mieter ihm den Widerspruch nicht spätestens zwei Monate vor der Beendigung des Mietverhältnisses erklärt hat. [2]Hat der Vermieter nicht rechtzeitig vor Ablauf der Widerspruchsfrist auf die Möglichkeit des Widerspruchs sowie auf dessen Form und Frist hingewiesen, so kann der Mieter den Widerspruch noch im ersten Termin des Räumungsrechtsstreits erklären.

(3) Eine zum Nachteil des Mieters abweichende Vereinbarung ist unwirksam.

§ 574c Weitere Fortsetzung des Mietverhältnisses bei unvorhergesehenen Umständen

(1) Ist auf Grund der §§ 574 bis 574b durch Einigung oder Urteil bestimmt worden, dass das Mietverhältnis auf bestimmte Zeit fortgesetzt wird, so kann der Mieter dessen weitere Fortsetzung nur verlangen, wenn dies durch eine wesentliche Änderung der Umstände gerechtfertigt ist oder wenn Umstände nicht eingetreten sind, deren vorgesehener Eintritt für die Zeitdauer der Fortsetzung bestimmend gewesen war.

(2) [1]Kündigt der Vermieter ein Mietverhältnis, dessen Fortsetzung auf unbestimmte Zeit durch Urteil bestimmt worden ist, so kann der Mieter der Kündigung widersprechen und vom Vermieter verlangen, das Mietverhältnis auf unbestimmte Zeit fortzu-

setzen. [2]Haben sich die Umstände verändert, die für die Fortsetzung bestimmend gewesen waren, so kann der Mieter eine Fortsetzung des Mietverhältnisses nur nach § 574 verlangen; unerhebliche Veränderungen bleiben außer Betracht.

(3) Eine zum Nachteil des Mieters abweichende Vereinbarung ist unwirksam.

Unterkapitel 3: Mietverhältnisse auf bestimmte Zeit

§ 575 Zeitmietvertrag

(1) [1]Ein Mietverhältnis kann auf bestimmte Zeit eingegangen werden, wenn der Vermieter nach Ablauf der Mietzeit

1. die Räume als Wohnung für sich, seine Familienangehörigen oder Angehörige seines Haushalts nutzen will,
2. in zulässiger Weise die Räume beseitigen oder so wesentlich verändern oder instand setzen will, dass die Maßnahmen durch eine Fortsetzung des Mietverhältnisses erheblich erschwert würden, oder
3. die Räume an einen zur Dienstleistung Verpflichteten vermieten will

und er dem Mieter den Grund der Befristung bei Vertragsschluss schriftlich mitteilt. [2]Anderenfalls gilt das Mietverhältnis als auf unbestimmte Zeit abgeschlossen.

(2) [1]Der Mieter kann vom Vermieter frühestens vier Monate vor Ablauf der Befristung verlangen, dass dieser ihm binnen eines Monats mitteilt, ob der Befristungsgrund noch besteht. [2]Erfolgt die Mitteilung später, so kann der Mieter eine Verlängerung des Mietverhältnisses um den Zeitraum der Verspätung verlangen.

(3) [1]Tritt der Grund der Befristung erst später ein, so kann der Mieter eine Verlängerung des Mietverhältnisses um einen entsprechenden Zeitraum verlangen. [2]Entfällt der Grund, so kann der Mieter eine Verlängerung auf unbestimmte Zeit verlangen. [3]Die Beweislast für den Eintritt des Befristungsgrundes und die Dauer der Verzögerung trifft den Vermieter.

(4) Eine zum Nachteil des Mieters abweichende Vereinbarung ist unwirksam.

§ 575a Außerordentliche Kündigung mit gesetzlicher Frist

(1) Kann ein Mietverhältnis, das auf bestimmte Zeit eingegangen ist, außerordentlich mit der gesetzlichen Frist gekündigt werden, so gelten mit Ausnahme der Kündigung gegenüber Erben des Mieters nach § 564 die §§ 573 und 573a entsprechend.

(2) Die §§ 574 bis 574c gelten entsprechend mit der Maßgabe, dass die Fortsetzung des Mietverhältnisses höchstens bis zum vertraglich bestimmten Zeitpunkt der Beendigung verlangt werden kann.

(3) [1]Die Kündigung ist spätestens am dritten Werktag eines Kalendermonats zum Ablauf des übernächsten Monats zulässig, bei Wohnraum nach § 549 Abs. 2 Nr. 2 spätestens am 15. eines Monats zum Ablauf dieses Monats (gesetzliche Frist). [2]§ 573a Abs. 1 Satz 2 findet keine Anwendung.

(4) Eine zum Nachteil des Mieters abweichende Vereinbarung ist unwirksam.

Unterkapitel 4: Werkwohnungen

§ 576 Fristen der ordentlichen Kündigung bei Werkmietwohnungen

(1) Ist Wohnraum mit Rücksicht auf das Bestehen eines Dienstverhältnisses vermietet, so kann der Vermieter nach Beendigung des Dienstverhältnisses abweichend von § 573c Abs. 1 Satz 2 mit folgenden Fristen kündigen:

1. bei Wohnraum, der dem Mieter weniger als zehn Jahre überlassen war, spätestens am dritten Werktag eines Kalendermonats zum Ablauf des übernächsten Monats, wenn der Wohnraum für einen anderen zur Dienstleistung Verpflichteten benötigt wird;
2. spätestens am dritten Werktag eines Kalendermonats zum Ablauf dieses Monats, wenn das Dienstverhältnis seiner Art nach die Überlassung von Wohnraum erfordert hat, der in unmittelbarer Beziehung oder Nähe zur Arbeitsstätte steht, und der Wohnraum aus dem gleichen Grund für einen anderen zur Dienstleistung Verpflichteten benötigt wird.

(2) Eine zum Nachteil des Mieters abweichende Vereinbarung ist unwirksam.

§ 576a Besonderheiten des Widerspruchsrechts bei Werkmietwohnungen

(1) Bei der Anwendung der §§ 574 bis 574c auf Werkmietwohnungen sind auch die Belange des Dienstberechtigten zu berücksichtigen.

(2) Die §§ 574 bis 574c gelten nicht, wenn

1. der Vermieter nach § 576 Abs. 1 Nr. 2 gekündigt hat;
2. der Mieter das Dienstverhältnis gelöst hat, ohne dass ihm von dem Dienstberechtigten gesetzlich begründeter Anlass dazu gegeben war, oder der Mieter durch sein Verhalten dem Dienstberechtigten gesetzlich begründeten Anlass zur Auflösung des Dienstverhältnisses gegeben hat.

(3) Eine zum Nachteil des Mieters abweichende Vereinbarung ist unwirksam.

§ 576b Entsprechende Geltung des Mietrechts bei Werkdienstwohnungen

(1) Ist Wohnraum im Rahmen eines Dienstverhältnisses überlassen, so gelten für die Beendigung des Rechtsverhältnisses hinsichtlich des Wohnraums die Vorschriften über Mietverhältnisse entsprechend, wenn der zur Dienstleistung Verpflichtete den Wohnraum überwiegend mit Einrichtungsgegenständen ausgestattet hat oder in dem Wohnraum mit seiner Familie oder Personen lebt, mit denen er einen auf Dauer angelegten gemeinsamen Haushalt führt.

(2) Eine zum Nachteil des Mieters abweichende Vereinbarung ist unwirksam.

Kapitel 6: Besonderheiten bei der Bildung von Wohnungseigentum an vermieteten Wohnungen

§ 577 Vorkaufsrecht des Mieters

(1) [1]Werden vermietete Wohnräume, an denen nach der Überlassung an den Mieter Wohnungseigentum begründet worden ist oder begründet werden soll, an einen Dritten verkauft, so ist der Mieter zum Vorkauf berechtigt. [2]Dies gilt nicht, wenn der Vermieter die Wohnräume an einen Familienangehörigen oder an einen Angehörigen seines Haushalts verkauft. [3]Soweit sich nicht aus den nachfolgenden Absätzen etwas anderes ergibt, finden auf das Vorkaufsrecht die Vorschriften über den Vorkauf Anwendung.

(2) Die Mitteilung des Verkäufers oder des Dritten über den Inhalt des Kaufvertrags ist mit einer Unterrichtung des Mieters über sein Vorkaufsrecht zu verbinden.

(3) Die Ausübung des Vorkaufsrechts erfolgt durch schriftliche Erklärung des Mieters gegenüber dem Verkäufer.

(4) Stirbt der Mieter, so geht das Vorkaufsrecht auf diejenigen über, die in das Mietverhältnis nach § 563 Abs. 1 oder 2 eintreten.

(5) Eine zum Nachteil des Mieters abweichende Vereinbarung ist unwirksam.

§ 577a Kündigungsbeschränkung bei Wohnungsumwandlung

(1) Ist an vermieteten Wohnräumen nach der Überlassung an den Mieter Wohnungseigentum begründet und das Wohnungseigentum veräußert worden, so kann sich ein Erwerber auf berechtigte Interessen im Sinne des § 573 Abs. 2 Nr. 2 oder 3 erst nach Ablauf von drei Jahren seit der Veräußerung berufen.

(1a) [1]Die Kündigungsbeschränkung nach Absatz 1 gilt entsprechend, wenn vermieteter Wohnraum nach der Überlassung an den Mieter

1. an eine Personengesellschaft oder an mehrere Erwerber veräußert worden ist oder
2. zu Gunsten einer Personengesellschaft oder mehrerer Erwerber mit einem Recht belastet worden ist, durch dessen Ausübung dem Mieter der vertragsgemäße Gebrauch entzogen wird.

[2]Satz 1 ist nicht anzuwenden, wenn die Gesellschafter oder Erwerber derselben Familie oder demselben Haushalt angehören oder vor Überlassung des Wohnraums an den Mieter Wohnungseigentum begründet worden ist.

(2) [1]Die Frist nach Absatz 1 oder nach Absatz 1a beträgt bis zu zehn Jahre, wenn die ausreichende Versorgung der Bevölkerung mit Mietwohnungen zu angemessenen Bedingungen in einer Gemeinde oder einem Teil einer Gemeinde besonders gefährdet ist und diese Gebiete nach Satz 2 bestimmt sind. [2]Die Landesregierungen werden ermächtigt, diese Gebiete und die Frist nach Satz 1 durch Rechtsverordnung für die Dauer von jeweils höchstens zehn Jahren zu bestimmen.

(2a) Wird nach einer Veräußerung oder Belastung im Sinne des Absatzes 1a Wohnungseigentum begründet, so beginnt die Frist, innerhalb der eine Kündigung nach § 573 Absatz 2 Nummer 2 oder 3 ausgeschlossen ist, bereits mit der Veräußerung oder Belastung nach Absatz 1a.

(3) Eine zum Nachteil des Mieters abweichende Vereinbarung ist unwirksam.

Untertitel 3: Mietverhältnisse über andere Sachen

§ 578 Mietverhältnisse über Grundstücke und Räume

(1) Auf Mietverhältnisse über Grundstücke sind die Vorschriften der §§ 550, 554, 562 bis 562d, 566 bis 567b sowie 570 entsprechend anzuwenden.

(2) [1]Auf Mietverhältnisse über Räume, die keine Wohnräume sind, sind die in Absatz 1 genannten Vorschriften sowie § 552 Abs. 1, § 555a Absatz 1 bis 3, §§ 555b, 555c Absatz 1 bis 4, § 555d Absatz 1 bis 6, § 555e Absatz 1 und 2, § 555f und § 569 Abs. 2 entsprechend anzuwenden. [2]§ 556c Absatz 1 und 2 sowie die auf Grund des § 556c Absatz 3 erlassene Rechtsverordnung sind entsprechend anzuwenden, abweichende Vereinbarungen sind zulässig. [3]Sind die Räume zum Aufenthalt von Menschen bestimmt, so gilt außerdem § 569 Abs. 1 entsprechend.

(3) [1]Auf Verträge über die Anmietung von Räumen durch eine juristische Person des öffentlichen Rechts oder einen anerkannten privaten Träger der Wohlfahrtspflege, die geschlossen werden, um die Räume Personen mit dringendem Wohnungsbedarf zum Wohnen zu überlassen, sind die in den Absätzen 1 und 2 genannten Vorschriften sowie die §§ 557, 557a Absatz 1 bis 3 und 5, § 557b Absatz 1 bis 3 und 5, die §§ 558 bis 559d, 561, 568 Absatz 1, § 569 Absatz 3 bis 5, die §§ 573 bis 573d, 575, 575a Absatz 1, 3 und 4, die §§ 577 und 577a entsprechend anzuwenden. [2]Solche Verträge können zusätzlich zu den in § 575 Absatz 1 Satz 1 genannten Gründen auch dann auf bestimmte Zeit geschlossen werden, wenn der Vermieter die Räume nach Ablauf der Mietzeit für ihm obliegende oder ihm übertragene öffentliche Aufgaben nutzen will.

§ 578a Mietverhältnisse über eingetragene Schiffe

(1) Die Vorschriften der §§ 566, 566a, 566e bis 567b gelten im Falle der Veräußerung oder Belastung eines im Schiffsregister eingetragenen Schiffs entsprechend.

(2) [1]Eine Verfügung, die der Vermieter vor dem Übergang des Eigentums über die Miete getroffen hat, die auf die Zeit der Berechtigung des Erwerbers entfällt, ist dem Erwerber gegenüber wirksam. [2]Das Gleiche gilt für ein Rechtsgeschäft, das zwischen dem Mieter und dem Vermieter über die Mietforderung vorgenommen wird, insbesondere die Entrichtung der Miete; ein Rechtsgeschäft, das nach dem Übergang des Eigentums vorgenommen wird, ist jedoch unwirksam, wenn der Mieter bei der Vornahme des Rechtsgeschäfts von dem Übergang des Eigentums Kenntnis hat. [3]§ 566d gilt entsprechend.

§ 579 Fälligkeit der Miete

(1) [1]Die Miete für ein Grundstück und für bewegliche Sachen ist am Ende der Mietzeit zu entrichten. [2]Ist die Miete nach Zeitabschnitten bemessen, so ist sie nach Ablauf der einzelnen Zeitabschnitte zu entrichten. [3]Die Miete für ein Grundstück ist, sofern sie nicht nach kürzeren Zeitabschnitten bemessen ist, jeweils nach Ablauf eines Kalendervierteljahrs am ersten Werktag des folgenden Monats zu entrichten.

(2) Für Mietverhältnisse über Räume gilt § 556b Abs. 1 entsprechend.

§ 580 Außerordentliche Kündigung bei Tod des Mieters

Stirbt der Mieter, so ist sowohl der Erbe als auch der Vermieter berechtigt, das Mietverhältnis innerhalb eines Monats, nachdem sie vom Tod des Mieters Kenntnis erlangt haben, außerordentlich mit der gesetzlichen Frist zu kündigen.

§ 580a Kündigungsfristen

(1) Bei einem Mietverhältnis über Grundstücke, über Räume, die keine Geschäftsräume sind, ist die ordentliche Kündigung zulässig,

1. wenn die Miete nach Tagen bemessen ist, an jedem Tag zum Ablauf des folgenden Tages;
2. wenn die Miete nach Wochen bemessen ist, spätestens am ersten Werktag einer Woche zum Ablauf des folgenden Sonnabends;
3. wenn die Miete nach Monaten oder längeren Zeitabschnitten bemessen ist, spätestens am dritten Werktag eines Kalendermonats zum Ablauf des übernächsten Monats, bei einem Mietverhältnis über gewerblich genutzte unbebaute Grundstücke jedoch nur zum Ablauf eines Kalendervierteljahrs.

(2) Bei einem Mietverhältnis über Geschäftsräume ist die ordentliche Kündigung spätestens am dritten Werktag eines Kalendervierteljahres zum Ablauf des nächsten Kalendervierteljahrs zulässig.

(3) Bei einem Mietverhältnis über bewegliche Sachen ist die ordentliche Kündigung zulässig,

1. wenn die Miete nach Tagen bemessen ist, an jedem Tag zum Ablauf des folgenden Tages;
2. wenn die Miete nach längeren Zeitabschnitten bemessen ist, spätestens am dritten Tag vor dem Tag, mit dessen Ablauf das Mietverhältnis enden soll.

(4) Absatz 1 Nr. 3, Absatz 2 und 3 Nr. 2 sind auch anzuwenden, wenn ein Mietverhältnis außerordentlich mit der gesetzlichen Frist gekündigt werden kann.

Untertitel 4: Pachtvertrag

§ 581 Vertragstypische Pflichten beim Pachtvertrag

(1) [1]Durch den Pachtvertrag wird der Verpächter verpflichtet, dem Pächter den Gebrauch des verpachteten Gegenstands und den Genuss der Früchte, soweit sie nach den Regeln einer ordnungsmäßigen Wirtschaft als Ertrag anzusehen sind, während der Pachtzeit zu gewähren. [2]Der Pächter ist verpflichtet, dem Verpächter die vereinbarte Pacht zu entrichten.

(2) Auf den Pachtvertrag mit Ausnahme des Landpachtvertrags sind, soweit sich nicht aus den §§ 582 bis 584b etwas anderes ergibt, die Vorschriften über den Mietvertrag entsprechend anzuwenden.

§ 582 Erhaltung des Inventars

(1) Wird ein Grundstück mit Inventar verpachtet, so obliegt dem Pächter die Erhaltung der einzelnen Inventarstücke.

(2) [1]Der Verpächter ist verpflichtet, Inventarstücke zu ersetzen, die infolge eines vom Pächter nicht zu vertretenden Umstands in Abgang kommen. [2]Der Pächter hat jedoch den gewöhnlichen Abgang der zum Inventar gehörenden Tiere insoweit zu ersetzen, als dies einer ordnungsmäßigen Wirtschaft entspricht.

§ 582a Inventarübernahme zum Schätzwert

(1) [1]Übernimmt der Pächter eines Grundstücks das Inventar zum Schätzwert mit der Verpflichtung, es bei Beendigung des Pachtverhältnisses zum Schätzwert zurückzugewähren, so trägt er die Gefahr des zufälligen Untergangs und der zufälligen Verschlechterung des Inventars. [2]Innerhalb der Grenzen einer ordnungsmäßigen Wirtschaft kann er über die einzelnen Inventarstücke verfügen.

(2) [1]Der Pächter hat das Inventar in dem Zustand zu erhalten und in dem Umfang laufend zu ersetzen, der den Regeln einer ordnungsmäßigen Wirtschaft entspricht. [2]Die von ihm angeschafften Stücke werden mit der Einverleibung in das Inventar Eigentum des Verpächters.

(3) [1]Bei Beendigung des Pachtverhältnisses hat der Pächter das vorhandene Inventar dem Verpächter zurückzugewähren. [2]Der Verpächter kann die Übernahme derjenigen von dem Pächter angeschafften Inventarstücke ablehnen, welche nach den Regeln einer ordnungsmäßigen Wirtschaft für das Grundstück überflüssig oder zu wertvoll sind; mit der Ablehnung geht das Eigentum an den abgelehnten Stücken auf den Pächter über. [3]Besteht zwischen dem Gesamtschätzwert des übernommenen und dem des zurückzugewährenden Inventars ein Unterschied, so ist dieser in Geld auszugleichen. [4]Den Schätzwerten sind die Preise im Zeitpunkt der Beendigung des Pachtverhältnisses zugrunde zu legen.

§ 583 Pächterpfandrecht am Inventar

(1) Dem Pächter eines Grundstücks steht für die Forderungen gegen den Verpächter, die sich auf das mitgepachtete Inventar beziehen, ein Pfandrecht an den in seinen Besitz gelangten Inventarstücken zu.

(2) [1]Der Verpächter kann die Geltendmachung des Pfandrechts des Pächters durch Sicherheitsleistung abwenden. [2]Er kann jedes einzelne Inventarstück dadurch von dem Pfandrecht befreien, dass er in Höhe des Wertes Sicherheit leistet.

§ 583a Verfügungsbeschränkungen bei Inventar

Vertragsbestimmungen, die den Pächter eines Betriebs verpflichten, nicht oder nicht ohne Einwilligung des Verpächters über Inventarstücke zu verfügen oder Inventar an den Verpächter zu veräußern, sind nur wirksam, wenn sich der Verpächter verpflichtet, das Inventar bei der Beendigung des Pachtverhältnisses zum Schätzwert zu erwerben.

§ 584 Kündigungsfrist

(1) Ist bei dem Pachtverhältnis über ein Grundstück oder ein Recht die Pachtzeit nicht bestimmt, so ist die Kündigung nur für den Schluss eines Pachtjahrs zulässig; sie hat spätestens am dritten Werktag des halben Jahres zu erfolgen, mit dessen Ablauf die Pacht enden soll.

(2) Dies gilt auch, wenn das Pachtverhältnis außerordentlich mit der gesetzlichen Frist gekündigt werden kann.

§ 584a Ausschluss bestimmter mietrechtlicher Kündigungsrechte

(1) Dem Pächter steht das in § 540 Abs. 1 bestimmte Kündigungsrecht nicht zu.

(2) Der Verpächter ist nicht berechtigt, das Pachtverhältnis nach § 580 zu kündigen.

§ 584b Verspätete Rückgabe

[1]Gibt der Pächter den gepachteten Gegenstand nach der Beendigung des Pachtverhältnisses nicht zurück, so kann der Verpächter für die Dauer der Vorenthaltung als Entschädigung die vereinbarte Pacht nach dem Verhältnis verlangen, in dem die Nutzungen, die der Pächter während dieser Zeit gezogen hat oder hätte ziehen können, zu den Nutzungen des ganzen Pachtjahrs stehen. [2]Die Geltendmachung eines weiteren Schadens ist nicht ausgeschlossen.

Untertitel 5: Landpachtvertrag

§ 585 Begriff des Landpachtvertrags

(1) [1]Durch den Landpachtvertrag wird ein Grundstück mit den seiner Bewirtschaftung dienenden Wohn- oder Wirtschaftsgebäuden (Betrieb) oder ein Grundstück ohne solche Gebäude überwiegend zur Landwirtschaft verpachtet. [2]Landwirtschaft sind die Bodenbewirtschaftung und die mit der Bodennutzung verbundene Tierhaltung, um pflanzliche oder tierische Erzeugnisse zu gewinnen, sowie die gartenbauliche Erzeugung.

(2) Für Landpachtverträge gelten § 581 Abs. 1 und die §§ 582 bis 583a sowie die nachfolgenden besonderen Vorschriften.

(3) Die Vorschriften über Landpachtverträge gelten auch für Pachtverhältnisse über forstwirtschaftliche Grundstücke, wenn die Grundstücke zur Nutzung in einem überwiegend landwirtschaftlichen Betrieb verpachtet werden.

§ 585a Form des Landpachtvertrags

Wird der Landpachtvertrag für längere Zeit als zwei Jahre nicht in schriftlicher Form geschlossen, so gilt er für unbestimmte Zeit.

§ 585b Beschreibung der Pachtsache

(1) [1]Der Verpächter und der Pächter sollen bei Beginn des Pachtverhältnisses gemeinsam eine Beschreibung der Pachtsache anfertigen, in der ihr Umfang sowie der Zustand, in dem sie sich bei der Überlassung befindet, festgestellt werden. [2]Dies gilt für die Beendigung des Pachtverhältnisses entsprechend. [3]Die Beschreibung soll mit der Angabe des Tages der Anfertigung versehen werden und ist von beiden Teilen zu unterschreiben.

(2) [1]Weigert sich ein Vertragsteil, bei der Anfertigung einer Beschreibung mitzuwirken, oder ergeben sich bei der Anfertigung Meinungsverschiedenheiten tatsächlicher Art, so kann jeder Vertragsteil verlangen, dass eine Beschreibung durch einen Sachverständigen angefertigt wird, es sei denn, dass seit der Überlassung der Pachtsache mehr als neun Monate oder seit der Beendigung des Pachtverhältnisses mehr als drei Monate verstrichen sind; der Sachverständige wird auf Antrag durch das Landwirtschaftsgericht ernannt. [2]Die insoweit entstehenden Kosten trägt jeder Vertragsteil zur Hälfte.

(3) Ist eine Beschreibung der genannten Art angefertigt, so wird im Verhältnis der Vertragsteile zueinander vermutet, dass sie richtig ist.

§ 586 Vertragstypische Pflichten beim Landpachtvertrag

(1) [1]Der Verpächter hat die Pachtsache dem Pächter in einem zu der vertragsmäßigen Nutzung geeigneten Zustand zu überlassen und sie während der Pachtzeit in diesem Zustand zu erhalten. [2]Der Pächter hat jedoch die gewöhnlichen Ausbesserungen der Pachtsache, insbesondere die der Wohn- und Wirtschaftsgebäude, der Wege, Gräben, Dränungen und Einfriedigungen, auf seine Kosten durchzuführen. [3]Er ist zur ordnungsmäßigen Bewirtschaftung der Pachtsache verpflichtet.

(2) Für die Haftung des Verpächters für Sach- und Rechtsmängel der Pachtsache sowie für die Rechte und Pflichten des Pächters wegen solcher Mängel gelten die Vorschriften des § 536 Abs. 1 bis 3 und der §§ 536a bis 536d entsprechend.

§ 586a Lasten der Pachtsache

Der Verpächter hat die auf der Pachtsache ruhenden Lasten zu tragen.

§ 587 Fälligkeit der Pacht; Entrichtung der Pacht bei persönlicher Verhinderung des Pächters

(1) [1]Die Pacht ist am Ende der Pachtzeit zu entrichten. [2]Ist die Pacht nach Zeitabschnitten bemessen, so ist sie am ersten Werktag nach dem Ablauf der einzelnen Zeitabschnitte zu entrichten.

(2) [1]Der Pächter wird von der Entrichtung der Pacht nicht dadurch befreit, dass er durch einen in seiner Person liegenden Grund an der Ausübung des ihm zustehenden Nutzungsrechts verhindert ist. [2]§ 537 Abs. 1 Satz 2 und Abs. 2 gilt entsprechend.

§ 588 Maßnahmen zur Erhaltung oder Verbesserung

(1) Der Pächter hat Einwirkungen auf die Pachtsache zu dulden, die zu ihrer Erhaltung erforderlich sind.

(2) [1]Maßnahmen zur Verbesserung der Pachtsache hat der Pächter zu dulden, es sei denn, dass die Maßnahme für ihn eine Härte bedeuten würde, die auch unter Würdigung der berechtigten Interessen des Verpächters nicht zu rechtfertigen ist. [2]Der Verpächter hat die dem Pächter durch die Maßnahme entstandenen Aufwendungen und entgangenen Erträge in einem den Umständen nach angemessenen Umfang zu ersetzen. [3]Auf Verlangen hat der Verpächter Vorschuss zu leisten.

(3) Soweit der Pächter infolge von Maßnahmen nach Absatz 2 Satz 1 höhere Erträge erzielt oder bei ordnungsmäßiger Bewirtschaftung erzielen könnte, kann der Verpächter verlangen, dass der Pächter in eine angemessene Erhöhung der Pacht einwilligt, es sei denn, dass dem Pächter eine Erhöhung der Pacht nach den Verhältnissen des Betriebs nicht zugemutet werden kann.

(4) [1]Über Streitigkeiten nach den Absätzen 1 und 2 entscheidet auf Antrag das Landwirtschaftsgericht. [2]Verweigert der Pächter in den Fällen des Absatzes 3 seine Einwilligung, so kann sie das Landwirtschaftsgericht auf Antrag des Verpächters ersetzen.

§ 589 Nutzungsüberlassung an Dritte

(1) Der Pächter ist ohne Erlaubnis des Verpächters nicht berechtigt,
1. die Nutzung der Pachtsache einem Dritten zu überlassen, insbesondere die Sache weiter zu verpachten,
2. die Pachtsache ganz oder teilweise einem landwirtschaftlichen Zusammenschluss zum Zwecke der gemeinsamen Nutzung zu überlassen.

(2) Überlässt der Pächter die Nutzung der Pachtsache einem Dritten, so hat er ein Verschulden, das dem Dritten bei der Nutzung zur Last fällt, zu vertreten, auch wenn der Verpächter die Erlaubnis zur Überlassung erteilt hat.

§ 590 Änderung der landwirtschaftlichen Bestimmung oder der bisherigen Nutzung

(1) Der Pächter darf die landwirtschaftliche Bestimmung der Pachtsache nur mit vorheriger Erlaubnis des Verpächters ändern.

(2) [1]Zur Änderung der bisherigen Nutzung der Pachtsache ist die vorherige Erlaubnis des Verpächters nur dann erforderlich, wenn durch die Änderung die Art der Nutzung über die Pachtzeit hinaus beeinflusst wird. [2]Der Pächter darf Gebäude nur mit vorheriger Erlaubnis des Verpächters errichten. [3]Verweigert der Verpächter die Erlaubnis, so kann sie auf Antrag des Pächters durch das Landwirtschaftsgericht ersetzt werden, soweit die Änderung zur Erhaltung oder nachhaltigen Verbesserung der Rentabilität des Betriebs geeignet erscheint und dem Verpächter bei Berücksichtigung seiner berechtigten Interessen zugemutet werden kann. [4]Dies gilt nicht, wenn der Pachtvertrag gekündigt ist oder das Pachtverhältnis in weniger als drei Jahren endet. [5]Das Landwirtschaftsgericht kann die Erlaubnis unter Bedingungen und Auflagen ersetzen, insbesondere eine Sicherheitsleistung anordnen sowie Art und Umfang der Sicherheit bestimmen. [6]Ist die Veranlassung für die Sicherheitsleistung weggefallen, so entscheidet auf Antrag das Landwirtschaftsgericht über die Rückgabe der Sicherheit; § 109 der Zivilprozessordnung gilt entsprechend.

(3) Hat der Pächter das nach § 582a zum Schätzwert übernommene Inventar im Zusammenhang mit einer Änderung der Nutzung der Pachtsache wesentlich vermindert, so kann der Verpächter schon während der Pachtzeit einen Geldausgleich in entsprechender Anwendung des § 582a Abs. 3 verlangen, es sei denn, dass der Erlös der veräußerten Inventarstücke zu einer zur Höhe des Erlöses in angemessenem Verhältnis stehenden Verbesserung der Pachtsache nach § 591 verwendet worden ist.

§ 590a Vertragswidriger Gebrauch

Macht der Pächter von der Pachtsache einen vertragswidrigen Gebrauch und setzt er den Gebrauch ungeachtet einer Abmahnung des Verpächters fort, so kann der Verpächter auf Unterlassung klagen.

§ 590b Notwendige Verwendungen

Der Verpächter ist verpflichtet, dem Pächter die notwendigen Verwendungen auf die Pachtsache zu ersetzen.

§ 591 Wertverbessernde Verwendungen

(1) Andere als notwendige Verwendungen, denen der Verpächter zugestimmt hat, hat er dem Pächter bei Beendigung des Pachtverhältnisses zu ersetzen, soweit die Verwendungen den Wert der Pachtsache über die Pachtzeit hinaus erhöhen (Mehrwert).

(2) [1]Weigert sich der Verpächter, den Verwendungen zuzustimmen, so kann die Zustimmung auf Antrag des Pächters durch das Landwirtschaftsgericht ersetzt werden, soweit die Verwendungen zur Erhaltung oder nachhaltigen Verbesserung der Rentabilität des Betriebs geeignet sind und dem Verpächter bei Berücksichtigung seiner berechtigten Interessen zugemutet werden können. [2]Dies gilt nicht, wenn der Pachtvertrag gekündigt ist oder das Pachtverhältnis in weniger als drei Jahren endet. [3]Das Landwirtschaftsgericht kann die Zustimmung unter Bedingungen und Auflagen ersetzen.

(3) [1]Das Landwirtschaftsgericht kann auf Antrag auch über den Mehrwert Bestimmungen treffen und ihn festsetzen. [2]Es kann bestimmen, dass der Verpächter den Mehrwert nur in Teilbeträgen zu ersetzen hat, und kann Bedingungen für die Bewilligung

solcher Teilzahlungen festsetzen. [3]Ist dem Verpächter ein Ersatz des Mehrwerts bei Beendigung des Pachtverhältnisses auch in Teilbeträgen nicht zuzumuten, so kann der Pächter nur verlangen, dass das Pachtverhältnis zu den bisherigen Bedingungen so lange fortgesetzt wird, bis der Mehrwert der Pachtsache abgegolten ist. [4]Kommt keine Einigung zustande, so entscheidet auf Antrag das Landwirtschaftsgericht über eine Fortsetzung des Pachtverhältnisses.

§ 591a Wegnahme von Einrichtungen

[1]Der Pächter ist berechtigt, eine Einrichtung, mit der er die Sache versehen hat, wegzunehmen. [2]Der Verpächter kann die Ausübung des Wegnahmerechts durch Zahlung einer angemessenen Entschädigung abwenden, es sei denn, dass der Pächter ein berechtigtes Interesse an der Wegnahme hat. [3]Eine Vereinbarung, durch die das Wegnahmerecht des Pächters ausgeschlossen wird, ist nur wirksam, wenn ein angemessener Ausgleich vorgesehen ist.

§ 591b Verjährung von Ersatzansprüchen

(1) Die Ersatzansprüche des Verpächters wegen Veränderung oder Verschlechterung der verpachteten Sache sowie die Ansprüche des Pächters auf Ersatz von Verwendungen oder auf Gestattung der Wegnahme einer Einrichtung verjähren in sechs Monaten.

(2) [1]Die Verjährung der Ersatzansprüche des Verpächters beginnt mit dem Zeitpunkt, in welchem er die Sache zurückerhält. [2]Die Verjährung der Ansprüche des Pächters beginnt mit der Beendigung des Pachtverhältnisses.

(3) Mit der Verjährung des Anspruchs des Verpächters auf Rückgabe der Sache verjähren auch die Ersatzansprüche des Verpächters.

§ 592 Verpächterpfandrecht

[1]Der Verpächter hat für seine Forderungen aus dem Pachtverhältnis ein Pfandrecht an den eingebrachten Sachen des Pächters sowie an den Früchten der Pachtsache. [2]Für künftige Entschädigungsforderungen kann das Pfandrecht nicht geltend gemacht werden. [3]Mit Ausnahme der in § 811 Abs. 1 Nr. 4 der Zivilprozessordnung genannten Sachen erstreckt sich das Pfandrecht nicht auf Sachen, die der Pfändung nicht unterworfen sind. [4]Die Vorschriften der §§ 562a bis 562c gelten entsprechend.

§ 593 Änderung von Landpachtverträgen

(1) [1]Haben sich nach Abschluss des Pachtvertrags die Verhältnisse, die für die Festsetzung der Vertragsleistungen maßgebend waren, nachhaltig so geändert, dass die gegenseitigen Verpflichtungen in ein grobes Missverhältnis zueinander geraten sind, so kann jeder Vertragsteil eine Änderung des Vertrags mit Ausnahme der Pachtdauer verlangen. [2]Verbessert oder verschlechtert sich infolge der Bewirtschaftung der Pachtsache durch den Pächter deren Ertrag, so kann, soweit nichts anderes vereinbart ist, eine Änderung der Pacht nicht verlangt werden.

(2) [1]Eine Änderung kann frühestens zwei Jahre nach Beginn des Pachtverhältnisses oder nach dem Wirksamwerden der letzten Änderung der Vertragsleistungen verlangt werden. [2]Dies gilt nicht, wenn verwüstende Naturereignisse, gegen die ein Versicherungsschutz nicht üblich ist, das Verhältnis der Vertragsleistungen grundlegend und nachhaltig verändert haben.

(3) Die Änderung kann nicht für eine frühere Zeit als für das Pachtjahr verlangt werden, in dem das Änderungsverlangen erklärt wird.

(4) Weigert sich ein Vertragsteil, in eine Änderung des Vertrags einzuwilligen, so kann der andere Teil die Entscheidung des Landwirtschaftsgerichts beantragen.

(5) [1]Auf das Recht, eine Änderung des Vertrags nach den Absätzen 1 bis 4 zu verlangen, kann nicht verzichtet werden. [2]Eine Vereinbarung, dass einem Vertragsteil besondere Nachteile oder Vorteile erwachsen sollen, wenn er die Rechte nach den Absätzen 1 bis 4 ausübt oder nicht ausübt, ist unwirksam.

§ 593a Betriebsübergabe

[1]Wird bei der Übergabe eines Betriebs im Wege der vorweggenommenen Erbfolge ein zugepachtetes Grundstück, das der Landwirtschaft dient, mit übergeben, so tritt der Übernehmer anstelle des Pächters in den Pachtvertrag ein. [2]Der Verpächter ist von der Betriebsübergabe jedoch unverzüglich zu benachrichtigen. [3]Ist die ordnungsmäßige Bewirtschaftung der Pachtsache durch den Übernehmer nicht gewährleistet, so ist der Verpächter berechtigt, das Pachtverhältnis außerordentlich mit der gesetzlichen Frist zu kündigen.

§ 593b Veräußerung oder Belastung des verpachteten Grundstücks

Wird das verpachtete Grundstück veräußert oder mit dem Recht eines Dritten belastet, so gelten die §§ 566 bis 567b entsprechend.

§ 594 Ende und Verlängerung des Pachtverhältnisses

[1]Das Pachtverhältnis endet mit dem Ablauf der Zeit, für die es eingegangen ist. [2]Es verlängert sich bei Pachtverträgen, die auf mindestens drei Jahre geschlossen worden sind, auf unbestimmte Zeit, wenn auf die Anfrage eines Vertragsteils, ob der andere Teil zur Fortsetzung des Pachtverhältnisses bereit ist, dieser nicht binnen einer Frist von drei Monaten die Fortsetzung ablehnt. [3]Die Anfrage und die Ablehnung bedürfen der schriftlichen Form. [4]Die Anfrage ist ohne Wirkung, wenn in ihr nicht auf die Folge der Nichtbeachtung ausdrücklich hingewiesen wird und wenn sie nicht innerhalb des drittletzten Pachtjahrs gestellt wird.

§ 594a Kündigungsfristen

(1) [1]Ist die Pachtzeit nicht bestimmt, so kann jeder Vertragsteil das Pachtverhältnis spätestens am dritten Werktag eines Pachtjahrs für den Schluss des nächsten Pachtjahrs kündigen. [2]Im Zweifel gilt das Kalenderjahr als Pachtjahr. [3]Die Vereinbarung einer kürzeren Frist bedarf der Schriftform.

(2) Für die Fälle, in denen das Pachtverhältnis außerordentlich mit der gesetzlichen Frist vorzeitig gekündigt werden kann, ist die Kündigung nur für den Schluss eines Pachtjahrs zulässig; sie hat spätestens am dritten Werktag des halben Jahres zu erfolgen, mit dessen Ablauf die Pacht enden soll.

§ 594b Vertrag über mehr als 30 Jahre

[1]Wird ein Pachtvertrag für eine längere Zeit als 30 Jahre geschlossen, so kann nach 30 Jahren jeder Vertragsteil das Pachtverhältnis spätestens am dritten Werktag eines Pachtjahrs für den Schluss des nächsten Pachtjahrs kündigen. [2]Die Kündigung ist nicht zulässig, wenn der Vertrag für die Lebenszeit des Verpächters oder des Pächters geschlossen ist.

§ 594c Kündigung bei Berufsunfähigkeit des Pächters

[1]Ist der Pächter berufsunfähig im Sinne der Vorschriften der gesetzlichen Rentenversicherung geworden, so kann er das Pachtverhältnis außerordentlich mit der gesetzlichen Frist kündigen, wenn der Verpächter der Überlassung der Pachtsache zur Nutzung an einen Dritten, der eine ordnungsmäßige Bewirtschaftung gewährleistet, widerspricht. [2]Eine abweichende Vereinbarung ist unwirksam.

§ 594d Tod des Pächters

(1) Stirbt der Pächter, so sind sowohl seine Erben als auch der Verpächter innerhalb eines Monats, nachdem sie vom Tod des Pächters Kenntnis erlangt haben, berechtigt, das Pachtverhältnis mit einer Frist von sechs Monaten zum Ende eines Kalendervierteljahrs zu kündigen.

(2) [1]Die Erben können der Kündigung des Verpächters widersprechen und die Fortsetzung des Pachtverhältnisses verlangen, wenn die ordnungsmäßige Bewirtschaftung der Pachtsache durch sie oder durch einen von ihnen beauftragten Miterben oder Dritten gewährleistet erscheint. [2]Der Verpächter kann die Fortsetzung des Pachtverhältnisses ablehnen, wenn die Erben den Widerspruch nicht spätestens drei Monate vor Ablauf des Pachtverhältnisses erklärt und die Umstände mitgeteilt haben, nach denen die weitere ordnungsmäßige Bewirtschaftung der Pachtsache gewährleistet erscheint. [3]Die Widerspruchserklärung und die Mitteilung bedürfen der schriftlichen Form. [4]Kommt keine Einigung zustande, so entscheidet auf Antrag das Landwirtschaftsgericht.

(3) Gegenüber einer Kündigung des Verpächters nach Absatz 1 ist ein Fortsetzungsverlangen des Erben nach § 595 ausgeschlossen.

§ 594e Außerordentliche fristlose Kündigung aus wichtigem Grund

(1) Die außerordentliche fristlose Kündigung des Pachtverhältnisses ist in entsprechender Anwendung der §§ 543, 569 Abs. 1 und 2 zulässig.

(2) [1]Abweichend von § 543 Abs. 2 Nr. 3 Buchstabe a und b liegt ein wichtiger Grund insbesondere vor, wenn der Pächter mit der Entrichtung der Pacht oder eines nicht unerheblichen Teils der Pacht länger als drei Monate in Verzug ist. [2]Ist die Pacht nach Zeitabschnitten von weniger als einem Jahr bemessen, so ist die Kündigung erst zulässig, wenn der Pächter für zwei aufeinander folgende Termine mit der Entrichtung der Pacht oder eines nicht unerheblichen Teils der Pacht in Verzug ist.

§ 594f Schriftform der Kündigung

Die Kündigung bedarf der schriftlichen Form.

§ 595 Fortsetzung des Pachtverhältnisses

(1) [1]Der Pächter kann vom Verpächter die Fortsetzung des Pachtverhältnisses verlangen, wenn

1. bei einem Betriebspachtverhältnis der Betrieb seine wirtschaftliche Lebensgrundlage bildet,
2. bei dem Pachtverhältnis über ein Grundstück der Pächter auf dieses Grundstück zur Aufrechterhaltung seines Betriebs, der seine wirtschaftliche Lebensgrundlage bildet, angewiesen ist

und die vertragsmäßige Beendigung des Pachtverhältnisses für den Pächter oder seine Familie eine Härte bedeuten würde, die auch unter Würdigung der berechtigten Interessen des Verpächters nicht zu rechtfertigen ist. [2]Die Fortsetzung kann unter diesen Voraussetzungen wiederholt verlangt werden.

(2) [1]Im Falle des Absatzes 1 kann der Pächter verlangen, dass das Pachtverhältnis so lange fortgesetzt wird, wie dies unter Berücksichtigung aller Umstände angemessen ist. [2]Ist dem Verpächter nicht zuzumuten, das Pachtverhältnis nach den bisher geltenden Vertragsbedingungen fortzusetzen, so kann der Pächter nur verlangen, dass es unter einer angemessenen Änderung der Bedingungen fortgesetzt wird.

(3) Der Pächter kann die Fortsetzung des Pachtverhältnisses nicht verlangen, wenn

1. er das Pachtverhältnis gekündigt hat,
2. der Verpächter zur außerordentlichen fristlosen Kündigung oder im Falle des § 593a zur außerordentlichen Kündigung mit der gesetzlichen Frist berechtigt ist,
3. die Laufzeit des Vertrags bei einem Pachtverhältnis über einen Betrieb, der Zupachtung von Grundstücken, durch die ein

Betrieb entsteht, oder bei einem Pachtverhältnis über Moor- und Ödland, das vom Pächter kultiviert worden ist, auf mindestens 18 Jahre, bei der Pacht anderer Grundstücke auf mindestens zwölf Jahre vereinbart ist,
4. der Verpächter die nur vorübergehend verpachtete Sache in eigene Nutzung nehmen oder zur Erfüllung gesetzlicher oder sonstiger öffentlicher Aufgaben verwenden will.

(4) [1]Die Erklärung des Pächters, mit der er die Fortsetzung des Pachtverhältnisses verlangt, bedarf der schriftlichen Form. [2]Auf Verlangen des Verpächters soll der Pächter über die Gründe des Fortsetzungsverlangens unverzüglich Auskunft erteilen.

(5) [1]Der Verpächter kann die Fortsetzung des Pachtverhältnisses ablehnen, wenn der Pächter die Fortsetzung nicht mindestens ein Jahr vor Beendigung des Pachtverhältnisses vom Verpächter verlangt oder auf eine Anfrage des Verpächters nach § 594 die Fortsetzung abgelehnt hat. [2]Ist eine zwölfmonatige oder kürzere Kündigungsfrist vereinbart, so genügt es, wenn das Verlangen innerhalb eines Monats nach Zugang der Kündigung erklärt wird.

(6) [1]Kommt keine Einigung zustande, so entscheidet auf Antrag das Landwirtschaftsgericht über eine Fortsetzung und über die Dauer des Pachtverhältnisses sowie über die Bedingungen, zu denen es fortgesetzt wird. [2]Das Gericht kann die Fortsetzung des Pachtverhältnisses jedoch nur bis zu einem Zeitpunkt anordnen, der die in Absatz 3 Nr. 3 genannten Fristen, ausgehend vom Beginn des laufenden Pachtverhältnisses, nicht übersteigt. [3]Die Fortsetzung kann auch auf einen Teil der Pachtsache beschränkt werden.

(7) [1]Der Pächter hat den Antrag auf gerichtliche Entscheidung spätestens neun Monate vor Beendigung des Pachtverhältnisses und im Falle einer zwölfmonatigen oder kürzeren Kündigungsfrist zwei Monate nach Zugang der Kündigung bei dem Landwirtschaftsgericht zu stellen. [2]Das Gericht kann den Antrag nachträglich zulassen, wenn es zur Vermeidung einer unbilligen Härte geboten erscheint und der Pachtvertrag noch nicht abgelaufen ist.

(8) [1]Auf das Recht, die Verlängerung eines Pachtverhältnisses nach den Absätzen 1 bis 7 zu verlangen, kann nur verzichtet werden, wenn der Verzicht zur Beilegung eines Pachtstreits vor Gericht oder vor einer berufsständischen Pachtschlichtungsstelle erklärt wird. [2]Eine Vereinbarung, dass einem Vertragsteil besondere Nachteile oder besondere Vorteile erwachsen sollen, wenn er die Rechte nach den Absätzen 1 bis 7 ausübt oder nicht ausübt, ist unwirksam.

§ 595a Vorzeitige Kündigung von Landpachtverträgen

(1) Soweit die Vertragsteile zur außerordentlichen Kündigung eines Landpachtverhältnisses mit der gesetzlichen Frist berechtigt sind, steht ihnen dieses Recht auch nach Verlängerung des Landpachtverhältnisses oder Änderung des Landpachtvertrags zu.

(2) [1]Auf Antrag eines Vertragsteils kann das Landwirtschaftsgericht Anordnungen über die Abwicklung eines vorzeitig beendeten oder eines teilweise beendeten Landpachtvertrags treffen. [2]Wird die Verlängerung eines Landpachtvertrags auf einen Teil der Pachtsache beschränkt, kann das Landwirtschaftsgericht die Pacht für diesen Teil festsetzen.

(3) [1]Der Inhalt von Anordnungen des Landwirtschaftsgerichts gilt unter den Vertragsteilen als Vertragsinhalt. [2]Über Streitigkeiten, die diesen Vertragsinhalt betreffen, entscheidet auf Antrag das Landwirtschaftsgericht.

§ 596 Rückgabe der Pachtsache

(1) Der Pächter ist verpflichtet, die Pachtsache nach Beendigung des Pachtverhältnisses in dem Zustand zurückzugeben, der einer bis zur Rückgabe fortgesetzten ordnungsmäßigen Bewirtschaftung entspricht.

(2) Dem Pächter steht wegen seiner Ansprüche gegen den Verpächter ein Zurückbehaltungsrecht am Grundstück nicht zu.

(3) Hat der Pächter die Nutzung der Pachtsache einem Dritten überlassen, so kann der Verpächter die Sache nach Beendigung des Pachtverhältnisses auch von dem Dritten zurückfordern.

§ 596a Ersatzpflicht bei vorzeitigem Pachtende

(1) [1]Endet das Pachtverhältnis im Laufe eines Pachtjahrs, so hat der Verpächter dem Pächter den Wert der noch nicht getrennten, jedoch nach den Regeln einer ordnungsmäßigen Bewirtschaftung vor dem Ende des Pachtjahrs zu trennenden Früchte zu ersetzen. [2]Dabei ist das Ernterisiko angemessen zu berücksichtigen.

(2) Lässt sich der in Absatz 1 bezeichnete Wert aus jahreszeitlich bedingten Gründen nicht feststellen, so hat der Verpächter dem Pächter die Aufwendungen auf diese Früchte insoweit zu ersetzen, als sie einer ordnungsmäßigen Bewirtschaftung entsprechen.

(3) [1]Absatz 1 gilt auch für das zum Einschlag vorgesehene, aber noch nicht eingeschlagene Holz. [2]Hat der Pächter mehr Holz eingeschlagen, als bei ordnungsmäßiger Nutzung zulässig war, so hat er dem Verpächter den Wert der die normale Nutzung übersteigenden Holzmenge zu ersetzen. [3]Die Geltendmachung eines weiteren Schadens ist nicht ausgeschlossen.

§ 596b Rücklassungspflicht

(1) Der Pächter eines Betriebs hat von den bei Beendigung des Pachtverhältnisses vorhandenen landwirtschaftlichen Erzeugnissen so viel zurückzulassen, wie zur Fortführung der Wirtschaft bis zur nächsten Ernte nötig ist, auch wenn er bei Beginn des Pachtverhältnisses solche Erzeugnisse nicht übernommen hat.

(2) Soweit der Pächter nach Absatz 1 Erzeugnisse in größerer Menge oder besserer Beschaffenheit zurückzulassen verpflichtet ist, als er bei Beginn des Pachtverhältnisses übernommen hat, kann er vom Verpächter Ersatz des Wertes verlangen.

§ 597 Verspätete Rückgabe

[1]Gibt der Pächter die Pachtsache nach Beendigung des Pachtverhältnisses nicht zurück, so kann der Verpächter für die Dauer der Vorenthaltung als Entschädigung die vereinbarte Pacht verlangen. [2]Die Geltendmachung eines weiteren Schadens ist nicht

ausgeschlossen.

Titel 9: Werkvertrag und ähnliche Verträge

Untertitel 1: Werkvertrag

Kapitel 1: Allgemeine Vorschriften

§ 631 Vertragstypische Pflichten beim Werkvertrag

(1) Durch den Werkvertrag wird der Unternehmer zur Herstellung des versprochenen Werkes, der Besteller zur Entrichtung der vereinbarten Vergütung verpflichtet.

(2) Gegenstand des Werkvertrags kann sowohl die Herstellung oder Veränderung einer Sache als auch ein anderer durch Arbeit oder Dienstleistung herbeizuführender Erfolg sein.

§ 632 Vergütung

(1) Eine Vergütung gilt als stillschweigend vereinbart, wenn die Herstellung des Werkes den Umständen nach nur gegen eine Vergütung zu erwarten ist.

(2) Ist die Höhe der Vergütung nicht bestimmt, so ist bei dem Bestehen einer Taxe die taxmäßige Vergütung, in Ermangelung einer Taxe die übliche Vergütung als vereinbart anzusehen.

(3) Ein Kostenanschlag ist im Zweifel nicht zu vergüten.

§ 632a Abschlagszahlungen

(1) [1]Der Unternehmer kann von dem Besteller eine Abschlagszahlung in Höhe des Wertes der von ihm erbrachten und nach dem Vertrag geschuldeten Leistungen verlangen. [2]Sind die erbrachten Leistungen nicht vertragsgemäß, kann der Besteller die Zahlung eines angemessenen Teils des Abschlags verweigern. [3]Die Beweislast für die vertragsgemäße Leistung verbleibt bis zur Abnahme beim Unternehmer. [4]§ 641 Abs. 3 gilt entsprechend. [5]Die Leistungen sind durch eine Aufstellung nachzuweisen, die eine rasche und sichere Beurteilung der Leistungen ermöglichen muss. [6]Die Sätze 1 bis 5 gelten auch für erforderliche Stoffe oder Bauteile, die angeliefert oder eigens angefertigt und bereitgestellt sind, wenn dem Besteller nach seiner Wahl Eigentum an den Stoffen oder Bauteilen übertragen oder entsprechende Sicherheit hierfür geleistet wird.

(2) Die Sicherheit nach Absatz 1 Satz 6 kann auch durch eine Garantie oder ein sonstiges Zahlungsversprechen eines im Geltungsbereich dieses Gesetzes zum Geschäftsbetrieb befugten Kreditinstituts oder Kreditversicherers geleistet werden.

§ 633 Sach- und Rechtsmangel

(1) Der Unternehmer hat dem Besteller das Werk frei von Sach- und Rechtsmängeln zu verschaffen.

(2) [1]Das Werk ist frei von Sachmängeln, wenn es die vereinbarte Beschaffenheit hat. [2]Soweit die Beschaffenheit nicht vereinbart ist, ist das Werk frei von Sachmängeln,

1. wenn es sich für die nach dem Vertrag vorausgesetzte, sonst
2. für die gewöhnliche Verwendung eignet und eine Beschaffenheit aufweist, die bei Werken der gleichen Art üblich ist und die der Besteller nach der Art des Werkes erwarten kann.

[3]Einem Sachmangel steht es gleich, wenn der Unternehmer ein anderes als das bestellte Werk oder das Werk in zu geringer Menge herstellt.

(3) Das Werk ist frei von Rechtsmängeln, wenn Dritte in Bezug auf das Werk keine oder nur die im Vertrag übernommenen Rechte gegen den Besteller geltend machen können.

§ 634 Rechte des Bestellers bei Mängeln

Ist das Werk mangelhaft, kann der Besteller, wenn die Voraussetzungen der folgenden Vorschriften vorliegen und soweit nicht ein anderes bestimmt ist,

1. nach § 635 Nacherfüllung verlangen,
2. nach § 637 den Mangel selbst beseitigen und Ersatz der erforderlichen Aufwendungen verlangen,
3. nach den §§ 636, 323 und 326 Abs. 5 von dem Vertrag zurücktreten oder nach § 638 die Vergütung mindern und
4. nach den §§ 636, 280, 281, 283 und 311a Schadensersatz oder nach § 284 Ersatz vergeblicher Aufwendungen verlangen.

§ 634a Verjährung der Mängelansprüche

(1) Die in § 634 Nr. 1, 2 und 4 bezeichneten Ansprüche verjähren

1. vorbehaltlich der Nummer 2 in zwei Jahren bei einem Werk, dessen Erfolg in der Herstellung, Wartung oder Veränderung einer Sache oder in der Erbringung von Planungs- oder Überwachungsleistungen hierfür besteht,
2. in fünf Jahren bei einem Bauwerk und einem Werk, dessen Erfolg in der Erbringung von Planungs- oder Überwachungsleistungen hierfür besteht, und
3. im Übrigen in der regelmäßigen Verjährungsfrist.

(2) Die Verjährung beginnt in den Fällen des Absatzes 1 Nr. 1 und 2 mit der Abnahme.

(3) [1]Abweichend von Absatz 1 Nr. 1 und 2 und Absatz 2 verjähren die Ansprüche in der regelmäßigen Verjährungsfrist, wenn der Unternehmer den Mangel arglistig verschwiegen hat. [2]Im Fall des Absatzes 1 Nr. 2 tritt die Verjährung jedoch nicht vor Ablauf der dort bestimmten Frist ein.

(4) [1]Für das in § 634 bezeichnete Rücktrittsrecht gilt § 218. [2]Der Besteller kann trotz einer Unwirksamkeit des Rücktritts nach § 218 Abs. 1 die Zahlung der Vergütung insoweit verweigern, als er auf Grund des Rücktritts dazu berechtigt sein würde. [3]Macht er von diesem Recht Gebrauch, kann der Unternehmer vom Vertrag zurücktreten.

(5) Auf das in § 634 bezeichnete Minderungsrecht finden § 218 und Absatz 4 Satz 2 entsprechende Anwendung.

§ 635 Nacherfüllung

(1) Verlangt der Besteller Nacherfüllung, so kann der Unternehmer nach seiner Wahl den Mangel beseitigen oder ein neues Werk herstellen.

(2) Der Unternehmer hat die zum Zwecke der Nacherfüllung erforderlichen Aufwendungen, insbesondere Transport-, Wege-, Arbeits- und Materialkosten zu tragen.

(3) Der Unternehmer kann die Nacherfüllung unbeschadet des § 275 Abs. 2 und 3 verweigern, wenn sie nur mit unverhältnismäßigen Kosten möglich ist.

(4) Stellt der Unternehmer ein neues Werk her, so kann er vom Besteller Rückgewähr des mangelhaften Werkes nach Maßgabe der §§ 346 bis 348 verlangen.

§ 636 Besondere Bestimmungen für Rücktritt und Schadensersatz

Außer in den Fällen der § 281 Abs. 2 und 323 Abs. 2 bedarf es der Fristsetzung auch dann nicht, wenn der Unternehmer die Nacherfüllung gemäß § 635 Abs. 3 verweigert oder wenn die Nacherfüllung fehlgeschlagen oder dem Besteller unzumutbar ist.

§ 637 Selbstvornahme

(1) Der Besteller kann wegen eines Mangels des Werkes nach erfolglosem Ablauf einer von ihm zur Nacherfüllung bestimmten angemessenen Frist den Mangel selbst beseitigen und Ersatz der erforderlichen Aufwendungen verlangen, wenn nicht der Unternehmer die Nacherfüllung zu Recht verweigert.

(2) [1]§ 323 Abs. 2 findet entsprechende Anwendung. [2]Der Bestimmung einer Frist bedarf es auch dann nicht, wenn die Nacherfüllung fehlgeschlagen oder dem Besteller unzumutbar ist.

(3) Der Besteller kann von dem Unternehmer für die zur Beseitigung des Mangels erforderlichen Aufwendungen Vorschuss verlangen.

§ 638 Minderung

(1) [1]Statt zurückzutreten, kann der Besteller die Vergütung durch Erklärung gegenüber dem Unternehmer mindern. [2]Der Ausschlussgrund des § 323 Abs. 5 Satz 2 findet keine Anwendung.

(2) Sind auf der Seite des Bestellers oder auf der Seite des Unternehmers mehrere beteiligt, so kann die Minderung nur von allen oder gegen alle erklärt werden.

(3) [1]Bei der Minderung ist die Vergütung in dem Verhältnis herabzusetzen, in welchem zur Zeit des Vertragsschlusses der Wert des Werkes in mangelfreiem Zustand zu dem wirklichen Wert gestanden haben würde. [2]Die Minderung ist, soweit erforderlich, durch Schätzung zu ermitteln.

(4) [1]Hat der Besteller mehr als die geminderte Vergütung gezahlt, so ist der Mehrbetrag vom Unternehmer zu erstatten. [2]§ 346 Abs. 1 und § 347 Abs. 1 finden entsprechende Anwendung.

§ 639 Haftungsausschluss

Auf eine Vereinbarung, durch welche die Rechte des Bestellers wegen eines Mangels ausgeschlossen oder beschränkt werden, kann sich der Unternehmer nicht berufen, soweit er den Mangel arglistig verschwiegen oder eine Garantie für die Beschaffenheit des Werkes übernommen hat.

§ 640 Abnahme

(1) [1]Der Besteller ist verpflichtet, das vertragsmäßig hergestellte Werk abzunehmen, sofern nicht nach der Beschaffenheit des Werkes die Abnahme ausgeschlossen ist. [2]Wegen unwesentlicher Mängel kann die Abnahme nicht verweigert werden.

(2) [1]Als abgenommen gilt ein Werk auch, wenn der Unternehmer dem Besteller nach Fertigstellung des Werks eine angemessene Frist zur Abnahme gesetzt hat und der Besteller die Abnahme nicht innerhalb dieser Frist unter Angabe mindestens eines Mangels verweigert hat. [2]Ist der Besteller ein Verbraucher, so treten die Rechtsfolgen des Satzes 1 nur dann ein, wenn der Unternehmer den Besteller zusammen mit der Aufforderung zur Abnahme auf die Folgen einer nicht erklärten oder ohne Angabe von Mängeln verweigerten Abnahme hingewiesen hat; der Hinweis muss in Textform erfolgen.

(3) Nimmt der Besteller ein mangelhaftes Werk gemäß Absatz 1 Satz 1 ab, obschon er den Mangel kennt, so stehen ihm die in § 634 Nr. 1 bis 3 bezeichneten Rechte nur zu, wenn er sich seine Rechte wegen des Mangels bei der Abnahme vorbehält.

§ 641 Fälligkeit der Vergütung

(1) [1]Die Vergütung ist bei der Abnahme des Werkes zu entrichten. [2]Ist das Werk in Teilen abzunehmen und die Vergütung für die einzelnen Teile bestimmt, so ist die Vergütung für jeden Teil bei dessen Abnahme zu entrichten.

(2) [1]Die Vergütung des Unternehmers für ein Werk, dessen Herstellung der Besteller einem Dritten versprochen hat, wird spätestens fällig,

1. soweit der Besteller von dem Dritten für das versprochene Werk wegen dessen Herstellung seine Vergütung oder Teile davon

erhalten hat,
2. soweit das Werk des Bestellers von dem Dritten abgenommen worden ist oder als abgenommen gilt oder
3. wenn der Unternehmer dem Besteller erfolglos eine angemessene Frist zur Auskunft über die in den Nummern 1 und 2 bezeichneten Umstände bestimmt hat.

[2]Hat der Besteller dem Dritten wegen möglicher Mängel des Werks Sicherheit geleistet, gilt Satz 1 nur, wenn der Unternehmer dem Besteller entsprechende Sicherheit leistet.

(3) Kann der Besteller die Beseitigung eines Mangels verlangen, so kann er nach der Fälligkeit die Zahlung eines angemessenen Teils der Vergütung verweigern; angemessen ist in der Regel das Doppelte der für die Beseitigung des Mangels erforderlichen Kosten.

(4) Eine in Geld festgesetzte Vergütung hat der Besteller von der Abnahme des Werkes an zu verzinsen, sofern nicht die Vergütung gestundet ist.

§ 641a (weggefallen)

§ 642 Mitwirkung des Bestellers

(1) Ist bei der Herstellung des Werkes eine Handlung des Bestellers erforderlich, so kann der Unternehmer, wenn der Besteller durch das Unterlassen der Handlung in Verzug der Annahme kommt, eine angemessene Entschädigung verlangen.

(2) Die Höhe der Entschädigung bestimmt sich einerseits nach der Dauer des Verzugs und der Höhe der vereinbarten Vergütung, andererseits nach demjenigen, was der Unternehmer infolge des Verzugs an Aufwendungen erspart oder durch anderweitige Verwendung seiner Arbeitskraft erwerben kann.

§ 643 Kündigung bei unterlassener Mitwirkung

[1]Der Unternehmer ist im Falle des § 642 berechtigt, dem Besteller zur Nachholung der Handlung eine angemessene Frist mit der Erklärung zu bestimmen, dass er den Vertrag kündige, wenn die Handlung nicht bis zum Ablauf der Frist vorgenommen werde. [2]Der Vertrag gilt als aufgehoben, wenn nicht die Nachholung bis zum Ablauf der Frist erfolgt.

§ 644 Gefahrtragung

(1) [1]Der Unternehmer trägt die Gefahr bis zur Abnahme des Werkes. [2]Kommt der Besteller in Verzug der Annahme, so geht die Gefahr auf ihn über. [3]Für den zufälligen Untergang und eine zufällige Verschlechterung des von dem Besteller gelieferten Stoffes ist der Unternehmer nicht verantwortlich.

(2) Versendet der Unternehmer das Werk auf Verlangen des Bestellers nach einem anderen Ort als dem Erfüllungsort, so finden die für den Kauf geltenden Vorschriften des § 447 entsprechende Anwendung.

§ 645 Verantwortlichkeit des Bestellers

(1) [1]Ist das Werk vor der Abnahme infolge eines Mangels des von dem Besteller gelieferten Stoffes oder infolge einer von dem Besteller für die Ausführung erteilten Anweisung untergegangen, verschlechtert oder unausführbar geworden, ohne dass ein Umstand mitgewirkt hat, den der Unternehmer zu vertreten hat, so kann der Unternehmer einen der geleisteten Arbeit entsprechenden Teil der Vergütung und Ersatz der in der Vergütung nicht inbegriffenen Auslagen verlangen. [2]Das Gleiche gilt, wenn der Vertrag in Gemäßheit des § 643 aufgehoben wird.

(2) Eine weitergehende Haftung des Bestellers wegen Verschuldens bleibt unberührt.

§ 646 Vollendung statt Abnahme

Ist nach der Beschaffenheit des Werkes die Abnahme ausgeschlossen, so tritt in den Fällen des § 634a Abs. 2 und der §§ 641, 644 und 645 an die Stelle der Abnahme die Vollendung des Werkes.

§ 647 Unternehmerpfandrecht

Der Unternehmer hat für seine Forderungen aus dem Vertrag ein Pfandrecht an den von ihm hergestellten oder ausgebesserten beweglichen Sachen des Bestellers, wenn sie bei der Herstellung oder zum Zwecke der Ausbesserung in seinen Besitz gelangt sind.

§ 647a Sicherungshypothek des Inhabers einer Schiffswerft

[1]Der Inhaber einer Schiffswerft kann für seine Forderungen aus dem Bau oder der Ausbesserung eines Schiffes die Einräumung einer Schiffshypothek an dem Schiffsbauwerk oder dem Schiff des Bestellers verlangen. [2]Ist das Werk noch nicht vollendet, so kann er die Einräumung der Schiffshypothek für einen der geleisteten Arbeit entsprechenden Teil der Vergütung und für die in der Vergütung nicht inbegriffenen Auslagen verlangen. [3]§ 647 findet keine Anwendung.

§ 648 Kündigungsrecht des Bestellers

[1]Der Besteller kann bis zur Vollendung des Werkes jederzeit den Vertrag kündigen. [2]Kündigt der Besteller, so ist der Unternehmer berechtigt, die vereinbarte Vergütung zu verlangen; er muss sich jedoch dasjenige anrechnen lassen, was er infolge der Aufhebung des Vertrags an Aufwendungen erspart oder durch anderweitige Verwendung seiner Arbeitskraft erwirbt oder zu erwerben böswillig unterlässt. [3]Es wird vermutet, dass danach dem Unternehmer 5 vom Hundert der auf den noch nicht erbrachten Teil der Werkleistung entfallenden vereinbarten Vergütung zustehen.

§ 648a Kündigung aus wichtigem Grund

(1) [1]Beide Vertragsparteien können den Vertrag aus wichtigem Grund ohne Einhaltung einer Kündigungsfrist kündigen. [2]Ein wichtiger Grund liegt vor, wenn dem kündigenden Teil unter Berücksichtigung aller Umstände des Einzelfalls und unter Abwägung der beiderseitigen Interessen die Fortsetzung des Vertragsverhältnisses bis zur Fertigstellung des Werks nicht zugemutet werden kann.

(2) Eine Teilkündigung ist möglich; sie muss sich auf einen abgrenzbaren Teil des geschuldeten Werks beziehen.

(3) § 314 Absatz 2 und 3 gilt entsprechend.

(4) [1]Nach der Kündigung kann jede Vertragspartei von der anderen verlangen, dass sie an einer gemeinsamen Feststellung des Leistungsstandes mitwirkt. [2]Verweigert eine Vertragspartei die Mitwirkung oder bleibt sie einem vereinbarten oder einem von der anderen Vertragspartei innerhalb einer angemessenen Frist bestimmten Termin zur Leistungsstandfeststellung fern, trifft sie die Beweislast für den Leistungsstand zum Zeitpunkt der Kündigung. [3]Dies gilt nicht, wenn die Vertragspartei infolge eines Umstands fernbleibt, den sie nicht zu vertreten hat und den sie der anderen Vertragspartei unverzüglich mitgeteilt hat.

(5) Kündigt eine Vertragspartei aus wichtigem Grund, ist der Unternehmer nur berechtigt, die Vergütung zu verlangen, die auf den bis zur Kündigung erbrachten Teil des Werks entfällt.

(6) Die Berechtigung, Schadensersatz zu verlangen, wird durch die Kündigung nicht ausgeschlossen.

§ 649 Kostenanschlag

(1) Ist dem Vertrag ein Kostenanschlag zugrunde gelegt worden, ohne dass der Unternehmer die Gewähr für die Richtigkeit des Anschlags übernommen hat, und ergibt sich, dass das Werk nicht ohne eine wesentliche Überschreitung des Anschlags ausführbar ist, so steht dem Unternehmer, wenn der Besteller den Vertrag aus diesem Grund kündigt, nur der im § 645 Abs. 1 bestimmte Anspruch zu.

(2) Ist eine solche Überschreitung des Anschlags zu erwarten, so hat der Unternehmer dem Besteller unverzüglich Anzeige zu machen.

§ 650 Anwendung des Kaufrechts

[1]Auf einen Vertrag, der die Lieferung herzustellender oder zu erzeugender beweglicher Sachen zum Gegenstand hat, finden die Vorschriften über den Kauf Anwendung. [2]§ 442 Abs. 1 Satz 1 findet bei diesen Verträgen auch Anwendung, wenn der Mangel auf den vom Besteller gelieferten Stoff zurückzuführen ist. [3]Soweit es sich bei den herzustellenden oder zu erzeugenden beweglichen Sachen um nicht vertretbare Sachen handelt, sind auch die §§ 642, 643, 645, 648 und 649 mit der Maßgabe anzuwenden, dass an die Stelle der Abnahme der nach den §§ 446 und 447 maßgebliche Zeitpunkt tritt.

Kapitel 2: Bauvertrag

§ 650a Bauvertrag

(1) [1]Ein Bauvertrag ist ein Vertrag über die Herstellung, die Wiederherstellung, die Beseitigung oder den Umbau eines Bauwerks, einer Außenanlage oder eines Teils davon. [2]Für den Bauvertrag gelten ergänzend die folgenden Vorschriften dieses Kapitels.

(2) Ein Vertrag über die Instandhaltung eines Bauwerks ist ein Bauvertrag, wenn das Werk für die Konstruktion, den Bestand oder den bestimmungsgemäßen Gebrauch von wesentlicher Bedeutung ist.

§ 650b Änderung des Vertrags; Anordnungsrecht des Bestellers

(1) [1]Begehrt der Besteller

1. eine Änderung des vereinbarten Werkerfolgs (§ 631 Absatz 2) oder
2. eine Änderung, die zur Erreichung des vereinbarten Werkerfolgs notwendig ist,

streben die Vertragsparteien Einvernehmen über die Änderung und die infolge der Änderung zu leistende Mehr- oder Mindervergütung an. [2]Der Unternehmer ist verpflichtet, ein Angebot über die Mehr- oder Mindervergütung zu erstellen, im Falle einer Änderung nach Satz 1 Nummer 1 jedoch nur, wenn ihm die Ausführung der Änderung zumutbar ist. [3]Macht der Unternehmer betriebsinterne Vorgänge für die Unzumutbarkeit einer Anordnung nach Absatz 1 Satz 1 Nummer 1 geltend, trifft ihn die Beweislast hierfür. [4]Trägt der Besteller die Verantwortung für die Planung des Bauwerks oder der Außenanlage, ist der Unternehmer nur dann zur Erstellung eines Angebots über die Mehr- oder Mindervergütung verpflichtet, wenn der Besteller die für die Änderung erforderliche Planung vorgenommen und dem Unternehmer zur Verfügung gestellt hat. [5]Begehrt der Besteller eine Änderung, für die dem Unternehmer nach § 650c Absatz 1 Satz 2 kein Anspruch auf Vergütung für vermehrten Aufwand zusteht, streben die Parteien nur Einvernehmen über die Änderung an; Satz 2 findet in diesem Fall keine Anwendung.

(2) [1]Erzielen die Parteien binnen 30 Tagen nach Zugang des Änderungsbegehrens beim Unternehmer keine Einigung nach Absatz 1, kann der Besteller die Änderung in Textform anordnen. [2]Der Unternehmer ist verpflichtet, der Anordnung des Bestellers nachzukommen, einer Anordnung nach Absatz 1 Satz 1 Nummer 1 jedoch nur, wenn ihm die Ausführung zumutbar ist. [3]Absatz 1 Satz 3 gilt entsprechend.

§ 650c Vergütungsanpassung bei Anordnungen nach § 650b Absatz 2

(1) [1]Die Höhe des Vergütungsanspruchs für den infolge einer Anordnung des Bestellers nach § 650b Absatz 2 vermehrten oder verminderten Aufwand ist nach den tatsächlich erforderlichen Kosten mit angemessenen Zuschlägen für allgemeine Geschäftskosten, Wagnis und Gewinn zu ermitteln. [2]Umfasst die Leistungspflicht des Unternehmers auch die Planung des Bauwerks oder der Außenanlage, steht diesem im Fall des § 650b Absatz 1 Satz 1 Nummer 2 kein Anspruch auf Vergütung für vermehrten Aufwand zu.

(2) [1]Der Unternehmer kann zur Berechnung der Vergütung für den Nachtrag auf die Ansätze in einer vereinbarungsgemäß hinterlegten Urkalkulation zurückgreifen. [2]Es wird vermutet, dass die auf Basis der Urkalkulation fortgeschriebene Vergütung der Vergütung nach Absatz 1 entspricht.

(3) [1]Bei der Berechnung von vereinbarten oder gemäß § 632a geschuldeten Abschlagszahlungen kann der Unternehmer 80 Prozent einer in einem Angebot nach § 650b Absatz 1 Satz 2 genannten Mehrvergütung ansetzen, wenn sich die Parteien nicht über die Höhe geeinigt haben oder keine anderslautende gerichtliche Entscheidung ergeht. [2]Wählt der Unternehmer diesen Weg und ergeht keine anderslautende gerichtliche Entscheidung, wird die nach den Absätzen 1 und 2 geschuldete Mehrvergütung erst nach der Abnahme des Werks fällig. [3]Zahlungen nach Satz 1, die die nach den Absätzen 1 und 2 geschuldete Mehrvergütung übersteigen, sind dem Besteller zurückzugewähren und ab ihrem Eingang beim Unternehmer zu verzinsen. [4]§ 288 Absatz 1 Satz 2, Absatz 2 und § 289 Satz 1 gelten entsprechend.

§ 650d Einstweilige Verfügung

Zum Erlass einer einstweiligen Verfügung in Streitigkeiten über das Anordnungsrecht gemäß § 650b oder die Vergütungsanpassung gemäß § 650c ist es nach Beginn der Bauausführung nicht erforderlich, dass der Verfügungsgrund glaubhaft gemacht wird.

§ 650e Sicherungshypothek des Bauunternehmers

[1]Der Unternehmer kann für seine Forderungen aus dem Vertrag die Einräumung einer Sicherungshypothek an dem Baugrundstück des Bestellers verlangen. [2]Ist das Werk noch nicht vollendet, so kann er die Einräumung der Sicherungshypothek für einen der geleisteten Arbeit entsprechenden Teil der Vergütung und für die in der Vergütung nicht inbegriffenen Auslagen verlangen.

§ 650f Bauhandwerkersicherung

(1) [1]Der Unternehmer kann vom Besteller Sicherheit für die auch in Zusatzaufträgen vereinbarte und noch nicht gezahlte Vergütung einschließlich dazugehöriger Nebenforderungen, die mit 10 Prozent des zu sichernden Vergütungsanspruchs anzusetzen sind, verlangen. [2]Satz 1 gilt in demselben Umfang auch für Ansprüche, die an die Stelle der Vergütung treten. [3]Der Anspruch des Unternehmers auf Sicherheit wird nicht dadurch ausgeschlossen, dass der Besteller Erfüllung verlangen kann oder das Werk abgenommen hat. [4]Ansprüche, mit denen der Besteller gegen den Anspruch des Unternehmers auf Vergütung aufrechnen kann, bleiben bei der Berechnung der Vergütung unberücksichtigt, es sei denn, sie sind unstreitig oder rechtskräftig festgestellt. [5]Die Sicherheit ist auch dann als ausreichend anzusehen, wenn sich der Sicherungsgeber das Recht vorbehält, sein Versprechen im Falle einer wesentlichen Verschlechterung der Vermögensverhältnisse des Bestellers mit Wirkung für Vergütungsansprüche aus Bauleistungen zu widerrufen, die der Unternehmer bei Zugang der Widerrufserklärung noch nicht erbracht hat.

(2) [1]Die Sicherheit kann auch durch eine Garantie oder ein sonstiges Zahlungsversprechen eines im Geltungsbereich dieses Gesetzes zum Geschäftsbetrieb befugten Kreditinstituts oder Kreditversicherers geleistet werden. [2]Das Kreditinstitut oder der Kreditversicherer darf Zahlungen an den Unternehmer nur leisten, soweit der Besteller den Vergütungsanspruch des Unternehmers anerkennt oder durch vorläufig vollstreckbares Urteil zur Zahlung der Vergütung verurteilt worden ist und die Voraussetzungen vorliegen, unter denen die Zwangsvollstreckung begonnen werden darf.

(3) [1]Der Unternehmer hat dem Besteller die üblichen Kosten der Sicherheitsleistung bis zu einem Höchstsatz von 2 Prozent für das Jahr zu erstatten. [2]Dies gilt nicht, soweit eine Sicherheit wegen Einwendungen des Bestellers gegen den Vergütungsanspruch des Unternehmers aufrechterhalten werden muss und die Einwendungen sich als unbegründet erweisen.

(4) Soweit der Unternehmer für seinen Vergütungsanspruch eine Sicherheit nach Absatz 1 oder 2 erlangt hat, ist der Anspruch auf Einräumung einer Sicherungshypothek nach § 650e ausgeschlossen.

(5) [1]Hat der Unternehmer dem Besteller erfolglos eine angemessene Frist zur Leistung der Sicherheit nach Absatz 1 bestimmt, so kann der Unternehmer die Leistung verweigern oder den Vertrag kündigen. [2]Kündigt er den Vertrag, ist der Unternehmer berechtigt, die vereinbarte Vergütung zu verlangen; er muss sich jedoch dasjenige anrechnen lassen, was er infolge der Aufhebung des Vertrages an Aufwendungen erspart oder durch anderweitige Verwendung seiner Arbeitskraft erwirbt oder böswillig zu erwerben unterlässt. [3]Es wird vermutet, dass danach dem Unternehmer 5 Prozent der auf den noch nicht erbrachten Teil der Werkleistung entfallenden vereinbarten Vergütung zustehen.

(6) [1]Die Absätze 1 bis 5 finden keine Anwendung, wenn der Besteller

1. eine juristische Person des öffentlichen Rechts oder ein öffentlich-rechtliches Sondervermögen ist, über deren Vermögen ein Insolvenzverfahren unzulässig ist, oder
2. Verbraucher ist und es sich um einen Verbraucherbauvertrag nach § 650i oder um einen Bauträgervertrag nach § 650u handelt.

[2]Satz 1 Nummer 2 gilt nicht bei Betreuung des Bauvorhabens durch einen zur Verfügung über die Finanzierungsmittel des Bestellers ermächtigten Baubetreuer.

(7) Eine von den Absätzen 1 bis 5 abweichende Vereinbarung ist unwirksam.

§ 650g Zustandsfeststellung bei Verweigerung der Abnahme; Schlussrechnung

(1) [1]Verweigert der Besteller die Abnahme unter Angabe von Mängeln, hat er auf Verlangen des Unternehmers an einer gemeinsamen Feststellung des Zustands des Werks mitzuwirken. [2]Die gemeinsame Zustandsfeststellung soll mit der Angabe des Tages der Anfertigung versehen werden und ist von beiden Vertragsparteien zu unterschreiben.

(2) [1]Bleibt der Besteller einem vereinbarten oder einem von dem Unternehmer innerhalb einer angemessenen Frist bestimmten Termin zur Zustandsfeststellung fern, so kann der Unternehmer die Zustandsfeststellung auch einseitig vornehmen. [2]Dies gilt nicht, wenn der Besteller infolge eines Umstands fernbleibt, den er nicht zu vertreten hat und den er dem Unternehmer unverzüglich mitgeteilt hat. [3]Der Unternehmer hat die einseitige Zustandsfeststellung mit der Angabe des Tages der Anfertigung zu versehen und sie zu unterschreiben sowie dem Besteller eine Abschrift der einseitigen Zustandsfeststellung zur Verfügung zu stellen.

(3) [1]Ist das Werk dem Besteller verschafft worden und ist in der Zustandsfeststellung nach Absatz 1 oder 2 ein offenkundiger Mangel nicht angegeben, wird vermutet, dass dieser nach der Zustandsfeststellung entstanden und vom Besteller zu vertreten ist. [2]Die Vermutung gilt nicht, wenn der Mangel nach seiner Art nicht vom Besteller verursacht worden sein kann.

(4) [1]Die Vergütung ist zu entrichten, wenn

1. der Besteller das Werk abgenommen hat oder die Abnahme nach § 641 Absatz 2 entbehrlich ist und
2. der Unternehmer dem Besteller eine prüffähige Schlussrechnung erteilt hat.

[2]Die Schlussrechnung ist prüffähig, wenn sie eine übersichtliche Aufstellung der erbrachten Leistungen enthält und für den Besteller nachvollziehbar ist. [3]Sie gilt als prüffähig, wenn der Besteller nicht innerhalb von 30 Tagen nach Zugang der Schlussrechnung begründete Einwendungen gegen ihre Prüffähigkeit erhoben hat.

§ 650h Schriftform der Kündigung

Die Kündigung des Bauvertrags bedarf der schriftlichen Form.

Kapitel 3: Verbraucherbauvertrag

§ 650i Verbraucherbauvertrag

(1) Verbraucherbauverträge sind Verträge, durch die der Unternehmer von einem Verbraucher zum Bau eines neuen Gebäudes oder zu erheblichen Umbaumaßnahmen an einem bestehenden Gebäude verpflichtet wird.

(2) Der Verbraucherbauvertrag bedarf der Textform.

(3) Für Verbraucherbauverträge gelten ergänzend die folgenden Vorschriften dieses Kapitels.

§ 650j Baubeschreibung

Der Unternehmer hat den Verbraucher über die sich aus Artikel 249 des Einführungsgesetzes zum Bürgerlichen Gesetzbuche ergebenden Einzelheiten in der dort vorgesehenen Form zu unterrichten, es sei denn, der Verbraucher oder ein von ihm Beauftragter macht die wesentlichen Planungsvorgaben.

§ 650k Inhalt des Vertrags

(1) Die Angaben der vorvertraglich zur Verfügung gestellten Baubeschreibung in Bezug auf die Bauausführung werden Inhalt des Vertrags, es sei denn, die Vertragsparteien haben ausdrücklich etwas anderes vereinbart.

(2) [1]Soweit die Baubeschreibung unvollständig oder unklar ist, ist der Vertrag unter Berücksichtigung sämtlicher vertragsbegleitender Umstände, insbesondere des Komfort- und Qualitätsstandards nach der übrigen Leistungsbeschreibung, auszulegen. [2]Zweifel bei der Auslegung des Vertrags bezüglich der vom Unternehmer geschuldeten Leistung gehen zu dessen Lasten.

(3) [1]Der Bauvertrag muss verbindliche Angaben zum Zeitpunkt der Fertigstellung des Werks oder, wenn dieser Zeitpunkt zum Zeitpunkt des Abschlusses des Bauvertrags nicht angegeben werden kann, zur Dauer der Bauausführung enthalten. [2]Enthält der Vertrag diese Angaben nicht, werden die vorvertraglich in der Baubeschreibung übermittelten Angaben zum Zeitpunkt der Fertigstellung des Werks oder zur Dauer der Bauausführung Inhalt des Vertrags.

§ 650l Widerrufsrecht

[1]Dem Verbraucher steht ein Widerrufsrecht gemäß § 355 zu, es sei denn, der Vertrag wurde notariell beurkundet. [2]Der Unternehmer ist verpflichtet, den Verbraucher nach Maßgabe des Artikels 249 § 3 des Einführungsgesetzes zum Bürgerlichen Gesetzbuche über sein Widerrufsrecht zu belehren.

§ 650m Abschlagszahlungen; Absicherung des Vergütungsanspruchs

(1) Verlangt der Unternehmer Abschlagszahlungen nach § 632a, darf der Gesamtbetrag der Abschlagszahlungen 90 Prozent der vereinbarten Gesamtvergütung einschließlich der Vergütung für Nachtragsleistungen nach § 650c nicht übersteigen.

(2) [1]Dem Verbraucher ist bei der ersten Abschlagszahlung eine Sicherheit für die rechtzeitige Herstellung des Werks ohne wesentliche Mängel in Höhe von 5 Prozent der vereinbarten Gesamtvergütung zu leisten. [2]Erhöht sich der Vergütungsanspruch infolge einer Anordnung des Verbrauchers nach den §§ 650b und 650c oder infolge sonstiger Änderungen oder Ergänzungen des Vertrags um mehr als 10 Prozent, ist dem Verbraucher bei der nächsten Abschlagszahlung eine weitere Sicherheit in Höhe von 5 Prozent des zusätzlichen Vergütungsanspruchs zu leisten. [3]Auf Verlangen des Unternehmers ist die Sicherheitsleistung durch Einbehalt dergestalt zu erbringen, dass der Verbraucher die Abschlagszahlungen bis zu dem Gesamtbetrag der geschuldeten Sicherheit zurückhält.

(3) Sicherheiten nach Absatz 2 können auch durch eine Garantie oder ein sonstiges Zahlungsversprechen eines im Geltungsbereich dieses Gesetzes zum Geschäftsbetrieb befugten Kreditinstituts oder Kreditversicherers geleistet werden.

(4) [1]Verlangt der Unternehmer Abschlagszahlungen nach § 632a, ist eine Vereinbarung unwirksam, die den Verbraucher zu einer Sicherheitsleistung für die vereinbarte Vergütung verpflichtet, die die nächste Abschlagszahlung oder 20 Prozent der vereinbarten Vergütung übersteigt. [2]Gleiches gilt, wenn die Parteien Abschlagszahlungen vereinbart haben.

§ 650n Erstellung und Herausgabe von Unterlagen

(1) [1]Rechtzeitig vor Beginn der Ausführung einer geschuldeten Leistung hat der Unternehmer diejenigen Planungsunterlagen zu erstellen und dem Verbraucher herauszugeben, die dieser benötigt, um gegenüber Behörden den Nachweis führen zu können, dass die Leistung unter Einhaltung der einschlägigen öffentlich-rechtlichen Vorschriften ausgeführt werden wird. [2]Die Pflicht besteht nicht, soweit der Verbraucher oder ein von ihm Beauftragter die wesentlichen Planungsvorgaben erstellt.

(2) Spätestens mit der Fertigstellung des Werks hat der Unternehmer diejenigen Unterlagen zu erstellen und dem Verbraucher herauszugeben, die dieser benötigt, um gegenüber Behörden den Nachweis führen zu können, dass die Leistung unter Einhaltung der einschlägigen öffentlich-rechtlichen Vorschriften ausgeführt worden ist.

(3) Die Absätze 1 und 2 gelten entsprechend, wenn ein Dritter, etwa ein Darlehensgeber, Nachweise für die Einhaltung bestimmter Bedingungen verlangt und wenn der Unternehmer die berechtigte Erwartung des Verbrauchers geweckt hat, diese Bedingungen einzuhalten.

Kapitel 4: Unabdingbarkeit

§ 650o Abweichende Vereinbarungen

[1]Von § 640 Absatz 2 Satz 2, den §§ 650i bis 650l und 650n kann nicht zum Nachteil des Verbrauchers abgewichen werden. [2]Diese Vorschriften finden auch Anwendung, wenn sie durch anderweitige Gestaltungen umgangen werden.

Untertitel 2: Architektenvertrag und Ingenieurvertrag

§ 650p Vertragstypische Pflichten aus Architekten- und Ingenieurverträgen

(1) Durch einen Architekten- oder Ingenieurvertrag wird der Unternehmer verpflichtet, die Leistungen zu erbringen, die nach dem jeweiligen Stand der Planung und Ausführung des Bauwerks oder der Außenanlage erforderlich sind, um die zwischen den Parteien vereinbarten Planungs- und Überwachungsziele zu erreichen.

(2) [1]Soweit wesentliche Planungs- und Überwachungsziele noch nicht vereinbart sind, hat der Unternehmer zunächst eine Planungsgrundlage zur Ermittlung dieser Ziele zu erstellen. [2]Er legt dem Besteller die Planungsgrundlage zusammen mit einer Kosteneinschätzung für das Vorhaben zur Zustimmung vor.

§ 650q Anwendbare Vorschriften

(1) Für Architekten- und Ingenieurverträge gelten die Vorschriften des Kapitels 1 des Untertitels 1 sowie die §§ 650b, 650e bis 650h entsprechend, soweit sich aus diesem Untertitel nichts anderes ergibt.

(2) [1]Für die Vergütungsanpassung im Fall von Anordnungen nach § 650b Absatz 2 gelten die Entgeltberechnungsregeln der Honorarordnung für Architekten und Ingenieure in der jeweils geltenden Fassung, soweit infolge der Anordnung zu erbringende oder entfallende Leistungen vom Anwendungsbereich der Honorarordnung erfasst werden. [2]Im Übrigen gilt § 650c entsprechend.

§ 650r Sonderkündigungsrecht

(1) [1]Nach Vorlage von Unterlagen gemäß § 650p Absatz 2 kann der Besteller den Vertrag kündigen. [2]Das Kündigungsrecht erlischt zwei Wochen nach Vorlage der Unterlagen, bei einem Verbraucher jedoch nur dann, wenn der Unternehmer ihn bei der Vorlage der Unterlagen in Textform über das Kündigungsrecht, die Frist, in der es ausgeübt werden kann, und die Rechtsfolgen der Kündigung unterrichtet hat.

(2) [1]Der Unternehmer kann dem Besteller eine angemessene Frist für die Zustimmung nach § 650p Absatz 2 Satz 2 setzen. [2]Er kann den Vertrag kündigen, wenn der Besteller die Zustimmung verweigert oder innerhalb der Frist nach Satz 1 keine Erklärung zu den Unterlagen abgibt.

(3) Wird der Vertrag nach Absatz 1 oder 2 gekündigt, ist der Unternehmer nur berechtigt, die Vergütung zu verlangen, die auf die bis zur Kündigung erbrachten Leistungen entfällt.

§ 650s Teilabnahme

Der Unternehmer kann ab der Abnahme der letzten Leistung des bauausführenden Unternehmers oder der bauausführenden Unternehmer eine Teilabnahme der von ihm bis dahin erbrachten Leistungen verlangen.

§ 650t Gesamtschuldnerische Haftung mit dem bauausführenden Unternehmer

Nimmt der Besteller den Unternehmer wegen eines Überwachungsfehlers in Anspruch, der zu einem Mangel an dem Bauwerk oder an der Außenanlage geführt hat, kann der Unternehmer die Leistung verweigern, wenn auch der ausführende Bauunternehmer für den Mangel haftet und der Besteller dem bauausführenden Unternehmer noch nicht erfolglos eine angemessene Frist zur Nacherfüllung bestimmt hat.

Untertitel 3: Bauträgervertrag

§ 650u Bauträgervertrag; anwendbare Vorschriften

(1) [1]Ein Bauträgervertrag ist ein Vertrag, der die Errichtung oder den Umbau eines Hauses oder eines vergleichbaren Bauwerks zum Gegenstand hat und der zugleich die Verpflichtung des Unternehmers enthält, dem Besteller das Eigentum an dem Grundstück zu übertragen oder ein Erbbaurecht zu bestellen oder zu übertragen. [2]Hinsichtlich der Errichtung oder des Umbaus finden die Vorschriften des Untertitels 1 Anwendung, soweit sich aus den nachfolgenden Vorschriften nichts anderes ergibt. [3]Hinsichtlich des Anspruchs auf Übertragung des Eigentums an dem Grundstück oder auf Übertragung oder Bestellung des Erbbaurechts finden die Vorschriften über den Kauf Anwendung.

(2) Keine Anwendung finden die §§ 648, 648a, 650b bis 650e, 650k Absatz 1 sowie die §§ 650l und 650m Absatz 1.

§ 650v Abschlagszahlungen

Der Unternehmer kann von dem Besteller Abschlagszahlungen nur verlangen, soweit sie gemäß einer Verordnung auf Grund von Artikel 244 des Einführungsgesetzes zum Bürgerlichen Gesetzbuche vereinbart sind.

Titel 10: Maklervertrag

Untertitel 1: Allgemeine Vorschriften

§ 652 Entstehung des Lohnanspruchs

(1) [1]Wer für den Nachweis der Gelegenheit zum Abschluss eines Vertrags oder für die Vermittlung eines Vertrags einen Maklerlohn verspricht, ist zur Entrichtung des Lohnes nur verpflichtet, wenn der Vertrag infolge des Nachweises oder infolge der Vermittlung des Maklers zustande kommt. [2]Wird der Vertrag unter einer aufschiebenden Bedingung geschlossen, so kann der Maklerlohn erst verlangt werden, wenn die Bedingung eintritt.

(2) [1]Aufwendungen sind dem Makler nur zu ersetzen, wenn es vereinbart ist. [2]Dies gilt auch dann, wenn ein Vertrag nicht zustande kommt.

§ 653 Maklerlohn

(1) Ein Maklerlohn gilt als stillschweigend vereinbart, wenn die dem Makler übertragene Leistung den Umständen nach nur gegen eine Vergütung zu erwarten ist.

(2) Ist die Höhe der Vergütung nicht bestimmt, so ist bei dem Bestehen einer Taxe der taxmäßige Lohn, in Ermangelung einer Taxe der übliche Lohn als vereinbart anzusehen.

§ 654 Verwirkung des Lohnanspruchs

Der Anspruch auf den Maklerlohn und den Ersatz von Aufwendungen ist ausgeschlossen, wenn der Makler dem Inhalt des Vertrags zuwider auch für den anderen Teil tätig gewesen ist.

§ 655 Herabsetzung des Maklerlohns

[1]Ist für den Nachweis der Gelegenheit zum Abschluss eines Dienstvertrags oder für die Vermittlung eines solchen Vertrags ein unverhältnismäßig hoher Maklerlohn vereinbart worden, so kann er auf Antrag des Schuldners durch Urteil auf den angemessenen Betrag herabgesetzt werden. Nach der Entrichtung des Lohnes ist die Herabsetzung ausgeschlossen.

Untertitel 2: Vermittlung von Verbraucherdarlehensverträgen und entgeltlichen Finanzierungshilfen

§ 655a Darlehensvermittlungsvertrag

(1) [1]Für einen Vertrag, nach dem es ein Unternehmer unternimmt, einem Verbraucher

1. gegen eine vom Verbraucher oder einem Dritten zu leistende Vergütung einen Verbraucherdarlehensvertrag oder eine entgeltliche Finanzierungshilfe zu vermitteln,
2. die Gelegenheit zum Abschluss eines Vertrags nach Nummer 1 nachzuweisen oder
3. auf andere Weise beim Abschluss eines Vertrags nach Nummer 1 behilflich zu sein,

gelten vorbehaltlich des Satzes 2 die folgenden Vorschriften dieses Untertitels. [2]Bei entgeltlichen Finanzierungshilfen, die den Ausnahmen des § 491 Absatz 2 Satz 2 Nummer 1 bis 5 und Absatz 3 Satz 2 entsprechen, gelten die Vorschriften dieses Untertitels nicht.

(2) [1]Der Darlehensvermittler ist verpflichtet, den Verbraucher nach Maßgabe des Artikels 247 § 13 Absatz 2 und § 13b Absatz 1 des Einführungsgesetzes zum Bürgerlichen Gesetzbuche zu informieren. [2]Der Darlehensvermittler ist gegenüber dem Verbraucher zusätzlich wie ein Darlehensgeber gemäß § 491a verpflichtet. [3]Satz 2 gilt nicht für Warenlieferanten oder Dienstleistungserbringer, die in lediglich untergeordneter Funktion als Darlehensvermittler von Allgemein-Verbraucherdarlehen oder von entsprechenden entgeltlichen Finanzierungshilfen tätig werden, etwa indem sie als Nebenleistung den Abschluss eines verbundenen Verbraucherdarlehensvertrags vermitteln.

(3) [1]Bietet der Darlehensvermittler im Zusammenhang mit der Vermittlung eines Immobiliar-Verbraucherdarlehensvertrags oder entsprechender entgeltlicher Finanzierungshilfen Beratungsleistungen gemäß § 511 Absatz 1 an, so gilt § 511 entsprechend. [2]§ 511 Absatz 2 Satz 2 gilt entsprechend mit der Maßgabe, dass der Darlehensvermittler eine ausreichende Zahl von am Markt verfügbaren Darlehensverträgen zu prüfen hat. [3]Ist der Darlehensvermittler nur im Namen und unter der unbeschränkten und vorbehaltlosen Verantwortung nur eines Darlehensgebers oder einer begrenzten Zahl von Darlehensgebern tätig, die am Markt

keine Mehrheit darstellt, so braucht der Darlehensvermittler abweichend von Satz 2 nur Darlehensverträge aus der Produktpalette dieser Darlehensgeber zu berücksichtigen.

§ 655b Schriftform bei einem Vertrag mit einem Verbraucher

(1) [1]Der Darlehensvermittlungsvertrag mit einem Verbraucher bedarf der schriftlichen Form. [2]Der Vertrag darf nicht mit dem Antrag auf Hingabe des Darlehens verbunden werden. [3]Der Darlehensvermittler hat dem Verbraucher den Vertragsinhalt in Textform mitzuteilen.

(2) Ein Darlehensvermittlungsvertrag mit einem Verbraucher, der den Anforderungen des Absatzes 1 Satz 1 und 2 nicht genügt oder vor dessen Abschluss die Pflichten aus Artikel 247 § 13 Abs. 2 sowie § 13b Absatz 1 und 3 des Einführungsgesetzes zum Bürgerlichen Gesetzbuche nicht erfüllt worden sind, ist nichtig.

§ 655c Vergütung

[1]Der Verbraucher ist zur Zahlung der Vergütung für die Tätigkeiten nach § 655a Absatz 1 nur verpflichtet, wenn infolge der Vermittlung, des Nachweises oder auf Grund der sonstigen Tätigkeit des Darlehensvermittlers das Darlehen an den Verbraucher geleistet wird und ein Widerruf des Verbrauchers nach § 355 nicht mehr möglich ist. [2]Soweit der Verbraucherdarlehensvertrag mit Wissen des Darlehensvermittlers der vorzeitigen Ablösung eines anderen Darlehens (Umschuldung) dient, entsteht ein Anspruch auf die Vergütung nur, wenn sich der effektive Jahreszins nicht erhöht; bei der Berechnung des effektiven Jahreszinses für das abzulösende Darlehen bleiben etwaige Vermittlungskosten außer Betracht.

§ 655d Nebenentgelte

[1]Der Darlehensvermittler darf für Leistungen, die mit der Vermittlung des Verbraucherdarlehensvertrags oder dem Nachweis der Gelegenheit zum Abschluss eines Verbraucherdarlehensvertrags zusammenhängen, außer der Vergütung nach § 655c Satz 1 sowie eines gegebenenfalls vereinbarten Entgelts für Beratungsleistungen ein Entgelt nicht vereinbaren. [2]Jedoch kann vereinbart werden, dass dem Darlehensvermittler entstandene, erforderliche Auslagen zu erstatten sind. [3]Dieser Anspruch darf die Höhe oder die Höchstbeträge, die der Darlehensvermittler dem Verbraucher gemäß Artikel 247 § 13 Absatz 2 Satz 1 Nummer 4 des Einführungsgesetzes zum Bürgerlichen Gesetzbuche mitgeteilt hat, nicht übersteigen.

§ 655e Abweichende Vereinbarungen, Anwendung auf Existenzgründer

(1) [1]Von den Vorschriften dieses Untertitels darf nicht zum Nachteil des Verbrauchers abgewichen werden. [2]Die Vorschriften dieses Untertitels finden auch Anwendung, wenn sie durch anderweitige Gestaltungen umgangen werden.

(2) Existenzgründer im Sinne des § 513 stehen Verbrauchern in diesem Untertitel gleich.

Untertitel 4: Vermittlung von Kaufverträgen über Wohnungen und Einfamilienhäuser

§ 656a Textform

Ein Maklervertrag, der den Nachweis der Gelegenheit zum Abschluss eines Kaufvertrags über eine Wohnung oder ein Einfamilienhaus oder die Vermittlung eines solchen Vertrags zum Gegenstand hat, bedarf der Textform.

§ 656b Persönlicher Anwendungsbereich der §§ 656c und 656d

Die §§ 656c und 656d gelten nur, wenn der Käufer ein Verbraucher ist.

§ 656c Lohnanspruch bei Tätigkeit für beide Parteien

(1) [1]Lässt sich der Makler von beiden Parteien des Kaufvertrags über eine Wohnung oder ein Einfamilienhaus einen Maklerlohn versprechen, so kann dies nur in der Weise erfolgen, dass sich die Parteien in gleicher Höhe verpflichten. [2]Vereinbart der Makler mit einer Partei des Kaufvertrags, dass er für diese unentgeltlich tätig wird, kann er sich auch von der anderen Partei keinen Maklerlohn versprechen lassen. [3]Ein Erlass wirkt auch zugunsten des jeweils anderen Vertragspartners des Maklers. [4]Von Satz 3 kann durch Vertrag nicht abgewichen werden.

(2) [1]Ein Maklervertrag, der von Absatz 1 Satz 1 und 2 abweicht, ist unwirksam. [2]§ 654 bleibt unberührt.

§ 656d Vereinbarungen über die Maklerkosten

(1) [1]Hat nur eine Partei des Kaufvertrags über eine Wohnung oder ein Einfamilienhaus einen Maklervertrag abgeschlossen, ist eine Vereinbarung, die die andere Partei zur Zahlung oder Erstattung von Maklerlohn verpflichtet, nur wirksam, wenn die Partei, die den Maklervertrag abgeschlossen hat, zur Zahlung des Maklerlohns mindestens in gleicher Höhe verpflichtet bleibt. [2]Der Anspruch gegen die andere Partei wird erst fällig, wenn die Partei, die den Maklervertrag abgeschlossen hat, ihrer Verpflichtung zur Zahlung des Maklerlohns nachgekommen ist und sie oder der Makler einen Nachweis hierüber erbringt.

(2) § 656c Absatz 1 Satz 3 und 4 gilt entsprechend.

Titel 20: Bürgschaft

§ 765 Vertragstypische Pflichten bei der Bürgschaft

(1) Durch den Bürgschaftsvertrag verpflichtet sich der Bürge gegenüber dem Gläubiger eines Dritten, für die Erfüllung der Verbindlichkeit des Dritten einzustehen.

(2) Die Bürgschaft kann auch für eine künftige oder eine bedingte Verbindlichkeit übernommen werden.

§ 766 Schriftform der Bürgschaftserklärung

[1]Zur Gültigkeit des Bürgschaftsvertrags ist schriftliche Erteilung der Bürgschaftserklärung erforderlich. [2]Die Erteilung der

Bürgschaftserklärung in elektronischer Form ist ausgeschlossen. [3]Soweit der Bürge die Hauptverbindlichkeit erfüllt, wird der Mangel der Form geheilt.

§ 767 Umfang der Bürgschaftsschuld

(1) [1]Für die Verpflichtung des Bürgen ist der jeweilige Bestand der Hauptverbindlichkeit maßgebend. [2]Dies gilt insbesondere auch, wenn die Hauptverbindlichkeit durch Verschulden oder Verzug des Hauptschuldners geändert wird. [3]Durch ein Rechtsgeschäft, das der Hauptschuldner nach der Übernahme der Bürgschaft vornimmt, wird die Verpflichtung des Bürgen nicht erweitert.

(2) Der Bürge haftet für die dem Gläubiger von dem Hauptschuldner zu ersetzenden Kosten der Kündigung und der Rechtsverfolgung.

§ 768 Einreden des Bürgen

(1) [1]Der Bürge kann die dem Hauptschuldner zustehenden Einreden geltend machen. [2]Stirbt der Hauptschuldner, so kann sich der Bürge nicht darauf berufen, dass der Erbe für die Verbindlichkeit nur beschränkt haftet.

(2) Der Bürge verliert eine Einrede nicht dadurch, dass der Hauptschuldner auf sie verzichtet.

§ 769 Mitbürgschaft

Verbürgen sich mehrere für dieselbe Verbindlichkeit, so haften sie als Gesamtschuldner, auch wenn sie die Bürgschaft nicht gemeinschaftlich übernehmen.

§ 770 Einreden der Anfechtbarkeit und der Aufrechenbarkeit

(1) Der Bürge kann die Befriedigung des Gläubigers verweigern, solange dem Hauptschuldner das Recht zusteht, das seiner Verbindlichkeit zugrunde liegende Rechtsgeschäft anzufechten.

(2) Die gleiche Befugnis hat der Bürge, solange sich der Gläubiger durch Aufrechnung gegen eine fällige Forderung des Hauptschuldners befriedigen kann.

§ 771 Einrede der Vorausklage

[1]Der Bürge kann die Befriedigung des Gläubigers verweigern, solange nicht der Gläubiger eine Zwangsvollstreckung gegen den Hauptschuldner ohne Erfolg versucht hat (Einrede der Vorausklage). [2]Erhebt der Bürge die Einrede der Vorausklage, ist die Verjährung des Anspruchs des Gläubigers gegen den Bürgen gehemmt, bis der Gläubiger eine Zwangsvollstreckung gegen den Hauptschuldner ohne Erfolg versucht hat.

Titel 26: Ungerechtfertigte Bereicherung

§ 812 Herausgabeanspruch

(1) [1]Wer durch die Leistung eines anderen oder in sonstiger Weise auf dessen Kosten etwas ohne rechtlichen Grund erlangt, ist ihm zur Herausgabe verpflichtet. [2]Diese Verpflichtung besteht auch dann, wenn der rechtliche Grund später wegfällt oder der mit einer Leistung nach dem Inhalt des Rechtsgeschäfts bezweckte Erfolg nicht eintritt.

(2) Als Leistung gilt auch die durch Vertrag erfolgte Anerkennung des Bestehens oder des Nichtbestehens eines Schuldverhältnisses.

Titel 27: Unerlaubte Handlungen

§ 823 Schadensersatzpflicht

(1) Wer vorsätzlich oder fahrlässig das Leben, den Körper, die Gesundheit, die Freiheit, das Eigentum oder ein sonstiges Recht eines anderen widerrechtlich verletzt, ist dem anderen zum Ersatz des daraus entstehenden Schadens verpflichtet.

(2) [1]Die gleiche Verpflichtung trifft denjenigen, welcher gegen ein den Schutz eines anderen bezweckendes Gesetz verstößt. [2]Ist nach dem Inhalt des Gesetzes ein Verstoß gegen dieses auch ohne Verschulden möglich, so tritt die Ersatzpflicht nur im Falle des Verschuldens ein.

§ 836 Haftung des Grundstücksbesitzers

(1) [1]Wird durch den Einsturz eines Gebäudes oder eines anderen mit einem Grundstück verbundenen Werkes oder durch die Ablösung von Teilen des Gebäudes oder des Werkes ein Mensch getötet, der Körper oder die Gesundheit eines Menschen verletzt oder eine Sache beschädigt, so ist der Besitzer des Grundstücks, sofern der Einsturz oder die Ablösung die Folge fehlerhafter Errichtung oder mangelhafter Unterhaltung ist, verpflichtet, dem Verletzten den daraus entstehenden Schaden zu ersetzen. [2]Die Ersatzpflicht tritt nicht ein, wenn der Besitzer zum Zwecke der Abwendung der Gefahr die im Verkehr erforderliche Sorgfalt beobachtet hat.

(2) Ein früherer Besitzer des Grundstücks ist für den Schaden verantwortlich, wenn der Einsturz oder die Ablösung innerhalb eines Jahres nach der Beendigung seines Besitzes eintritt, es sei denn, dass er während seines Besitzes die im Verkehr erforderliche Sorgfalt beobachtet hat oder ein späterer Besitzer durch Beobachtung dieser Sorgfalt die Gefahr hätte abwenden können.

(3) Besitzer im Sinne dieser Vorschriften ist der Eigenbesitzer.

§ 837 Haftung des Gebäudebesitzers

Besitzt jemand auf einem fremden Grundstück in Ausübung eines Rechts ein Gebäude oder ein anderes Werk, so trifft ihn anstelle des Besitzers des Grundstücks die im § 836 bestimmte Verantwortlichkeit.

§ 838 Haftung des Gebäudeunterhaltungspflichtigen

Wer die Unterhaltung eines Gebäudes oder eines mit einem Grundstück verbundenen Werkes für den Besitzer übernimmt oder das Gebäude oder das Werk vermöge eines ihm zustehenden Nutzungsrechts zu unterhalten hat, ist für den durch den Einsturz oder die Ablösung von Teilen verursachten Schaden in gleicher Weise verantwortlich wie der Besitzer.

Buch 3: Sachenrecht

Abschnitt 2: Allgemeine Vorschriften über Rechte an Grundstücken

§ 873 Erwerb durch Einigung und Eintragung

(1) Zur Übertragung des Eigentums an einem Grundstück, zur Belastung eines Grundstücks mit einem Recht sowie zur Übertragung oder Belastung eines solchen Rechts ist die Einigung des Berechtigten und des anderen Teils über den Eintritt der Rechtsänderung und die Eintragung der Rechtsänderung in das Grundbuch erforderlich, soweit nicht das Gesetz ein anderes vorschreibt.

(2) Vor der Eintragung sind die Beteiligten an die Einigung nur gebunden, wenn die Erklärungen notariell beurkundet oder vor dem Grundbuchamt abgegeben oder bei diesem eingereicht sind oder wenn der Berechtigte dem anderen Teil eine den Vorschriften der Grundbuchordnung entsprechende Eintragungsbewilligung ausgehändigt hat.

§ 874 Bezugnahme auf die Eintragungsbewilligung

[1]Bei der Eintragung eines Rechts, mit dem ein Grundstück belastet wird, kann zur näheren Bezeichnung des Inhalts des Rechts auf die Eintragungsbewilligung Bezug genommen werden, soweit nicht das Gesetz ein anderes vorschreibt. [2]Einer Bezugnahme auf die Eintragungsbewilligung steht die Bezugnahme auf die bisherige Eintragung nach § 44 Absatz 3 Satz 2 der Grundbuchordnung gleich.

§ 875 Aufhebung eines Rechts

(1) [1]Zur Aufhebung eines Rechts an einem Grundstück ist, soweit nicht das Gesetz ein anderes vorschreibt, die Erklärung des Berechtigten, dass er das Recht aufgebe, und die Löschung des Rechts im Grundbuch erforderlich. [2]Die Erklärung ist dem Grundbuchamt oder demjenigen gegenüber abzugeben, zu dessen Gunsten sie erfolgt.

(2) Vor der Löschung ist der Berechtigte an seine Erklärung nur gebunden, wenn er sie dem Grundbuchamt gegenüber abgegeben oder demjenigen, zu dessen Gunsten sie erfolgt, eine den Vorschriften der Grundbuchordnung entsprechende Löschungsbewilligung ausgehändigt hat.

§ 876 Aufhebung eines belasteten Rechts

[1]Ist ein Recht an einem Grundstück mit dem Recht eines Dritten belastet, so ist zur Aufhebung des belasteten Rechts die Zustimmung des Dritten erforderlich. [2]Steht das aufzuhebende Recht dem jeweiligen Eigentümer eines anderen Grundstücks zu, so ist, wenn dieses Grundstück mit dem Recht eines Dritten belastet ist, die Zustimmung des Dritten erforderlich, es sei denn, dass dessen Recht durch die Aufhebung nicht berührt wird. [3]Die Zustimmung ist dem Grundbuchamt oder demjenigen gegenüber zu erklären, zu dessen Gunsten sie erfolgt; sie ist unwiderruflich.

§ 877 Rechtsänderungen

Die Vorschriften der §§ 873, 874, 876 finden auch auf Änderungen des Inhalts eines Rechts an einem Grundstück Anwendung.

§ 878 Nachträgliche Verfügungsbeschränkungen

Eine von dem Berechtigten in Gemäßheit der §§ 873, 875, 877 abgegebene Erklärung wird nicht dadurch unwirksam, dass der Berechtigte in der Verfügung beschränkt wird, nachdem die Erklärung für ihn bindend geworden und der Antrag auf Eintragung bei dem Grundbuchamt gestellt worden ist.

§ 879 Rangverhältnis mehrerer Rechte

(1) [1]Das Rangverhältnis unter mehreren Rechten, mit denen ein Grundstück belastet ist, bestimmt sich, wenn die Rechte in derselben Abteilung des Grundbuchs eingetragen sind, nach der Reihenfolge der Eintragungen. [2]Sind die Rechte in verschiedenen Abteilungen eingetragen, so hat das unter Angabe eines früheren Tages eingetragene Recht den Vorrang; Rechte, die unter Angabe desselben Tages eingetragen sind, haben gleichen Rang.

(2) Die Eintragung ist für das Rangverhältnis auch dann maßgebend, wenn die nach § 873 zum Erwerb des Rechts erforderliche Einigung erst nach der Eintragung zustande gekommen ist.

(3) Eine abweichende Bestimmung des Rangverhältnisses bedarf der Eintragung in das Grundbuch.

§ 880 Rangänderung

(1) Das Rangverhältnis kann nachträglich geändert werden.

(2) [1]Zu der Rangänderung ist die Einigung des zurücktretenden und des vortretenden Berechtigten und die Eintragung der Änderung in das Grundbuch erforderlich; die Vorschriften des § 873 Abs. 2 und des § 878 finden Anwendung. [2]Soll eine Hypothek, eine Grundschuld oder eine Rentenschuld zurücktreten, so ist außerdem die Zustimmung des Eigentümers erforderlich. [3]Die Zustimmung ist dem Grundbuchamt oder einem der Beteiligten gegenüber zu erklären; sie ist unwiderruflich.

(3) Ist das zurücktretende Recht mit dem Recht eines Dritten belastet, so findet die Vorschrift des § 876 entsprechende Anwendung.

(4) Der dem vortretenden Recht eingeräumte Rang geht nicht dadurch verloren, dass das zurücktretende Recht durch Rechtsgeschäft aufgehoben wird.

(5) Rechte, die den Rang zwischen dem zurücktretenden und dem vortretenden Recht haben, werden durch die Rangänderung nicht berührt.

§ 881 Rangvorbehalt

(1) Der Eigentümer kann sich bei der Belastung des Grundstücks mit einem Recht die Befugnis vorbehalten, ein anderes, dem Umfang nach bestimmtes Recht mit dem Rang vor jenem Recht eintragen zu lassen.

(2) Der Vorbehalt bedarf der Eintragung in das Grundbuch; die Eintragung muss bei dem Recht erfolgen, das zurücktreten soll.

(3) Wird das Grundstück veräußert, so geht die vorbehaltene Befugnis auf den Erwerber über.

(4) Ist das Grundstück vor der Eintragung des Rechts, dem der Vorrang beigelegt ist, mit einem Recht ohne einen entsprechenden Vorbehalt belastet worden, so hat der Vorrang insoweit keine Wirkung, als das mit dem Vorbehalt eingetragene Recht infolge der inzwischen eingetretenen Belastung eine über den Vorbehalt hinausgehende Beeinträchtigung erleiden würde.

§ 882 Höchstbetrag des Wertersatzes

[1]Wird ein Grundstück mit einem Recht belastet, für welches nach den für die Zwangsversteigerung geltenden Vorschriften dem Berechtigten im Falle des Erlöschens durch den Zuschlag der Wert aus dem Erlös zu ersetzen ist, so kann der Höchstbetrag des Ersatzes bestimmt werden. [2]Die Bestimmung bedarf der Eintragung in das Grundbuch.

§ 883 Voraussetzungen und Wirkung der Vormerkung

(1) [1]Zur Sicherung des Anspruchs auf Einräumung oder Aufhebung eines Rechts an einem Grundstück oder an einem das Grundstück belastenden Recht oder auf Änderung des Inhalts oder des Ranges eines solchen Rechts kann eine Vormerkung in das Grundbuch eingetragen werden. [2]Die Eintragung einer Vormerkung ist auch zur Sicherung eines künftigen oder eines bedingten Anspruchs zulässig.

(2) [1]Eine Verfügung, die nach der Eintragung der Vormerkung über das Grundstück oder das Recht getroffen wird, ist insoweit unwirksam, als sie den Anspruch vereiteln oder beeinträchtigen würde. [2]Dies gilt auch, wenn die Verfügung im Wege der Zwangsvollstreckung oder der Arrestvollziehung oder durch den Insolvenzverwalter erfolgt.

(3) Der Rang des Rechts, auf dessen Einräumung der Anspruch gerichtet ist, bestimmt sich nach der Eintragung der Vormerkung.

§ 884 Wirkung gegenüber Erben

Soweit der Anspruch durch die Vormerkung gesichert ist, kann sich der Erbe des Verpflichteten nicht auf die Beschränkung seiner Haftung berufen.

§ 885 Voraussetzung für die Eintragung der Vormerkung

(1) [1]Die Eintragung einer Vormerkung erfolgt auf Grund einer einstweiligen Verfügung oder auf Grund der Bewilligung desjenigen, dessen Grundstück oder dessen Recht von der Vormerkung betroffen wird. [2]Zur Erlassung der einstweiligen Verfügung ist nicht erforderlich, dass eine Gefährdung des zu sichernden Anspruchs glaubhaft gemacht wird.

(2) Bei der Eintragung kann zur näheren Bezeichnung des zu sichernden Anspruchs auf die einstweilige Verfügung oder die Eintragungsbewilligung Bezug genommen werden.

§ 886 Beseitigungsanspruch

Steht demjenigen, dessen Grundstück oder dessen Recht von der Vormerkung betroffen wird, eine Einrede zu, durch welche die Geltendmachung des durch die Vormerkung gesicherten Anspruchs dauernd ausgeschlossen wird, so kann er von dem Gläubiger die Beseitigung der Vormerkung verlangen.

§ 887 Aufgebot des Vormerkungsgläubigers

[1]Ist der Gläubiger, dessen Anspruch durch die Vormerkung gesichert ist, unbekannt, so kann er im Wege des Aufgebotsverfahrens mit seinem Recht ausgeschlossen werden, wenn die im § 1170 für die Ausschließung eines Hypothekengläubigers bestimmten Voraussetzungen vorliegen. [2]Mit der Rechtskraft des Ausschließungsbeschlusses erlischt die Wirkung der Vormerkung.

§ 888 Anspruch des Vormerkungsberechtigten auf Zustimmung

(1) Soweit der Erwerb eines eingetragenen Rechts oder eines Rechts an einem solchen Recht gegenüber demjenigen, zu dessen Gunsten die Vormerkung besteht, unwirksam ist, kann dieser von dem Erwerber die Zustimmung zu der Eintragung oder der Löschung verlangen, die zur Verwirklichung des durch die Vormerkung gesicherten Anspruchs erforderlich ist.

(2) Das Gleiche gilt, wenn der Anspruch durch ein Veräußerungsverbot gesichert ist.

§ 889 Ausschluss der Konsolidation bei dinglichen Rechten

Ein Recht an einem fremden Grundstück erlischt nicht dadurch, dass der Eigentümer des Grundstücks das Recht oder der Berechtigte das Eigentum an dem Grundstück erwirbt.

§ 890 Vereinigung von Grundstücken; Zuschreibung

(1) Mehrere Grundstücke können dadurch zu einem Grundstück vereinigt werden, dass der Eigentümer sie als ein Grundstück in das Grundbuch eintragen lässt.

(2) Ein Grundstück kann dadurch zum Bestandteil eines anderen Grundstücks gemacht werden, dass der Eigentümer es diesem im Grundbuch zuschreiben lässt.

§ 891 Gesetzliche Vermutung

(1) Ist im Grundbuch für jemand ein Recht eingetragen, so wird vermutet, dass ihm das Recht zustehe.

(2) Ist im Grundbuch ein eingetragenes Recht gelöscht, so wird vermutet, dass das Recht nicht bestehe.

§ 892 Öffentlicher Glaube des Grundbuchs

(1) [1]Zugunsten desjenigen, welcher ein Recht an einem Grundstück oder ein Recht an einem solchen Recht durch Rechtsgeschäft erwirbt, gilt der Inhalt des Grundbuchs als richtig, es sei denn, dass ein Widerspruch gegen die Richtigkeit eingetragen oder die Unrichtigkeit dem Erwerber bekannt ist. [2]Ist der Berechtigte in der Verfügung über ein im Grundbuch eingetragenes Recht zugunsten einer bestimmten Person beschränkt, so ist die Beschränkung dem Erwerber gegenüber nur wirksam, wenn sie aus dem Grundbuch ersichtlich oder dem Erwerber bekannt ist.

(2) Ist zu dem Erwerb des Rechts die Eintragung erforderlich, so ist für die Kenntnis des Erwerbers die Zeit der Stellung des Antrags auf Eintragung oder, wenn die nach § 873 erforderliche Einigung erst später zustande kommt, die Zeit der Einigung maßgebend.

§ 893 Rechtsgeschäft mit dem Eingetragenen

Die Vorschrift des § 892 findet entsprechende Anwendung, wenn an denjenigen, für welchen ein Recht im Grundbuch eingetragen ist, auf Grund dieses Rechts eine Leistung bewirkt oder wenn zwischen ihm und einem anderen in Ansehung dieses Rechts ein nicht unter die Vorschrift des § 892 fallendes Rechtsgeschäft vorgenommen wird, das eine Verfügung über das Recht enthält.

§ 894 Berichtigung des Grundbuchs

Steht der Inhalt des Grundbuchs in Ansehung eines Rechts an dem Grundstück, eines Rechts an einem solchen Recht oder einer Verfügungsbeschränkung der in § 892 Abs. 1 bezeichneten Art mit der wirklichen Rechtslage nicht im Einklang, so kann derjenige, dessen Recht nicht oder nicht richtig eingetragen oder durch die Eintragung einer nicht bestehenden Belastung oder Beschränkung beeinträchtigt ist, die Zustimmung zu der Berichtigung des Grundbuchs von demjenigen verlangen, dessen Recht durch die Berichtigung betroffen wird.

§ 895 Voreintragung des Verpflichteten

Kann die Berichtigung des Grundbuchs erst erfolgen, nachdem das Recht des nach § 894 Verpflichteten eingetragen worden ist, so hat dieser auf Verlangen sein Recht eintragen zu lassen.

§ 896 Vorlegung des Briefes

Ist zur Berichtigung des Grundbuchs die Vorlegung eines Hypotheken-, Grundschuld- oder Rentenschuldbriefs erforderlich, so kann derjenige, zu dessen Gunsten die Berichtigung erfolgen soll, von dem Besitzer des Briefes verlangen, dass der Brief dem Grundbuchamt vorgelegt wird.

§ 897 Kosten der Berichtigung

Die Kosten der Berichtigung des Grundbuchs und der dazu erforderlichen Erklärungen hat derjenige zu tragen, welcher die Berichtigung verlangt, sofern nicht aus einem zwischen ihm und dem Verpflichteten bestehenden Rechtsverhältnis sich ein anderes ergibt.

§ 898 Unverjährbarkeit der Berichtigungsansprüche

Die in den §§ 894 bis 896 bestimmten Ansprüche unterliegen nicht der Verjährung.

§ 899 Eintragung eines Widerspruchs

(1) In den Fällen des § 894 kann ein Widerspruch gegen die Richtigkeit des Grundbuchs eingetragen werden.

(2) [1]Die Eintragung erfolgt auf Grund einer einstweiligen Verfügung oder auf Grund einer Bewilligung desjenigen, dessen Recht durch die Berichtigung des Grundbuchs betroffen wird. [2]Zur Erlassung der einstweiligen Verfügung ist nicht erforderlich, dass eine Gefährdung des Rechts des Widersprechenden glaubhaft gemacht wird.

§ 899a Maßgaben für die Gesellschaft bürgerlichen Rechts

[1]Ist eine Gesellschaft bürgerlichen Rechts im Grundbuch eingetragen, so wird in Ansehung des eingetragenen Rechts auch vermutet, dass diejenigen Personen Gesellschafter sind, die nach § 47 Absatz 2 Satz 1 der Grundbuchordnung im Grundbuch eingetragen sind, und dass darüber hinaus keine weiteren Gesellschafter vorhanden sind. [2]Die §§ 892 bis 899 gelten bezüglich

der Eintragung der Gesellschafter entsprechend.

§ 900 Buchersitzung

(1) [1]Wer als Eigentümer eines Grundstücks im Grundbuch eingetragen ist, ohne dass er das Eigentum erlangt hat, erwirbt das Eigentum, wenn die Eintragung 30 Jahre bestanden und er während dieser Zeit das Grundstück im Eigenbesitz gehabt hat. [2]Die dreißigjährige Frist wird in derselben Weise berechnet wie die Frist für die Ersitzung einer beweglichen Sache. [3]Der Lauf der Frist ist gehemmt, solange ein Widerspruch gegen die Richtigkeit der Eintragung im Grundbuch eingetragen ist.

(2) [1]Diese Vorschriften finden entsprechende Anwendung, wenn für jemand ein ihm nicht zustehendes anderes Recht im Grundbuch eingetragen ist, das zum Besitz des Grundstücks berechtigt oder dessen Ausübung nach den für den Besitz geltenden Vorschriften geschützt ist. [2]Für den Rang des Rechts ist die Eintragung maßgebend.

§ 901 Erlöschen nicht eingetragener Rechte

[1]Ist ein Recht an einem fremden Grundstück im Grundbuch mit Unrecht gelöscht, so erlischt es, wenn der Anspruch des Berechtigten gegen den Eigentümer verjährt ist. [2]Das Gleiche gilt, wenn ein kraft Gesetzes entstandenes Recht an einem fremden Grundstück nicht in das Grundbuch eingetragen worden ist.

§ 902 Unverjährbarkeit eingetragener Rechte

(1) [1]Die Ansprüche aus eingetragenen Rechten unterliegen nicht der Verjährung. [2]Dies gilt nicht für Ansprüche, die auf Rückstände wiederkehrender Leistungen oder auf Schadensersatz gerichtet sind.

(2) Ein Recht, wegen dessen ein Widerspruch gegen die Richtigkeit des Grundbuchs eingetragen ist, steht einem eingetragenen Recht gleich.

Abschnitt 3: Eigentum

Titel 1: Inhalt des Eigentums

§ 903 Befugnisse des Eigentümers

[1]Der Eigentümer einer Sache kann, soweit nicht das Gesetz oder Rechte Dritter entgegenstehen, mit der Sache nach Belieben verfahren und andere von jeder Einwirkung ausschließen. [2]Der Eigentümer eines Tieres hat bei der Ausübung seiner Befugnisse die besonderen Vorschriften zum Schutz der Tiere zu beachten.

§ 904 Notstand

[1]Der Eigentümer einer Sache ist nicht berechtigt, die Einwirkung eines anderen auf die Sache zu verbieten, wenn die Einwirkung zur Abwendung einer gegenwärtigen Gefahr notwendig und der drohende Schaden gegenüber dem aus der Einwirkung dem Eigentümer entstehenden Schaden unverhältnismäßig groß ist. [2]Der Eigentümer kann Ersatz des ihm entstehenden Schadens verlangen.

§ 905 Begrenzung des Eigentums

[1]Das Recht des Eigentümers eines Grundstücks erstreckt sich auf den Raum über der Oberfläche und auf den Erdkörper unter der Oberfläche. [2]Der Eigentümer kann jedoch Einwirkungen nicht verbieten, die in solcher Höhe oder Tiefe vorgenommen werden, dass er an der Ausschließung kein Interesse hat.

§ 906 Zuführung unwägbarer Stoffe

(1) [1]Der Eigentümer eines Grundstücks kann die Zuführung von Gasen, Dämpfen, Gerüchen, Rauch, Ruß, Wärme, Geräusch, Erschütterungen und ähnliche von einem anderen Grundstück ausgehende Einwirkungen insoweit nicht verbieten, als die Einwirkung die Benutzung seines Grundstücks nicht oder nur unwesentlich beeinträchtigt. [2]Eine unwesentliche Beeinträchtigung liegt in der Regel vor, wenn die in Gesetzen oder Rechtsverordnungen festgelegten Grenz- oder Richtwerte von den nach diesen Vorschriften ermittelten und bewerteten Einwirkungen nicht überschritten werden. [3]Gleiches gilt für Werte in allgemeinen Verwaltungsvorschriften, die nach § 48 des Bundes-Immissionsschutzgesetzes erlassen worden sind und den Stand der Technik wiedergeben.

(2) [1]Das Gleiche gilt insoweit, als eine wesentliche Beeinträchtigung durch eine ortsübliche Benutzung des anderen Grundstücks herbeigeführt wird und nicht durch Maßnahmen verhindert werden kann, die Benutzern dieser Art wirtschaftlich zumutbar sind. [2]Hat der Eigentümer hiernach eine Einwirkung zu dulden, so kann er von dem Benutzer des anderen Grundstücks einen angemessenen Ausgleich in Geld verlangen, wenn die Einwirkung eine ortsübliche Benutzung seines Grundstücks oder dessen Ertrag über das zumutbare Maß hinaus beeinträchtigt.

(3) Die Zuführung durch eine besondere Leitung ist unzulässig.

§ 907 Gefahr drohende Anlagen

(1) [1]Der Eigentümer eines Grundstücks kann verlangen, dass auf den Nachbargrundstücken nicht Anlagen hergestellt oder gehalten werden, von denen mit Sicherheit vorauszusehen ist, dass ihr Bestand oder ihre Benutzung eine unzulässige Einwirkung auf sein Grundstück zur Folge hat. [2]Genügt eine Anlage den landesgesetzlichen Vorschriften, die einen bestimmten Abstand von der Grenze oder sonstige Schutzmaßregeln vorschreiben, so kann die Beseitigung der Anlage erst verlangt werden, wenn die unzulässige Einwirkung tatsächlich hervortritt.

(2) Bäume und Sträucher gehören nicht zu den Anlagen im Sinne dieser Vorschriften.

§ 908 Drohender Gebäudeeinsturz

Droht einem Grundstück die Gefahr, dass es durch den Einsturz eines Gebäudes oder eines anderen Werkes, das mit einem Nachbargrundstück verbunden ist, oder durch die Ablösung von Teilen des Gebäudes oder des Werkes beschädigt wird, so kann der Eigentümer von demjenigen, welcher nach dem § 836 Abs. 1 oder den §§ 837, 838 für den eintretenden Schaden verantwortlich sein würde, verlangen, dass er die zur Abwendung der Gefahr erforderliche Vorkehrung trifft.

Titel 2: Erwerb und Verlust des Eigentums an Grundstücken

§ 925 Auflassung

(1) [1]Die zur Übertragung des Eigentums an einem Grundstück nach § 873 erforderliche Einigung des Veräußerers und des Erwerbers (Auflassung) muss bei gleichzeitiger Anwesenheit beider Teile vor einer zuständigen Stelle erklärt werden. [2]Zur Entgegennahme der Auflassung ist, unbeschadet der Zuständigkeit weiterer Stellen, jeder Notar zuständig. [3]Eine Auflassung kann auch in einem gerichtlichen Vergleich oder in einem rechtskräftig bestätigten Insolvenzplan oder Restrukturierungsplan erklärt werden.

(2) Eine Auflassung, die unter einer Bedingung oder einer Zeitbestimmung erfolgt, ist unwirksam.

§ 925a Urkunde über Grundgeschäft

Die Erklärung einer Auflassung soll nur entgegengenommen werden, wenn die nach § 311b Abs. 1 Satz 1 erforderliche Urkunde über den Vertrag vorgelegt oder gleichzeitig errichtet wird.

§ 926 Zubehör des Grundstücks

(1) [1]Sind der Veräußerer und der Erwerber darüber einig, dass sich die Veräußerung auf das Zubehör des Grundstücks erstrecken soll, so erlangt der Erwerber mit dem Eigentum an dem Grundstück auch das Eigentum an den zur Zeit des Erwerbs vorhandenen Zubehörstücken, soweit sie dem Veräußerer gehören. [2]Im Zweifel ist anzunehmen, dass sich die Veräußerung auf das Zubehör erstrecken soll.

(2) Erlangt der Erwerber auf Grund der Veräußerung den Besitz von Zubehörstücken, die dem Veräußerer nicht gehören oder mit Rechten Dritter belastet sind, so finden die Vorschriften der §§ 932 bis 936 Anwendung; für den guten Glauben des Erwerbers ist die Zeit der Erlangung des Besitzes maßgebend.

§ 927 Aufgebotsverfahren

(1) [1]Der Eigentümer eines Grundstücks kann, wenn das Grundstück seit 30 Jahren im Eigenbesitz eines anderen ist, im Wege des Aufgebotsverfahrens mit seinem Recht ausgeschlossen werden. [2]Die Besitzzeit wird in gleicher Weise berechnet wie die Frist für die Ersitzung einer beweglichen Sache. [3]Ist der Eigentümer im Grundbuch eingetragen, so ist das Aufgebotsverfahren nur zulässig, wenn er gestorben oder verschollen ist und eine Eintragung in das Grundbuch, die der Zustimmung des Eigentümers bedurfte, seit 30 Jahren nicht erfolgt ist.

(2) Derjenige, welcher den Ausschließungsbeschluss erwirkt hat, erlangt das Eigentum dadurch, dass er sich als Eigentümer in das Grundbuch eintragen lässt.

(3) Ist vor dem Erlass des Ausschließungsbeschlusses ein Dritter als Eigentümer oder wegen des Eigentums eines Dritten ein Widerspruch gegen die Richtigkeit des Grundbuchs eingetragen worden, so wirkt der Ausschließungsbeschluss nicht gegen den Dritten.

§ 928 Aufgabe des Eigentums, Aneignung des Fiskus

(1) Das Eigentum an einem Grundstück kann dadurch aufgegeben werden, dass der Eigentümer den Verzicht dem Grundbuchamt gegenüber erklärt und der Verzicht in das Grundbuch eingetragen wird.

(2) [1]Das Recht zur Aneignung des aufgegebenen Grundstücks steht dem Fiskus des Landes zu, in dem das Grundstück liegt. [2]Der Fiskus erwirbt das Eigentum dadurch, dass er sich als Eigentümer in das Grundbuch eintragen lässt.

Allgemeines Gleichbehandlungsgesetz (AGG)

Auszug aus dem Gesetz

Rechtsstand: April 2021. Letzte Änderung: 08.04.2013 (BGBl. I S. 610).

Abschnitt 1: Allgemeiner Teil

§ 1 Ziel des Gesetzes

Ziel des Gesetzes ist, Benachteiligungen aus Gründen der Rasse oder wegen der ethnischen Herkunft, des Geschlechts, der Religion oder Weltanschauung, einer Behinderung, des Alters oder der sexuellen Identität zu verhindern oder zu beseitigen.

§ 2 Anwendungsbereich

(1) Benachteiligungen aus einem in § 1 genannten Grund sind nach Maßgabe dieses Gesetzes unzulässig in Bezug auf:

1. die Bedingungen, einschließlich Auswahlkriterien und Einstellungsbedingungen, für den Zugang zu unselbstständiger und selbstständiger Erwerbstätigkeit, unabhängig von Tätigkeitsfeld und beruflicher Position, sowie für den beruflichen Aufstieg,
2. die Beschäftigungs- und Arbeitsbedingungen einschließlich Arbeitsentgelt und Entlassungsbedingungen, insbesondere in individual- und kollektivrechtlichen Vereinbarungen und Maßnahmen bei der Durchführung und Beendigung eines Beschäftigungsverhältnisses sowie beim beruflichen Aufstieg,
3. den Zugang zu allen Formen und allen Ebenen der Berufsberatung, der Berufsbildung einschließlich der Berufsausbildung, der beruflichen Weiterbildung und der Umschulung sowie der praktischen Berufserfahrung,
4. die Mitgliedschaft und Mitwirkung in einer Beschäftigten- oder Arbeitgebervereinigung oder einer Vereinigung, deren Mitglieder einer bestimmten Berufsgruppe angehören, einschließlich der Inanspruchnahme der Leistungen solcher Vereinigungen,
5. den Sozialschutz, einschließlich der sozialen Sicherheit und der Gesundheitsdienste,
6. die sozialen Vergünstigungen,
7. die Bildung,
8. den Zugang zu und die Versorgung mit Gütern und Dienstleistungen, die der Öffentlichkeit zur Verfügung stehen, einschließlich von Wohnraum.

(2) [1]Für Leistungen nach dem Sozialgesetzbuch gelten § 33c des Ersten Buches Sozialgesetzbuch und § 19a des Vierten Buches Sozialgesetzbuch. [2]Für die betriebliche Altersvorsorge gilt das Betriebsrentengesetz.

(3) Die Geltung sonstiger Benachteiligungsverbote oder Gebote der Gleichbehandlung wird durch dieses Gesetz nicht berührt. Dies gilt auch für öffentlich-rechtliche Vorschriften, die dem Schutz bestimmter Personengruppen dienen.

(4) Für Kündigungen gelten ausschließlich die Bestimmungen zum allgemeinen und besonderen Kündigungsschutz.

§ 3 Begriffsbestimmungen

(1) [1]Eine unmittelbare Benachteiligung liegt vor, wenn eine Person wegen eines in § 1 genannten Grundes eine weniger günstige Behandlung erfährt, als eine andere Person in einer vergleichbaren Situation erfährt, erfahren hat oder erfahren würde. [2]Eine unmittelbare Benachteiligung wegen des Geschlechts liegt in Bezug auf § 2 Abs. 1 Nr. 1 bis 4 auch im Falle einer ungünstigeren Behandlung einer Frau wegen Schwangerschaft oder Mutterschaft vor.

(2) Eine mittelbare Benachteiligung liegt vor, wenn dem Anschein nach neutrale Vorschriften, Kriterien oder Verfahren Personen wegen eines in § 1 genannten Grundes gegenüber anderen Personen in besonderer Weise benachteiligen können, es sei denn, die betreffenden Vorschriften, Kriterien oder Verfahren sind durch ein rechtmäßiges Ziel sachlich gerechtfertigt und die Mittel sind zur Erreichung dieses Ziels angemessen und erforderlich.

(3) Eine Belästigung ist eine Benachteiligung, wenn unerwünschte Verhaltensweisen, die mit einem in § 1 genannten Grund in Zusammenhang stehen, bezwecken oder bewirken, dass die Würde der betreffenden Person verletzt und ein von Einschüchterungen, Anfeindungen, Erniedrigungen, Entwürdigungen oder Beleidigungen gekennzeichnetes Umfeld geschaffen wird.

(4) Eine sexuelle Belästigung ist eine Benachteiligung in Bezug auf § 2 Abs. 1 Nr. 1 bis 4, wenn ein unerwünschtes, sexuell bestimmtes Verhalten, wozu auch unerwünschte sexuelle Handlungen und Aufforderungen zu diesen, sexuell bestimmte körperliche Berührungen, Bemerkungen sexuellen Inhalts sowie unerwünschtes Zeigen und sichtbares Anbringen von pornographischen Darstellungen gehören, bezweckt oder bewirkt, dass die Würde der betreffenden Person verletzt wird, insbesondere wenn ein von Einschüchterungen, Anfeindungen, Erniedrigungen, Entwürdigungen oder Beleidigungen gekennzeichnetes Umfeld geschaffen wird.

(5) [1]Die Anweisung zur Benachteiligung einer Person aus einem in § 1 genannten Grund gilt als Benachteiligung. [2]Eine solche Anweisung liegt in Bezug auf § 2 Abs. 1 Nr. 1 bis 4 insbesondere vor, wenn jemand eine Person zu einem Verhalten bestimmt, das einen Beschäftigten oder eine Beschäftigte wegen eines in § 1 genannten Grundes benachteiligt oder benachteiligen kann.

§ 4 Unterschiedliche Behandlung wegen mehrerer Gründe

Erfolgt eine unterschiedliche Behandlung wegen mehrerer der in § 1 genannten Gründe, so kann diese unterschiedliche Behandlung nach den §§ 8 bis 10 und 20 nur gerechtfertigt werden, wenn sich die Rechtfertigung auf alle diese Gründe erstreckt, derentwegen die unterschiedliche Behandlung erfolgt.

§ 5 Positive Maßnahmen

Ungeachtet der in den §§ 8 bis 10 sowie in § 20 benannten Gründe ist eine unterschiedliche Behandlung auch zulässig, wenn durch geeignete und angemessene Maßnahmen bestehende Nachteile wegen eines in § 1 genannten Grundes verhindert oder ausgeglichen werden sollen.

Abschnitt 2: Schutz der Beschäftigten vor Benachteiligung

Unterabschnitt 1: Verbot der Benachteiligung

§ 6 Persönlicher Anwendungsbereich

(1) [1]Beschäftigte im Sinne dieses Gesetzes sind
1. Arbeitnehmerinnen und Arbeitnehmer,
2. die zu ihrer Berufsbildung Beschäftigten,
3. Personen, die wegen ihrer wirtschaftlichen Unselbstständigkeit als arbeitnehmerähnliche Personen anzusehen sind; zu diesen gehören auch die in Heimarbeit Beschäftigten und die ihnen Gleichgestellten.

[2]Als Beschäftigte gelten auch die Bewerberinnen und Bewerber für ein Beschäftigungsverhältnis sowie die Personen, deren Beschäftigungsverhältnis beendet ist.

(2) [1]Arbeitgeber (Arbeitgeber und Arbeitgeberinnen) im Sinne dieses Abschnitts sind natürliche und juristische Personen sowie rechtsfähige Personengesellschaften, die Personen nach Absatz 1 beschäftigen. [2]Werden Beschäftigte einem Dritten zur Arbeitsleistung überlassen, so gilt auch dieser als Arbeitgeber im Sinne dieses Abschnitts. [3]Für die in Heimarbeit Beschäftigten und die ihnen Gleichgestellten tritt an die Stelle des Arbeitgebers der Auftraggeber oder Zwischenmeister.

(3) Soweit es die Bedingungen für den Zugang zur Erwerbstätigkeit sowie den beruflichen Aufstieg betrifft, gelten die Vorschriften dieses Abschnitts für Selbstständige und Organmitglieder, insbesondere Geschäftsführer oder Geschäftsführerinnen und Vorstände, entsprechend.

§ 7 Benachteiligungsverbot

(1) Beschäftigte dürfen nicht wegen eines in § 1 genannten Grundes benachteiligt werden; dies gilt auch, wenn die Person, die die Benachteiligung begeht, das Vorliegen eines in § 1 genannten Grundes bei der Benachteiligung nur annimmt.

(2) Bestimmungen in Vereinbarungen, die gegen das Benachteiligungsverbot des Absatzes 1 verstoßen, sind unwirksam.

(3) Eine Benachteiligung nach Absatz 1 durch Arbeitgeber oder Beschäftigte ist eine Verletzung vertraglicher Pflichten.

§ 8 Zulässige unterschiedliche Behandlung wegen beruflicher Anforderungen

(1) Eine unterschiedliche Behandlung wegen eines in § 1 genannten Grundes ist zulässig, wenn dieser Grund wegen der Art der auszuübenden Tätigkeit oder der Bedingungen ihrer Ausübung eine wesentliche und entscheidende berufliche Anforderung darstellt, sofern der Zweck rechtmäßig und die Anforderung angemessen ist.

(2) Die Vereinbarung einer geringeren Vergütung für gleiche oder gleichwertige Arbeit wegen eines in § 1 genannten Grundes wird nicht dadurch gerechtfertigt, dass wegen eines in § 1 genannten Grundes besondere Schutzvorschriften gelten.

§ 9 Zulässige unterschiedliche Behandlung wegen der Religion oder Weltanschauung

(1) Ungeachtet des § 8 ist eine unterschiedliche Behandlung wegen der Religion oder der Weltanschauung bei der Beschäftigung durch Religionsgemeinschaften, die ihnen zugeordneten Einrichtungen ohne Rücksicht auf ihre Rechtsform oder durch Vereinigungen, die sich die gemeinschaftliche Pflege einer Religion oder Weltanschauung zur Aufgabe machen, auch zulässig, wenn eine bestimmte Religion oder Weltanschauung unter Beachtung des Selbstverständnisses der jeweiligen Religionsgemeinschaft oder Vereinigung im Hinblick auf ihr Selbstbestimmungsrecht oder nach der Art der Tätigkeit eine gerechtfertigte berufliche Anforderung darstellt.

(2) Das Verbot unterschiedlicher Behandlung wegen der Religion oder der Weltanschauung berührt nicht das Recht der in Absatz 1 genannten Religionsgemeinschaften, der ihnen zugeordneten Einrichtungen ohne Rücksicht auf ihre Rechtsform oder der Vereinigungen, die sich die gemeinschaftliche Pflege einer Religion oder Weltanschauung zur Aufgabe machen, von ihren Beschäftigten ein loyales und aufrichtiges Verhalten im Sinne ihres jeweiligen Selbstverständnisses verlangen zu können.

§ 10 Zulässige unterschiedliche Behandlung wegen des Alters

[1]Ungeachtet des § 8 ist eine unterschiedliche Behandlung wegen des Alters auch zulässig, wenn sie objektiv und angemessen und durch ein legitimes Ziel gerechtfertigt ist. [2]Die Mittel zur Erreichung dieses Ziels müssen angemessen und erforderlich sein. [3]Derartige unterschiedliche Behandlungen können insbesondere Folgendes einschließen:
1. die Festlegung besonderer Bedingungen für den Zugang zur Beschäftigung und zur beruflichen Bildung sowie besonderer Beschäftigungs- und Arbeitsbedingungen, einschließlich der Bedingungen für Entlohnung und Beendigung des Beschäftigungsverhältnisses, um die berufliche Eingliederung von Jugendlichen, älteren Beschäftigten und Personen mit Fürsorgepflichten zu fördern oder ihren Schutz sicherzustellen,
2. die Festlegung von Mindestanforderungen an das Alter, die Berufserfahrung oder das Dienstalter für den Zugang zur Beschäftigung oder für bestimmte mit der Beschäftigung verbundene Vorteile,
3. die Festsetzung eines Höchstalters für die Einstellung auf Grund der spezifischen Ausbildungsanforderungen eines bestimmten Arbeitsplatzes oder auf Grund der Notwendigkeit einer angemessenen Beschäftigungszeit vor dem Eintritt in den Ruhestand,

4. die Festsetzung von Altersgrenzen bei den betrieblichen Systemen der sozialen Sicherheit als Voraussetzung für die Mitgliedschaft oder den Bezug von Altersrente oder von Leistungen bei Invalidität einschließlich der Festsetzung unterschiedlicher Altersgrenzen im Rahmen dieser Systeme für bestimmte Beschäftigte oder Gruppen von Beschäftigten und die Verwendung von Alterskriterien im Rahmen dieser Systeme für versicherungsmathematische Berechnungen,
5. eine Vereinbarung, die die Beendigung des Beschäftigungsverhältnisses ohne Kündigung zu einem Zeitpunkt vorsieht, zu dem der oder die Beschäftigte eine Rente wegen Alters beantragen kann; § 41 des Sechsten Buches Sozialgesetzbuch bleibt unberührt,
6. Differenzierungen von Leistungen in Sozialplänen im Sinne des Betriebsverfassungsgesetzes, wenn die Parteien eine nach Alter oder Betriebszugehörigkeit gestaffelte Abfindungsregelung geschaffen haben, in der die wesentlich vom Alter abhängenden Chancen auf dem Arbeitsmarkt durch eine verhältnismäßig starke Betonung des Lebensalters erkennbar berücksichtigt worden sind, oder Beschäftigte von den Leistungen des Sozialplans ausgeschlossen haben, die wirtschaftlich abgesichert sind, weil sie, gegebenenfalls nach Bezug von Arbeitslosengeld, rentenberechtigt sind.

Unterabschnitt 2: Organisationspflichten des Arbeitgebers

§ 11 Ausschreibung

Ein Arbeitsplatz darf nicht unter Verstoß gegen § 7 Abs. 1 ausgeschrieben werden.

§ 12 Maßnahmen und Pflichten des Arbeitgebers

(1) [1]Der Arbeitgeber ist verpflichtet, die erforderlichen Maßnahmen zum Schutz vor Benachteiligungen wegen eines in § 1 genannten Grundes zu treffen. [2]Dieser Schutz umfasst auch vorbeugende Maßnahmen.

(2) [1]Der Arbeitgeber soll in geeigneter Art und Weise, insbesondere im Rahmen der beruflichen Aus- und Fortbildung, auf die Unzulässigkeit solcher Benachteiligungen hinweisen und darauf hinwirken, dass diese unterbleiben. [2]Hat der Arbeitgeber seine Beschäftigten in geeigneter Weise zum Zwecke der Verhinderung von Benachteiligung geschult, gilt dies als Erfüllung seiner Pflichten nach Absatz 1.

(3) Verstoßen Beschäftigte gegen das Benachteiligungsverbot des § 7 Abs. 1, so hat der Arbeitgeber die im Einzelfall geeigneten, erforderlichen und angemessenen Maßnahmen zur Unterbindung der Benachteiligung wie Abmahnung, Umsetzung, Versetzung oder Kündigung zu ergreifen.

(4) Werden Beschäftigte bei der Ausübung ihrer Tätigkeit durch Dritte nach § 7 Abs. 1 benachteiligt, so hat der Arbeitgeber die im Einzelfall geeigneten, erforderlichen und angemessenen Maßnahmen zum Schutz der Beschäftigten zu ergreifen.

(5) [1]Dieses Gesetz und § 61b des Arbeitsgerichtsgesetzes sowie Informationen über die für die Behandlung von Beschwerden nach § 13 zuständigen Stellen sind im Betrieb oder in der Dienststelle bekannt zu machen. [2]Die Bekanntmachung kann durch Aushang oder Auslegung an geeigneter Stelle oder den Einsatz der im Betrieb oder der Dienststelle üblichen Informations- und Kommunikationstechnik erfolgen.

Unterabschnitt 3: Rechte der Beschäftigten

§ 13 Beschwerderecht

(1) [1]Die Beschäftigten haben das Recht, sich bei den zuständigen Stellen des Betriebs, des Unternehmens oder der Dienststelle zu beschweren, wenn sie sich im Zusammenhang mit ihrem Beschäftigungsverhältnis vom Arbeitgeber, von Vorgesetzten, anderen Beschäftigten oder Dritten wegen eines in § 1 genannten Grundes benachteiligt fühlen. [2]Die Beschwerde ist zu prüfen und das Ergebnis der oder dem beschwerdeführenden Beschäftigten mitzuteilen.

(2) Die Rechte der Arbeitnehmervertretungen bleiben unberührt.

§ 14 Leistungsverweigerungsrecht

[1]Ergreift der Arbeitgeber keine oder offensichtlich ungeeignete Maßnahmen zur Unterbindung einer Belästigung oder sexuellen Belästigung am Arbeitsplatz, sind die betroffenen Beschäftigten berechtigt, ihre Tätigkeit ohne Verlust des Arbeitsentgelts einzustellen, soweit dies zu ihrem Schutz erforderlich ist. [2]§ 273 des Bürgerlichen Gesetzbuchs bleibt unberührt.

§ 15 Entschädigung und Schadensersatz

(1) [1]Bei einem Verstoß gegen das Benachteiligungsverbot ist der Arbeitgeber verpflichtet, den hierdurch entstandenen Schaden zu ersetzen. [2]Dies gilt nicht, wenn der Arbeitgeber die Pflichtverletzung nicht zu vertreten hat.

(2) [1]Wegen eines Schadens, der nicht Vermögensschaden ist, kann der oder die Beschäftigte eine angemessene Entschädigung in Geld verlangen. [2]Die Entschädigung darf bei einer Nichteinstellung drei Monatsgehälter nicht übersteigen, wenn der oder die Beschäftigte auch bei benachteiligungsfreier Auswahl nicht eingestellt worden wäre.

(3) Der Arbeitgeber ist bei der Anwendung kollektivrechtlicher Vereinbarungen nur dann zur Entschädigung verpflichtet, wenn er vorsätzlich oder grob fahrlässig handelt.

(4) [1]Ein Anspruch nach Absatz 1 oder 2 muss innerhalb einer Frist von zwei Monaten schriftlich geltend gemacht werden, es sei denn, die Tarifvertragsparteien haben etwas anderes vereinbart. [2]Die Frist beginnt im Falle einer Bewerbung oder eines beruflichen Aufstiegs mit dem Zugang der Ablehnung und in den sonstigen Fällen einer Benachteiligung zu dem Zeitpunkt, in dem der oder die Beschäftigte von der Benachteiligung Kenntnis erlangt.

(5) Im Übrigen bleiben Ansprüche gegen den Arbeitgeber, die sich aus anderen Rechtsvorschriften ergeben, unberührt.

(6) Ein Verstoß des Arbeitgebers gegen das Benachteiligungsverbot des § 7 Abs. 1 begründet keinen Anspruch auf Begründung eines Beschäftigungsverhältnisses, Berufsausbildungsverhältnisses oder einen beruflichen Aufstieg, es sei denn, ein solcher ergibt sich aus einem anderen Rechtsgrund.

§ 16 Maßregelungsverbot

(1) [1]Der Arbeitgeber darf Beschäftigte nicht wegen der Inanspruchnahme von Rechten nach diesem Abschnitt oder wegen der Weigerung, eine gegen diesen Abschnitt verstoßende Anweisung auszuführen, benachteiligen. [2]Gleiches gilt für Personen, die den Beschäftigten hierbei unterstützen oder als Zeuginnen oder Zeugen aussagen.

(2) [1]Die Zurückweisung oder Duldung benachteiligender Verhaltensweisen durch betroffene Beschäftigte darf nicht als Grundlage für eine Entscheidung herangezogen werden, die diese Beschäftigten berührt. [2]Absatz 1 Satz 2 gilt entsprechend.

(3) § 22 gilt entsprechend.

Unterabschnitt 4: Ergänzende Vorschriften

§ 17 Soziale Verantwortung der Beteiligten

(1) Tarifvertragsparteien, Arbeitgeber, Beschäftigte und deren Vertretungen sind aufgefordert, im Rahmen ihrer Aufgaben und Handlungsmöglichkeiten an der Verwirklichung des in § 1 genannten Ziels mitzuwirken.

(2) [1]In Betrieben, in denen die Voraussetzungen des § 1 Abs. 1 Satz 1 des Betriebsverfassungsgesetzes vorliegen, können bei einem groben Verstoß des Arbeitgebers gegen Vorschriften aus diesem Abschnitt der Betriebsrat oder eine im Betrieb vertretene Gewerkschaft unter der Voraussetzung des § 23 Abs. 3 Satz 1 des Betriebsverfassungsgesetzes die dort genannten Rechte gerichtlich geltend machen; § 23 Abs. 3 Satz 2 bis 5 des Betriebsverfassungsgesetzes gilt entsprechend. [2]Mit dem Antrag dürfen nicht Ansprüche des Benachteiligten geltend gemacht werden.

§ 18 Mitgliedschaft in Vereinigungen

(1) Die Vorschriften dieses Abschnitts gelten entsprechend für die Mitgliedschaft oder die Mitwirkung in einer

1. Tarifvertragspartei,
2. Vereinigung, deren Mitglieder einer bestimmten Berufsgruppe angehören oder die eine überragende Machtstellung im wirtschaftlichen oder sozialen Bereich innehat, wenn ein grundlegendes Interesse am Erwerb der Mitgliedschaft besteht, sowie deren jeweiligen Zusammenschlüssen.

(2) Wenn die Ablehnung einen Verstoß gegen das Benachteiligungsverbot des § 7 Abs. 1 darstellt, besteht ein Anspruch auf Mitgliedschaft oder Mitwirkung in den in Absatz 1 genannten Vereinigungen.

Abschnitt 3: Schutz vor Benachteiligung im Zivilrechtsverkehr

§ 19 Zivilrechtliches Benachteiligungsverbot

(1) Eine Benachteiligung aus Gründen der Rasse oder wegen der ethnischen Herkunft, wegen des Geschlechts, der Religion, einer Behinderung, des Alters oder der sexuellen Identität bei der Begründung, Durchführung und Beendigung zivilrechtlicher Schuldverhältnisse, die

1. typischerweise ohne Ansehen der Person zu vergleichbaren Bedingungen in einer Vielzahl von Fällen zustande kommen (Massengeschäfte) oder bei denen das Ansehen der Person nach der Art des Schuldverhältnisses eine nachrangige Bedeutung hat und die zu vergleichbaren Bedingungen in einer Vielzahl von Fällen zustande kommen oder
2. eine privatrechtliche Versicherung zum Gegenstand haben, ist unzulässig.

(2) Eine Benachteiligung aus Gründen der Rasse oder wegen der ethnischen Herkunft ist darüber hinaus auch bei der Begründung, Durchführung und Beendigung sonstiger zivilrechtlicher Schuldverhältnisse im Sinne des § 2 Abs. 1 Nr. 5 bis 8 unzulässig.

(3) Bei der Vermietung von Wohnraum ist eine unterschiedliche Behandlung im Hinblick auf die Schaffung und Erhaltung sozial stabiler Bewohnerstrukturen und ausgewogener Siedlungsstrukturen sowie ausgeglichener wirtschaftlicher, sozialer und kultureller Verhältnisse zulässig.

(4) Die Vorschriften dieses Abschnitts finden keine Anwendung auf familien- und erbrechtliche Schuldverhältnisse.

(5) [1]Die Vorschriften dieses Abschnitts finden keine Anwendung auf zivilrechtliche Schuldverhältnisse, bei denen ein besonderes Nähe- oder Vertrauensverhältnis der Parteien oder ihrer Angehörigen begründet wird. [2]Bei Mietverhältnissen kann dies insbesondere der Fall sein, wenn die Parteien oder ihre Angehörigen Wohnraum auf demselben Grundstück nutzen. [3]Die Vermietung von Wohnraum zum nicht nur vorübergehenden Gebrauch ist in der Regel kein Geschäft im Sinne des Absatzes 1 Nr. 1, wenn der Vermieter insgesamt nicht mehr als 50 Wohnungen vermietet.

§ 20 Zulässige unterschiedliche Behandlung

(1) [1]Eine Verletzung des Benachteiligungsverbots ist nicht gegeben, wenn für eine unterschiedliche Behandlung wegen der Religion, einer Behinderung, des Alters, der sexuellen Identität oder des Geschlechts ein sachlicher Grund vorliegt. [2]Das kann insbesondere der Fall sein, wenn die unterschiedliche Behandlung

1. der Vermeidung von Gefahren, der Verhütung von Schäden oder anderen Zwecken vergleichbarer Art dient,
2. dem Bedürfnis nach Schutz der Intimsphäre oder der persönlichen Sicherheit Rechnung trägt,
3. besondere Vorteile gewährt und ein Interesse an der Durchsetzung der Gleichbehandlung fehlt,
4. an die Religion eines Menschen anknüpft und im Hinblick auf die Ausübung der Religionsfreiheit oder auf das Selbstbestimmungsrecht der Religionsgemeinschaften, der ihnen zugeordneten Einrichtungen ohne Rücksicht auf ihre Rechtsform sowie

der Vereinigungen, die sich die gemeinschaftliche Pflege einer Religion zur Aufgabe machen, unter Beachtung des jeweiligen Selbstverständnisses gerechtfertigt ist.

(2) [1]Kosten im Zusammenhang mit Schwangerschaft und Mutterschaft dürfen auf keinen Fall zu unterschiedlichen Prämien oder Leistungen führen. [2]Eine unterschiedliche Behandlung wegen der Religion, einer Behinderung, des Alters oder der sexuellen Identität ist im Falle des § 19 Abs. 1 Nr. 2 nur zulässig, wenn diese auf anerkannten Prinzipien risikoadäquater Kalkulation beruht, insbesondere auf einer versicherungsmathematisch ermittelten Risikobewertung unter Heranziehung statistischer Erhebungen.

§ 21 Ansprüche

(1) [1]Der Benachteiligte kann bei einem Verstoß gegen das Benachteiligungsverbot unbeschadet weiterer Ansprüche die Beseitigung der Beeinträchtigung verlangen. [2]Sind weitere Beeinträchtigungen zu besorgen, so kann er auf Unterlassung klagen.

(2) [1]Bei einer Verletzung des Benachteiligungsverbots ist der Benachteiligende verpflichtet, den hierdurch entstandenen Schaden zu ersetzen. [2]Dies gilt nicht, wenn der Benachteiligende die Pflichtverletzung nicht zu vertreten hat. [3]Wegen eines Schadens, der nicht Vermögensschaden ist, kann der Benachteiligte eine angemessene Entschädigung in Geld verlangen.

(3) Ansprüche aus unerlaubter Handlung bleiben unberührt.

(4) Auf eine Vereinbarung, die von dem Benachteiligungsverbot abweicht, kann sich der Benachteiligende nicht berufen.

(5) [1]Ein Anspruch nach den Absätzen 1 und 2 muss innerhalb einer Frist von zwei Monaten geltend gemacht werden. [2]Nach Ablauf der Frist kann der Anspruch nur geltend gemacht werden, wenn der Benachteiligte ohne Verschulden an der Einhaltung der Frist verhindert war.

Abschnitt 4: Rechtsschutz

§ 22 Beweislast

Wenn im Streitfall die eine Partei Indizien beweist, die eine Benachteiligung wegen eines in § 1 genannten Grundes vermuten lassen, trägt die andere Partei die Beweislast dafür, dass kein Verstoß gegen die Bestimmungen zum Schutz vor Benachteiligung vorgelegen hat.

§ 23 Unterstützung durch Antidiskriminierungsverbände

(1) [1]Antidiskriminierungsverbände sind Personenzusammenschlüsse, die nicht gewerbsmäßig und nicht nur vorübergehend entsprechend ihrer Satzung die besonderen Interessen von benachteiligten Personen oder Personengruppen nach Maßgabe von § 1 wahrnehmen. [2]Die Befugnisse nach den Absätzen 2 bis 4 stehen ihnen zu, wenn sie mindestens 75 Mitglieder haben oder einen Zusammenschluss aus mindestens sieben Verbänden bilden.

(2) [1]Antidiskriminierungsverbände sind befugt, im Rahmen ihres Satzungszwecks in gerichtlichen Verfahren als Beistände Benachteiligter in der Verhandlung aufzutreten. [2]Im Übrigen bleiben die Vorschriften der Verfahrensordnungen, insbesondere diejenigen, nach denen Beiständen weiterer Vortrag untersagt werden kann, unberührt.

(3) Antidiskriminierungsverbänden ist im Rahmen ihres Satzungszwecks die Besorgung von Rechtsangelegenheiten Benachteiligter gestattet.

(4) Besondere Klagerechte und Vertretungsbefugnisse von Verbänden zu Gunsten von behinderten Menschen bleiben unberührt.

Abschnitt 5: Sonderregelungen für öffentlich-rechtliche Dienstverhältnisse

§ 24 Sonderregelung für öffentlich-rechtliche Dienstverhältnisse

Die Vorschriften dieses Gesetzes gelten unter Berücksichtigung ihrer besonderen Rechtsstellung entsprechend für

1. Beamtinnen und Beamte des Bundes, der Länder, der Gemeinden, der Gemeindeverbände sowie der sonstigen der Aufsicht des Bundes oder eines Landes unterstehenden Körperschaften, Anstalten und Stiftungen des öffentlichen Rechts,
2. Richterinnen und Richter des Bundes und der Länder,
3. Zivildienstleistende sowie anerkannte Kriegsdienstverweigerer, soweit ihre Heranziehung zum Zivildienst betroffen ist.

Strafgesetzbuch (StGB)

Rechtsstand: April 2021. Letzte Änderung: 18.03.2021 (BGBl. I S. 333).

Auszug

Besonderer Teil

Achtzehnter Abschnitt: Straftaten gegen die persönliche Freiheit

§ 233 Ausbeutung der Arbeitskraft

(1) Mit Freiheitsstrafe bis zu drei Jahren oder mit Geldstrafe wird bestraft, wer eine andere Person unter Ausnutzung ihrer persönlichen oder wirtschaftlichen Zwangslage oder ihrer Hilflosigkeit, die mit dem Aufenthalt in einem fremden Land verbunden ist, oder wer eine andere Person unter einundzwanzig Jahren ausbeutet

1. durch eine Beschäftigung nach § 232 Absatz 1 Satz 2,
2. bei der Ausübung der Bettelei oder
3. bei der Begehung von mit Strafe bedrohten Handlungen durch diese Person.

(2) Auf Freiheitsstrafe von sechs Monaten bis zu zehn Jahren ist zu erkennen, wenn

1. das Opfer zur Zeit der Tat unter achtzehn Jahren alt ist,
2. der Täter das Opfer bei der Tat körperlich schwer misshandelt oder durch die Tat oder eine während der Tat begangene Handlung wenigstens leichtfertig in die Gefahr des Todes oder einer schweren Gesundheitsschädigung bringt,
3. der Täter das Opfer durch das vollständige oder teilweise Vorenthalten der für die Tätigkeit des Opfers üblichen Gegenleistung in wirtschaftliche Not bringt oder eine bereits vorhandene wirtschaftliche Not erheblich vergrößert oder
4. der Täter als Mitglied einer Bande handelt, die sich zur fortgesetzten Begehung solcher Taten verbunden hat.

(3) Der Versuch ist strafbar.

(4) In minder schweren Fällen des Absatzes 1 ist auf Freiheitsstrafe bis zu zwei Jahren oder auf Geldstrafe zu erkennen, in minder schweren Fällen des Absatzes 2 auf Freiheitsstrafe von drei Monaten bis zu fünf Jahren.

(5) [1]Mit Freiheitsstrafe bis zu zwei Jahren oder mit Geldstrafe wird bestraft, wer einer Tat nach Absatz 1 Nummer 1 Vorschub leistet durch die

1. Vermittlung einer ausbeuterischen Beschäftigung (§ 232 Absatz 1 Satz 2),
2. Vermietung von Geschäftsräumen oder
3. Vermietung von Räumen zum Wohnen an die auszubeutende Person.

[2]Satz 1 gilt nicht, wenn die Tat bereits nach anderen Vorschriften mit schwererer Strafe bedroht ist.

Fünfundzwanzigster Abschnitt: Strafbarer Eigennutz

§ 291 Wucher

(1) [1]Wer die Zwangslage, die Unerfahrenheit, den Mangel an Urteilsvermögen oder die erhebliche Willensschwäche eines anderen dadurch ausbeutet, daß er sich oder einem Dritten

1. für die Vermietung von Räumen zum Wohnen oder damit verbundene Nebenleistungen,
2. für die Gewährung eines Kredits,
3. für eine sonstige Leistung oder
4. für die Vermittlung einer der vorbezeichneten Leistungen

Vermögensvorteile versprechen oder gewähren läßt, die in einem auffälligen Mißverhältnis zu der Leistung oder deren Vermittlung stehen, wird mit Freiheitsstrafe bis zu drei Jahren oder mit Geldstrafe bestraft. [2]Wirken mehrere Personen als Leistende, Vermittler oder in anderer Weise mit und ergibt sich dadurch ein auffälliges Mißverhältnis zwischen sämtlichen Vermögensvorteilen und sämtlichen Gegenleistungen, so gilt Satz 1 für jeden, der die Zwangslage oder sonstige Schwäche des anderen für sich oder einen Dritten zur Erzielung eines übermäßigen Vermögensvorteils ausnutzt.

(2) [1]In besonders schweren Fällen ist die Strafe Freiheitsstrafe von sechs Monaten bis zu zehn Jahren. [2]Ein besonders schwerer Fall liegt in der Regel vor, wenn der Täter

1. durch die Tat den anderen in wirtschaftliche Not bringt,
2. die Tat gewerbsmäßig begeht,
3. sich durch Wechsel wucherische Vermögensvorteile versprechen läßt.

Wirtschaftsstrafgesetz (WiStG)

Gesetz zur weiteren Vereinfachung des Wirtschaftsstrafrechts (WiStG 1954)

Auszug

Rechtsstand: April 2021. Letzte Änderung: 01.01.2020 (BGBl. I S. 2911).

Erster Abschnitt: Ahndung von Zuwiderhandlungen im Bereich des Wirtschaftsrechts

§ 1 Strafbare Verstöße gegen Sicherstellungsvorschriften

(1) Wer eine Zuwiderhandlung nach
1. § 18 des Wirtschaftssicherstellungsgesetzes,
2. § 26 des Verkehrssicherstellungsgesetzes,
3. § 22 des Ernährungssicherstellungsgesetzes,
4. § 28 des Wassersicherstellungsgesetzes

begeht, wird mit Freiheitsstrafe bis zu fünf Jahren oder mit Geldstrafe bestraft.

(2) Der Versuch ist strafbar.

(3) [1]In besonders schweren Fällen ist die Strafe Freiheitsstrafe nicht unter sechs Monaten. [2]Ein besonders schwerer Fall liegt in der Regel vor, wenn
1. durch die Handlung
   a) die Versorgung, sei es auch nur auf einem bestimmten Gebiet in einem örtlichen Bereich, schwer gefährdet wird oder
   b) das Leben oder die Freiheit eines anderen gefährdet wird oder eine Maßnahme nicht rechtzeitig getroffen werden kann, die erforderlich ist, um eine gegenwärtige Gefahr für das Leben oder die Freiheit eines anderen abzuwenden, oder
2. der Täter
   a) bei Begehung der Tat eine einflußreiche Stellung im Wirtschaftsleben oder in der Wirtschaftsverwaltung zur Erzielung von bedeutenden Vermögensvorteilen gröblich mißbraucht,
   b) eine außergewöhnliche Mangellage bei der Versorgung mit Sachen oder Leistungen des lebenswichtigen Bedarfs zur Erzielung von bedeutenden Vermögensvorteilen gewissenlos ausnutzt oder
   c) gewerbsmäßig zur Erzielung von hohen Gewinnen handelt.

(4) Handelt der Täter fahrlässig, so ist die Strafe Freiheitsstrafe bis zu zwei Jahren oder Geldstrafe.

§ 2 Ordnungswidrige Verstöße gegen Sicherstellungsvorschriften

(1) Ordnungswidrig handelt, wer vorsätzlich oder fahrlässig eine der in § 1 Abs. 1 bezeichneten Handlungen begeht, wenn die Tat ihrem Umfang und ihrer Auswirkung nach, namentlich nach Art und Menge der Sachen oder Leistungen, auf die sie sich bezieht, nicht geeignet ist,
1. die Versorgung, sei es auch nur auf einem bestimmten Gebiet in einem örtlichen Bereich, merkbar zu stören und
2. die Verwirklichung der sonstigen Ziele, denen die in § 1 Abs. 1 bezeichneten Rechtsvorschriften im allgemeinen oder im Einzelfall zu dienen bestimmt sind, merkbar zu beeinträchtigen.

(2) Absatz 1 ist nicht anzuwenden, wenn der Täter die Tat beharrlich wiederholt.

(3) Die Ordnungswidrigkeit und der Versuch einer Ordnungswidrigkeit können mit einer Geldbuße bis zu fünfundzwanzigtausend Euro geahndet werden.

§ 3 Verstöße gegen die Preisregelung

(1) [1]Ordnungswidrig handelt, wer in anderen als den in den §§ 1, 2 bezeichneten Fällen vorsätzlich oder fahrlässig einer Rechtsvorschrift über
1. Preise, Preisspannen, Zuschläge oder Abschläge,
2. Preisangaben,
3. Zahlungs- oder Lieferungsbedingungen oder
4. andere der Preisbildung oder dem Preisschutz dienende Maßnahmen

oder einer auf Grund einer solchen Rechtsvorschrift ergangenen vollziehbaren Verfügung zuwiderhandelt, soweit die Rechtsvorschrift für einen bestimmten Tatbestand auf diese Vorschrift verweist. [2]Die Verweisung ist nicht erforderlich, soweit § 16 dies bestimmt.

(2) Die Ordnungswidrigkeit kann mit einer Geldbuße bis zu fünfundzwanzigtausend Euro geahndet werden.

§ 4 Preisüberhöhung in einem Beruf oder Gewerbe

(1) Ordnungswidrig handelt, wer vorsätzlich oder leichtfertig in befugter oder unbefugter Betätigung in einem Beruf oder Gewerbe für Gegenstände oder Leistungen des lebenswichtigen Bedarfs Entgelte fordert, verspricht, vereinbart, annimmt oder gewährt, die infolge einer Beschränkung des Wettbewerbs oder infolge der Ausnutzung einer wirtschaftlichen Machtstellung oder einer Mangellage unangemessen hoch sind.

(2) Die Ordnungswidrigkeit kann mit einer Geldbuße bis zu fünfundzwanzigtausend Euro geahndet werden.

§ 5 Mietpreisüberhöhung

(1) Ordnungswidrig handelt, wer vorsätzlich oder leichtfertig für die Vermietung von Räumen zum Wohnen oder damit verbundene Nebenleistungen unangemessen hohe Entgelte fordert, sich versprechen lässt oder annimmt.

(2) [1]Unangemessen hoch sind Entgelte, die infolge der Ausnutzung eines geringen Angebots an vergleichbaren Räumen die üblichen Entgelte um mehr als 20 vom Hundert übersteigen, die in der Gemeinde oder in vergleichbaren Gemeinden für die Vermietung von Räumen vergleichbarer Art, Größe, Ausstattung, Beschaffenheit und Lage oder damit verbundene Nebenleistungen in den letzten sechs Jahren vereinbart oder, von Erhöhungen der Betriebskosten abgesehen, geändert worden sind. [2]Nicht unangemessen hoch sind Entgelte, die zur Deckung der laufenden Aufwendungen des Vermieters erforderlich sind, sofern sie unter Zugrundelegung der nach Satz 1 maßgeblichen Entgelte nicht in einem auffälligen Missverhältnis zu der Leistung des Vermieters stehen.

(3) Die Ordnungswidrigkeit kann mit einer Geldbuße bis zu fünfzigtausend Euro geahndet werden.

§ 6 Durchführung einer baulichen Veränderung in missbräuchlicher Weise

(1) Ordnungswidrig handelt, wer in der Absicht, einen Mieter von Wohnraum hierdurch zur Kündigung oder zur Mitwirkung an der Aufhebung des Mietverhältnisses zu veranlassen, eine bauliche Veränderung in einer Weise durchführt oder durchführen lässt, die geeignet ist, zu erheblichen, objektiv nicht notwendigen Belastungen des Mieters zu führen.

(2) Die Ordnungswidrigkeit kann mit einer Geldbuße bis zu hunderttausend Euro geahndet werden.

Zweiter Abschnitt: Ergänzende Vorschriften

§ 7 Einziehung

Ist eine Zuwiderhandlung im Sinne der §§ 1 bis 4 begangen worden, so können

1. Gegenstände, auf die sich die Tat bezieht, und
2. Gegenstände, die zu ihrer Begehung oder Vorbereitung gebraucht worden oder bestimmt gewesen sind,

eingezogen werden.

§ 8 Abführung des Mehrerlöses

(1) [1]Hat der Täter durch eine Zuwiderhandlung im Sinne der §§ 1 bis 6 einen höheren als den zulässigen Preis erzielt, so ist anzuordnen, daß er den Unterschiedsbetrag zwischen dem zulässigen und dem erzielten Preis (Mehrerlös) an das Land abführt, soweit er ihn nicht auf Grund einer rechtlichen Verpflichtung zurückerstattet hat. [2]Die Abführung kann auch angeordnet werden, wenn eine rechtswidrige Tat nach den §§ 1 bis 6 vorliegt, der Täter jedoch nicht schuldhaft gehandelt hat oder die Tat aus anderen Gründen nicht geahndet werden kann.

(2) [1]Wäre die Abführung des Mehrerlöses eine unbillige Härte, so kann die Anordnung auf einen angemessenen Betrag beschränkt werden oder ganz unterbleiben. [2]Sie kann auch unterbleiben, wenn der Mehrerlös gering ist.

(3) [1]Die Höhe des Mehrerlöses kann geschätzt werden. [2]Der abzuführende Betrag ist zahlenmäßig zu bestimmen.

(4) [1]Die Abführung des Mehrerlöses tritt an die Stelle der Einziehung von Taterträgen (§§ 73 bis 73e und 75 des Strafgesetzbuches, § 29a des Gesetzes über Ordnungswidrigkeiten). [2]Bei Zuwiderhandlungen im Sinne des § 1 gelten die Vorschriften des Strafgesetzbuches über die Verjährung der Einziehung von Taterträgen entsprechend.

§ 9 Rückerstattung des Mehrerlöses

(1) Statt der Abführung kann auf Antrag des Geschädigten die Rückerstattung des Mehrerlöses an ihn angeordnet werden, wenn sein Rückforderungsanspruch gegen den Täter begründet erscheint.

(2) Legt der Täter oder der Geschädigte, nachdem die Abführung des Mehrerlöses angeordnet ist, eine rechtskräftige Entscheidung vor, in welcher der Rückforderungsanspruch gegen den Täter festgestellt ist, so ordnet die Vollstreckungsbehörde an, daß die Anordnung der Abführung des Mehrerlöses insoweit nicht mehr vollstreckt oder der Geschädigte aus dem bereits abgeführten Mehrerlös befriedigt wird.

(3) Die Vorschriften der Strafprozeßordnung über die Entschädigung des Verletzten (§§ 403 bis 406c) sind mit Ausnahme des § 405 Satz 1, § 406a Abs. 3 und § 406c Abs. 2 entsprechend anzuwenden.

§ 10 Selbständige Abführung des Mehrerlöses

(1) Kann ein Straf- oder Bußgeldverfahren nicht durchgeführt werden, so kann die Abführung oder Rückerstattung des Mehrerlöses selbständig angeordnet werden, wenn im übrigen die Voraussetzungen des § 8 oder § 9 vorliegen.

(2) Ist eine rechtswidrige Tat nach diesem Gesetz in einem Betrieb begangen worden, so kann die Abführung des Mehrerlöses gegen den Inhaber oder Leiter des Betriebes und, falls der Inhaber eine juristische Person oder eine Personengesellschaft des Handelsrechts ist, auch gegen diese selbständig angeordnet werden, wenn ihnen der Mehrerlös zugeflossen ist.

§ 11 Verfahren

(1) [1]Im Strafverfahren ist die Abführung des Mehrerlöses im Urteil auszusprechen. [2]Für das selbständige Verfahren gelten § 435 Absatz 1, 2 und 3 Satz 1 und § 436 Absatz 1 und 2 in Verbindung mit § 434 Absatz 2 oder 3 der Strafprozeßordnung entsprechend.

(2) [1]Im Bußgeldverfahren ist die Abführung des Mehrerlöses im Bußgeldbescheid auszusprechen. [2]Im selbständigen Verfahren steht der von der Verwaltungsbehörde zu erlassende Bescheid einem Bußgeldbescheid gleich.

Preisangabengesetz (PreisAngG)

Gesetz über die Preisangaben

Rechtsstand: April 2021. Letzte Änderung: 08.09.2015 (BGBl. I S. 1474).

§ 1 |Ermächtigung für Rechtsverordnungen zu Preisangaben|

[1]Zum Zwecke der Unterrichtung und des Schutzes der Verbraucher und zur Förderung des Wettbewerbs sowie zur Durchführung von diesen Zwecken dienenden Rechtsakten der Organe der Europäischen Gemeinschaften wird das Bundesministerium für Wirtschaft und Energie ermächtigt, durch Rechtsverordnung mit Zustimmung des Bundesrates zu bestimmen, daß und auf welche Art und Weise beim Anbieten von Waren oder Leistungen gegenüber Letztverbrauchern oder bei der Werbung für Waren oder Leistungen gegenüber Letztverbrauchern Preise und die Verkaufs- oder Leistungseinheiten sowie Gütebezeichnungen, auf die sich die Preise beziehen, anzugeben sind. [2]Bei Leistungen der elektronischen Informations- und Kommunikationsdienste können auch Bestimmungen über die Angabe des Preisstandes fortlaufender Leistungen getroffen werden.

§ 2 (weggefallen)

§ 3 |Auskünfte von Verpflichteten|

(1) [1]Soweit es erforderlich ist, um die Einhaltung einer auf Grund dieses Gesetzes erlassenen Rechtsverordnung zu überwachen, können die hierfür zuständigen Behörden von dem zur Preisangabe Verpflichteten Auskünfte verlangen. [2]Sie können zu diesem Zweck auch seine Grundstücke, Geschäftsräume und Betriebsanlagen während der Geschäfts- und Betriebszeiten betreten und dort Besichtigungen und Prüfungen vornehmen sowie Einblick in geschäftliche Unterlagen verlangen.

(2) Der Auskunftspflichtige kann die Auskunft auf solche Fragen verweigern, deren Beantwortung ihn selbst oder einen der in § 383 Abs. 1 bis 3 der Zivilprozeßordnung bezeichneten Angehörigen der Gefahr strafgerichtlicher Verfolgung oder eines Verfahrens nach dem Gesetz über Ordnungswidrigkeiten aussetzen würde.

Preisklauselgesetz (PrKG)

Gesetz über das Verbot der Verwendung von Preisklauseln bei der Bestimmung von Geldschulden

Rechtsstand: April 2021. Letzte Änderung: 11.06.2010 (BGBl. I S. 2355).

§ 1 Preisklauselverbot

(1) Der Betrag von Geldschulden darf nicht unmittelbar und selbsttätig durch den Preis oder Wert von anderen Gütern oder Leistungen bestimmt werden, die mit den vereinbarten Gütern oder Leistungen nicht vergleichbar sind.

(2) Das Verbot nach Absatz 1 gilt nicht für Klauseln,

1. die hinsichtlich des Ausmaßes der Änderung des geschuldeten Betrages einen Ermessensspielraum lassen, der es ermöglicht, die neue Höhe der Geldschuld nach Billigkeitsgrundsätzen zu bestimmen (Leistungsvorbehaltsklauseln),
2. bei denen die in ein Verhältnis zueinander gesetzten Güter oder Leistungen im Wesentlichen gleichartig oder zumindest vergleichbar sind (Spannungsklauseln),
3. nach denen der geschuldete Betrag insoweit von der Entwicklung der Preise oder Werte für Güter oder Leistungen abhängig gemacht wird, als diese die Selbstkosten des Gläubigers bei der Erbringung der Gegenleistung unmittelbar beeinflussen (Kostenelementeklauseln),
4. die lediglich zu einer Ermäßigung der Geldschuld führen können.

(3) Die Vorschriften über die Indexmiete nach § 557b des Bürgerlichen Gesetzbuches und über die Zulässigkeit von Preisklauseln in Wärmelieferungsverträgen nach der Verordnung über Allgemeine Bedingungen für die Versorgung mit Fernwärme bleiben unberührt.

§ 2 Ausnahmen vom Verbot

(1) [1]Von dem Verbot nach § 1 Abs. 1 ausgenommen sind die in den §§ 3 bis 7 genannten zulässigen Preisklauseln. [2]Satz 1 gilt im Fall

1. der in § 3 genannten Preisklauseln,
2. von in Verbraucherkreditverträgen im Sinne der §§ 491 und 506 des Bürgerlichen Gesetzbuches verwendeten Preisklauseln (§ 5)

nur, wenn die Preisklausel im Einzelfall hinreichend bestimmt ist und keine Vertragspartei unangemessen benachteiligt.

(2) Eine Preisklausel ist nicht hinreichend bestimmt, wenn ein geschuldeter Betrag allgemein von der künftigen Preisentwicklung oder von einem anderen Maßstab abhängen soll, der nicht erkennen lässt, welche Preise oder Werte bestimmend sein sollen.

(3) Eine unangemessene Benachteiligung liegt insbesondere vor, wenn

1. einseitig ein Preis- oder Wertanstieg eine Erhöhung, nicht aber umgekehrt ein Preis- oder Wertrückgang eine entsprechende Ermäßigung des Zahlungsanspruchs bewirkt,
2. nur eine Vertragspartei das Recht hat, eine Anpassung zu verlangen, oder
3. der geschuldete Betrag sich gegenüber der Entwicklung der Bezugsgröße unverhältnismäßig ändern kann.

§ 3 Langfristige Verträge

(1) Preisklauseln in Verträgen

1. über wiederkehrende Zahlungen, die zu erbringen sind
   a) auf Lebenszeit des Gläubigers, Schuldners oder eines Beteiligten,
   b) bis zum Erreichen der Erwerbsfähigkeit oder eines bestimmten Ausbildungszieles des Empfängers,
   c) bis zum Beginn der Altersversorgung des Empfängers,
   d) für die Dauer von mindestens zehn Jahren, gerechnet vom Vertragsabschluss bis zur Fälligkeit der letzten Zahlung, oder
   e) auf Grund von Verträgen, bei denen der Gläubiger auf die Dauer von mindestens zehn Jahren auf das Recht zur ordentlichen Kündigung verzichtet oder der Schuldner das Recht hat, die Vertragsdauer auf mindestens zehn Jahre zu verlängern,
2. über Zahlungen, die zu erbringen sind
   a) auf Grund einer Verbindlichkeit aus der Auseinandersetzung zwischen Miterben, Ehegatten, Eltern und Kindern, auf Grund einer Verfügung von Todes wegen oder
   b) von dem Übernehmer eines Betriebes oder eines sonstigen Sachvermögens zur Abfindung eines Dritten,

sind zulässig, wenn der geschuldete Betrag durch die Änderung eines von dem Statistischen Bundesamt oder einem Statistischen Landesamt ermittelten Preisindexes für die Gesamtlebenshaltung oder eines vom Statistischen Amt der Europäischen Gemeinschaft ermittelten Verbraucherpreisindexes bestimmt werden soll und in den Fällen der Nummer 2 zwischen der Begründung der Verbindlichkeit und der Endfälligkeit ein Zeitraum von mindestens zehn Jahren liegt oder die Zahlungen nach dem Tode des Beteiligten zu erfolgen haben.

(2) Preisklauseln in Verträgen über wiederkehrende Zahlungen, die für die Lebenszeit, bis zum Erreichen der Erwerbsfähigkeit oder eines bestimmten Ausbildungszieles oder bis zum Beginn der Altersversorgung des Empfängers zu erbringen sind, sind zulässig, wenn der geschuldete Betrag von der künftigen Einzel- oder Durchschnittsentwicklung von Löhnen, Gehältern, Ruhegehältern oder Renten abhängig sein soll.

(3) Preisklauseln in Verträgen über wiederkehrende Zahlungen, die zu erbringen sind

1. für die Dauer von mindestens zehn Jahren, gerechnet vom Vertragsabschluss bis zur Fälligkeit der letzten Zahlung, oder

2. auf Grund von Verträgen, bei denen der Gläubiger für die Dauer von mindestens zehn Jahren auf das Recht zur ordentlichen Kündigung verzichtet, oder der Schuldner das Recht hat, die Vertragsdauer auf mindestens zehn Jahre zu verlängern,

sind zulässig, wenn der geschuldete Betrag von der künftigen Einzel- oder Durchschnittsentwicklung von Preisen oder Werten für Güter oder Leistungen abhängig gemacht wird, die der Schuldner in seinem Betrieb erzeugt, veräußert oder erbringt, oder wenn der geschuldete Betrag von der künftigen Einzel- oder Durchschnittsentwicklung von Preisen oder Werten von Grundstücken abhängig sein soll und das Schuldverhältnis auf die land- oder forstwirtschaftliche Nutzung beschränkt ist.

§ 4 Erbbaurechtsverträge

[1]Zulässig sind Preisklauseln in Erbbaurechtsbestellungsverträgen und Erbbauzinsreallasten mit einer Laufzeit von mindestens 30 Jahren. [2]§ 9a der Verordnung über das Erbbaurecht, § 46 des Sachenrechtsbereinigungsgesetzes und § 4 des Erholungsnutzungsrechtsgesetzes bleiben unberührt.

§ 5 Geld- und Kapitalverkehr

Zulässig sind Preisklauseln im Geld- und Kapitalverkehr, einschließlich der Finanzinstrumente im Sinne des § 1 Abs. 11 des Kreditwesengesetzes sowie die hierauf bezogenen Pensions- und Darlehensgeschäfte.

§ 6 Verträge mit Gebietsfremden

Zulässig sind Preisklauseln in Verträgen von gebietsansässigen Unternehmern (§ 14 des Bürgerlichen Gesetzbuches) mit Gebietsfremden.

§ 7 Verträge zur Deckung des Bedarfs der Streitkräfte

Zulässig sind Preisklauseln bei Verträgen, die der Deckung des Bedarfs der Streitkräfte dienen, wenn der geschuldete Betrag durch die Änderung eines von dem Statistischen Bundesamt, einem Statistischen Landesamt oder dem Statistischen Amt der Europäischen Gemeinschaften ermittelten Preisindex bestimmt wird.

§ 8 Unwirksamkeit der Preisklausel

[1]Die Unwirksamkeit der Preisklausel tritt zum Zeitpunkt des rechtskräftig festgestellten Verstoßes gegen dieses Gesetz ein, soweit nicht eine frühere Unwirksamkeit vereinbart ist. [2]Die Rechtswirkungen der Preisklausel bleiben bis zum Zeitpunkt der Unwirksamkeit unberührt.

§ 9 Übergangsvorschrift

(1) Nach § 2 des Preisangaben- und Preisklauselgesetzes in der bis zum 13. September 2007 geltenden Fassung erteilte Genehmigungen gelten fort.

(2) Auf Preisklauseln, die bis zum 13. September 2007 vereinbart worden sind und deren Genehmigung bis dahin beim Bundesamt für Wirtschaft und Ausfuhrkontrolle beantragt worden ist, sind die bislang geltenden Vorschriften weiter anzuwenden.

Wohnungsvermittlungsgesetz (WoVermRG)

Gesetz zur Regelung der Wohnungsvermittlung

Rechtsstand: April 2021. Letzte Änderung: 01.06.2015 (BGBl. I S. 610).

§ 1 |Wohnungsvermittler|

(1) Wohnungsvermittler im Sinne dieses Gesetzes ist, wer den Abschluß von Mietverträgen über Wohnräume vermittelt oder die Gelegenheit zum Abschluß von Mietverträgen über Wohnräume nachweist.

(2) Zu den Wohnräumen im Sinne dieses Gesetzes gehören auch solche Geschäftsräume, die wegen ihres räumlichen oder wirtschaftlichen Zusammenhangs mit Wohnräumen mit diesen zusammen vermietet werden.

(3) Die Vorschriften dieses Gesetzes gelten nicht für die Vermittlung oder den Nachweis der Gelegenheit zum Abschluß von Mietverträgen über Wohnräume im Fremdenverkehr.

§ 2[1] |Anspruch auf Entgelt|

(1) [1]Ein Anspruch auf Entgelt für die Vermittlung oder den Nachweis der Gelegenheit zum Abschluß von Mietverträgen über Wohnräume steht dem Wohnungsvermittler nur zu, wenn infolge seiner Vermittlung oder infolge seines Nachweises ein Mietvertrag zustande kommt. [2]Der Vermittlungsvertrag bedarf der Textform.

(1a) Der Wohnungsvermittler darf vom Wohnungssuchenden für die Vermittlung oder den Nachweis der Gelegenheit zum Abschluss von Mietverträgen über Wohnräume kein Entgelt fordern, sich versprechen lassen oder annehmen, es sei denn, der Wohnungsvermittler holt ausschließlich wegen des Vermittlungsvertrags mit dem Wohnungssuchenden vom Vermieter oder von einem anderen Berechtigten den Auftrag ein, die Wohnung anzubieten (§ 6 Absatz 1).

(2) Ein Anspruch nach Absatz 1 Satz 1 steht dem Wohnungsvermittler nicht zu, wenn

1. durch den Mietvertrag ein Mietverhältnis über dieselben Wohnräume fortgesetzt, verlängert oder erneuert wird,
2. der Mietvertrag über Wohnräume abgeschlossen wird, deren Eigentümer, Verwalter, Mieter oder Vermieter der Wohnungsvermittler ist, oder
3. der Mietvertrag über Wohnräume abgeschlossen wird, deren Eigentümer, Verwalter oder Vermieter eine juristische Person ist, an der der Wohnungsvermittler rechtlich oder wirtschaftlich beteiligt ist. Das gleiche gilt, wenn eine natürliche oder juristische Person Eigentümer, Verwalter oder Vermieter von Wohnräumen ist und ihrerseits an einer juristischen Person, die sich als Wohnungsvermittler betätigt, rechtlich oder wirtschaftlich beteiligt ist.

(3) [1]Ein Anspruch nach Absatz 1 Satz 1 steht dem Wohnungsvermittler gegenüber dem Wohnungssuchenden nicht zu, wenn der Mietvertrag über öffentlich geförderte Wohnungen oder über sonstige preisgebundene Wohnungen abgeschlossen wird, die nach dem 20. Juni 1948 bezugsfertig geworden sind oder bezugsfertig werden. [2]Satz 1 gilt auch für die Wohnungen, die nach den §§ 88d und 88e des Zweiten Wohnungsbaugesetzes, nach dem Wohnraumförderungsgesetz oder nach entsprechenden landesrechtlichen Vorschriften gefördert werden, solange das Belegungsrecht besteht. [3]Das gleiche gilt für die Vermittlung einzelner Wohnräume der in den Sätzen 1 und 2 genannten Wohnungen.

(4) Vorschüsse dürfen nicht gefordert, vereinbart oder angenommen werden.

(5) Eine Vereinbarung ist unwirksam, wenn

1. sie von den Absätzen 1 bis 4 abweicht oder
2. durch sie der Wohnungssuchende verpflichtet wird, ein vom Vermieter oder einem Dritten geschuldetes Vermittlungsentgelt zu zahlen.

§ 3 |Entgelt und Auslagen|

(1) Das Entgelt nach § 2 Abs. 1 Satz 1 ist in einem Bruchteil oder Vielfachen der Monatsmiete anzugeben.

(2) [1]Der Wohnungsvermittler darf vom Wohnungssuchenden für die Vermittlung oder den Nachweis der Gelegenheit zum Abschluß von Mietverträgen über Wohnräume kein Entgelt fordern, sich versprechen lassen oder annehmen, das zwei Monatsmieten zuzüglich der gesetzlichen Umsatzsteuer übersteigt. [2]Nebenkosten, über die gesondert abzurechnen ist, bleiben bei der Berechnung der Monatsmiete unberücksichtigt.

(3) [1]Außer dem Entgelt nach § 2 Abs. 1 Satz 1 dürfen für Tätigkeiten, die mit der Vermittlung oder dem Nachweis der Gelegenheit zum Abschluß von Mietverträgen über Wohnräume zusammenhängen, sowie für etwaige Nebenleistungen keine Vergütungen irgendwelcher Art, insbesondere keine Einschreibgebühren, Schreibgebühren oder Auslagenerstattungen, vereinbart oder angenommen werden. [2]Dies gilt nicht, soweit die nachgewiesenen Auslagen eine Monatsmiete übersteigen. [3]Es kann jedoch vereinbart werden, daß bei Nichtzustandekommen eines Mietvertrages die in Erfüllung des Auftrages nachweisbar entstandenen Auslagen zu erstatten sind.

(4) [1]Eine Vereinbarung, durch die der Auftraggeber sich im Zusammenhang mit dem Auftrag verpflichtet, Waren zu beziehen oder Dienst- oder Werkleistungen in Anspruch zu nehmen, ist unwirksam. [2]Die Wirksamkeit des Vermittlungsvertrags bleibt unberührt. [3]Satz 1 gilt nicht, wenn die Verpflichtung die Übernahme von Einrichtungs- oder Ausstattungsgegenständen des bisherigen Inhabers der Wohnräume zum Gegenstand hat.

[1] § 2: Gilt in Berlin und im Saarland in der Fassung des § 9 Abs. 3 WoVermRG

§ 4 |Vertragsstrafe|

[1]Der Wohnungsvermittler und der Auftraggeber können vereinbaren, daß bei Nichterfüllung von vertraglichen Verpflichtungen eine Vertragsstrafe zu zahlen ist. [2]Die Vertragsstrafe darf 10 Prozent des gemäß § 2 Abs. 1 Satz 1 vereinbarten Entgelts, höchstens jedoch 25 Euro nicht übersteigen.

§ 4a |Unwirksamkeit von Vereinbarungen|

(1) [1]Eine Vereinbarung, die den Wohnungssuchenden oder für ihn einen Dritten verpflichtet, ein Entgelt dafür zu leisten, daß der bisherige Mieter die gemieteten Wohnräume räumt, ist unwirksam. [2]Die Erstattung von Kosten, die dem bisherigen Mieter nachweislich für den Umzug entstehen, ist davon ausgenommen.

(2) [1]Ein Vertrag, durch den der Wohnungssuchende sich im Zusammenhang mit dem Abschluß eines Mietvertrages über Wohnräume verpflichtet, von dem Vermieter oder dem bisherigen Mieter eine Einrichtung oder ein Inventarstück zu erwerben, ist im Zweifel unter der aufschiebenden Bedingung geschlossen, daß der Mietvertrag zustande kommt. [2]Die Vereinbarung über das Entgelt ist unwirksam, soweit dieses in einem auffälligen Mißverhältnis zum Wert der Einrichtung oder des Inventarstücks steht.

§ 5 |Rückforderung von Entgelten|

(1) Soweit an den Wohnungsvermittler ein ihm nach diesem Gesetz nicht zustehendes Entgelt, eine Vergütung anderer Art, eine Auslagenerstattung, ein Vorschuß oder eine Vertragsstrafe, die den in § 4 genannten Satz übersteigt, geleistet worden ist, kann die Leistung nach den allgemeinen Vorschriften des bürgerlichen Rechts zurückgefordert werden; die Vorschrift des § 817 Satz 2 des Bürgerlichen Gesetzbuchs ist nicht anzuwenden.

(2) Soweit Leistungen auf Grund von Vereinbarungen erbracht worden sind, die nach § 2 Absatz 5 Nummer 2 oder § 4a unwirksam oder nicht wirksam geworden sind, ist Absatz 1 entsprechend anzuwenden.

§ 6 |Angebote und Anzeigen|

(1) Der Wohnungsvermittler darf Wohnräume nur anbieten, wenn er dazu einen Auftrag von dem Vermieter oder einem anderen Berechtigten hat.

(2) Der Wohnungsvermittler darf öffentlich, insbesondere in Zeitungsanzeigen, auf Aushängetafeln und dergleichen, nur unter Angabe seines Namens und der Bezeichnung als Wohnungsvermittler Wohnräume anbieten oder suchen; bietet er Wohnräume an, so hat er auch den Mietpreis der Wohnräume anzugeben und darauf hinzuweisen, ob Nebenleistungen besonders zu vergüten sind.

§ 7 |Geltung von Vorschriften|

Die Vorschriften des § 3 Abs. 1 und des § 6 gelten nur, soweit der Wohnungsvermittler die in § 1 Abs. 1 bezeichnete Tätigkeit gewerbsmäßig ausübt.

§ 8 |Ordnungswidrige Handlungen|

(1) Ordnungswidrig handelt, wer als Wohnungsvermittler vorsätzlich oder fahrlässig

1. entgegen § 2 Absatz 1a vom Wohnungssuchenden ein Entgelt fordert, sich versprechen lässt oder annimmt,

1a. entgegen § 3 Abs. 1 das Entgelt nicht in einem Bruchteil oder Vielfachen der Monatsmiete angibt,

2. entgegen § 3 Abs. 2 ein Entgelt fordert, sich versprechen läßt oder annimmt, das den dort genannten Betrag übersteigt,

3. entgegen § 6 Abs. 1 ohne Auftrag Wohnräume anbietet oder

4. entgegen § 6 Abs. 2 seinen Namen, die Bezeichnung als Wohnungsvermittler oder den Mietpreis nicht angibt oder auf Nebenkosten nicht hinweist.

(2) Die Ordnungswidrigkeit nach Absatz 1 Nummer 1 und 2 kann mit einer Geldbuße bis zu 25 000 Euro, die Ordnungswidrigkeit nach Absatz 1 Nummer 1a, 3 und 4 mit einer Geldbuße bis zu 2 500 Euro geahndet werden.

§ 9 |Geltung für Berlin und Saarland|

(1) - (2) (weggefallen)

(3) § 2 gilt für das Land Berlin und für das Saarland mit der Maßgabe, daß das Datum "20. Juni 1948" für das Land Berlin durch das Datum "24. Juni 1948", für das Saarland durch das Datum "1. April 1948" zu ersetzen ist.

Wohnungseigentumsrecht

Wohnungseigentumsgesetz (WEG)

Gesetz über das Wohnungseigentum und das Dauerwohnrecht

Rechtsstand: April 2021. Letzte Änderung: 01.12.2020 (BGBl. I S. 2187).

Teil 1: Wohnungseigentum

Teil 2: Dauerwohnrecht

Teil 3: Verfahrensvorschriften

Teil 4: Ergänzende Bestimmungen

Teil 1: Wohnungseigentum

Abschnitt 1: Begriffsbestimmungen

§ 1 Begriffsbestimmungen

(1) Nach Maßgabe dieses Gesetzes kann an Wohnungen das Wohnungseigentum, an nicht zu Wohnzwecken dienenden Räumen eines Gebäudes das Teileigentum begründet werden.

(2) Wohnungseigentum ist das Sondereigentum an einer Wohnung in Verbindung mit dem Miteigentumsanteil an dem gemeinschaftlichen Eigentum, zu dem es gehört.

(3) Teileigentum ist das Sondereigentum an nicht zu Wohnzwecken dienenden Räumen eines Gebäudes in Verbindung mit dem Miteigentumsanteil an dem gemeinschaftlichen Eigentum, zu dem es gehört.

(4) Wohnungseigentum und Teileigentum können nicht in der Weise begründet werden, daß das Sondereigentum mit Miteigentum an mehreren Grundstücken verbunden wird.

(5) Gemeinschaftliches Eigentum im Sinne dieses Gesetzes sind das Grundstück und das Gebäude, soweit sie nicht im Sondereigentum oder im Eigentum eines Dritten stehen.

(6) Für das Teileigentum gelten die Vorschriften über das Wohnungseigentum entsprechend.

Abschnitt 2: Begründung des Wohnungseigentums

§ 2 Arten der Begründung

Wohnungseigentum wird durch die vertragliche Einräumung von Sondereigentum (§ 3) oder durch Teilung (§ 8) begründet.

§ 3 Vertragliche Einräumung von Sondereigentum

(1) [1]Das Miteigentum (§ 1008 des Bürgerlichen Gesetzbuchs) an einem Grundstück kann durch Vertrag der Miteigentümer in der Weise beschränkt werden, daß jedem der Miteigentümer abweichend von § 93 des Bürgerlichen Gesetzbuchs das Eigentum an einer bestimmten Wohnung oder an nicht zu Wohnzwecken dienenden bestimmten Räumen in einem auf dem Grundstück errichteten oder zu errichtenden Gebäude (Sondereigentum) eingeräumt wird. [2]Stellplätze gelten als Räume im Sinne des Satzes 1.

(2) Das Sondereigentum kann auf einen außerhalb des Gebäudes liegenden Teil des Grundstücks erstreckt werden, es sei denn, die Wohnung oder die nicht zu Wohnzwecken dienenden Räume bleiben dadurch wirtschaftlich nicht die Hauptsache.

(3) Sondereigentum soll nur eingeräumt werden, wenn die Wohnungen oder sonstigen Räume in sich abgeschlossen sind und Stellplätze sowie außerhalb des Gebäudes liegende Teile des Grundstücks durch Maßangaben im Aufteilungsplan bestimmt sind.

§ 4 Formvorschriften

(1) Zur Einräumung und zur Aufhebung des Sondereigentums ist die Einigung der Beteiligten über den Eintritt der Rechtsänderung und die Eintragung in das Grundbuch erforderlich.

(2) [1]Die Einigung bedarf der für die Auflassung vorgeschriebenen Form. [2]Sondereigentum kann nicht unter einer Bedingung oder Zeitbestimmung eingeräumt oder aufgehoben werden.

(3) Für einen Vertrag, durch den sich ein Teil verpflichtet, Sondereigentum einzuräumen, zu erwerben oder aufzuheben, gilt § 311b Abs. 1 des Bürgerlichen Gesetzbuchs entsprechend.

§ 5 Gegenstand und Inhalt des Sondereigentums

(1) [1]Gegenstand des Sondereigentums sind die gemäß § 3 Absatz 1 Satz 1 bestimmten Räume sowie die zu diesen Räumen gehörenden Bestandteile des Gebäudes, die verändert, beseitigt oder eingefügt werden können, ohne daß dadurch das gemeinschaftliche Eigentum oder ein auf Sondereigentum beruhendes Recht eines anderen Wohnungseigentümers über das bei einem geordneten Zusammenleben unvermeidliche Maß hinaus beeinträchtigt oder die äußere Gestaltung des Gebäudes verändert wird. [2]Soweit sich das Sondereigentum auf außerhalb des Gebäudes liegende Teile des Grundstücks erstreckt, gilt § 94 des Bürgerlichen Gesetzbuchs entsprechend.

(2) Teile des Gebäudes, die für dessen Bestand oder Sicherheit erforderlich sind, sowie Anlagen und Einrichtungen, die dem gemeinschaftlichen Gebrauch der Wohnungseigentümer dienen, sind nicht Gegenstand des Sondereigentums, selbst wenn sie sich im Bereich der im Sondereigentum stehenden Räume oder Teile des Grundstücks befinden.

(3) Die Wohnungseigentümer können vereinbaren, daß Bestandteile des Gebäudes, die Gegenstand des Sondereigentums sein können, zum gemeinschaftlichen Eigentum gehören.

(4) [1]Vereinbarungen über das Verhältnis der Wohnungseigentümer untereinander und Beschlüsse aufgrund einer solchen Vereinbarung können nach den Vorschriften des Abschnitts 4 zum Inhalt des Sondereigentums gemacht werden. [2]Ist das Wohnungseigentum mit der Hypothek, Grund- oder Rentenschuld oder der Reallast eines Dritten belastet, so ist dessen nach anderen Rechtsvorschriften notwendige Zustimmung nur erforderlich, wenn ein Sondernutzungsrecht begründet oder ein mit dem Wohnungseigentum verbundenes Sondernutzungsrecht aufgehoben, geändert oder übertragen wird.

§ 6 Unselbständigkeit des Sondereigentums

(1) Das Sondereigentum kann ohne den Miteigentumsanteil, zu dem es gehört, nicht veräußert oder belastet werden.

(2) Rechte an dem Miteigentumsanteil erstrecken sich auf das zu ihm gehörende Sondereigentum.

§ 7 Grundbuchvorschriften

(1) [1]Im Falle des § 3 Abs. 1 wird für jeden Miteigentumsanteil von Amts wegen ein besonderes Grundbuchblatt (Wohnungsgrundbuch, Teileigentumsgrundbuch) angelegt. [2]Auf diesem ist das zu dem Miteigentumsanteil gehörende Sondereigentum und als Beschränkung des Miteigentums die Einräumung der zu den anderen Miteigentumsanteilen gehörenden Sondereigentumsrechte einzutragen. [3]Das Grundbuchblatt des Grundstücks wird von Amts wegen geschlossen.

(2) [1]Zur Eintragung eines Beschlusses im Sinne des § 5 Absatz 4 Satz 1 bedarf es der Bewilligungen der Wohnungseigentümer nicht, wenn der Beschluss durch eine Niederschrift, bei der die Unterschriften der in § 24 Absatz 6 bezeichneten Personen öffentlich beglaubigt sind, oder durch ein Urteil in einem Verfahren nach § 44 Absatz 1 Satz 2 nachgewiesen ist. [2]Antragsberechtigt ist auch die Gemeinschaft der Wohnungseigentümer.

(3) [1]Zur näheren Bezeichnung des Gegenstands und des Inhalts des Sondereigentums kann auf die Eintragungsbewilligung oder einen Nachweis gemäß Absatz 2 Satz 1 Bezug genommen werden. [2]Veräußerungsbeschränkungen (§ 12) und die Haftung von Sondernachfolgern für Geldschulden sind jedoch ausdrücklich einzutragen.

(4) [1]Der Eintragungsbewilligung sind als Anlagen beizufügen:

1. eine von der Baubehörde mit Unterschrift und Siegel oder Stempel versehene Bauzeichnung, aus der die Aufteilung des Gebäudes und des Grundstücks sowie die Lage und Größe der im Sondereigentum und der im gemeinschaftlichen Eigentum stehenden Teile des Gebäudes und des Grundstücks ersichtlich ist (Aufteilungsplan); alle zu demselben Wohnungseigentum gehörenden Einzelräume und Teile des Grundstücks sind mit der jeweils gleichen Nummer zu kennzeichnen;
2. eine Bescheinigung der Baubehörde, daß die Voraussetzungen des § 3 Absatz 3 vorliegen.

[2]Wenn in der Eintragungsbewilligung für die einzelnen Sondereigentumsrechte Nummern angegeben werden, sollen sie mit denen des Aufteilungsplans übereinstimmen.

(5) Für Teileigentumsgrundbücher gelten die Vorschriften über Wohnungsgrundbücher entsprechend.

§ 8 Teilung durch den Eigentümer

(1) Der Eigentümer eines Grundstücks kann durch Erklärung gegenüber dem Grundbuchamt das Eigentum an dem Grundstück in Miteigentumsanteile in der Weise teilen, daß mit jedem Anteil Sondereigentum verbunden ist.

(2) Im Falle des Absatzes 1 gelten § 3 Absatz 1 Satz 2, Absatz 2 und 3, § 4 Absatz 2 Satz 2 sowie die §§ 5 bis 7 entsprechend.

(3) Wer einen Anspruch auf Übertragung von Wohnungseigentum gegen den teilenden Eigentümer hat, der durch Vormerkung im Grundbuch gesichert ist, gilt gegenüber der Gemeinschaft der Wohnungseigentümer und den anderen Wohnungseigentümern anstelle des teilenden Eigentümers als Wohnungseigentümer, sobald ihm der Besitz an den zum Sondereigentum gehörenden Räumen übergeben wurde.

§ 9 Schließung der Wohnungsgrundbücher

(1) Die Wohnungsgrundbücher werden geschlossen:

1. von Amts wegen, wenn die Sondereigentumsrechte gemäß § 4 aufgehoben werden;
2. auf Antrag des Eigentümers, wenn sich sämtliche Wohnungseigentumsrechte in einer Person vereinigen.

(2) Ist ein Wohnungseigentum selbständig mit dem Recht eines Dritten belastet, so werden die allgemeinen Vorschriften, nach denen zur Aufhebung des Sondereigentums die Zustimmung des Dritten erforderlich ist, durch Absatz 1 nicht berührt.

(3) Werden die Wohnungsgrundbücher geschlossen, so wird für das Grundstück ein Grundbuchblatt nach den allgemeinen Vorschriften angelegt; die Sondereigentumsrechte erlöschen, soweit sie nicht bereits aufgehoben sind, mit der Anlegung des Grundbuchblatts.

Abschnitt 3: Rechtsfähige Gemeinschaft der Wohnungseigentümer

§ 9a Gemeinschaft der Wohnungseigentümer

(1) [1]Die Gemeinschaft der Wohnungseigentümer kann Rechte erwerben und Verbindlichkeiten eingehen, vor Gericht klagen und verklagt werden. [2]Die Gemeinschaft der Wohnungseigentümer entsteht mit Anlegung der Wohnungsgrundbücher; dies gilt auch im Fall des § 8. [3]Sie führt die Bezeichnung „Gemeinschaft der Wohnungseigentümer“ oder „Wohnungseigentümergemeinschaft” gefolgt von der bestimmten Angabe des gemeinschaftlichen Grundstücks.

(2) Die Gemeinschaft der Wohnungseigentümer übt die sich aus dem gemeinschaftlichen Eigentum ergebenden Rechte sowie solche Rechte der Wohnungseigentümer aus, die eine einheitliche Rechtsverfolgung erfordern, und nimmt die entsprechenden Pflichten der Wohnungseigentümer wahr.

(3) Für das Vermögen der Gemeinschaft der Wohnungseigentümer (Gemeinschaftsvermögen) gelten § 18, § 19 Absatz 1 und § 27 entsprechend.

(4) [1]Jeder Wohnungseigentümer haftet einem Gläubiger nach dem Verhältnis seines Miteigentumsanteils (§ 16 Absatz 1 Satz 2) für Verbindlichkeiten der Gemeinschaft der Wohnungseigentümer, die während seiner Zugehörigkeit entstanden oder während dieses Zeitraums fällig geworden sind; für die Haftung nach Veräußerung des Wohnungseigentums ist § 160 des Handelsgesetzbuchs entsprechend anzuwenden. [2]Er kann gegenüber einem Gläubiger neben den in seiner Person begründeten auch die der Gemeinschaft der Wohnungseigentümer zustehenden Einwendungen und Einreden geltend machen, nicht aber seine Einwendungen und Einreden gegenüber der Gemeinschaft der Wohnungseigentümer. [3]Für die Einrede der Anfechtbarkeit und Aufrechenbarkeit ist § 770 des Bürgerlichen Gesetzbuchs entsprechend anzuwenden.

(5) Ein Insolvenzverfahren über das Gemeinschaftsvermögen findet nicht statt.

§ 9b Vertretung

(1) [1]Die Gemeinschaft der Wohnungseigentümer wird durch den Verwalter gerichtlich und außergerichtlich vertreten, beim Abschluss eines Grundstückskauf- oder Darlehensvertrags aber nur aufgrund eines Beschlusses der Wohnungseigentümer. [2]Hat die Gemeinschaft der Wohnungseigentümer keinen Verwalter, wird sie durch die Wohnungseigentümer gemeinschaftlich vertreten. [3]Eine Beschränkung des Umfangs der Vertretungsmacht ist Dritten gegenüber unwirksam.

(2) Dem Verwalter gegenüber vertritt der Vorsitzende des Verwaltungsbeirats oder ein durch Beschluss dazu ermächtigter Wohnungseigentümer die Gemeinschaft der Wohnungseigentümer.

Abschnitt 4: Rechtsverhältnis der Wohnungseigentümer untereinander und zur Gemeinschaft der Wohnungseigentümer

§ 10 Allgemeine Grundsätze

(1) [1]Das Verhältnis der Wohnungseigentümer untereinander und zur Gemeinschaft der Wohnungseigentümer bestimmt sich nach den Vorschriften dieses Gesetzes und, soweit dieses Gesetz keine besonderen Bestimmungen enthält, nach den Vorschriften des Bürgerlichen Gesetzbuchs über die Gemeinschaft. [2]Die Wohnungseigentümer können von den Vorschriften dieses Gesetzes abweichende Vereinbarungen treffen, soweit nicht etwas anderes ausdrücklich bestimmt ist.

(2) Jeder Wohnungseigentümer kann eine vom Gesetz abweichende Vereinbarung oder die Anpassung einer Vereinbarung verlangen, soweit ein Festhalten an der geltenden Regelung aus schwerwiegenden Gründen unter Berücksichtigung aller Umstände des Einzelfalles, insbesondere der Rechte und Interessen der anderen Wohnungseigentümer, unbillig erscheint.

(3) [1]Vereinbarungen, durch die die Wohnungseigentümer ihr Verhältnis untereinander in Ergänzung oder Abweichung von Vorschriften dieses Gesetzes regeln, die Abänderung oder Aufhebung solcher Vereinbarungen sowie Beschlüsse, die aufgrund einer Vereinbarung gefasst werden, wirken gegen den Sondernachfolger eines Wohnungseigentümers nur, wenn sie als Inhalt des Sondereigentums im Grundbuch eingetragen sind. [2]Im Übrigen bedürfen Beschlüsse zu ihrer Wirksamkeit gegen den Sondernachfolger eines Wohnungseigentümers nicht der Eintragung in das Grundbuch.

(4) - (8)(weggefallen)

§ 11 Aufhebung der Gemeinschaft

(1) [1]Kein Wohnungseigentümer kann die Aufhebung der Gemeinschaft verlangen. [2]Dies gilt auch für eine Aufhebung aus wichtigem Grund. [3]Eine abweichende Vereinbarung ist nur für den Fall zulässig, daß das Gebäude ganz oder teilweise zerstört wird und eine Verpflichtung zum Wiederaufbau nicht besteht.

(2) Das Recht eines Pfändungsgläubigers (§ 751 des Bürgerlichen Gesetzbuchs) sowie das im Insolvenzverfahren bestehende Recht (§ 84 Abs. 2 der Insolvenzordnung), die Aufhebung der Gemeinschaft zu verlangen, ist ausgeschlossen.

(3) [1]Im Fall der Aufhebung der Gemeinschaft bestimmt sich der Anteil der Miteigentümer nach dem Verhältnis des Wertes ihrer Wohnungseigentumsrechte zur Zeit der Aufhebung der Gemeinschaft. [2]Hat sich der Wert eines Miteigentumsanteils durch Maßnahmen verändert, deren Kosten der Wohnungseigentümer nicht getragen hat, so bleibt eine solche Veränderung bei der Berechnung des Wertes dieses Anteils außer Betracht.

§ 12 Veräußerungsbeschränkung

(1) Als Inhalt des Sondereigentums kann vereinbart werden, daß ein Wohnungseigentümer zur Veräußerung seines Wohnungseigentums der Zustimmung anderer Wohnungseigentümer oder eines Dritten bedarf.

(2) Die Zustimmung darf nur aus einem wichtigen Grunde versagt werden. Durch Vereinbarung gemäß Absatz 1 kann dem Wohnungseigentümer darüber hinaus für bestimmte Fälle ein Anspruch auf Erteilung der Zustimmung eingeräumt werden.

(3) [1]Ist eine Vereinbarung gemäß Absatz 1 getroffen, so ist eine Veräußerung des Wohnungseigentums und ein Vertrag, durch den sich der Wohnungseigentümer zu einer solchen Veräußerung verpflichtet, unwirksam, solange nicht die erforderliche Zustimmung erteilt ist. [2]Einer rechtsgeschäftlichen Veräußerung steht eine Veräußerung im Wege der Zwangsvollstreckung oder durch den Insolvenzverwalter gleich.

(4) [1]Die Wohnungseigentümer können beschließen, dass eine Veräußerungsbeschränkung gemäß Absatz 1 aufgehoben wird. [2]Ist ein Beschluss gemäß Satz 1 gefasst, kann die Veräußerungsbeschränkung im Grundbuch gelöscht werden. [3]§ 7 Absatz 2 gilt entsprechend.

§ 13 Rechte des Wohnungseigentümers aus dem Sondereigentum

(1) Jeder Wohnungseigentümer kann, soweit nicht das Gesetz entgegensteht, mit seinem Sondereigentum nach Belieben verfahren, insbesondere dieses bewohnen, vermieten, verpachten oder in sonstiger Weise nutzen, und andere von Einwirkungen ausschließen.

(2) Für Maßnahmen, die über die ordnungsmäßige Instandhaltung und Instandsetzung (Erhaltung) des Sondereigentums hinausgehen, gilt § 20 mit der Maßgabe entsprechend, dass es keiner Gestattung bedarf, soweit keinem der anderen Wohnungseigentümer über das bei einem geordneten Zusammenleben unvermeidliche Maß hinaus ein Nachteil erwächst.

§ 14 Pflichten des Wohnungseigentümers

(1) Jeder Wohnungseigentümer ist gegenüber der Gemeinschaft der Wohnungseigentümer verpflichtet,

1. die gesetzlichen Regelungen, Vereinbarungen und Beschlüsse einzuhalten und

2. das Betreten seines Sondereigentums und andere Einwirkungen auf dieses und das gemeinschaftliche Eigentum zu dulden, die den Vereinbarungen oder Beschlüssen entsprechen oder, wenn keine entsprechenden Vereinbarungen oder Beschlüsse bestehen, aus denen ihm über das bei einem geordneten Zusammenleben unvermeidliche Maß hinaus kein Nachteil erwächst.

(2) Jeder Wohnungseigentümer ist gegenüber den übrigen Wohnungseigentümern verpflichtet,
1. deren Sondereigentum nicht über das in Absatz 1 Nummer 2 bestimmte Maß hinaus zu beeinträchtigen und
2. Einwirkungen nach Maßgabe des Absatzes 1 Nummer 2 zu dulden.

(3) Hat der Wohnungseigentümer eine Einwirkung zu dulden, die über das zumutbare Maß hinausgeht, kann er einen angemessenen Ausgleich in Geld verlangen.

§ 15 Pflichten Dritter

Wer Wohnungseigentum gebraucht, ohne Wohnungseigentümer zu sein, hat gegenüber der Gemeinschaft der Wohnungseigentümer und anderen Wohnungseigentümern zu dulden:
1. die Erhaltung des gemeinschaftlichen Eigentums und des Sondereigentums, die ihm rechtzeitig angekündigt wurde; § 555a Absatz 2 des Bürgerlichen Gesetzbuchs gilt entsprechend;
2. Maßnahmen, die über die Erhaltung hinausgehen, die spätestens drei Monate vor ihrem Beginn in Textform angekündigt wurden; § 555c Absatz 1 Satz 2 Nummer 1 und 2, Absatz 2 bis 4 und § 555d Absatz 2 bis 5 des Bürgerlichen Gesetzbuchs gelten entsprechend.

§ 16 Nutzungen und Kosten

(1) [1]Jedem Wohnungseigentümer gebührt ein seinem Anteil entsprechender Bruchteil der Früchte des gemeinschaftlichen Eigentums und des Gemeinschaftsvermögens. [2]Der Anteil bestimmt sich nach dem gemäß § 47 der Grundbuchordnung im Grundbuch eingetragenen Verhältnis der Miteigentumsanteile. [3]Jeder Wohnungseigentümer ist zum Mitgebrauch des gemeinschaftlichen Eigentums nach Maßgabe des § 14 berechtigt.

(2) [1]Die Kosten der Gemeinschaft der Wohnungseigentümer, insbesondere der Verwaltung und des gemeinschaftlichen Gebrauchs des gemeinschaftlichen Eigentums, hat jeder Wohnungseigentümer nach dem Verhältnis seines Anteils (Absatz 1 Satz 2) zu tragen. [2]Die Wohnungseigentümer können für einzelne Kosten oder bestimmte Arten von Kosten eine von Satz 1 oder von einer Vereinbarung abweichende Verteilung beschließen.

(3) Für die Kosten und Nutzungen bei baulichen Veränderungen gilt § 21.

§ 17 Entziehung des Wohnungseigentums

(1) Hat ein Wohnungseigentümer sich einer so schweren Verletzung der ihm gegenüber anderen Wohnungseigentümern oder der Gemeinschaft der Wohnungseigentümer obliegenden Verpflichtungen schuldig gemacht, daß diesen die Fortsetzung der Gemeinschaft mit ihm nicht mehr zugemutet werden kann, so kann die Gemeinschaft der Wohnungseigentümer von ihm die Veräußerung seines Wohnungseigentums verlangen.

(2) Die Voraussetzungen des Absatzes 1 liegen insbesondere vor, wenn der Wohnungseigentümer trotz Abmahnung wiederholt gröblich gegen die ihm nach § 14 Absatz 1 und 2 obliegenden Pflichten verstößt.

(3) Der in Absatz 1 bestimmte Anspruch kann durch Vereinbarung der Wohnungseigentümer nicht eingeschränkt oder ausgeschlossen werden.

(4) [1]Das Urteil, durch das ein Wohnungseigentümer zur Veräußerung seines Wohnungseigentums verurteilt wird, berechtigt zur Zwangsvollstreckung entsprechend den Vorschriften des Ersten Abschnitts des Gesetzes über die Zwangsversteigerung und die Zwangsverwaltung. [2]Das Gleiche gilt für Schuldtitel im Sinne des § 794 der Zivilprozessordnung, durch die sich der Wohnungseigentümer zur Veräußerung seines Wohnungseigentums verpflichtet.

§ 18 Verwaltung und Benutzung

(1) Die Verwaltung des gemeinschaftlichen Eigentums obliegt der Gemeinschaft der Wohnungseigentümer.

(2) Jeder Wohnungseigentümer kann von der Gemeinschaft der Wohnungseigentümer
1. eine Verwaltung des gemeinschaftlichen Eigentums sowie
2. eine Benutzung des gemeinschaftlichen Eigentums und des Sondereigentums

verlangen, die dem Interesse der Gesamtheit der Wohnungseigentümer nach billigem Ermessen (ordnungsmäßige Verwaltung und Benutzung) und, soweit solche bestehen, den gesetzlichen Regelungen, Vereinbarungen und Beschlüssen entsprechen.

(3) Jeder Wohnungseigentümer ist berechtigt, ohne Zustimmung der anderen Wohnungseigentümer die Maßnahmen zu treffen, die zur Abwendung eines dem gemeinschaftlichen Eigentum unmittelbar drohenden Schadens notwendig sind.

(4) Jeder Wohnungseigentümer kann von der Gemeinschaft der Wohnungseigentümer Einsicht in die Verwaltungsunterlagen verlangen.

§ 19 Regelung der Verwaltung und Benutzung durch Beschluss

(1) Soweit die Verwaltung des gemeinschaftlichen Eigentums und die Benutzung des gemeinschaftlichen Eigentums und des Sondereigentums nicht durch Vereinbarung der Wohnungseigentümer geregelt sind, beschließen die Wohnungseigentümer eine ordnungsmäßige Verwaltung und Benutzung.

(2) Zur ordnungsmäßigen Verwaltung und Benutzung gehören insbesondere
1. die Aufstellung einer Hausordnung,

2. die ordnungsmäßige Erhaltung des gemeinschaftlichen Eigentums,
3. die angemessene Versicherung des gemeinschaftlichen Eigentums zum Neuwert sowie der Wohnungseigentümer gegen Haus- und Grundbesitzerhaftpflicht,
4. die Ansammlung einer angemessenen Erhaltungsrücklage,
5. die Festsetzung von Vorschüssen nach § 28 Absatz 1 Satz 1 sowie
6. die Bestellung eines zertifizierten Verwalters nach § 26a, es sei denn, es bestehen weniger als neun Sondereigentumsrechte, ein Wohnungseigentümer wurde zum Verwalter bestellt und weniger als ein Drittel der Wohnungseigentümer (§ 25 Absatz 2) verlangt die Bestellung eines zertifizierten Verwalters.

§ 20 Bauliche Veränderungen

(1) Maßnahmen, die über die ordnungsmäßige Erhaltung des gemeinschaftlichen Eigentums hinausgehen (bauliche Veränderungen), können beschlossen oder einem Wohnungseigentümer durch Beschluss gestattet werden.

(2) [1]Jeder Wohnungseigentümer kann angemessene bauliche Veränderungen verlangen, die

1. dem Gebrauch durch Menschen mit Behinderungen,
2. dem Laden elektrisch betriebener Fahrzeuge,
3. dem Einbruchsschutz und
4. dem Anschluss an ein Telekommunikationsnetz mit sehr hoher Kapazität

dienen. [2]Über die Durchführung ist im Rahmen ordnungsmäßiger Verwaltung zu beschließen.

(3) Unbeschadet des Absatzes 2 kann jeder Wohnungseigentümer verlangen, dass ihm eine bauliche Veränderung gestattet wird, wenn alle Wohnungseigentümer, deren Rechte durch die bauliche Veränderung über das bei einem geordneten Zusammenleben unvermeidliche Maß hinaus beeinträchtigt werden, einverstanden sind.

(4) Bauliche Veränderungen, die die Wohnanlage grundlegend umgestalten oder einen Wohnungseigentümer ohne sein Einverständnis gegenüber anderen unbillig benachteiligen, dürfen nicht beschlossen und gestattet werden; sie können auch nicht verlangt werden.

§ 21 Nutzungen und Kosten bei baulichen Veränderungen

(1) [1]Die Kosten einer baulichen Veränderung, die einem Wohnungseigentümer gestattet oder die auf sein Verlangen nach § 20 Absatz 2 durch die Gemeinschaft der Wohnungseigentümer durchgeführt wurde, hat dieser Wohnungseigentümer zu tragen. [2]Nur ihm gebühren die Nutzungen.

(2) [1]Vorbehaltlich des Absatzes 1 haben alle Wohnungseigentümer die Kosten einer baulichen Veränderung nach dem Verhältnis ihrer Anteile (§ 16 Absatz 1 Satz 2) zu tragen,

1. die mit mehr als zwei Dritteln der abgegebenen Stimmen und der Hälfte aller Miteigentumsanteile beschlossen wurde, es sei denn, die bauliche Veränderung ist mit unverhältnismäßigen Kosten verbunden, oder
2. deren Kosten sich innerhalb eines angemessenen Zeitraums amortisieren.

[2]Für die Nutzungen gilt § 16 Absatz 1.

(3) [1]Die Kosten anderer als der in den Absätzen 1 und 2 bezeichneten baulichen Veränderungen haben die Wohnungseigentümer, die sie beschlossen haben, nach dem Verhältnis ihrer Anteile (§ 16 Absatz 1 Satz 2) zu tragen. [2]Ihnen gebühren die Nutzungen entsprechend § 16 Absatz 1.

(4) [1]Ein Wohnungseigentümer, der nicht berechtigt ist, Nutzungen zu ziehen, kann verlangen, dass ihm dies nach billigem Ermessen gegen angemessenen Ausgleich gestattet wird. [2]Für seine Beteiligung an den Nutzungen und Kosten gilt Absatz 3 entsprechend.

(5) [1]Die Wohnungseigentümer können eine abweichende Verteilung der Kosten und Nutzungen beschließen. [2]Durch einen solchen Beschluss dürfen einem Wohnungseigentümer, der nach den vorstehenden Absätzen Kosten nicht zu tragen hat, keine Kosten auferlegt werden.

§ 22 Wiederaufbau

Ist das Gebäude zu mehr als der Hälfte seines Wertes zerstört und ist der Schaden nicht durch eine Versicherung oder in anderer Weise gedeckt, so kann der Wiederaufbau nicht beschlossen oder verlangt werden.

§ 23 Wohnungseigentümerversammlung

(1) [1]Angelegenheiten, über die nach diesem Gesetz oder nach einer Vereinbarung der Wohnungseigentümer die Wohnungseigentümer durch Beschluß entscheiden können, werden durch Beschlußfassung in einer Versammlung der Wohnungseigentümer geordnet. [2]Die Wohnungseigentümer können beschließen, dass Wohnungseigentümer an der Versammlung auch ohne Anwesenheit an deren Ort teilnehmen und sämtliche oder einzelne ihrer Rechte ganz oder teilweise im Wege elektronischer Kommunikation ausüben können.

(2) Zur Gültigkeit eines Beschlusses ist erforderlich, daß der Gegenstand bei der Einberufung bezeichnet ist.

(3) [1]Auch ohne Versammlung ist ein Beschluß gültig, wenn alle Wohnungseigentümer ihre Zustimmung zu diesem Beschluß in Textform erklären. [2]Die Wohnungseigentümer können beschließen, dass für einen einzelnen Gegenstand die Mehrheit der abgegebenen Stimmen genügt.

(4) [1]Ein Beschluss, der gegen eine Rechtsvorschrift verstößt, auf deren Einhaltung rechtswirksam nicht verzichtet werden kann, ist nichtig. [2]Im Übrigen ist ein Beschluss gültig, solange er nicht durch rechtskräftiges Urteil für ungültig erklärt ist.

§ 24 Einberufung, Vorsitz, Niederschrift

(1) Die Versammlung der Wohnungseigentümer wird von dem Verwalter mindestens einmal im Jahr einberufen.

(2) Die Versammlung der Wohnungseigentümer muß von dem Verwalter in den durch Vereinbarung der Wohnungseigentümer bestimmten Fällen, im übrigen dann einberufen werden, wenn dies in Textform unter Angabe des Zweckes und der Gründe von mehr als einem Viertel der Wohnungseigentümer verlangt wird.

(3) Fehlt ein Verwalter oder weigert er sich pflichtwidrig, die Versammlung der Wohnungseigentümer einzuberufen, so kann die Versammlung auch durch den Vorsitzenden des Verwaltungsbeirats, dessen Vertreter oder einen durch Beschluss ermächtigten Wohnungseigentümer einberufen werden.

(4) [1]Die Einberufung erfolgt in Textform. [2]Die Frist der Einberufung soll, sofern nicht ein Fall besonderer Dringlichkeit vorliegt, mindestens drei Wochen betragen.

(5) Den Vorsitz in der Wohnungseigentümerversammlung führt, sofern diese nichts anderes beschließt, der Verwalter.

(6) [1]Über die in der Versammlung gefaßten Beschlüsse ist unverzüglich eine Niederschrift aufzunehmen. [2]Die Niederschrift ist von dem Vorsitzenden und einem Wohnungseigentümer und, falls ein Verwaltungsbeirat bestellt ist, auch von dessen Vorsitzenden oder seinem Vertreter zu unterschreiben.

(7) [1]Es ist eine Beschluss-Sammlung zu führen. [2]Die Beschluss-Sammlung enthält nur den Wortlaut

1. der in der Versammlung der Wohnungseigentümer verkündeten Beschlüsse mit Angabe von Ort und Datum der Versammlung,
2. der schriftlichen Beschlüsse mit Angabe von Ort und Datum der Verkündung und
3. der Urteilsformeln der gerichtlichen Entscheidungen in einem Rechtsstreit gemäß § 43 mit Angabe ihres Datums, des Gerichts und der Parteien,

soweit diese Beschlüsse und gerichtlichen Entscheidungen nach dem 1. Juli 2007 ergangen sind. [3]Die Beschlüsse und gerichtlichen Entscheidungen sind fortlaufend einzutragen und zu nummerieren. [4]Sind sie angefochten oder aufgehoben worden, so ist dies anzumerken. [5]Im Falle einer Aufhebung kann von einer Anmerkung abgesehen und die Eintragung gelöscht werden. [6]Eine Eintragung kann auch gelöscht werden, wenn sie aus einem anderen Grund für die Wohnungseigentümer keine Bedeutung mehr hat. [7]Die Eintragungen, Vermerke und Löschungen gemäß den Sätzen 3 bis 6 sind unverzüglich zu erledigen und mit Datum zu versehen. [8]Einem Wohnungseigentümer oder einem Dritten, den ein Wohnungseigentümer ermächtigt hat, ist auf sein Verlangen Einsicht in die Beschluss-Sammlung zu geben.

(8) [1]Die Beschluss-Sammlung ist von dem Verwalter zu führen. [2]Fehlt ein Verwalter, so ist der Vorsitzende der Wohnungseigentümerversammlung verpflichtet, die Beschluss-Sammlung zu führen, sofern die Wohnungseigentümer durch Stimmenmehrheit keinen anderen für diese Aufgabe bestellt haben.

§ 25 Beschlussfassung

(1) Bei der Beschlussfassung entscheidet die Mehrheit der abgegebenen Stimmen.

(2) [1]Jeder Wohnungseigentümer hat eine Stimme. [2]Steht ein Wohnungseigentum mehreren gemeinschaftlich zu, so können sie das Stimmrecht nur einheitlich ausüben.

(3) Vollmachten bedürfen zu ihrer Gültigkeit der Textform.

(4) Ein Wohnungseigentümer ist nicht stimmberechtigt, wenn die Beschlußfassung die Vornahme eines auf die Verwaltung des gemeinschaftlichen Eigentums bezüglichen Rechtsgeschäfts mit ihm oder die Einleitung oder Erledigung eines Rechtsstreits gegen ihn betrifft oder wenn er nach § 17 rechtskräftig verurteilt ist.

§ 26 Bestellung und Abberufung des Verwalters

(1) Über die Bestellung und Abberufung des Verwalters beschließen die Wohnungseigentümer.

(2) [1]Die Bestellung kann auf höchstens fünf Jahre vorgenommen werden, im Fall der ersten Bestellung nach der Begründung von Wohnungseigentum aber auf höchstens drei Jahre. [2]Die wiederholte Bestellung ist zulässig; sie bedarf eines erneuten Beschlusses der Wohnungseigentümer, der frühestens ein Jahr vor Ablauf der Bestellungszeit gefasst werden kann.

(3) [1]Der Verwalter kann jederzeit abberufen werden. [2]Ein Vertrag mit dem Verwalter endet spätestens sechs Monate nach dessen Abberufung.

(4) Soweit die Verwaltereigenschaft durch eine öffentlich beglaubigte Urkunde nachgewiesen werden muss, genügt die Vorlage einer Niederschrift über den Bestellungsbeschluss, bei der die Unterschriften der in § 24 Absatz 6 bezeichneten Personen öffentlich beglaubigt sind.

(5) Abweichungen von den Absätzen 1 bis 3 sind nicht zulässig.

§ 26a Zertifizierter Verwalter

(1) Als zertifizierter Verwalter darf sich bezeichnen, wer vor einer Industrie- und Handelskammer durch eine Prüfung nachgewiesen hat, dass er über die für die Tätigkeit als Verwalter notwendigen rechtlichen, kaufmännischen und technischen Kenntnisse verfügt.

(2) [1]Das Bundesministerium der Justiz und für Verbraucherschutz wird ermächtigt, durch Rechtsverordnung nähere Bestimmungen über die Prüfung zum zertifizierten Verwalter zu erlassen. [2]In der Rechtsverordnung nach Satz 1 können insbesondere festgelegt werden:

1. nähere Bestimmungen zu Inhalt und Verfahren der Prüfung;
2. Bestimmungen über das zu erteilende Zertifikat;
3. Voraussetzungen, unter denen sich juristische Personen und Personengesellschaften als zertifizierte Verwalter bezeichnen dürfen;
4. Bestimmungen, wonach Personen aufgrund anderweitiger Qualifikationen von der Prüfung befreit sind, insbesondere weil sie die Befähigung zum Richteramt, einen Hochschulabschluss mit immobilienwirtschaftlichem Schwerpunkt, eine abgeschlossene Berufsausbildung zum Immobilienkaufmann oder zur Immobilienkauffrau oder einen vergleichbaren Berufsabschluss besitzen.

§ 27 Aufgaben und Befugnisse des Verwalters

(1) Der Verwalter ist gegenüber der Gemeinschaft der Wohnungseigentümer berechtigt und verpflichtet, die Maßnahmen ordnungsmäßiger Verwaltung zu treffen, die
1. untergeordnete Bedeutung haben und nicht zu erheblichen Verpflichtungen führen oder
2. zur Wahrung einer Frist oder zur Abwendung eines Nachteils erforderlich sind.

(2) Die Wohnungseigentümer können die Rechte und Pflichten nach Absatz 1 durch Beschluss einschränken oder erweitern.

§ 28 Wirtschaftsplan, Jahresabrechnung, Vermögensbericht

(1) [1]Die Wohnungseigentümer beschließen über die Vorschüsse zur Kostentragung und zu den nach § 19 Absatz 2 Nummer 4 oder durch Beschluss vorgesehenen Rücklagen. [2]Zu diesem Zweck hat der Verwalter jeweils für ein Kalenderjahr einen Wirtschaftsplan aufzustellen, der darüber hinaus die voraussichtlichen Einnahmen und Ausgaben enthält.

(2) [1]Nach Ablauf des Kalenderjahres beschließen die Wohnungseigentümer über die Einforderung von Nachschüssen oder die Anpassung der beschlossenen Vorschüsse. [2]Zu diesem Zweck hat der Verwalter eine Abrechnung über den Wirtschaftsplan (Jahresabrechnung) aufzustellen, die darüber hinaus die Einnahmen und Ausgaben enthält.

(3) Die Wohnungseigentümer können beschließen, wann Forderungen fällig werden und wie sie zu erfüllen sind.

(4) [1]Der Verwalter hat nach Ablauf eines Kalenderjahres einen Vermögensbericht zu erstellen, der den Stand der in Absatz 1 Satz 1 bezeichneten Rücklagen und eine Aufstellung des wesentlichen Gemeinschaftsvermögens enthält. [2]Der Vermögensbericht ist jedem Wohnungseigentümer zur Verfügung zu stellen.

§ 29 Verwaltungsbeirat

(1) [1]Wohnungseigentümer können durch Beschluss zum Mitglied des Verwaltungsbeirats bestellt werden. [2]Hat der Verwaltungsbeirat mehrere Mitglieder, ist ein Vorsitzender und ein Stellvertreter zu bestimmen. [3]Der Verwaltungsbeirat wird von dem Vorsitzenden nach Bedarf einberufen.

(2) [1]Der Verwaltungsbeirat unterstützt und überwacht den Verwalter bei der Durchführung seiner Aufgaben. [2]Der Wirtschaftsplan und die Jahresabrechnung sollen, bevor die Beschlüsse nach § 28 Absatz 1 Satz 1 und Absatz 2 Satz 1 gefasst werden, vom Verwaltungsbeirat geprüft und mit dessen Stellungnahme versehen werden.

(3) Sind Mitglieder des Verwaltungsbeirats unentgeltlich tätig, haben sie nur Vorsatz und grobe Fahrlässigkeit zu vertreten.

Abschnitt 5: Wohnungserbbaurecht

§ 30 Wohnungserbbaurecht

(1) Steht ein Erbbaurecht mehreren gemeinschaftlich nach Bruchteilen zu, so können die Anteile in der Weise beschränkt werden, daß jedem der Mitberechtigten das Sondereigentum an einer bestimmten Wohnung oder an nicht zu Wohnzwecken dienenden bestimmten Räumen in einem auf Grund des Erbbaurechts errichteten oder zu errichtenden Gebäude eingeräumt wird (Wohnungserbbaurecht, Teilerbbaurecht).

(2) Ein Erbbauberechtigter kann das Erbbaurecht in entsprechender Anwendung des § 8 teilen.

(3) [1]Für jeden Anteil wird von Amts wegen ein besonderes Erbbaugrundbuchblatt angelegt (Wohnungserbbaugrundbuch, Teilerbbaugrundbuch). [2]Im übrigen gelten für das Wohnungserbbaurecht (Teilerbbaurecht) die Vorschriften über das Wohnungseigentum (Teileigentum) entsprechend.

Teil 2: Dauerwohnrecht

§ 31 Begriffsbestimmungen

(1) [1]Ein Grundstück kann in der Weise belastet werden, daß derjenige, zu dessen Gunsten die Belastung erfolgt, berechtigt ist, unter Ausschluß des Eigentümers eine bestimmte Wohnung in einem auf dem Grundstück errichteten oder zu errichtenden Gebäude zu bewohnen oder in anderer Weise zu nutzen (Dauerwohnrecht). [2]Das Dauerwohnrecht kann auf einen außerhalb des Gebäudes liegenden Teil des Grundstücks erstreckt werden, sofern die Wohnung wirtschaftlich die Hauptsache bleibt.

(2) Ein Grundstück kann in der Weise belastet werden, daß derjenige, zu dessen Gunsten die Belastung erfolgt, berechtigt ist, unter Ausschluß des Eigentümers nicht zu Wohnzwecken dienende bestimmte Räume in einem auf dem Grundstück errichteten oder zu errichtenden Gebäude zu nutzen (Dauernutzungsrecht).

(3) Für das Dauernutzungsrecht gelten die Vorschriften über das Dauerwohnrecht entsprechend.

§ 32 Voraussetzungen der Eintragung

(1) Das Dauerwohnrecht soll nur bestellt werden, wenn die Wohnung in sich abgeschlossen ist.

(2) [1]Zur näheren Bezeichnung des Gegenstands und des Inhalts des Dauerwohnrechts kann auf die Eintragungsbewilligung Bezug genommen werden. [2]Der Eintragungsbewilligung sind als Anlagen beizufügen:

1. eine von der Baubehörde mit Unterschrift und Siegel oder Stempel versehene Bauzeichnung, aus der die Aufteilung des Gebäudes sowie die Lage und Größe der dem Dauerwohnrecht unterliegenden Gebäude- und Grundstücksteile ersichtlich ist (Aufteilungsplan); alle zu demselben Dauerwohnrecht gehörenden Einzelräume sind mit der jeweils gleichen Nummer zu kennzeichnen;
2. eine Bescheinigung der Baubehörde, daß die Voraussetzungen des Absatzes 1 vorliegen.

[3]Wenn in der Eintragungsbewilligung für die einzelnen Dauerwohnrechte Nummern angegeben werden, sollen sie mit denen des Aufteilungsplans übereinstimmen.

(3) Das Grundbuchamt soll die Eintragung des Dauerwohnrechts ablehnen, wenn über die in § 33 Abs. 4 Nr. 1 bis 4 bezeichneten Angelegenheiten, über die Voraussetzungen des Heimfallanspruchs (§ 36 Abs. 1) und über die Entschädigung beim Heimfall (§ 36 Abs. 4) keine Vereinbarungen getroffen sind.

§ 33 Inhalt des Dauerwohnrechts

(1) [1]Das Dauerwohnrecht ist veräußerlich und vererblich. [2]Es kann nicht unter einer Bedingung bestellt werden.

(2) Auf das Dauerwohnrecht sind, soweit nicht etwas anderes vereinbart ist, die Vorschriften des § 14 entsprechend anzuwenden.

(3) Der Berechtigte kann die zum gemeinschaftlichen Gebrauch bestimmten Teile, Anlagen und Einrichtungen des Gebäudes und Grundstücks mitbenutzen, soweit nichts anderes vereinbart ist.

(4) Als Inhalt des Dauerwohnrechts können Vereinbarungen getroffen werden über:

1. Art und Umfang der Nutzungen;
2. Instandhaltung und Instandsetzung der dem Dauerwohnrecht unterliegenden Gebäudeteile;
3. die Pflicht des Berechtigten zur Tragung öffentlicher oder privatrechtlicher Lasten des Grundstücks;
4. die Versicherung des Gebäudes und seinen Wiederaufbau im Falle der Zerstörung;
5. das Recht des Eigentümers, bei Vorliegen bestimmter Voraussetzungen Sicherheitsleistung zu verlangen.

§ 34 Ansprüche des Eigentümers und der Dauerwohnberechtigten

(1) Auf die Ersatzansprüche des Eigentümers wegen Veränderungen oder Verschlechterungen sowie auf die Ansprüche der Dauerwohnberechtigten auf Ersatz von Verwendungen oder auf Gestattung der Wegnahme einer Einrichtung sind die §§ 1049, 1057 des Bürgerlichen Gesetzbuchs entsprechend anzuwenden.

(2) Wird das Dauerwohnrecht beeinträchtigt, so sind auf die Ansprüche des Berechtigten die für die Ansprüche aus dem Eigentum geltenden Vorschriften entsprechend anzuwenden.

§ 35 Veräußerungsbeschränkung

[1]Als Inhalt des Dauerwohnrechts kann vereinbart werden, daß der Berechtigte zur Veräußerung des Dauerwohnrechts der Zustimmung des Eigentümers oder eines Dritten bedarf. [2]Die Vorschriften des § 12 gelten in diesem Fall entsprechend.

§ 36 Heimfallanspruch

(1) [1]Als Inhalt des Dauerwohnrechts kann vereinbart werden, daß der Berechtigte verpflichtet ist, das Dauerwohnrecht beim Eintritt bestimmter Voraussetzungen auf den Grundstückseigentümer oder einen von diesem zu bezeichnenden Dritten zu übertragen (Heimfallanspruch). [2]Der Heimfallanspruch kann nicht von dem Eigentum an dem Grundstück getrennt werden.

(2) Bezieht sich das Dauerwohnrecht auf Räume, die dem Mieterschutz unterliegen, so kann der Eigentümer von dem Heimfallanspruch nur Gebrauch machen, wenn ein Grund vorliegt, aus dem ein Vermieter die Aufhebung des Mietverhältnisses verlangen oder kündigen kann.

(3) Der Heimfallanspruch verjährt in sechs Monaten von dem Zeitpunkt an, in dem der Eigentümer von dem Eintritt der Voraussetzungen Kenntnis erlangt, ohne Rücksicht auf diese Kenntnis in zwei Jahren von dem Eintritt der Voraussetzungen an.

(4) [1]Als Inhalt des Dauerwohnrechts kann vereinbart werden, daß der Eigentümer dem Berechtigten eine Entschädigung zu gewähren hat, wenn er von dem Heimfallanspruch Gebrauch macht. [2]Als Inhalt des Dauerwohnrechts können Vereinbarungen über die Berechnung oder Höhe der Entschädigung oder die Art ihrer Zahlung getroffen werden.

§ 37 Vermietung

(1) Hat der Dauerwohnberechtigte die dem Dauerwohnrecht unterliegenden Gebäude- oder Grundstücksteile vermietet oder verpachtet, so erlischt das Miet- oder Pachtverhältnis, wenn das Dauerwohnrecht erlischt.

(2) Macht der Eigentümer von seinem Heimfallanspruch Gebrauch, so tritt er oder derjenige, auf den das Dauerwohnrecht zu übertragen ist, in das Miet- oder Pachtverhältnis ein; die Vorschriften der §§ 566 bis 566e des Bürgerlichen Gesetzbuchs gelten entsprechend.

(3) [1]Absatz 2 gilt entsprechend, wenn das Dauerwohnrecht veräußert wird. [2]Wird das Dauerwohnrecht im Wege der Zwangsvollstreckung veräußert, so steht dem Erwerber ein Kündigungsrecht in entsprechender Anwendung des § 57a des Gesetzes über die Zwangsversteigerung und die Zwangsverwaltung zu.

§ 38 Eintritt in das Rechtsverhältnis

(1) Wird das Dauerwohnrecht veräußert, so tritt der Erwerber an Stelle des Veräußerers in die sich während der Dauer seiner Berechtigung aus dem Rechtsverhältnis zu dem Eigentümer ergebenden Verpflichtungen ein.

(2) [1]Wird das Grundstück veräußert, so tritt der Erwerber an Stelle des Veräußerers in die sich während der Dauer seines Eigentums aus dem Rechtsverhältnis zu dem Dauerwohnberechtigten ergebenden Rechte ein. [2]Das gleiche gilt für den Erwerb auf Grund Zuschlages in der Zwangsversteigerung, wenn das Dauerwohnrecht durch den Zuschlag nicht erlischt.

§ 39 Zwangsversteigerung

(1) Als Inhalt des Dauerwohnrechts kann vereinbart werden, daß das Dauerwohnrecht im Falle der Zwangsversteigerung des Grundstücks abweichend von § 44 des Gesetzes über die Zwangsversteigerung und die Zwangsverwaltung auch dann bestehen bleiben soll, wenn der Gläubiger einer dem Dauerwohnrecht im Range vorgehenden oder gleichstehenden Hypothek, Grundschuld, Rentenschuld oder Reallast die Zwangsversteigerung in das Grundstück betreibt.

(2) Eine Vereinbarung gemäß Absatz 1 bedarf zu ihrer Wirksamkeit der Zustimmung derjenigen, denen eine dem Dauerwohnrecht im Range vorgehende oder gleichstehende Hypothek, Grundschuld, Rentenschuld oder Reallast zusteht.

(3) Eine Vereinbarung gemäß Absatz 1 ist nur wirksam für den Fall, daß der Dauerwohnberechtigte im Zeitpunkt der Feststellung der Versteigerungsbedingungen seine fälligen Zahlungsverpflichtungen gegenüber dem Eigentümer erfüllt hat; in Ergänzung einer Vereinbarung nach Absatz 1 kann vereinbart werden, daß das Fortbestehen des Dauerwohnrechts vom Vorliegen weiterer Voraussetzungen abhängig ist.

§ 40 Haftung des Entgelts

(1) [1]Hypotheken, Grundschulden, Rentenschulden und Reallasten, die dem Dauerwohnrecht im Range vorgehen oder gleichstehen, sowie öffentliche Lasten, die in wiederkehrenden Leistungen bestehen, erstrecken sich auf den Anspruch auf das Entgelt für das Dauerwohnrecht in gleicher Weise wie auf eine Mietforderung, soweit nicht in Absatz 2 etwas Abweichendes bestimmt ist. [2]Im übrigen sind die für Mietforderungen geltenden Vorschriften nicht entsprechend anzuwenden.

(2) [1]Als Inhalt des Dauerwohnrechts kann vereinbart werden, daß Verfügungen über den Anspruch auf das Entgelt, wenn es in wiederkehrenden Leistungen ausbedungen ist, gegenüber dem Gläubiger einer dem Dauerwohnrecht im Range vorgehenden oder gleichstehenden Hypothek, Grundschuld, Rentenschuld oder Reallast wirksam sind. [2]Für eine solche Vereinbarung gilt § 39 Abs. 2 entsprechend.

§ 41 Besondere Vorschriften für langfristige Dauerwohnrechte

(1) Für Dauerwohnrechte, die zeitlich unbegrenzt oder für einen Zeitraum von mehr als zehn Jahren eingeräumt sind, gelten die besonderen Vorschriften der Absätze 2 und 3.

(2) Der Eigentümer ist, sofern nicht etwas anderes vereinbart ist, dem Dauerwohnberechtigten gegenüber verpflichtet, eine dem Dauerwohnrecht im Range vorgehende oder gleichstehende Hypothek löschen zu lassen für den Fall, daß sie sich mit dem Eigentum in einer Person vereinigt, und die Eintragung einer entsprechenden Löschungsvormerkung in das Grundbuch zu bewilligen.

(3) Der Eigentümer ist verpflichtet, dem Dauerwohnberechtigten eine angemessene Entschädigung zu gewähren, wenn er von dem Heimfallanspruch Gebrauch macht.

§ 42 Belastung eines Erbbaurechts

(1) Die Vorschriften der §§ 31 bis 41 gelten für die Belastung eines Erbbaurechts mit einem Dauerwohnrecht entsprechend.

(2) Beim Heimfall des Erbbaurechts bleibt das Dauerwohnrecht bestehen.

Teil 3: Verfahrensvorschriften

§ 43 Zuständigkeit

(1) [1]Die Gemeinschaft der Wohnungseigentümer hat ihren allgemeinen Gerichtsstand bei dem Gericht, in dessen Bezirk das Grundstück liegt. [2]Bei diesem Gericht kann auch die Klage gegen Wohnungseigentümer im Fall des § 9a Absatz 4 Satz 1 erhoben werden.

(2) Das Gericht, in dessen Bezirk das Grundstück liegt, ist ausschließlich zuständig für

1. Streitigkeiten über die Rechte und Pflichten der Wohnungseigentümer untereinander,
2. Streitigkeiten über die Rechte und Pflichten zwischen der Gemeinschaft der Wohnungseigentümer und Wohnungseigentümern,
3. Streitigkeiten über die Rechte und Pflichten des Verwalters einschließlich solcher über Ansprüche eines Wohnungseigentümers gegen den Verwalter sowie
4. Beschlussklagen gemäß § 44.

§ 44 Beschlussklagen

(1) [1]Das Gericht kann auf Klage eines Wohnungseigentümers einen Beschluss für ungültig erklären (Anfechtungsklage) oder seine Nichtigkeit feststellen (Nichtigkeitsklage). [2]Unterbleibt eine notwendige Beschlussfassung, kann das Gericht auf Klage eines Wohnungseigentümers den Beschluss fassen (Beschlussersetzungsklage).

(2) [1]Die Klagen sind gegen die Gemeinschaft der Wohnungseigentümer zu richten. [2]Der Verwalter hat den Wohnungseigentümern die Erhebung einer Klage unverzüglich bekannt zu machen. [3]Mehrere Prozesse sind zur gleichzeitigen Verhandlung und Entscheidung zu verbinden.

(3) Das Urteil wirkt für und gegen alle Wohnungseigentümer, auch wenn sie nicht Partei sind.

(4) Die durch eine Nebenintervention verursachten Kosten gelten nur dann als notwendig zur zweckentsprechenden Rechtsverteidigung im Sinne des § 91 der Zivilprozessordnung, wenn die Nebenintervention geboten war.

§ 45 Fristen der Anfechtungsklage

[1]Die Anfechtungsklage muss innerhalb eines Monats nach der Beschlussfassung erhoben und innerhalb zweier Monate nach der Beschlussfassung begründet werden. [2]Die §§ 233 bis 238 der Zivilprozessordnung gelten entsprechend.

Teil 4: Ergänzende Bestimmungen

§ 46 Veräußerung ohne erforderliche Zustimmung

[1]Fehlt eine nach § 12 erforderliche Zustimmung, so sind die Veräußerung und das zugrundeliegende Verpflichtungsgeschäft unbeschadet der sonstigen Voraussetzungen wirksam, wenn die Eintragung der Veräußerung oder einer Auflassungsvormerkung in das Grundbuch vor dem 15. Januar 1994 erfolgt ist und es sich um die erstmalige Veräußerung dieses Wohnungseigentums nach seiner Begründung handelt, es sei denn, daß eine rechtskräftige gerichtliche Entscheidung entgegensteht. [2]Das Fehlen der Zustimmung steht in diesen Fällen dem Eintritt der Rechtsfolgen des § 878 Bürgerlichen Gesetzbuchs nicht entgegen. [3]Die Sätze 1 und 2 gelten entsprechend in den Fällen der §§ 30 und 35 des Wohnungseigentumsgesetzes.

§ 47 Auslegung von Altvereinbarungen

[1]Vereinbarungen, die vor dem 1. Dezember 2020 getroffen wurden und die von solchen Vorschriften dieses Gesetzes abweichen, die durch das Wohnungseigentumsmodernisierungsgesetz vom 16. Oktober 2020 (BGBl. I S. 2187) geändert wurden, stehen der Anwendung dieser Vorschriften in der vom 1. Dezember 2020 an geltenden Fassung nicht entgegen, soweit sich aus der Vereinbarung nicht ein anderer Wille ergibt. [2]Ein solcher Wille ist in der Regel nicht anzunehmen.

§ 48 Übergangsvorschriften

(1) [1]§ 5 Absatz 4, § 7 Absatz 2 und § 10 Absatz 3 in der vom 1. Dezember 2020 an geltenden Fassung gelten auch für solche Beschlüsse, die vor diesem Zeitpunkt gefasst oder durch gerichtliche Entscheidung ersetzt wurden. [2]Abweichend davon bestimmt sich die Wirksamkeit eines Beschlusses im Sinne des Satzes 1 gegen den Sondernachfolger eines Wohnungseigentümers nach § 10 Absatz 4 in der vor dem 1. Dezember 2020 geltenden Fassung, wenn die Sondernachfolge bis zum 31. Dezember 2025 eintritt. [3]Jeder Wohnungseigentümer kann bis zum 31. Dezember 2025 verlangen, dass ein Beschluss im Sinne des Satzes 1 erneut gefasst wird; § 204 Absatz 1 Nummer 1 des Bürgerlichen Gesetzbuchs gilt entsprechend.

(2) § 5 Absatz 4 Satz 3 gilt in der vor dem 1. Dezember 2020 geltenden Fassung weiter für Vereinbarungen und Beschlüsse, die vor diesem Zeitpunkt getroffen oder gefasst wurden, und zu denen vor dem 1. Dezember 2020 alle Zustimmungen erteilt wurden, die nach den vor diesem Zeitpunkt geltenden Vorschriften erforderlich waren.

(3) [1]§ 7 Absatz 3 Satz 2 gilt auch für Vereinbarungen und Beschlüsse, die vor dem 1. Dezember 2020 getroffen oder gefasst wurden. [2]Ist eine Vereinbarung oder ein Beschluss im Sinne des Satzes 1 entgegen der Vorgabe des § 7 Absatz 3 Satz 2 nicht ausdrücklich im Grundbuch eingetragen, erfolgt die ausdrückliche Eintragung in allen Wohnungsgrundbüchern nur auf Antrag eines Wohnungseigentümers oder der Gemeinschaft der Wohnungseigentümer. [3]Ist die Haftung von Sondernachfolgern für Geldschulden entgegen der Vorgabe des § 7 Absatz 3 Satz 2 nicht ausdrücklich im Grundbuch eingetragen, lässt dies die Wirkung gegen den Sondernachfolger eines Wohnungseigentümers unberührt, wenn die Sondernachfolge bis zum 31. Dezember 2025 eintritt.

(4) [1]§ 19 Absatz 2 Nummer 6 ist ab dem 1. Dezember 2022 anwendbar. [2]Eine Person, die am 1. Dezember 2020 Verwalter einer Gemeinschaft der Wohnungseigentümer war, gilt gegenüber den Wohnungseigentümern dieser Gemeinschaft der Wohnungseigentümer bis zum 1. Juni 2024 als zertifizierter Verwalter.

(5) Für die bereits vor dem 1. Dezember 2020 bei Gericht anhängigen Verfahren sind die Vorschriften des dritten Teils dieses Gesetzes in ihrer bis dahin geltenden Fassung weiter anzuwenden.

§ 49 Überleitung bestehender Rechtsverhältnisse

(1) Werden Rechtsverhältnisse, mit denen ein Rechtserfolg bezweckt wird, der den durch dieses Gesetz geschaffenen Rechtsformen entspricht, in solche Rechtsformen umgewandelt, so ist als Geschäftswert für die Berechnung der hierdurch veranlassten Gebühren der Gerichte und Notare im Falle des Wohnungseigentums ein Fünfundzwanzigstel des Einheitswertes des Grundstückes, im Falle des Dauerwohnrechtes ein Fünfundzwanzigstel des Wertes des Rechtes anzunehmen.

(2) Durch Landesgesetz können Vorschriften zur Überleitung bestehender, auf Landesrecht beruhender Rechtsverhältnisse in die durch dieses Gesetz geschaffenen Rechtsformen getroffen werden.

Gebäudeenergieeffizienz - Betriebskosten - Heizkosten - Wärmelieferung

Gebäudeenergiegesetz (GEG)

Gesetz zur Einsparung von Energie und zur Nutzung erneuerbarer Energien
zur Wärme- und Kälteerzeugung in Gebäuden

Auszug

Rechtsstand: April 2021. Inkrafttreten: 01.11.2020 (BGBl. I S. 1728).

Teil 1: Allgemeiner Teil

§ 1 Zweck und Ziel

(1) Zweck dieses Gesetzes ist ein möglichst sparsamer Einsatz von Energie in Gebäuden einschließlich einer zunehmenden Nutzung erneuerbarer Energien zur Erzeugung von Wärme, Kälte und Strom für den Gebäudebetrieb.

(2) Unter Beachtung des Grundsatzes der Wirtschaftlichkeit soll das Gesetz im Interesse des Klimaschutzes, der Schonung fossiler Ressourcen und der Minderung der Abhängigkeit von Energieimporten dazu beitragen, die energie- und klimapolitischen Ziele der Bundesregierung sowie eine weitere Erhöhung des Anteils erneuerbarer Energien am Endenergieverbrauch für Wärme und Kälte zu erreichen und eine nachhaltige Entwicklung der Energieversorgung zu ermöglichen.

§ 2 Anwendungsbereich

(1) [1]Dieses Gesetz ist anzuwenden auf

1. Gebäude, soweit sie nach ihrer Zweckbestimmung unter Einsatz von Energie beheizt oder gekühlt werden, und
2. deren Anlagen und Einrichtungen der Heizungs-, Kühl-, Raumluft- und Beleuchtungstechnik sowie der Warmwasserversorgung.

[2]Der Energieeinsatz für Produktionsprozesse in Gebäuden ist nicht Gegenstand dieses Gesetzes.

(2) Mit Ausnahme der §§ 74 bis 78 ist dieses Gesetz nicht anzuwenden auf

1. Betriebsgebäude, die überwiegend zur Aufzucht oder zur Haltung von Tieren genutzt werden,
2. Betriebsgebäude, soweit sie nach ihrem Verwendungszweck großflächig und lang anhaltend offen gehalten werden müssen,
3. unterirdische Bauten,
4. Unterglasanlagen und Kulturräume für Aufzucht, Vermehrung und Verkauf von Pflanzen,
5. Traglufthallen und Zelte,
6. Gebäude, die dazu bestimmt sind, wiederholt aufgestellt und zerlegt zu werden, und provisorische Gebäude mit einer geplanten Nutzungsdauer von bis zu zwei Jahren,
7. Gebäude, die dem Gottesdienst oder anderen religiösen Zwecken gewidmet sind,
8. Wohngebäude, die
   a) für eine Nutzungsdauer von weniger als vier Monaten jährlich bestimmt sind oder
   b) für eine begrenzte jährliche Nutzungsdauer bestimmt sind und deren zu erwartender Energieverbrauch für die begrenzte jährliche Nutzungsdauer weniger als 25 Prozent des zu erwartenden Energieverbrauchs bei ganzjähriger Nutzung beträgt, und
9. sonstige handwerkliche, landwirtschaftliche, gewerbliche, industrielle oder für öffentliche Zwecke genutzte Betriebsgebäude, die nach ihrer Zweckbestimmung
   a) auf eine Raum-Solltemperatur von weniger als 12 Grad Celsius beheizt werden oder
   b) jährlich weniger als vier Monate beheizt sowie jährlich weniger als zwei Monate gekühlt werden.

(3) Auf Bestandteile von Anlagen der Heizungs-, Kühl- und Raumlufttechnik sowie der Warmwasserversorgung, die sich nicht im räumlichen Zusammenhang mit Gebäuden nach Absatz 1 Satz 1 Nummer 1 befinden, ist dieses Gesetz nicht anzuwenden.

§ 3 Begriffsbestimmungen

(1) Im Sinne dieses Gesetzes ist

1. „Abwärme" die Wärme oder Kälte, die aus technischen Prozessen und aus baulichen Anlagen stammenden Abluft- und Abwasserströmen entnommen wird,
2. „Aperturfläche" die Lichteintrittsfläche einer solarthermischen Anlage,
3. „Baudenkmal" ein nach Landesrecht geschütztes Gebäude oder eine nach Landesrecht geschützte Gebäudemehrheit,
4. „beheizter Raum" ein Raum, der nach seiner Zweckbestimmung direkt oder durch Raumverbund beheizt wird,
5. „Brennwertkessel" ein Heizkessel, der die energetische Nutzung des in den Abgasen enthaltenen Wasserdampfes durch Kondensation des Wasserdampfes im Betrieb vorsieht,
6. „einseitig angebautes Wohngebäude" ein Wohngebäude, von dessen nach einer Himmelsrichtung weisenden vertikalen Flächen ein Anteil von 80 Prozent oder mehr an ein anderes Wohngebäude oder ein Nichtwohngebäude mit einer Raum-Solltemperatur von mindestens 19 Grad Celsius angrenzt,
7. „Elektroenergiebedarf für Nutzeranwendungen" die weiteren Elektroenergieverbräuche nach DIN V 18599- 9: 2018-09,
8. „Energiebedarfsausweis" ein Energieausweis, der auf der Grundlage des berechneten Energiebedarfs ausgestellt wird,
9. „Energieverbrauchsausweis" ein Energieausweis, der auf der Grundlage des erfassten Energieverbrauchs ausgestellt wird,
10. „Gebäudenutzfläche" die Nutzfläche eines Wohngebäudes nach DIN V 18599: 2018-09, die beheizt oder gekühlt wird,

11. „gekühlter Raum“ ein Raum, der nach seiner Zweckbestimmung direkt oder durch Raumverbund gekühlt wird,
12. „Gesamtenergiebedarf“ der nach Maßgabe dieses Gesetzes bestimmte Jahres-Primärenergiebedarf
    a) eines Wohngebäudes für Heizung, Warmwasserbereitung, Lüftung sowie Kühlung oder
    b) eines Nichtwohngebäudes für Heizung, Warmwasserbereitung, Lüftung, Kühlung sowie eingebaute Beleuchtung,
13. „Geothermie“ die dem Erdboden entnommene Wärme,
14. „Heizkessel“ ein aus Kessel und Brenner bestehender Wärmeerzeuger, der dazu dient, die durch die Verbrennung freigesetzte Wärme an einen Wärmeträger zu übertragen,
15. „Jahres-Primärenergiebedarf“ der jährliche Gesamtenergiebedarf eines Gebäudes, der zusätzlich zum Energiegehalt der eingesetzten Energieträger und von elektrischem Strom auch die vorgelagerten Prozessketten bei der Gewinnung, Umwandlung, Speicherung und Verteilung mittels Primärenergiefaktoren einbezieht,
16. „Kälte aus erneuerbaren Energien“ die dem Erdboden oder dem Wasser entnommene und technisch nutzbar gemachte oder aus Wärme nach Absatz 2 Nummer 1 bis 5 technisch nutzbar gemachte Kälte,
17. „kleines Gebäude“ ein Gebäude mit nicht mehr als 50 Quadratmetern Nutzfläche,
18. „Klimaanlage“ die Gesamtheit aller zu einer gebäudetechnischen Anlage gehörenden Anlagenbestandteile, die für eine Raumluftbehandlung erforderlich sind, durch die die Temperatur geregelt wird,
19. „Nah-/Fernwärme“ die Wärme, die mittels eines Wärmeträgers durch ein Wärmenetz verteilt wird,
20. „Nah-/Fernkälte“ die Kälte, die mittels eines Kälteträgers durch ein Kältenetz verteilt wird,
21. „Nennleistung“ die vom Hersteller festgelegte und im Dauerbetrieb unter Beachtung des vom Hersteller angegebenen Wirkungsgrades als einhaltbar garantierte größte Wärme- oder Kälteleistung in Kilowatt,
22. „Nettogrundfläche“ die Nutzfläche eines Nichtwohngebäudes nach DIN V 18599: 2018-09, die beheizt oder gekühlt wird,
23. „Nichtwohngebäude“ ein Gebäude, das nicht unter Nummer 33 fällt,
24. „Niedertemperatur-Heizkessel“ ein Heizkessel, der kontinuierlich mit einer Eintrittstemperatur von 35 Grad Celsius bis 40 Grad Celsius betrieben werden kann und in dem es unter bestimmten Umständen zur Kondensation des in den Abgasen enthaltenen Wasserdampfes kommen kann,
25. „Niedrigstenergiegebäude“ ein Gebäude, das eine sehr gute Gesamtenergieeffizienz aufweist und dessen Energiebedarf sehr gering ist und, soweit möglich, zu einem ganz wesentlichen Teil durch Energie aus erneuerbaren Quellen gedeckt werden soll,
26. „Nutzfläche“
    a) bei einem Wohngebäude die Gebäudenutzfläche oder
    b) bei einem Nichtwohngebäude die Nettogrundfläche,
27. „Nutzfläche mit starkem Publikumsverkehr“ die öffentlich zugängliche Nutzfläche, die während ihrer Öffnungszeiten von einer großen Zahl von Menschen aufgesucht wird; eine solche Fläche kann sich insbesondere in einer öffentlichen oder einer privaten Einrichtung befinden, die für gewerbliche, freiberufliche, kulturelle, soziale oder behördliche Zwecke genutzt wird,
28. „oberste Geschossdecke“ die zugängliche Decke beheizter Räume zum unbeheizten Dachraum,
29. „Stromdirektheizung“ ein Gerät zur direkten Erzeugung von Raumwärme durch Ausnutzung des elektrischen Widerstands auch in Verbindung mit Festkörper-Wärmespeichern,
30. „Umweltwärme“ die der Luft, dem Wasser oder der aus technischen Prozessen und baulichen Anlagen stammenden Abwasserströmen entnommene und technisch nutzbar gemachte Wärme oder Kälte mit Ausnahme der aus technischen Prozessen und baulichen Anlagen stammenden Abluftströmen entnommenen Wärme,
31. „Wärme- und Kälteenergiebedarf“ die Summe aus
    a) der zur Deckung des Wärmebedarfs für Heizung und Warmwasserbereitung jährlich benötigten Wärmemenge, einschließlich des thermischen Aufwands für Übergabe, Verteilung und Speicherung der Energiemenge und
    b) der zur Deckung des Kältebedarfs für Raumkühlung jährlich benötigten Kältemenge, einschließlich des thermischen Aufwands für Übergabe, Verteilung und Speicherung der Energiemenge,
32. „Wohnfläche“ die Fläche, die nach der Wohnflächenverordnung vom 25. November 2003 (BGBl. I S. 2346) oder auf der Grundlage anderer Rechtsvorschriften oder anerkannter Regeln der Technik zur Berechnung von Wohnflächen ermittelt worden ist,
33. „Wohngebäude“ ein Gebäude, das nach seiner Zweckbestimmung überwiegend dem Wohnen dient, einschließlich von Wohn-, Alten- oder Pflegeheimen sowie ähnlicher Einrichtungen,
34. „zweiseitig angebautes Wohngebäude“ ein Wohngebäude, von dessen nach zwei unterschiedlichen Himmelsrichtungen weisenden vertikalen Flächen im Mittel ein Anteil von 80 Prozent oder mehr an ein anderes Wohngebäude oder ein Nichtwohngebäude mit einer Raum-Solltemperatur von mindestens 19 Grad Celsius angrenzt.

(2) Erneuerbare Energien im Sinne dieses Gesetzes ist oder sind

1. Geothermie,
2. Umweltwärme,
3. die technisch durch im unmittelbaren räumlichen Zusammenhang mit dem Gebäude stehenden Anlagen zur Erzeugung von Strom aus solarer Strahlungsenergie oder durch solarthermische Anlagen zur Wärme- oder Kälteerzeugung nutzbar gemachte Energie,
4. die technisch durch gebäudeintegrierte Windkraftanlagen zur Wärme- oder Kälteerzeugung nutzbar gemachte Energie,
5. die aus fester, flüssiger oder gasförmiger Biomasse erzeugte Wärme; die Abgrenzung erfolgt nach dem Aggregatzustand zum Zeitpunkt des Eintritts der Biomasse in den Wärmeerzeuger; oder

6. Kälte aus erneuerbaren Energien.

(3) Biomasse im Sinne von Absatz 2 Nummer 5 ist oder sind

1. Biomasse im Sinne der Biomasseverordnung vom 21. Juni 2001 (BGBl. I S. 1234) in der bis zum 31. Dezember 2011 geltenden Fassung,
2. Altholz der Kategorien A I und A II nach § 2 Nummer 4 Buchstabe a und b der Altholzverordnung vom 15. August 2002 (BGBl. I S. 3302), die zuletzt durch Artikel 120 der Verordnung vom 19. Juni 2020 (BGBl. I S. 1328) geändert worden ist,
3. biologisch abbaubare Anteile von Abfällen aus Haushalten und Industrie,
4. Deponiegas,
5. Klärgas,
6. Klärschlamm im Sinne der Klärschlammverordnung vom 27. September 2017 (BGBl. I S. 3465), die zuletzt durch Artikel 137 der Verordnung vom 19. Juni 2020 (BGBl. I S. 1328) geändert worden ist, in der jeweils geltenden Fassung oder
7. Pflanzenölmethylester.

§ 4 Vorbildfunktion der öffentlichen Hand

(1) [1]Einem Nichtwohngebäude, das sich im Eigentum der öffentlichen Hand befindet und von einer Behörde genutzt wird, kommt eine Vorbildfunktion zu. [2]§ 13 Absatz 2 des Bundes-Klimaschutzgesetzes vom 12. Dezember 2019 (BGBl. I S. 2513) bleibt unberührt.

(2) Wenn die öffentliche Hand ein Nichtwohngebäude im Sinne des Absatzes 1 Satz 1 errichtet oder einer grundlegenden Renovierung gemäß § 52 Absatz 2 unterzieht, muss sie prüfen, ob und in welchem Umfang Erträge durch die Errichtung einer im unmittelbaren räumlichen Zusammenhang mit dem Gebäude stehenden Anlage zur Erzeugung von Strom aus solarer Strahlungsenergie oder durch solarthermische Anlagen zur Wärme- und Kälteerzeugung erzielt und genutzt werden können.

(3) [1]Die öffentliche Hand informiert über die Erfüllung der Vorbildfunktion im Internet oder auf sonstige geeignete Weise; dies kann im Rahmen der Information der Öffentlichkeit nach den Bestimmungen des Bundes und der Länder über den Zugang zu Umweltinformationen geschehen. [2]Der Bund berichtet über die Erfüllung der Vorbildfunktion im Klimaschutzbericht der Bundesregierung.

§ 5 Grundsatz der Wirtschaftlichkeit

[1]Die Anforderungen und Pflichten, die in diesem Gesetz oder in den auf Grund dieses Gesetzes erlassenen Rechtsverordnungen aufgestellt werden, müssen nach dem Stand der Technik erfüllbar sowie für Gebäude gleicher Art und Nutzung und für Anlagen oder Einrichtungen wirtschaftlich vertretbar sein. [2]Anforderungen und Pflichten gelten als wirtschaftlich vertretbar, wenn generell die erforderlichen Aufwendungen innerhalb der üblichen Nutzungsdauer durch die eintretenden Einsparungen erwirtschaftet werden können. [3]Bei bestehenden Gebäuden, Anlagen und Einrichtungen ist die noch zu erwartende Nutzungsdauer zu berücksichtigen.

§ 6 Verordnungsermächtigung zur Verteilung der Betriebskosten und zu Abrechnungs- und Verbrauchsinformationen

(1) Die Bundesregierung wird ermächtigt, durch Rechtsverordnung mit Zustimmung des Bundesrates vorzuschreiben, dass

1. der Energieverbrauch der Benutzer von heizungs-, kühl- oder raumlufttechnischen oder der Versorgung mit Warmwasser dienenden gemeinschaftlichen Anlagen oder Einrichtungen erfasst wird,
2. die Betriebskosten dieser Anlagen oder Einrichtungen so auf die Benutzer zu verteilen sind, dass dem Energieverbrauch der Benutzer Rechnung getragen wird,
3. die Benutzer in regelmäßigen, im Einzelnen zu bestimmenden Abständen auf klare und verständliche Weise Informationen erhalten über Daten, die für die Einschätzung, den Vergleich und die Steuerung des Energieverbrauchs und der Betriebskosten von heizungs-, kühl- oder raumlufttechnischen oder der Versorgung mit Warmwasser dienenden gemeinschaftlichen Anlagen oder Einrichtungen relevant sind, und über Stellen, bei denen weitergehende Informationen und Dienstleistungen zum Thema Energieeffizienz verfügbar sind,
4. die zum Zwecke der Datenverarbeitung eingesetzte Technik einem Stand der Technik entsprechen muss, der Datenschutz, Datensicherheit und Interoperabilität gewährleistet, und
5. bei einem Wechsel des Abrechnungsdienstleisters oder einer Übernahme der Abrechnung durch den Gebäudeeigentümer die für die Abrechnung notwendigen Daten dem neuen Abrechnungsdienstleister oder dem Gebäudeeigentümer zugänglich gemacht werden müssen.

(2) In der Rechtsverordnung nach Absatz 1 können die Erfassung und Kostenverteilung abweichend von Vereinbarungen der Benutzer und von Vorschriften des Wohnungseigentumsgesetzes geregelt und es kann näher bestimmt werden, wie diese Regelungen sich auf die Rechtsverhältnisse zwischen den Beteiligten auswirken.

(3) In der Rechtsverordnung nach Absatz 1 ist vorzusehen, dass auf Antrag des Verpflichteten von den Anforderungen befreit werden kann, soweit diese im Einzelfall wegen besonderer Umstände durch einen unangemessenen Aufwand oder in sonstiger Weise zu einer unbilligen Härte führen.

(4) In der Rechtsverordnung nach Absatz 1 sind die erforderlichen technischen und organisatorischen Maßnahmen nach den Artikeln 24, 25 und 32 der Verordnung (EU) 2016/679 des Europäischen Parlaments und des Rates vom 27. April 2016 zum Schutz natürlicher Personen bei der Verarbeitung personenbezogener Daten, zum freien Datenverkehr und zur Aufhebung der Richtlinie 95/46/EG (Datenschutz-Grundverordnung) (ABl. L 119 vom 4.5.2016, S. 1; L 314 vom 22.11.2016, S. 72; L 127 vom

23.5.2018, S. 2) in der jeweils geltenden Fassung zur Sicherstellung von Datenschutz und Datensicherheit bei der Verarbeitung der für die in Absatz 1 Nummer 1 bis 4 genannten Zwecke erforderlichen personenbezogenen Daten festzulegen.

(5) Die Rechtsverordnung nach Absatz 1 hat vorzusehen, dass der Stand der Technik nach Absatz 1 Nummer 4 jeweils in Technischen Richtlinien und Schutzprofilen des Bundesamts für Sicherheit in der Informationstechnik festgelegt wird.

§ 6a Verordnungsermächtigung zur Versorgung mit Fernkälte

[1]Das Bundesministerium für Wirtschaft und Energie kann im Einvernehmen mit dem Bundesministerium der Justiz und für Verbraucherschutz durch Rechtsverordnung mit Zustimmung des Bundesrates die Allgemeinen Bedingungen für die Versorgung mit Fernkälte einschließlich von Rahmenregelungen über die Entgelte ausgewogen gestalten und hierbei unter angemessener Berücksichtigung der beiderseitigen Interessen

1. die Bestimmungen der Verträge einheitlich festsetzen,
2. Regelungen über den Vertragsschluss, den Gegenstand und die Beendigung der Verträge treffen sowie
3. die Rechte und Pflichten der Vertragsparteien festlegen.

[2]Satz 1 gilt entsprechend für Bedingungen öffentlich-rechtlich gestalteter Versorgungsverhältnisse mit Ausnahme der Regelung des Verwaltungsverfahrens.

§ 7 Regeln der Technik

(1) Das Bundesministerium für Wirtschaft und Energie kann gemeinsam mit dem Bundesministerium des Innern, für Bau und Heimat durch Bekanntmachung im Bundesanzeiger auf Veröffentlichungen sachverständiger Stellen über anerkannte Regeln der Technik hinweisen, soweit in diesem Gesetz auf solche Regeln Bezug genommen wird.

(2) Zu den anerkannten Regeln der Technik gehören auch Normen, technische Vorschriften oder sonstige Bestimmungen anderer Mitgliedstaaten der Europäischen Union und anderer Vertragsstaaten des Abkommens über den Europäischen Wirtschaftsraum sowie der Republik Türkei, wenn ihre Einhaltung das geforderte Schutzniveau in Bezug auf Energieeinsparung und Wärmeschutz dauerhaft gewährleistet.

(3) [1]Wenn eine Bewertung von Baustoffen, Bauteilen und Anlagen im Hinblick auf die Anforderungen dieses Gesetzes auf Grund anerkannter Regeln der Technik nicht möglich ist, weil solche Regeln nicht vorliegen oder wesentlich von ihnen abgewichen wird, sind der nach Landesrecht zuständigen Behörde die erforderlichen Nachweise für eine anderweitige Bewertung vorzulegen. [2]Satz 1 ist nicht anzuwenden auf Baustoffe, Bauteile und Anlagen,

1. wenn für sie die Bewertung auch im Hinblick auf die Anforderungen zur Energieeinsparung im Sinne dieses Gesetzes durch die Verordnung (EU) Nr. 305/2011 des Europäischen Parlaments und des Rates vom 9. März 2011 zur Festlegung harmonisierter Bedingungen für die Vermarktung von Bauprodukten und zur Aufhebung der Richtlinie 89/106/EWG des Rates (ABl. L 88 vom 4.4.2011, S. 5; L 103 vom 12.4.2013, S. 10; L 92 vom 8.4.2015, S. 118), die zuletzt durch die Delegierte Verordnung (EU) Nr. 574/2014 (ABl. L 159 vom 28.5.2014, S. 41) geändert worden ist, oder durch nationale Rechtsvorschriften zur Umsetzung oder Durchführung von Rechtsvorschriften der Europäischen Union gewährleistet wird, erforderliche CE-Kennzeichnungen angebracht wurden und nach den genannten Vorschriften zulässige Klassen und Leistungsstufen nach Maßgabe landesrechtlicher Vorschriften eingehalten werden oder
2. bei denen nach bauordnungsrechtlichen Vorschriften über die Verwendung von Bauprodukten auch die Einhaltung dieses Gesetzes sichergestellt wird.

(4) Verweisen die nach diesem Gesetz anzuwendenden datierten technischen Regeln auf undatierte technische Regeln, sind diese in der Fassung anzuwenden, die dem Stand zum Zeitpunkt der Herausgabe der datierten technischen Regel entspricht.

(5) Das Bundesministerium für Wirtschaft und Energie und das Bundesministerium des Innern, für Bau und Heimat werden dem Deutschen Bundestag bis zum 31. Dezember 2022 gemeinsam einen Bericht über die Ergebnisse von Forschungsprojekten zu Methodiken zur ökobilanziellen Bewertung von Wohn- und Nichtwohngebäuden vorlegen.

§ 8 Verantwortliche

(1) Für die Einhaltung der Vorschriften dieses Gesetzes ist der Bauherr oder Eigentümer verantwortlich, soweit in diesem Gesetz nicht ausdrücklich ein anderer Verantwortlicher bezeichnet ist.

(2) Für die Einhaltung der Vorschriften dieses Gesetzes sind im Rahmen ihres jeweiligen Wirkungskreises auch die Personen verantwortlich, die im Auftrag des Eigentümers oder des Bauherren bei der Errichtung oder Änderung von Gebäuden oder der Anlagentechnik in Gebäuden tätig werden.

§ 9 Überprüfung der Anforderungen an zu errichtende und bestehende Gebäude

(1) [1]Das Bundesministerium für Wirtschaft und Energie und das Bundesministerium des Innern, für Bau und Heimat werden die Anforderungen an zu errichtende Gebäude nach Teil 2 und die Anforderungen an bestehende Gebäude nach Teil 3 Abschnitt 1 nach Maßgabe von § 5 und unter Wahrung des Grundsatzes der Technologieoffenheit im Jahr 2023 überprüfen und nach Maßgabe der Ergebnisse der Überprüfung innerhalb von sechs Monaten nach Abschluss der Überprüfung einen Gesetzgebungsvorschlag für eine Weiterentwicklung der Anforderungen an zu errichtende und bestehende Gebäude vorlegen. [2]Die Bezahlbarkeit des Bauens und Wohnens ist ein zu beachtender wesentlicher Eckpunkt.

(2) Das Bundesministerium für Wirtschaft und Energie und das Bundesministerium des Innern, für Bau und Heimat werden unter Wahrung der Maßgaben des Absatzes 1 bis zum Jahr 2023 prüfen, auf welche Weise und in welchem Umfang synthetisch

erzeugte Energieträger in flüssiger oder gasförmiger Form bei der Erfüllung der Anforderungen an zu errichtende Gebäude nach Teil 2 und bei der Erfüllung der Anforderungen an bestehende Gebäude nach Teil 3 Abschnitt 1 Berücksichtigung finden können.

Teil 2: Anforderungen an zu errichtende Gebäude

Abschnitt 1: Allgemeiner Teil

§ 10 Grundsatz und Niedrigstenergiegebäude

(1) Wer ein Gebäude errichtet, hat dieses als Niedrigstenergiegebäude nach Maßgabe von Absatz 2 zu errichten.

(2) Das Gebäude ist so zu errichten, dass

1. der Gesamtenergiebedarf für Heizung, Warmwasserbereitung, Lüftung und Kühlung, bei Nichtwohngebäuden auch für eingebaute Beleuchtung, den jeweiligen Höchstwert nicht überschreitet, der sich nach § 15 oder § 18 ergibt,
2. Energieverluste beim Heizen und Kühlen durch baulichen Wärmeschutz nach Maßgabe von § 16 oder § 19 vermieden werden und
3. der Wärme- und Kälteenergiebedarf zumindest anteilig durch die Nutzung erneuerbarer Energien nach Maßgabe der §§ 34 bis 45 gedeckt wird.

(3) Die Anforderungen an die Errichtung von einem Gebäude nach diesem Gesetz finden keine Anwendung, soweit ihre Erfüllung anderen öffentlich-rechtlichen Vorschriften zur Standsicherheit, zum Brandschutz, zum Schallschutz, zum Arbeitsschutz oder zum Schutz der Gesundheit entgegensteht.

(4) Bei einem zu errichtenden Nichtwohngebäude ist die Anforderung nach Absatz 2 Nummer 3 nicht für Gebäudezonen mit mehr als 4 Metern Raumhöhe anzuwenden, die durch dezentrale Gebläse oder Strahlungsheizungen beheizt werden.

(5) Die Anforderung nach Absatz 2 Nummer 3 ist nicht auf ein Gebäude, das der Landesverteidigung dient, anzuwenden, soweit ihre Erfüllung der Art und dem Hauptzweck der Landesverteidigung entgegensteht.

§ 11 Mindestwärmeschutz

(1) Bei einem zu errichtenden Gebäude sind Bauteile, die gegen die Außenluft, das Erdreich oder gegen Gebäudeteile mit wesentlich niedrigeren Innentemperaturen abgrenzen, so auszuführen, dass die Anforderungen des Mindestwärmeschutzes nach DIN 4108 2: 2013-02 und DIN 4108-3: 2018-10 erfüllt werden.

(2) Ist bei einem zu errichtenden Gebäude bei aneinandergereihter Bebauung die Nachbarbebauung nicht gesichert, müssen die Gebäudetrennwände den Anforderungen an den Mindestwärmeschutz nach Absatz 1 genügen.

§ 12 Wärmebrücken

Ein Gebäude ist so zu errichten, dass der Einfluss konstruktiver Wärmebrücken auf den Jahres-Heizwärmebedarf nach den anerkannten Regeln der Technik und nach den im jeweiligen Einzelfall wirtschaftlich vertretbaren Maßnahmen so gering wie möglich gehalten wird.

§ 13 Dichtheit

[1]Ein Gebäude ist so zu errichten, dass die wärmeübertragende Umfassungsfläche einschließlich der Fugen dauerhaft luftundurchlässig nach den anerkannten Regeln der Technik abgedichtet ist. [2]Öffentlich-rechtliche Vorschriften über den zum Zweck der Gesundheit und Beheizung erforderlichen Mindestluftwechsel bleiben unberührt.

§ 14 Sommerlicher Wärmeschutz

(1) [1]Ein Gebäude ist so zu errichten, dass der Sonneneintrag durch einen ausreichenden baulichen sommerlichen Wärmeschutz nach den anerkannten Regeln der Technik begrenzt wird. [2]Bei der Ermittlung eines ausreichenden sommerlichen Wärmeschutzes nach den Absätzen 2 und 3 bleiben die öffentlich-rechtlichen Vorschriften über die erforderliche Tageslichtversorgung unberührt.

(2) [1]Ein ausreichender sommerlicher Wärmeschutz nach Absatz 1 liegt vor, wenn die Anforderungen nach DIN 4108-2: 2013-02 Abschnitt 8 eingehalten werden und die rechnerisch ermittelten Werte des Sonnenenergieeintrags über transparente Bauteile in Gebäude (Sonneneintragskennwert) die in DIN 4108-2: 2013-02 Abschnitt 8.3.3 festgelegten Anforderungswerte nicht überschreiten. [2]Der Sonneneintragskennwert des zu errichtenden Gebäudes ist nach dem in DIN 4108-2: 2013-02 Abschnitt 8.3.2 genannten Verfahren zu bestimmen.

(3) Ein ausreichender sommerlicher Wärmeschutz nach Absatz 1 liegt auch vor, wenn mit einem Berechnungsverfahren nach DIN 4108-2: 2013-02 Abschnitt 8.4 (Simulationsrechnung) gezeigt werden kann, dass unter den dort genannten Randbedingungen die für den Standort des Gebäudes in DIN 4108-2: 2013-02 Abschnitt 8.4 Tabelle 9 angegebenen Übertemperatur-Gradstunden nicht überschritten werden.

(4) Wird bei Gebäuden mit Anlagen zur Kühlung die Berechnung nach Absatz 3 durchgeführt, sind bauliche Maßnahmen zum sommerlichen Wärmeschutz gemäß DIN 4108-2: 2013-02 Abschnitt 4.3 insoweit vorzusehen, wie sich die Investitionen für diese baulichen Maßnahmen innerhalb deren üblicher Nutzungsdauer durch die Einsparung von Energie zur Kühlung unter Zugrundelegung der im Gebäude installierten Anlagen zur Kühlung erwirtschaften lassen.

(5) Auf Berechnungen nach den Absätzen 2 bis 4 kann unter den Voraussetzungen des Abschnitts 8.2.2 der DIN 4108-2: 2013-02 verzichtet werden.

Abschnitt 2: Jahres-Primärenergiebedarf und baulicher Wärmeschutz bei zu errichtenden Gebäuden

Unterabschnitt 11: Wohngebäude

§ 15 Gesamtenergiebedarf

(1) Ein zu errichtendes Wohngebäude ist so zu errichten, dass der Jahres-Primärenergiebedarf für Heizung, Warmwasserbereitung, Lüftung und Kühlung das 0,75fache des auf die Gebäudenutzfläche bezogenen Wertes des Jahres-Primärenergiebedarfs eines Referenzgebäudes, das die gleiche Geometrie, Gebäudenutzfläche und Ausrichtung wie das zu errichtende Gebäude aufweist und der technischen Referenzausführung der Anlage 1 entspricht, nicht überschreitet.

(2) Der Höchstwert des Jahres-Primärenergiebedarfs eines zu errichtenden Wohngebäudes nach Absatz 1 ist nach Maßgabe des § 20, der §§ 22 bis 24, des § 25 Absatz 1 bis 3 und 10, der §§ 26 bis 29, des § 31 und des § 33 zu berechnen.

§ 16 Baulicher Wärmeschutz

Ein zu errichtendes Wohngebäude ist so zu errichten, dass der Höchstwert des spezifischen, auf die wärmeübertragende Umfassungsfläche bezogenen Transmissionswärmeverlusts das 1,0fache des entsprechenden Wertes des jeweiligen Referenzgebäudes nach § 15 Absatz 1 nicht überschreitet.

§ 17 Aneinandergereihte Bebauung

[1]Werden aneinandergereihte Wohngebäude gleichzeitig errichtet, dürfen sie hinsichtlich der Anforderungen der §§ 12, 14, 15 und 16 wie ein Gebäude behandelt werden. [2]Die Vorschriften des Teiles 5 bleiben unberührt.

Unterabschnitt 2: Nichtwohngebäude

§ 18 Gesamtenergiebedarf[2]

(1) [1]Ein zu errichtendes Nichtwohngebäude ist so zu errichten, dass der Jahres-Primärenergiebedarf für Heizung, Warmwasserbereitung, Lüftung, Kühlung und eingebaute Beleuchtung das 0,75fache des auf die Nettogrundfläche bezogenen Wertes des Jahres-Primärenergiebedarfs eines Referenzgebäudes, das die gleiche Geometrie, Nettogrundfläche, Ausrichtung und Nutzung, einschließlich der Anordnung der Nutzungseinheiten, wie das zu errichtende Gebäude aufweist und der technischen Referenzausführung der Anlage 2 entspricht, nicht überschreitet. [2]Die technische Referenzausführung in der Anlage 2 Nummer 1.13 bis 9 ist nur insoweit zu berücksichtigen, wie eines der dort genannten Systeme in dem zu errichtenden Gebäude ausgeführt wird.

(2) Der Höchstwert des Jahres-Primärenergiebedarfs nach Absatz 1 eines zu errichtenden Nichtwohngebäudes ist nach Maßgabe der §§ 21 bis 24, des § 25 Absatz 1, 2 und 4 bis 8, der §§ 26 und 27, des § 30 und der §§ 32 und 33 zu berechnen.

(3) [1]Wird ein zu errichtendes Nichtwohngebäude für die Berechnung des Jahres-Primärenergiebedarfs nach unterschiedlichen Nutzungen unterteilt und kommt für die unterschiedlichen Nutzungen jeweils das Berechnungsverfahren nach § 21 Absatz 1 und 2 mit deren jeweiligen Randbedingungen zur Anwendung, muss die Unterteilung hinsichtlich der Nutzung sowie der verwendeten Berechnungsverfahren und Randbedingungen beim Referenzgebäude mit der des zu errichtenden Gebäudes übereinstimmen. [2]Bei der Unterteilung hinsichtlich der anlagentechnischen Ausstattung und der Tageslichtversorgung sind Unterschiede zulässig, die durch die technische Ausführung des zu errichtenden Gebäudes bedingt sind.

§ 19 Baulicher Wärmeschutz

Ein zu errichtendes Nichtwohngebäude ist so zu errichten, dass die Höchstwerte der mittleren Wärmedurchgangskoeffizienten der wärmeübertragenden Umfassungsfläche der Anlage 3 nicht überschritten werden.

Abschnitt 3: Berechnungsgrundlagen und -verfahren

§ 20 Berechnung des Jahres-Primärenergiebedarfs eines Wohngebäudes[3] [4]

(1) Für das zu errichtende Wohngebäude und das Referenzgebäude ist der Jahres-Primärenergiebedarf nach DIN V 18599: 2018-09 zu ermitteln.

(2) [1]Bis zum 31. Dezember 2023 kann für das zu errichtende Wohngebäude und das Referenzgebäude der Jahres- Primärenergiebedarf auch nach DIN V 4108-6: 2003-06, geändert durch DIN V 4108-6 Berichtigung 1: 2004- 03, in Verbindung mit DIN V 4701-10: 2003-08 ermittelt werden, wenn das Gebäude nicht gekühlt wird. [2]Der in diesem Rechengang zu bestimmende Jahres-Heizwärmebedarf ist nach dem Monatsbilanzverfahren nach DIN V 4108-6: 2003-06, geändert durch DIN V 4108-6 Berichtigung 1: 2004-03, mit den dort in Anhang D.3 genannten Randbedingungen zu ermitteln. [3]Als Referenzklima ist abweichend von DIN V 4108-6: 2003-06, geändert durch DIN V 4108-6 Berichtigung 1: 2004-03, das Klima nach DIN V 18599-10: 2018-09 Anhang E zu verwenden. [4]Der Nutzwärmebedarf für die Warmwasserbereitung nach DIN V 4701-10: 2003-08 ist mit 12,5 Kilowattstunden je Quadratmeter Gebäudenutzfläche und Jahr anzusetzen. [5]Zur Berücksichtigung von Lüftungsanlagen mit Wärmerückgewinnung sind die methodischen Hinweise in DIN V 4701-10: 2003-08 Abschnitt 4.1 zu beachten.

(3) Die Berechnungen sind für das zu errichtende Gebäude und das Referenzgebäude mit demselben Verfahren durchzuführen.

(4) Abweichend von DIN V 18599-1: 2018-09 sind bei der Berechnung des Endenergiebedarfs diejenigen Anteile nicht zu berücksichtigen, die durch in unmittelbarem räumlichen Zusammenhang zum Gebäude gewonnene solare Strahlungsenergie sowie Umweltwärme gedeckt werden.

---

[2] § 18 Abs. 1 Satz 2: Zur Anwendung vgl. § 50 Abs. 1 Satz 2
[3] § 20 Abs. 3 bis 6: Zur Anwendung vgl. § 21 Abs. 4
[4] § 20 Abs. 3: Zur Anwendung vgl. § 32 Abs. 8

(5) Abweichend von DIN V 18599-1: 2018-09 ist bei der Berechnung des Primärenergiebedarfs der Endenergiebedarf für elektrische Nutzeranwendungen in der Bilanzierung nicht zu berücksichtigen.

(6) Werden in den Berechnungen nach den Absätzen 1 und 2 Wärmedurchgangskoeffizienten berechnet, sind folgende Berechnungsverfahren anzuwenden:

1. DIN V 18599-2: 2018-09 Abschnitt 6.1.4.3 für die Berechnung der an Erdreich grenzenden Bauteile,
2. DIN 4108-4: 2017-03 in Verbindung mit DIN EN ISO 6946: 2008-04 für die Berechnung opaker Bauteile und
3. DIN 4108-4: 2017-03 für die Berechnung transparenter Bauteile sowie von Vorhangfassaden.

§ 21 Berechnung des Jahres-Primärenergiebedarfs eines Nichtwohngebäudes

(1) Für das zu errichtende Nichtwohngebäude und das Referenzgebäude ist der Jahres-Primärenergiebedarf nach DIN V 18599: 2018-09 zu ermitteln.

(2) [1]Soweit sich bei einem Nichtwohngebäude Flächen hinsichtlich ihrer Nutzung, ihrer technischen Ausstattung, ihrer inneren Lasten oder ihrer Versorgung mit Tageslicht wesentlich unterscheiden, ist das Gebäude nach Maßgabe der DIN V 18599: 2018-09 in Verbindung mit § 18 Absatz 3 für die Berechnung nach Absatz 1 in Zonen zu unterteilen. [2]Die Vereinfachungen zur Zonierung, zur pauschalierten Zuweisung der Eigenschaften der Hüllfläche und zur Ermittlung von tageslichtversorgten Bereichen gemäß DIN V 18599-1: 2018-09 Anhang D dürfen nach Maßgabe der dort angegebenen Bedingungen auch für zu errichtende Nichtwohngebäude verwendet werden.

(3) [1]Für Nutzungen, die nicht in DIN V 18599-10: 2018-09 aufgeführt sind, kann

1. die Nutzung 17 der Tabelle 5 in DIN V 18599-10: 2018-09 verwendet werden oder
2. eine Nutzung auf der Grundlage der DIN V 18599-10: 2018-09 unter Anwendung gesicherten allgemeinen Wissensstandes individuell bestimmt und verwendet werden.

[2]Steht bei der Errichtung eines Nichtwohngebäudes die Nutzung einer Zone noch nicht fest, ist nach Satz 1 Nummer 1 zu verfahren. [3]In den Fällen des Satzes 1 Nummer 2 ist die individuell bestimmte Nutzung zu begründen und den Berechnungen beizufügen. [4]Wird bei der Errichtung eines Nichtwohngebäudes in einer Zone keine Beleuchtungsanlage eingebaut, ist eine direkt-indirekte Beleuchtung mit stabförmigen Leuchtstofflampen mit einem Durchmesser von 16 Millimetern und mit einem elektronischen Vorschaltgerät anzunehmen.

(4) § 20 Absatz 3 bis 6 ist entsprechend anzuwenden.

§ 22 Primärenergiefaktoren

(1) [1]Zur Ermittlung des Jahres-Primärenergiebedarfs nach § 20 Absatz 1 oder Absatz 2 und nach § 21 Absatz 1 und 2 sind als Primärenergiefaktoren die Werte für den nicht erneuerbaren Anteil der Anlage 4 mit folgenden Maßgaben zu verwenden:

1. für flüssige oder gasförmige Biomasse kann abweichend von Anlage 4 Nummer 6 und 7 für den nicht erneuerbaren Anteil der Wert 0,3 verwendet werden,
   a) wenn die flüssige oder gasförmige Biomasse im unmittelbaren räumlichen Zusammenhang mit dem Gebäude oder mit mehreren Gebäuden, die im räumlichen Zusammenhang stehen, erzeugt wird und
   b) diese Gebäude unmittelbar mit der flüssigen oder gasförmigen Biomasse versorgt werden; mehrere Gebäude müssen gemeinsam versorgt werden,
2. für gasförmige Biomasse, die aufbereitet und in das Erdgasnetz eingespeist worden ist (Biomethan) und in zu errichtenden Gebäuden eingesetzt wird, kann abweichend von Anlage 4 Nummer 6 für den nicht erneuerbaren Anteil
   a) der Wert 0,7 verwendet werden, wenn die Nutzung des Biomethans in einem Brennwertkessel erfolgt, oder
   b) der Wert 0,5 verwendet werden, wenn die Nutzung des Biomethans in einer hocheffizienten KWK-Anlage im Sinne des § 2 Nummer 8a des Kraft-Wärme-Kopplungsgesetzes vom 21. Dezember 2015 (BGBl. I S. 2498), das zuletzt durch Artikel 266 der Verordnung vom 19. Juni 2020 (BGBl. I S. 1328) geändert worden ist, erfolgt, und wenn
   c) bei der Aufbereitung und Einspeisung des Biomethans die Voraussetzungen nach Anlage 1 Nummer 1 Buchstabe a bis c des Erneuerbare-Energien-Gesetzes vom 25. Oktober 2008 (BGBl. I S. 2074) in der am 31. Juli 2014 geltenden Fassung erfüllt worden sind, und
   d) die Menge des entnommenen Biomethans im Wärmeäquivalent am Ende eines Kalenderjahres der Menge von Gas aus Biomasse entspricht, das an anderer Stelle in das Gasnetz eingespeist worden ist, und Massenbilanzsysteme für den gesamten Transport und Vertrieb des Biomethans von seiner Herstellung über seine Einspeisung in das Erdgasnetz und seinen Transport im Erdgasnetz bis zu seiner Entnahme aus dem Erdgasnetz verwendet worden sind,
3. für gasförmige Biomasse, die unter Druck verflüssigt worden ist (biogenes Flüssiggas) und in zu errichtenden Gebäuden eingesetzt wird, kann abweichend von Anlage 4 Nummer 6 für den nicht erneuerbaren Anteil
   a) der Wert 0,7 verwendet werden, wenn die Nutzung des biogenen Flüssiggases in einem Brennwertkessel erfolgt, oder
   b) der Wert 0,5 verwendet werden, wenn die Nutzung des biogenen Flüssiggases in einer hocheffizienten KWK-Anlage im Sinne des § 2 Nummer 8a des Kraft-Wärme-Kopplungsgesetzes erfolgt, und wenn
   c) die Menge des entnommenen Gases am Ende eines Kalenderjahres der Menge von Gas aus Biomasse entspricht, das an anderer Stelle hergestellt worden ist, und Massenbilanzsysteme für den gesamten Transport und Vertrieb des biogenen Flüssiggases von seiner Herstellung über seine Zwischenlagerung und seinen Transport bis zu seiner Einlagerung in den Verbrauchstank verwendet worden sind,

4. für die Versorgung eines neu zu errichtenden Gebäudes mit aus Erdgas oder Flüssiggas erzeugter Wärme darf abweichend von Anlage 4 Nummer 15 für die in einer hocheffizienten KWK-Anlage im Sinne des § 2 Nummer 8a des Kraft-Wärme-Kopplungsgesetzes erzeugte Wärme für den nicht erneuerbaren Anteil der Wert 0,6 verwendet werden, wenn
   a) die Wärmerzeugungsanlage das zu errichtende Gebäude und ein oder mehrere bestehende Gebäude, die mit dem zu errichtenden Gebäude in einem räumlichen Zusammenhang stehen, dauerhaft mit Wärme versorgt und
   b) vorhandene mit fossilen Brennstoffen beschickte Heizkessel des oder der mitversorgten bestehenden Gebäude außer Betrieb genommen werden.

[2]Durch eine Maßnahme nach Satz 1 Nummer 4 darf die Wärmeversorgung des oder der mitversorgten bestehenden Gebäude nicht in der Weise verändert werden, dass die energetische Qualität dieses oder dieser Gebäude verschlechtert wird.

(2) [1]Wird ein zu errichtendes Gebäude mit Fernwärme versorgt, kann zur Ermittlung des Jahres- Primärenergiebedarfs nach § 20 Absatz 1 oder Absatz 2 und nach § 21 Absatz 1 und 2 als Primärenergiefaktor der Wert für den nicht erneuerbaren Anteil nach Maßgabe der Sätze 2 und 3 sowie von Absatz 3 verwendet werden, den das Fernwärmeversorgungsunternehmen für den Wärmeträger in dem Wärmenetz, an das das Gebäude angeschlossen wird, ermittelt und veröffentlicht hat. [2]Der ermittelte und veröffentlichte Wert nach Satz 1 kann verwendet werden, wenn das Fernwärmeversorgungsunternehmen zur Ermittlung des Primärenergiefaktors die zur Erzeugung und Verteilung der Wärme in einem Wärmenetz eingesetzten Brennstoffe und Strom, einschließlich Hilfsenergien, ermittelt, mit den Primärenergiefaktoren der Anlage 4 gewichtet und auf die abgegebene Wärmemenge bezogen sowie die Anwendung dieses Berechnungsverfahrens in der Veröffentlichung angegeben hat. [3]Wird in einem Wärmenetz Wärme genutzt, die in einer KWK-Anlage erzeugt wird, kann der ermittelte und veröffentlichte Wert nach Satz 1 verwendet werden, wenn das Fernwärmeversorgungsunternehmen zur Ermittlung des Primärenergiefaktors der Wärme aus der KWK-Anlage das Berechnungsverfahren nach DIN V 18599 1: 2018- 09 Anhang A Abschnitt A.4 mit den Primärenergiefaktoren der Anlage 4 angewendet und die Anwendung dieser Methode in der Veröffentlichung angegeben hat.

(3) [1]Liegt der ermittelte und veröffentlichte Wert des Primärenergiefaktors eines Wärmenetzes unter einem Wert von 0,3, ist als Primärenergiefaktor der Wert von 0,3 zu verwenden. [2]Abweichend von Satz 1 darf ein ermittelter und veröffentlichter Wert, der unter 0,3 liegt, verwendet werden, wenn der Wert von 0,3 um den Wert von 0,001 für jeden Prozentpunkt des aus erneuerbaren Energien oder aus Abwärme erzeugten Anteils der in einem Wärmenetz genutzten Wärme verringert wird und das Fernwärmeversorgungsunternehmen dies in der Veröffentlichung angegeben hat.

(4) Hat das Fernwärmeversorgungsunternehmen den Primärenergiefaktor für den Wärmeträger in dem Wärmenetz, an das das zu errichtende Gebäude angeschlossen wird, nicht ermittelt und veröffentlicht, kann als Primärenergiefaktor der Wert für den nicht erneuerbaren Anteil verwendet werden, der in den nach § 20 Absatz 1 oder Absatz 2 und nach § 21 Absatz 1 und 2 zur Ermittlung des Jahres-Primärenergiebedarfs zu verwendenden Berechnungsverfahren für die genutzte Fernwärme aufgeführt ist.

(5) [1]Das Bundesministerium für Wirtschaft und Energie wird gemeinsam mit dem Bundesministerium des Innern, für Bau und Heimat das Berechnungsverfahren zur Ermittlung der Primärenergiefaktoren von Wärmenetzen, in denen Wärme genutzt wird, die in KWK-Anlagen erzeugt wird, überprüfen. [2]Dabei wird unter Beachtung des Grundsatzes der Wirtschaftlichkeit die Umstellung des Berechnungsverfahrens auf ein Verfahren zur Ermittlung des Brennstoffanteils für die Wärmeerzeugung untersucht, das der in DIN EN 15316-4-5: 2017-09 Abschnitt 6.2.2.1.6.3 beschriebenen Methode entspricht. [3]In die Untersuchung wird die Ermittlung eines Faktors einbezogen, mit dem der Anteil bestehender Gebäude an den an ein Fernwärmenetz angeschlossenen Gebäuden berücksichtigt wird. [4]Das Bundesministerium für Wirtschaft und Energie hat gemeinsam mit dem Bundesministerium des Innern, für Bau und Heimat dem Deutschen Bundestag bis zum 31. Dezember 2025 einen Bericht über das Ergebnis der Überprüfung vorzulegen. [5]Der Bericht enthält einen Vorschlag für eine gesetzliche Regelung zur Umstellung des Berechnungsverfahrens ab dem Jahr 2030.

§ 23 Anrechnung von Strom aus erneuerbaren Energien

(1) Strom aus erneuerbaren Energien, der in einem zu errichtenden Gebäude eingesetzt wird, darf bei der Ermittlung des Jahres-Primärenergiebedarfs des zu errichtenden Gebäudes nach § 20 Absatz 1 oder Absatz 2 und nach § 21 Absatz 1 und 2 nach Maßgabe der Absätze 2 bis 4 in Abzug gebracht werden, soweit er

1. im unmittelbaren räumlichen Zusammenhang zu dem Gebäude erzeugt wird und
2. vorrangig in dem Gebäude unmittelbar nach Erzeugung oder nach vorübergehender Speicherung selbst genutzt und nur die überschüssige Strommenge in das öffentliche Netz eingespeist wird.

(2) [1]Bei der Ermittlung des Jahres-Primärenergiebedarfs des zu errichtenden Wohngebäudes dürfen vom Ausgangswert in Abzug gebracht werden:

1. für eine Anlage zur Erzeugung von Strom aus erneuerbaren Energien ohne Nutzung eines elektrochemischen Speichers 150 Kilowattstunden je Kilowatt installierter Nennleistung und ab einer Anlagengröße mit einer Nennleistung in Kilowatt in Höhe des 0,03fachen der Gebäudenutzfläche geteilt durch die Anzahl der beheizten oder gekühlten Geschosse nach DIN V 18599-1: 2018-09 zuzüglich das 0,7fache des jährlichen absoluten elektrischen Endenergiebedarfs der Anlagentechnik, jedoch insgesamt höchstens 30 Prozent des Jahres- Primärenergiebedarfs des Referenzgebäudes nach § 15 Absatz 1, und
2. für eine Anlage zur Erzeugung von Strom aus erneuerbaren Energien mit Nutzung eines elektrochemischen Speichers von mindestens 1 Kilowattstunde Nennkapazität je Kilowatt installierter Nennleistung der Erzeugungsanlage 200 Kilowattstunden je Kilowatt installierter Nennleistung und ab einer Anlagengröße mit einer Nennleistung in Kilowatt in Höhe des 0,03fachen der Gebäudenutzfläche geteilt durch die Anzahl der beheizten oder gekühlten Geschosse nach DIN V 18599-1: 2018-

09 zuzüglich das 1,0fache des jährlichen absoluten elektrischen Endenergiebedarfs der Anlagentechnik, jedoch insgesamt höchstens 45 Prozent des Jahres-Primärenergiebedarfs des Referenzgebäudes nach § 15 Absatz 1.

2Als Ausgangswert ist der Jahres-Primärenergiebedarf nach § 20 Absatz 1 oder Absatz 2 zu verwenden, der sich ohne Anrechnung des Stroms aus erneuerbaren Energien nach Absatz 1 ergibt.

(3) 1Bei der Ermittlung des Jahres-Primärenergiebedarfs des zu errichtenden Nichtwohngebäudes dürfen vom Ausgangswert in Abzug gebracht werden:

1. für eine Anlage zur Erzeugung von Strom aus erneuerbaren Energien ohne Nutzung eines elektrochemischen Speichers 150 Kilowattstunden je Kilowatt installierter Nennleistung und ab einer Anlagengröße von 0,01 Kilowatt Nennleistung je Quadratmeter Nettogrundfläche zuzüglich das 0,7fache des jährlichen absoluten elektrischen Endenergiebedarfs der Anlagentechnik, jedoch insgesamt höchstens 30 Prozent des Jahres- Primärenergiebedarfs des Referenzgebäudes nach § 18 Absatz 1 und gleichzeitig insgesamt höchstens das 1,8fache des bilanzierten endenergetischen Jahresertrags der Anlage, und
2. für eine Anlage zur Erzeugung von Strom aus erneuerbaren Energien mit Nutzung eines elektrochemischen Speichers von mindestens 1 Kilowattstunde Nennkapazität je Kilowatt installierter Nennleistung der Erzeugungsanlage 200 Kilowattstunden je Kilowatt installierter Nennleistung und ab einer Anlagengröße von 0,01 Kilowatt Nennleistung je Quadratmeter Nettogrundfläche zuzüglich das 1,0fache des jährlichen absoluten elektrischen Endenergiebedarfs der Anlagentechnik, jedoch insgesamt höchstens 45 Prozent des Jahres- Primärenergiebedarfs des Referenzgebäudes nach § 18 Absatz 1 und gleichzeitig insgesamt höchstens das 1,8fache des bilanzierten endenergetischen Jahresertrags der Anlage.

2Als Ausgangswert ist der Jahres-Primärenergiebedarf nach § 21 Absatz 1 und 2 zu verwenden, der sich ohne Anrechnung des Stroms aus erneuerbaren Energien nach Absatz 1 ergibt.

(4) 1Wenn in einem zu errichtenden Gebäude Strom aus erneuerbaren Energien für Stromdirektheizungen genutzt wird oder in einem zu errichtenden Nichtwohngebäude die Nutzung von Strom für Lüftung, Kühlung, Beleuchtung und Warmwasserversorgung die Energienutzung für die Beheizung überwiegt, ist abweichend von den Absätzen 2 und 3 der monatliche Ertrag der Anlage zur Erzeugung von Strom aus erneuerbaren Energien dem tatsächlichen Strombedarf gegenüberzustellen. 2Für die Berechnung ist der monatliche Ertrag nach DIN V 18599-9: 2018-09 zu bestimmen. 3Bei Anlagen zur Erzeugung von Strom aus solarer Strahlungsenergie sind die monatlichen Stromerträge unter Verwendung der mittleren monatlichen Strahlungsintensitäten der Referenzklimazone Potsdam nach DIN V 18599-10: 2018-09 Anhang E sowie der Standardwerte zur Ermittlung der Nennleistung des Photovoltaikmoduls nach DIN V 18599-9: 2018-09 Anhang B zu ermitteln.

§ 24 Einfluss von Wärmebrücken

1Unbeschadet der Regelung in § 12 ist der verbleibende Einfluss von Wärmebrücken bei der Ermittlung des Jahres- Primärenergiebedarfs nach § 20 Absatz 1 oder Absatz 2 und nach § 21 Absatz 1 und 2 nach einer der in DIN V 18599-2: 2018-09 oder bis zum 31. Dezember 2023 auch in DIN V 4108-6: 2003-06, geändert durch DIN V 4108-6 Berichtigung 1: 2004-03 genannten Vorgehensweisen zu berücksichtigen. 2Soweit dabei Gleichwertigkeitsnachweise zu führen sind, ist dies für solche Wärmebrücken nicht erforderlich, bei denen die angrenzenden Bauteile kleinere Wärmedurchgangskoeffizienten aufweisen als in den Musterlösungen der DIN 4108 Beiblatt 2: 2019-06 zugrunde gelegt sind. 3Wärmebrückenzuschläge mit Überprüfung und Einhaltung der Gleichwertigkeit nach DIN V 18599- 2: 2018-09 oder DIN V 4108-6: 2003-06, geändert durch DIN V 4108-6 Berichtigung 1: 2004-03 sind nach DIN 4108 Beiblatt 2: 2019-06 zu ermitteln. 4Abweichend von DIN V 4108-6: 2003-06, geändert durch DIN V 4108-6 Berichtigung 1: 2004-03 kann bei Nachweis der Gleichwertigkeit nach DIN 4108 Beiblatt 2: 2019-06 der pauschale Wärmebrückenzuschlag nach Kategorie A oder Kategorie B verwendet werden.

§ 25 Berechnungsrandbedingungen

(1) 1Bei den Berechnungen für die Ermittlung des Jahres-Primärenergiebedarfs nach § 20 Absatz 1 oder Absatz 2 und nach § 21 Absatz 1 und 2 ist für das zu errichtende Gebäude eine Ausstattung mit einem System für die Gebäudeautomation der Klasse C nach DIN V 18599-11: 2018-09 zugrunde zu legen. 2Eine Gebäudeautomation der Klassen A oder B nach DIN V 18599-11: 2018-09 kann zugrunde gelegt werden, wenn das zu errichtende Gebäude mit einem System einer dieser Klassen ausgestattet ist.

(2) Bei den Berechnungen für die Ermittlung des Jahres-Primärenergiebedarfs nach § 20 Absatz 1 oder Absatz 2 und nach § 21 Absatz 1 und 2 ist für das zu errichtende Gebäude und das Referenzgebäude ein Verschattungsfaktor von 0,9 zugrunde zu legen, soweit die baulichen Bedingungen nicht detailliert berücksichtigt werden.

(3) Bei den Berechnungen für die Ermittlung des Jahres-Primärenergiebedarfs nach § 20 Absatz 1 sind für den Anteil mitbeheizter Flächen für das zu errichtende Wohngebäude und das Referenzgebäude die Standardwerte nach DIN V 18599: 2018-09 Tabelle 4 zu verwenden.

(4) Bei den Berechnungen für die Ermittlung des Jahres-Primärenergiebedarfs nach § 21 Absatz 1 und 2 sind für das zu errichtende Nichtwohngebäude die in DIN V 18599-10: 2018-09 Tabelle 5 bis 9 aufgeführten Nutzungsrandbedingungen und Klimadaten zu verwenden; bei der Berechnung des Referenzgebäudes müssen die in DIN V 18599-10: 2018-09 Tabelle 5 enthaltenen Werte angesetzt werden.

(5) Bei den Berechnungen für die Ermittlung des Jahres-Primärenergiebedarfs nach § 21 Absatz 1 und 2 sind für das zu errichtende Nichtwohngebäude und das Referenzgebäude bei Heizsystemen in Raumhöhen von 4 Metern oder weniger ein Absenkbetrieb gemäß DIN V 18599-2: 2018-09 Gleichung 29 und bei Heizsystemen in Raumhöhen von mehr als 4 Metern ein Abschaltbetrieb gemäß DIN V 18599-2: 2018-09 Gleichung 30 zugrunde zu legen, jeweils mit einer Dauer gemäß den Nutzungsrandbedingungen in DIN V 18599-10: 2018-09 Tabelle 5.

(6) Bei den Berechnungen für die Ermittlung des Jahres-Primärenergiebedarfs nach § 21 Absatz 1 und 2 ist für das zu errichtende Nichtwohngebäude und das Referenzgebäude ein Verbauungsindex von 0,9 zugrunde zu legen, soweit die Verbauung nicht genau nach DIN V 18599-4: 2018-09 Abschnitt 5.5.2 ermittelt wird.

(7) Bei den Berechnungen für die Ermittlung des Jahres-Primärenergiebedarfs nach § 21 Absatz 1 und 2 ist für das zu errichtende Nichtwohngebäude und das Referenzgebäude der Wartungsfaktor in den Zonen der Nutzungen 14, 15 und 22 nach DIN V 18599-10: 2018-09 Tabelle 5 mit 0,6 und im Übrigen mit 0,8 anzusetzen.

(8) [1]Bei den Berechnungen für die Ermittlung des Jahres-Primärenergiebedarfs nach § 21 Absatz 1 und 2 darf abweichend von DIN V 18599-10: 2018-09 für das zu errichtende Nichtwohngebäude und das Referenzgebäude bei Zonen der DIN V 18599-10: 2018-09 Tabelle 5 Nutzung 6 und 7 die tatsächliche Beleuchtungsstärke angesetzt werden, jedoch bei Zonen der Nutzung 6 nicht mehr als 1 500 Lux und bei Zonen der Nutzung 7 nicht mehr als 1 000 Lux. [2]Beim Referenzgebäude ist der Primärenergiebedarf für die Beleuchtung mit dem Tabellenverfahren nach DIN V 18599-4: 2018-09 zu berechnen.

(9) [1]Für die Ermittlung des Höchstwerts des Transmissionswärmeverlusts nach § 16 ist die wärmeübertragende Umfassungsfläche eines Wohngebäudes in Quadratmetern nach den in DIN V 18599-1: 2018-09 Abschnitt 8 angegebenen Bemaßungsregeln so festzulegen, dass sie mindestens alle beheizten und gekühlten Räume einschließt. [2]Für alle umschlossenen Räume sind dabei die gleichen Bedingungen anzunehmen, die bei der Berechnung nach § 20 Absatz 1 oder Absatz 2 in Verbindung mit § 20 Absatz 3 und 4, § 22 und den Absätzen 1 bis 3 zugrunde zu legen sind.

(10) [1]Das beheizte Gebäudevolumen eines Wohngebäudes in Kubikmetern ist das Volumen, das von der nach Absatz 9 ermittelten wärmeübertragenden Umfassungsfläche umschlossen wird. [2]Die Gebäudenutzfläche eines Wohngebäudes ist nach DIN V 18599 1: 2018-09 Gleichung 30 zu ermitteln. [3]Abweichend von Satz 1 ist die Gebäudenutzfläche nach DIN V 18599-1: 2018-09 Gleichung 31 zu ermitteln, wenn die durchschnittliche Geschosshöhe eines Wohngebäudes, gemessen von der Oberfläche des Fußbodens zur Oberfläche des Fußbodens des darüber liegenden Geschosses, mehr als 3 Meter oder weniger als 2,5 Meter beträgt.

(11) Abweichend von DIN V 18599-10: 2018-09 sind die Zonen nach DIN V 18599-10: 2018-09 Tabelle 5 Nutzung 32 und 33 als unbeheizt und ungekühlt anzunehmen und damit nicht Gegenstand von Berechnungen und Anforderungen nach diesem Gesetz.

§ 26 Prüfung der Dichtheit eines Gebäudes

(1) [1]Wird die Luftdichtheit eines zu errichtenden Gebäudes vor seiner Fertigstellung nach DIN EN ISO 9972: 2018-12 Anhang NA überprüft, darf die gemessene Netto-Luftwechselrate bei der Ermittlung des Jahres- Primärenergiebedarfs nach § 20 Absatz 1 oder Absatz 2 und nach § 21 Absatz 1 und 2 nach Maßgabe der Absätze 2 bis 5 als Luftwechselrate in Ansatz gebracht werden. [2]Bei der Überprüfung der Luftdichtheit sind die Messungen nach den Absätzen 2 bis 5 sowohl mit Über- als auch mit Unterdruck durchzuführen. [3]Die genannten Höchstwerte sind für beide Fälle einzuhalten.

(2) Der bei einer Bezugsdruckdifferenz von 50 Pascal gemessene Volumenstrom in Kubikmeter pro Stunde darf

1. ohne raumlufttechnische Anlagen höchstens das 3fache des beheizten oder gekühlten Luftvolumens des Gebäudes in Kubikmetern betragen und
2. mit raumlufttechnischen Anlagen höchstens das 1,5fache des beheizten oder gekühlten Luftvolumens des Gebäudes in Kubikmetern betragen.

(3) Abweichend von Absatz 2 darf bei Gebäuden mit einem beheizten oder gekühlten Luftvolumen von über 1 500 Kubikmetern der bei einer Bezugsdruckdifferenz von 50 Pascal gemessene Volumenstrom in Kubikmeter pro Stunde

1. ohne raumlufttechnische Anlagen höchstens das 4,5fache der Hüllfläche des Gebäudes in Quadratmetern betragen und
2. mit raumlufttechnischen Anlagen höchstens das 2,5fache der Hüllfläche des Gebäudes in Quadratmetern betragen.

(4) Wird bei Nichtwohngebäuden die Dichtheit lediglich für bestimmte Zonen berücksichtigt oder ergeben sich für einzelne Zonen aus den Absätzen 2 und 3 unterschiedliche Anforderungen, so kann der Nachweis der Dichtheit für diese Zonen getrennt durchgeführt werden

(5) Besteht ein Gebäude aus gleichartigen, nur von außen erschlossenen Nutzeinheiten, so darf die Messung nach Absatz 1 nach Maßgabe von DIN EN ISO 9972: 2018-12 Anhang NB auf eine Stichprobe dieser Nutzeinheiten begrenzt werden.

§ 27 Gemeinsame Heizungsanlage für mehrere Gebäude

[1]Wird ein zu errichtendes Gebäude mit Wärme aus einer Heizungsanlage versorgt, aus der auch andere Gebäude oder Teile davon Wärme beziehen, ist es abweichend von DIN V 18599: 2018-09 und bis zum 31. Dezember 2023 auch von DIN V 4701-10: 2003-08 zulässig, bei der Ermittlung des Jahres-Primärenergiebedarfs des zu errichtenden Gebäudes eigene zentrale Einrichtungen der Wärmeerzeugung, Wärmespeicherung oder Warmwasserbereitung anzunehmen, die hinsichtlich ihrer Bauart, ihres Baualters und ihrer Betriebsweise den gemeinsam genutzten Einrichtungen entsprechen, hinsichtlich ihrer Größe und Leistung jedoch nur auf das zu berechnende Gebäude ausgelegt sind. [2]Soweit dabei zusätzliche Wärmeverteil- und Warmwasserleitungen zur Verbindung der versorgten Gebäude verlegt werden, sind deren Wärmeverluste anteilig zu berücksichtigen.

§ 28 Anrechnung mechanisch betriebener Lüftungsanlagen

(1) Im Rahmen der Berechnung nach § 20 Absatz 1 oder Absatz 2 ist bei mechanischen Lüftungsanlagen die Anrechnung der Wärmerückgewinnung oder einer regelungstechnisch verminderten Luftwechselrate nur zulässig, wenn

1. die Dichtheit des Gebäudes nach § 13 in Verbindung mit § 26 nachgewiesen wird,

2. die Lüftungsanlage mit Einrichtungen ausgestattet ist, die eine Beeinflussung der Luftvolumenströme jeder Nutzeinheit durch den Nutzer erlauben und
3. sichergestellt ist, dass die aus der Abluft gewonnene Wärme vorrangig vor der vom Heizsystem bereitgestellten Wärme genutzt wird.

(2) Die bei der Anrechnung der Wärmerückgewinnung anzusetzenden Kennwerte der Lüftungsanlage sind nach den anerkannten Regeln der Technik zu bestimmen oder den allgemeinen bauaufsichtlichen Zulassungen der verwendeten Produkte zu entnehmen.

(3) Auf ein Wohngebäude mit nicht mehr als zwei Wohnungen, von denen eine nicht mehr als 50 Quadratmeter Gebäudenutzfläche hat, ist Absatz 1 Nummer 2 nicht anzuwenden.

§ 29 Berechnung des Jahres-Primärenergiebedarfs und des Transmissionswärmeverlustes bei aneinandergereihter Bebauung von Wohngebäuden

(1) Bei der Berechnung des Jahres-Primärenergiebedarfs nach § 20 und des Transmissionswärmeverlustes von aneinandergereihten Wohngebäuden werden Gebäudetrennwände zwischen
1. Gebäuden, die nach ihrem Verwendungszweck auf Innentemperaturen von mindestens 19 Grad Celsius beheizt werden, als nicht wärmedurchlässig angenommen und bei der Ermittlung der wärmeübertragenden Umfassungsfläche nicht berücksichtigt,
2. Wohngebäuden und Gebäuden, die nach ihrem Verwendungszweck auf Innentemperaturen von mindestens 12 Grad Celsius und weniger als 19 Grad Celsius beheizt werden, bei der Berechnung des Wärmedurchgangskoeffizienten mit einem Temperatur-Korrekturfaktor nach DIN V 18599-2: 2018-09 oder bis zum 31. Dezember 2023 auch nach DIN V 4108-6: 2003-06, geändert durch DIN V 4108-6 Berichtigung 1: 2004-03, gewichtet und
3. Wohngebäuden und Gebäuden oder Gebäudeteilen, in denen keine beheizten Räume im Sinne des § 3 Absatz 1 Nummer 4 vorhanden sind, bei der Berechnung des Wärmedurchgangskoeffizienten mit einem Temperaturfaktor in Höhe von 0,5 gewichtet.

(2) Werden beheizte Teile eines Gebäudes getrennt berechnet, ist Absatz 1 Nummer 1 sinngemäß für die Trennflächen zwischen den Gebäudeteilen anzuwenden.

§ 30 Zonenweise Berücksichtigung von Energiebedarfsanteilen bei einem zu errichtenden Nichtwohngebäude[5]

(1) Ist ein zu errichtendes Nichtwohngebäude nach § 21 Absatz 2 für die Berechnung des Jahres- Primärenergiebedarfs nach § 21 Absatz 1 in Zonen zu unterteilen, sind Energiebedarfsanteile nach Maßgabe der Absätze 2 bis 7 in die Ermittlung des Jahres-Primärenergiebedarfs einer Zone einzubeziehen.

(2) Der Primärenergiebedarf für das Heizungssystem und die Heizfunktion der raumlufttechnischen Anlage ist zu bilanzieren, wenn die Raum-Solltemperatur des Gebäudes oder einer Gebäudezone für den Heizfall mindestens 12 Grad Celsius beträgt und eine durchschnittliche Nutzungsdauer für die Gebäudebeheizung auf Raum-Solltemperatur von mindestens vier Monaten pro Jahr vorgesehen ist.

(3) Der Primärenergiebedarf für das Kühlsystem und die Kühlfunktion der raumlufttechnischen Anlage ist zu bilanzieren, wenn für das Gebäude oder eine Gebäudezone für den Kühlfall der Einsatz von Kühltechnik und eine durchschnittliche Nutzungsdauer für Gebäudekühlung auf Raum-Solltemperatur von mehr als zwei Monaten pro Jahr und mehr als zwei Stunden pro Tag vorgesehen sind.

(4) Der Primärenergiebedarf für die Dampfversorgung ist zu bilanzieren, wenn für das Gebäude oder eine Gebäudezone eine solche Versorgung wegen des Einsatzes einer raumlufttechnischen Anlage nach Absatz 3 für durchschnittlich mehr als zwei Monate pro Jahr und mehr als zwei Stunden pro Tag vorgesehen ist.

(5) Der Primärenergiebedarf für Warmwasser ist zu bilanzieren, wenn ein Nutzenergiebedarf für Warmwasser in Ansatz zu bringen ist und der durchschnittliche tägliche Nutzenergiebedarf für Warmwasser wenigstens 0,2 Kilowattstunden pro Person und Tag oder 0,2 Kilowattstunden pro Beschäftigtem und Tag beträgt.

(6) Der Primärenergiebedarf für Beleuchtung ist zu bilanzieren, wenn in einem Gebäude oder einer Gebäudezone eine Beleuchtungsstärke von mindestens 75 Lux erforderlich ist und eine durchschnittliche Nutzungsdauer von mehr als zwei Monaten pro Jahr und mehr als zwei Stunden pro Tag vorgesehen ist.

(7) [1]Der Primärenergiebedarf für Hilfsenergien ist zu bilanzieren, wenn er beim Heizungssystem und bei der Heizfunktion der raumlufttechnischen Anlage, beim Kühlsystem und bei der Kühlfunktion der raumlufttechnischen Anlage, bei der Dampfversorgung, bei der Warmwasseranlage und der Beleuchtung auftritt. [2]Der Anteil des Primärenergiebedarfs für Hilfsenergien für Lüftung ist zu bilanzieren, wenn eine durchschnittliche Nutzungsdauer der Lüftungsanlage von mehr als zwei Monaten pro Jahr und mehr als zwei Stunden pro Tag vorgesehen ist.

§ 31 Vereinfachtes Nachweisverfahren für ein zu errichtendes Wohngebäude

(1) Ein zu errichtendes Wohngebäude erfüllt die Anforderungen nach § 10 Absatz 2 in Verbindung mit den §§ 15 bis 17 und den §§ 34 bis 45, wenn
1. es die Voraussetzungen nach Anlage 5 Nummer 1 erfüllt und

[5] § 30 Abs. 5: Zur Anwendung vgl. § 32 Abs. 3 Satz 2

2. seine Ausführung einer der in Anlage 5 Nummer 2 beschriebenen Ausführungsvarianten unter Berücksichtigung der Beschreibung der Wärmeschutz- und Anlagenvarianten nach Anlage 5 Nummer 3 entspricht.

(2) Das Bundesministerium für Wirtschaft und Energie macht gemeinsam mit dem Bundesministerium des Innern, für Bau und Heimat im Bundesanzeiger bekannt, welche Angaben für die auf Grundlage von Absatz 1 zu errichtenden Wohngebäude ohne besondere Berechnungen in Energiebedarfsausweisen zu verwenden sind.

§ 32 Vereinfachtes Berechnungsverfahren für ein zu errichtendes Nichtwohngebäude

(1) Abweichend von § 21 Absatz 1 und 2 darf der Jahres-Primärenergiebedarf des zu errichtenden Nichtwohngebäudes und des Referenzgebäudes unter Verwendung eines Ein-Zonen-Modells ermittelt werden, wenn

1. die Summe der Nettogrundflächen aus der typischen Hauptnutzung und den Verkehrsflächen des Gebäudes mehr als zwei Drittel der gesamten Nettogrundfläche des Gebäudes beträgt,
2. in dem Gebäude die Beheizung und die Warmwasserbereitung für alle Räume auf dieselbe Art erfolgen,
3. das Gebäude nicht gekühlt wird,
4. höchstens 10 Prozent der Nettogrundfläche des Gebäudes durch Glühlampen, Halogenlampen oder durch die Beleuchtungsart „indirekt“ nach DIN V 18599: 2018-09 beleuchtet werden und
5. außerhalb der Hauptnutzung keine raumlufttechnische Anlage eingesetzt wird, deren Werte für die spezifische Leistungsaufnahme der Ventilatoren die entsprechenden Werte der Anlage 2 Nummer 6.1 und 6.2 überschreiten.

(2) Das vereinfachte Berechnungsverfahren kann angewandt werden für

1. ein Bürogebäude, auch mit Verkaufseinrichtung, einen Gewerbebetrieb oder eine Gaststätte,
2. ein Gebäude des Groß- und Einzelhandels mit höchstens 1 000 Quadratmetern Nettogrundfläche, wenn neben der Hauptnutzung nur Büro-, Lager-, Sanitär- oder Verkehrsflächen vorhanden sind,
3. einen Gewerbebetrieb mit höchstens 1 000 Quadratmetern Nettogrundfläche, wenn neben der Hauptnutzung nur Büro-, Lager-, Sanitär- oder Verkehrsflächen vorhanden sind,
4. eine Schule, eine Turnhalle, einen Kindergarten und eine Kindertagesstätte oder eine ähnliche Einrichtung,
5. eine Beherbergungsstätte ohne Schwimmhalle, Sauna oder Wellnessbereich oder
6. eine Bibliothek.

(3) [1]Bei Anwendung des vereinfachten Verfahrens sind abweichend von den Maßgaben des § 21 Absatz 2 bei der Berechnung des Jahres-Primärenergiebedarfs die Bestimmungen für die Nutzung und die Werte für den Nutzenergiebedarf für Warmwasser der Anlage 6 zu verwenden. [2]§ 30 Absatz 5 ist entsprechend anzuwenden.

(4) [1]Abweichend von Absatz 1 Nummer 3 kann das vereinfachte Verfahren auch angewendet werden, wenn in einem Bürogebäude eine Verkaufseinrichtung, ein Gewerbebetrieb oder eine Gaststätte gekühlt wird und die Nettogrundfläche der gekühlten Räume jeweils 450 Quadratmeter nicht übersteigt. [2]Der Energiebedarf für die Kühlung von Anlagen der Datenverarbeitung bleibt als Energieeinsatz für Produktionsprozesse im Sinne von § 2 Absatz 1 Satz 2 außer Betracht.

(5) [1]Bei Anwendung des vereinfachten Verfahrens sind in den Fällen des Absatzes 4 Satz 1 der Höchstwert und der Referenzwert des Jahres-Primärenergiebedarfs pauschal um 50 Kilowattstunden pro Quadratmeter und Jahr je Quadratmeter gekühlter Nettogrundfläche der Verkaufseinrichtung, des Gewerbebetriebes oder der Gaststätte zu erhöhen. [2]Dieser Betrag ist im Energiebedarfsausweis als elektrische Energie für Kühlung auszuweisen.

(6) Der Jahres-Primärenergiebedarf für Beleuchtung darf vereinfacht für den Bereich der Hauptnutzung berechnet werden, der die geringste Tageslichtversorgung aufweist.

(7) [1]Der im vereinfachten Verfahren ermittelte Jahres-Primärenergiebedarf des Referenzgebäudes nach § 18 Absatz 1 in Verbindung mit der Anlage 2 ist um 10 Prozent zu reduzieren. [2]Der reduzierte Wert ist der Höchstwert des Jahres-Primärenergiebedarfs des zu errichtenden Gebäudes.

(8) § 20 Absatz 3 ist entsprechend anzuwenden.

§ 33 Andere Berechnungsverfahren

Werden in einem Gebäude bauliche oder anlagentechnische Komponenten eingesetzt, für deren energetische Bewertung weder anerkannte Regeln der Technik noch nach § 50 Absatz 4 Satz 2 bekannt gemachte gesicherte Erfahrungswerte vorliegen, so dürfen die energetischen Eigenschaften dieser Komponenten unter Verwendung derselben Randbedingungen wie in den Berechnungsverfahren und Maßgaben nach den §§ 20 bis 30 durch dynamisch-thermische Simulationsrechnungen ermittelt werden oder es sind hierfür andere Komponenten anzusetzen, die ähnliche energetische Eigenschaften besitzen und für deren energetische Bewertung anerkannte Regeln der Technik oder bekannt gemachte gesicherte Erfahrungswerte vorliegen.

Abschnitt 4: Nutzung von erneuerbaren Energien zur Wärme- und Kälteerzeugung bei einem zu errichtenden Gebäude

§ 34 Nutzung erneuerbarer Energien zur Deckung des Wärme- und Kälteenergiebedarfs[6]

(1) Der Wärme- und Kälteenergiebedarf im Sinne des § 10 Absatz 2 Nummer 3 ist nach den Vorschriften des § 20, des § 21 und der §§ 24 bis 29 zu ermitteln.

(2) [1]Die Maßnahmen nach den §§ 35 bis 45 können miteinander kombiniert werden. [2]Die prozentualen Anteile der tatsächlichen Nutzung der einzelnen Maßnahmen im Verhältnis der jeweils nach den §§ 35 bis 45 vorgesehenen Nutzung müssen in der Summe 100 Prozent Erfüllungsgrad ergeben.

---

[6] § 34 Abs. 1: Zur Anwendung vgl. § 52 Abs. 1 Satz 2

(3) Wenn mehrere zu errichtende Nichtwohngebäude, die sich im Eigentum der öffentlichen Hand befinden und von mindestens einer Behörde genutzt werden, in einer Liegenschaft stehen, kann die Anforderung nach § 10 Absatz 2 Nummer 3 auch dadurch erfüllt werden, dass der Wärme- und Kälteenergiebedarf dieser Gebäude insgesamt in einem Umfang gedeckt wird, der der Summe der einzelnen Maßgaben der §§ 35 bis 45 entspricht.

(4) § 31 bleibt unberührt.

§ 35 Nutzung solarthermischer Anlagen[7]

(1) Die Anforderung nach § 10 Absatz 2 Nummer 3 ist erfüllt, wenn durch die Nutzung von solarer Strahlungsenergie mittels solarthermischer Anlagen der Wärme- und Kälteenergiebedarf zu mindestens 15 Prozent gedeckt wird.

(2) Die Anforderung bezüglich des Mindestanteils nach Absatz 1 gilt als erfüllt, wenn

1. bei Wohngebäuden mit höchstens zwei Wohnungen solarthermische Anlagen mit einer Fläche von mindestens 0,04 Quadratmetern Aperturfläche je Quadratmeter Nutzfläche installiert und betrieben werden und
2. bei Wohngebäuden mit mehr als zwei Wohnungen solarthermische Anlagen mit einer Fläche von mindestens 0,03 Quadratmetern Aperturfläche je Quadratmeter Nutzfläche installiert und betrieben werden.

(3) [1]Wird eine solarthermische Anlage mit Flüssigkeiten als Wärmeträger genutzt, müssen die darin enthaltenen Kollektoren oder das System mit dem europäischen Prüfzeichen „Solar Keymark“ zertifiziert sein, solange und soweit die Verwendung einer CE-Kennzeichnung nach Maßgabe eines Durchführungsrechtsaktes auf der Grundlage der Richtlinie 2009/125/EG des Europäischen Parlaments und des Rates vom 21. Oktober 2009 zur Schaffung eines Rahmens für die Festlegung von Anforderungen an die umweltgerechte Gestaltung energieverbrauchsrelevanter Produkte (ABl. L 285 vom 31.10.2009, S. 10), die zuletzt durch die Richtlinie 2012/27/EU (ABl. L 315 vom 14.11.2012, S. 1) geändert worden ist, nicht zwingend vorgeschrieben ist. [2]Die Zertifizierung muss nach den anerkannten Regeln der Technik erfolgen.

§ 36 Nutzung von Strom aus erneuerbaren Energien

[1]Die Anforderung nach § 10 Absatz 2 Nummer 3 ist erfüllt, wenn durch die Nutzung von Strom aus erneuerbaren Energien nach Maßgabe des § 23 Absatz 1 der Wärme- und Kälteenergiebedarf zu mindestens 15 Prozent gedeckt wird. [2]Wird bei Wohngebäuden Strom aus solarer Strahlungsenergie genutzt, gilt die Anforderung bezüglich des Mindestanteils nach Satz 1 als erfüllt, wenn eine Anlage zur Erzeugung von Strom aus solarer Strahlungsenergie installiert und betrieben wird, deren Nennleistung in Kilowatt mindestens das 0,03fache der Gebäudenutzfläche geteilt durch die Anzahl der beheizten oder gekühlten Geschosse nach DIN V 18599 1: 2018-09 beträgt.

§ 37 Nutzung von Geothermie oder Umweltwärme[8]

Die Anforderung nach § 10 Absatz 2 Nummer 3 ist erfüllt, wenn durch die Nutzung von Geothermie, Umweltwärme oder Abwärme aus Abwasser, die mittels elektrisch oder mit fossilen Brennstoffen angetriebener Wärmepumpen technisch nutzbar gemacht wird, der Wärme- und Kälteenergiebedarf zu mindestens 50 Prozent aus den Anlagen zur Nutzung dieser Energien gedeckt wird.

§ 38 Nutzung von fester Biomasse[9]

(1) Die Anforderung nach § 10 Absatz 2 Nummer 3 ist erfüllt, wenn durch die Nutzung von fester Biomasse nach Maßgabe des Absatzes 2 der Wärme- und Kälteenergiebedarf zu mindestens 50 Prozent gedeckt wird.

(2) Wenn eine Feuerungsanlage im Sinne der Verordnung über kleine und mittlere Feuerungsanlagen vom 26. Januar 2010 (BGBl. I S. 38), die zuletzt durch Artikel 105 der Verordnung vom 19. Juni 2020 (BGBl. I S. 1328) geändert worden ist, in der jeweils geltenden Fassung betrieben wird, müssen folgende Voraussetzungen erfüllt sein:

1. die Biomasse muss genutzt werden in einem
   a) Biomassekessel oder
   b) automatisch beschickten Biomasseofen mit Wasser als Wärmeträger,
2. es darf ausschließlich Biomasse nach § 3 Absatz 1 Nummer 4, 5, 5a, 8 oder Nummer 13 der Verordnung über kleine und mittlere Feuerungsanlagen eingesetzt werden.

§ 39 Nutzung von flüssiger Biomasse[10]

(1) Die Anforderung nach § 10 Absatz 2 Nummer 3 ist erfüllt, wenn durch die Nutzung von flüssiger Biomasse nach Maßgabe der Absätze 2 und 3 der Wärme- und Kälteenergiebedarf zu mindestens 50 Prozent gedeckt wird.

(2) Die Nutzung muss in einer KWK-Anlage oder in einem Brennwertkessel erfolgen.

(3) [1]Unbeschadet des Absatzes 2 muss die zur Wärmeerzeugung eingesetzte Biomasse den Anforderungen an einen nachhaltigen Anbau und eine nachhaltige Herstellung, die die Biomassestrom-Nachhaltigkeitsverordnung vom 23. Juli 2009 (BGBl. I S.

---

[7] § 35: Zur Anwendung vgl. § 44 Abs. 2 Satz 2
§ 35 Abs. 2: Zur Anwendung vgl. § 52 Abs. 4 Nummer 1
§ 35 Abs. 3: Zur Anwendung vgl. § 53 Abs. 3 Satz 2

[8] § 37: Zur Anwendung vgl. § 44 Abs. 2 Satz 2

[9] § 38: Zur Anwendung vgl. § 44 Abs. 2 Satz 2
§ 38 Abs. 2: Zur Anwendung vgl. § 52 Abs. 4 Nummer 2

[10] § 39: Zur Anwendung vgl. § 44 Abs. 2 Satz 2
§ 39 Abs. 2 und 3: Zur Anwendung vgl. § 52 Abs. 4 Nummer 3

2174), die zuletzt durch Artikel 262 der Verordnung vom 19. Juni 2020 (BGBl. I S. 1328) geändert worden ist, in der jeweils geltenden Fassung stellt, genügen. ²§ 10 der Biomassestrom-Nachhaltigkeitsverordnung ist nicht anzuwenden.

§ 40 Nutzung von gasförmiger Biomasse[11]

(1) Die Anforderung nach § 10 Absatz 2 Nummer 3 ist erfüllt, wenn durch die Nutzung von gasförmiger Biomasse nach Maßgabe der Absätze 2 bis 4 der Wärme- und Kälteenergiebedarf mindestens zu dem Anteil nach Absatz 2 Satz 2 gedeckt wird.

(2) ¹Die Nutzung muss in einer hocheffizienten KWK-Anlage im Sinne des § 2 Nummer 8a des Kraft-Wärme- Kopplungsgesetzes oder in einem Brennwertkessel erfolgen. ²Der Wärme- und Kälteenergiebedarf muss

1. zu mindestens 30 Prozent gedeckt werden, wenn die Nutzung in einer KWK-Anlage nach Satz 1 erfolgt oder
2. zu mindestens 50 Prozent gedeckt werden, wenn die Nutzung in einem Brennwertkessel erfolgt.

(3) Wenn Biomethan genutzt wird, müssen unbeschadet des Absatzes 2 folgende Voraussetzungen erfüllt sein:

1. bei der Aufbereitung und Einspeisung des Biomethans müssen die Voraussetzungen nach Anlage 1 Nummer 1 Buchstabe a bis c des Erneuerbare-Energien-Gesetzes vom 25. Oktober 2008 (BGBl. I S. 2074) in der am 31. Juli 2014 geltenden Fassung erfüllt worden sein und
2. die Menge des entnommenen Biomethans im Wärmeäquivalent am Ende eines Kalenderjahres muss der Menge von Gas aus Biomasse entsprechen, das an anderer Stelle in das Gasnetz eingespeist worden ist, und es müssen Massenbilanzsysteme für den gesamten Transport und Vertrieb des Biomethans von seiner Herstellung über seine Einspeisung in das Erdgasnetz und seinen Transport im Erdgasnetz bis zu seiner Entnahme aus dem Erdgasnetz verwendet worden sein.

(4) Wenn biogenes Flüssiggas genutzt wird, muss die Menge des entnommenen Gases am Ende eines Kalenderjahres der Menge von Gas aus Biomasse entsprechen, das an anderer Stelle hergestellt worden ist, und müssen Massenbilanzsysteme für den gesamten Transport und Vertrieb des biogenen Flüssiggases von seiner Herstellung über seine Zwischenlagerung und seinen Transport bis zu seiner Einlagerung in den Verbrauchstank verwendet worden sein.

§ 41 Nutzung von Kälte aus erneuerbaren Energien[12]

(1) ¹Die Anforderung nach § 10 Absatz 2 Nummer 3 ist erfüllt, wenn durch die Nutzung von Kälte aus erneuerbaren Energien nach Maßgabe der Absätze 2 bis 4 der Wärme- und Kälteenergiebedarf mindestens in Höhe des Anteils nach Satz 2 gedeckt wird. ²Maßgeblicher Anteil ist der Anteil, der nach den §§ 35 bis 40 für diejenige erneuerbare Energie gilt, aus der die Kälte erzeugt wird. ³Wird die Kälte mittels einer thermischen Kälteerzeugungsanlage durch die direkte Zufuhr von Wärme erzeugt, ist der Anteil maßgebend, der auch im Fall einer reinen Wärmeerzeugung aus dem gleichen Energieträger gilt. ⁴Wird die Kälte unmittelbar durch Nutzung von Geothermie oder Umweltwärme bereitgestellt, so ist der auch bei Wärmeerzeugung aus diesem Energieträger geltende Anteil von 50 Prozent am Wärme- und Kälteenergiebedarf maßgebend.

(2) ¹Die Kälte muss technisch nutzbar gemacht werden

1. durch unmittelbare Kälteentnahme aus dem Erdboden oder aus Grund- oder Oberflächenwasser oder
2. durch thermische Kälteerzeugung mit Wärme aus erneuerbaren Energien im Sinne des § 3 Absatz 2 Nummer 1 bis 5.

(3) Die Kälte muss zur Deckung des Kältebedarfs für Raumkühlung nach § 3 Absatz 1 Nummer 31 Buchstabe b genutzt werden. ²Der Endenergieverbrauch für die Erzeugung der Kälte, für die Rückkühlung und für die Verteilung der Kälte muss nach der jeweils besten verfügbaren Technik gesenkt worden sein.

(4) Die für die Erfüllung der Anforderung nach Absatz 1 anrechenbare Kältemenge umfasst die für die Zwecke nach Absatz 3 Satz 1 nutzbar gemachte Kälte, nicht jedoch die zum Antrieb thermischer Kälteerzeugungsanlagen genutzte Wärme.

(5) Die technischen Anforderungen nach den §§ 35 bis 40 sind entsprechend anzuwenden, solange und soweit die Verwendung einer CE-Kennzeichnung nach Maßgabe eines Durchführungsrechtsaktes auf der Grundlage der Richtlinie 2009/125/EG nicht zwingend vorgeschrieben ist.

§ 42 Nutzung von Abwärme[13]

(1) Anstelle der anteiligen Deckung des Wärme- und Kälteenergiebedarfs durch die Nutzung erneuerbarer Energien kann die Anforderung nach § 10 Absatz 2 Nummer 3 auch dadurch erfüllt werden, dass durch die Nutzung von Abwärme nach Maßgabe der Absätze 2 und 3 der Wärme- und Kälteenergiebedarf direkt oder mittels Wärmepumpen zu mindestens 50 Prozent gedeckt wird.

(2) Sofern Kälte genutzt wird, die durch eine Anlage technisch nutzbar gemacht wird, der Abwärme unmittelbar zugeführt wird, ist § 41 Absatz 3 und 4 entsprechend anzuwenden.

(3) Sofern Abwärme durch eine andere Anlage genutzt wird, muss die Nutzung nach dem Stand der Technik erfolgen.

[11] § 40: Zur Anwendung vgl. § 44 Abs. 2 Satz 2
§ 40 Abs. 2 und 3: Zur Anwendung vgl. § 52 Abs. 3 Satz 3

[12] § 41 Abs. 3 und 4: Zur Anwendung vgl. § 43 Abs. 2 Satz 2
§ 41: Zur Anwendung vgl. § 44 Abs. 2 Satz 2
§ 41 Abs. 2 bis 5: Zur Anwendung vgl. § 52 Abs. 4 Nummer 4
§ 41 Abs. 1 Satz 3: Zur Anwendung vgl. § 53 Abs. 1 Satz 2

[13] § 42: Zur Anwendung vgl. § 44 Abs. 2 Satz 2

§ 43 Nutzung von Kraft-Wärme-Kopplung[14]

(1) Anstelle der anteiligen Deckung des Wärme- und Kälteenergiebedarfs durch die Nutzung erneuerbarer Energien kann die Anforderung nach § 10 Absatz 2 Nummer 3 auch dadurch erfüllt werden, dass

1. durch die Nutzung von Wärme aus einer hocheffizienten KWK-Anlage im Sinne des § 2 Nummer 8a des Kraft- Wärme-Kopplungsgesetzes der Wärme- und Kälteenergiebedarf zu mindestens 50 Prozent gedeckt wird oder
2. durch die Nutzung von Wärme aus einer Brennstoffzellenheizung der Wärme- und Kälteenergiebedarf zu mindestens 40 Prozent gedeckt wird.

(2) [1]Sofern Kälte genutzt wird, die durch eine Anlage technisch nutzbar gemacht wird, der unmittelbar Wärme aus einer KWK-Anlage zugeführt wird, muss die KWK-Anlage den Anforderungen des Absatzes 1 Nummer 1 genügen. [2]§ 41 Absatz 3 und 4 ist entsprechend anzuwenden.

§ 44 Fernwärme oder Fernkälte

(1) [1]Anstelle der anteiligen Deckung des Wärme- und Kälteenergiebedarfs durch die Nutzung erneuerbarer Energien kann die Anforderung nach § 10 Absatz 2 Nummer 3 auch dadurch erfüllt werden, dass durch den Bezug von Fernwärme oder Fernkälte nach Maßgabe von Absatz 2 der Wärme- und Kälteenergiebedarf mindestens in Höhe des Anteils nach den Sätzen 2 und 3 gedeckt wird. [2]Maßgeblicher Anteil ist der Anteil, der nach den §§ 35 bis 40 oder nach den §§ 42 und 43 für diejenige Energie anzuwenden ist, aus der die Fernwärme oder Fernkälte ganz oder teilweise stammt. [3]Bei der Berechnung nach Satz 1 wird nur die bezogene Menge der Fernwärme oder Fernkälte angerechnet, die rechnerisch aus erneuerbaren Energien, aus Anlagen zur Nutzung von Abwärme oder aus KWK-Anlagen stammt.

(2) [1]Die in dem Wärme- oder Kältenetz insgesamt verteilte Wärme oder Kälte muss stammen zu

1. einem wesentlichen Anteil aus erneuerbaren Energien,
2. mindestens 50 Prozent aus Anlagen zur Nutzung von Abwärme,
3. mindestens 50 Prozent aus KWK-Anlagen oder
4. mindestens 50 Prozent durch eine Kombination der in den Nummern 1 bis 3 genannten Maßnahmen.

[2]§ 35 und die §§ 37 bis 43 sind entsprechend anzuwenden.

§ 45 Maßnahmen zur Einsparung von Energie

Anstelle der anteiligen Deckung des Wärme- und Kälteenergiebedarfs durch die Nutzung erneuerbarer Energien kann die Anforderung nach § 10 Absatz 2 Nummer 3 auch dadurch erfüllt werden, dass bei einem Wohngebäude die Anforderungen nach § 16 sowie bei einem Nichtwohngebäude die Anforderungen nach § 19 um mindestens 15 Prozent unterschritten werden.

Teil 3: Bestehende Gebäude[15]

Abschnitt 1: Anforderungen an bestehende Gebäude

§ 46 Aufrechterhaltung der energetischen Qualität; entgegenstehende Rechtsvorschriften

(1) [1]Außenbauteile eines bestehenden Gebäudes dürfen nicht in einer Weise verändert werden, dass die energetische Qualität des Gebäudes verschlechtert wird. [2]Satz 1 ist nicht anzuwenden auf Änderungen von Außenbauteilen, wenn die Fläche der geänderten Bauteile nicht mehr als 10 Prozent der gesamten Fläche der jeweiligen Bauteilgruppe nach Anlage 7 betrifft.

(2) Die Anforderungen an ein bestehendes Gebäude nach diesem Teil sind nicht anzuwenden, soweit ihre Erfüllung anderen öffentlich-rechtlichen Vorschriften zur Standsicherheit, zum Brandschutz, zum Schallschutz, zum Arbeitsschutz oder zum Schutz der Gesundheit entgegensteht.

§ 47 Nachrüstung eines bestehenden Gebäudes

(1) [1]Eigentümer eines Wohngebäudes sowie Eigentümer eines Nichtwohngebäudes, die nach ihrer Zweckbestimmung jährlich mindestens vier Monate auf Innentemperaturen von mindestens 19 Grad Celsius beheizt werden, müssen dafür sorgen, dass oberste Geschossdecken, die nicht den Anforderungen an den Mindestwärmeschutz nach DIN 4108-2: 2013-02 genügen, so gedämmt sind, dass der Wärmedurchgangskoeffizient der obersten Geschossdecke 0,24 Watt pro Quadratmeter und Kelvin nicht überschreitet. [2]Die Pflicht nach Satz 1 gilt als erfüllt, wenn anstelle der obersten Geschossdecke das darüber liegende Dach entsprechend gedämmt ist oder den Anforderungen an den Mindestwärmeschutz nach DIN 4108-2: 2013-02 genügt.

(2) [1]Wird der Wärmeschutz nach Absatz 1 Satz 1 durch Dämmung in Deckenzwischenräumen ausgeführt und ist die Dämmschichtdicke im Rahmen dieser Maßnahmen aus technischen Gründen begrenzt, so gelten die Anforderungen als erfüllt, wenn die nach anerkannten Regeln der Technik höchstmögliche Dämmschichtdicke eingebaut wird, wobei ein Bemessungswert der Wärmeleitfähigkeit von 0,035 Watt pro Meter und Kelvin einzuhalten ist. [2]Abweichend von Satz 1 ist ein Bemessungswert der Wärmeleitfähigkeit von 0,045 Watt pro Meter und Kelvin einzuhalten, soweit Dämmmaterialien in Hohlräume eingeblasen oder Dämmmaterialien aus nachwachsenden Rohstoffen verwendet werden. [3]Wird der Wärmeschutz nach Absatz 1 Satz 2 als Zwischensparrendämmung ausgeführt und ist die Dämmschichtdicke wegen einer innenseitigen Bekleidung oder der Sparrenhöhe begrenzt, sind die Sätze 1 und 2 entsprechend anzuwenden.

(3) [1]Bei einem Wohngebäude mit nicht mehr als zwei Wohnungen, von denen der Eigentümer eine Wohnung am 1. Februar 2002 selbst bewohnt hat, ist die Pflicht nach Absatz 1 erst im Fall eines Eigentümerwechsels nach dem 1. Februar 2002 von dem

[14] § 43: Zur Anwendung vgl. § 44 Abs. 2 Satz 2

[15] Teil 3 (§§ 46 bis 56): Zur Nichtanwendung vgl. § 46 Abs. 2

neuen Eigentümer zu erfüllen. [2]Die Frist zur Pflichterfüllung beträgt zwei Jahre ab dem ersten Eigentumsübergang nach dem 1. Februar 2002.

(4) Die Absätze 1 bis 3 sind nicht anzuwenden, soweit die für eine Nachrüstung erforderlichen Aufwendungen durch die eintretenden Einsparungen nicht innerhalb angemessener Frist erwirtschaftet werden können.

§ 48 Anforderungen an ein bestehendes Gebäude bei Änderung

[1]Soweit bei beheizten oder gekühlten Räumen eines Gebäudes Außenbauteile im Sinne der Anlage 7 erneuert, ersetzt oder erstmalig eingebaut werden, sind diese Maßnahmen so auszuführen, dass die betroffenen Flächen des Außenbauteils die Wärmedurchgangskoeffizienten der Anlage 7 nicht überschreiten. [2]Ausgenommen sind Änderungen von Außenbauteilen, die nicht mehr als 10 Prozent der gesamten Fläche der jeweiligen Bauteilgruppe des Gebäudes betreffen. [3]Nimmt der Eigentümer eines Wohngebäudes mit nicht mehr als zwei Wohnungen Änderungen im Sinne der Sätze 1 und 2 an dem Gebäude vor und werden unter Anwendung des § 50 Absatz 1 und 2 für das gesamte Gebäude Berechnungen nach § 50 Absatz 3 durchgeführt, hat der Eigentümer vor Beauftragung der Planungsleistungen ein informatorisches Beratungsgespräch mit einer nach § 88 zur Ausstellung von Energieausweisen berechtigten Person zu führen, wenn ein solches Beratungsgespräch als einzelne Leistung unentgeltlich angeboten wird. [4]Wer geschäftsmäßig an oder in einem Gebäude Arbeiten im Sinne des Satzes 3 für den Eigentümer durchführen will, hat bei Abgabe eines Angebots auf die Pflicht zur Führung eines Beratungsgesprächs schriftlich hinzuweisen.

§ 49 Berechnung des Wärmedurchgangskoeffizienten

(1) [1]Der Wärmedurchgangskoeffizient eines Bauteils nach § 48 wird unter Berücksichtigung der neuen und der vorhandenen Bauteilschichten berechnet. [2]Für die Berechnung sind folgende Verfahren anzuwenden:

1. DIN V 18599-2: 2018-09 Abschnitt 6.1.4.3 für die Berechnung der an Erdreich grenzenden Bauteile,
2. DIN 4108-4: 2017-03 in Verbindung mit DIN EN ISO 6946: 2008-04 für die Berechnung opaker Bauteile und
3. DIN 4108-4: 2017-03 für die Berechnung transparenter Bauteile sowie von Vorhangfassaden.

(2) [1]Werden bei Maßnahmen nach § 48 Gefälledächer durch die keilförmige Anordnung einer Dämmschicht aufgebaut, so ist der Wärmedurchgangskoeffizient nach Anhang C der DIN EN ISO 6946: 2008-04 in Verbindung mit DIN 4108-4: 2017-03 zu ermitteln. [2]Dabei muss der Bemessungswert des Wärmedurchgangswiderstandes am tiefsten Punkt der neuen Dämmschicht den Mindestwärmeschutz nach § 11 erfüllen.

§ 50 Energetische Bewertung eines bestehenden Gebäudes

(1) [1]Die Anforderungen des § 48 gelten als erfüllt, wenn

1. das geänderte Wohngebäude insgesamt
   a) den Jahres-Primärenergiebedarf für Heizung, Warmwasserbereitung, Lüftung und Kühlung den auf die Gebäudenutzfläche bezogenen Wert des Jahres-Primärenergiebedarfs eines Referenzgebäudes, das die gleiche Geometrie, Gebäudenutzfläche und Ausrichtung wie das geänderte Gebäude aufweist und der technischen Referenzausführung der Anlage 1 entspricht, um nicht mehr als 40 Prozent überschreitet und
   b) den Höchstwert des spezifischen, auf die wärmeübertragende Umfassungsfläche bezogenen Transmissionswärmeverlusts nach Absatz 2 um nicht mehr als 40 Prozent überschreitet,
2. das geänderte Nichtwohngebäude insgesamt
   a) den Jahres-Primärenergiebedarf für Heizung, Warmwasserbereitung, Lüftung, Kühlung und eingebaute Beleuchtung den auf die Nettogrundfläche bezogenen Wert des Jahres-Primärenergiebedarfs eines Referenzgebäudes, das die gleiche Geometrie, Nettogrundfläche, Ausrichtung und Nutzung, einschließlich der Anordnung der Nutzungseinheiten, wie das geänderte Gebäude aufweist und der technischen Referenzausführung der Anlage 2 entspricht, um nicht mehr als 40 Prozent überschreitet und
   b) das auf eine Nachkommastelle gerundete 1,25fache der Höchstwerte der mittleren Wärmedurchgangskoeffizienten der wärmeübertragenden Umfassungsfläche gemäß der Anlage 3 um nicht mehr als 40 Prozent überschreitet.

[2]§ 18 Absatz 1 Satz 2 ist entsprechend anzuwenden.

(2) Der Höchstwert nach Absatz 1 Satz 1 Nummer 1 Buchstabe b beträgt

1. bei einem freistehenden Wohngebäude mit einer Gebäudenutzfläche von bis zu 350 Quadratmetern 0,40 Watt pro Quadratmeter und Kelvin,
2. bei einem freistehenden Wohngebäude mit einer Gebäudenutzfläche von mehr als 350 Quadratmetern 0,50 Watt pro Quadratmeter und Kelvin,
3. bei einem einseitig angebauten Wohngebäude 0,45 Watt pro Quadratmeter und Kelvin oder
4. bei allen anderen Wohngebäuden 0,65 Watt pro Quadratmeter und Kelvin.

(3) In den Fällen des Absatzes 1 sind die Berechnungsverfahren nach § 20 Absatz 1 oder Absatz 2 oder nach § 21 Absatz 1 und 2 unter Beachtung der Maßgaben nach § 20 Absatz 3 bis 6, der §§ 22 bis 30 und der §§ 32 und 33 sowie nach Maßgabe von Absatz 4 entsprechend anzuwenden.

(4) [1]Fehlen Angaben zu geometrischen Abmessungen eines Gebäudes, können diese durch vereinfachtes Aufmaß ermittelt werden. [2]Liegen energetische Kennwerte für bestehende Bauteile und Anlagenkomponenten nicht vor, können gesicherte Erfahrungswerte für Bauteile und Anlagenkomponenten vergleichbarer Altersklassen verwendet werden. [3]In den Fällen der Sätze 1 und 2 können anerkannte Regeln der Technik verwendet werden. [4]Die Einhaltung solcher Regeln wird vermutet, soweit Verein-

fachungen für die Datenaufnahme und die Ermittlung der energetischen Eigenschaften sowie gesicherte Erfahrungswerte verwendet werden, die vom Bundesministerium für Wirtschaft und Energie und vom Bundesministerium des Innern, für Bau und Heimat gemeinsam im Bundesanzeiger bekannt gemacht worden sind.

(5) Absatz 4 kann auch in den Fällen des § 48 sowie des § 51 angewendet werden.

§ 51 Anforderungen an ein bestehendes Gebäude bei Erweiterung und Ausbau

(1) Bei der Erweiterung und dem Ausbau eines Gebäudes um beheizte oder gekühlte Räume darf

1. bei Wohngebäuden der spezifische, auf die wärmeübertragende Umfassungsfläche bezogene Transmissionswärmeverlust der Außenbauteile der neu hinzukommenden beheizten oder gekühlten Räume das 1,2fache des entsprechenden Wertes des Referenzgebäudes gemäß der Anlage 1 nicht überschreiten oder
2. bei Nichtwohngebäuden die mittleren Wärmedurchgangskoeffizienten der wärmeübertragenden Umfassungsfläche der Außenbauteile der neu hinzukommenden beheizten oder gekühlten Räume das auf eine Nachkommastelle gerundete 1,25fache der Höchstwerte gemäß der Anlage 3 nicht überschreiten.

(2) Ist die hinzukommende zusammenhängende Nutzfläche größer als 50 Quadratmeter, sind außerdem die Anforderungen an den sommerlichen Wärmeschutz nach § 14 einzuhalten.

Abschnitt 2: Nutzung erneuerbarer Energien zur Wärmeerzeugung bei bestehenden öffentlichen Gebäuden

§ 52 Pflicht zur Nutzung von erneuerbaren Energien bei einem bestehenden öffentlichen Gebäude[16]

(1) [1]Wenn die öffentliche Hand ein bestehendes Nichtwohngebäude, das sich in ihrem Eigentum befindet und von mindestens einer Behörde genutzt wird, gemäß Absatz 2 grundlegend renoviert, muss sie den Wärme- und Kälteenergiebedarf dieses Gebäudes durch die anteilige Nutzung von erneuerbaren Energien nach Maßgabe der Absätze 3 und 4 decken. [2]Auf die Berechnung des Wärme- und Kälteenergiebedarfs ist § 34 Absatz 1 entsprechend anzuwenden.

(2) Eine grundlegende Renovierung ist jede Maßnahme, durch die an einem Gebäude in einem zeitlichen Zusammenhang von nicht mehr als zwei Jahren

1. ein Heizkessel ausgetauscht oder die Heizungsanlage auf einen fossilen Energieträger oder auf einen anderen fossilen Energieträger als den bisher eingesetzten umgestellt wird und
2. mehr als 20 Prozent der Oberfläche der Gebäudehülle renoviert werden.

(3) [1]Bei der Nutzung von gasförmiger Biomasse wird die Pflicht nach Absatz 1 dadurch erfüllt, dass der Wärme- und Kälteenergiebedarf zu mindestens 25 Prozent durch gasförmige Biomasse gedeckt wird. [2]Die Nutzung von gasförmiger Biomasse muss in einem Heizkessel, der der besten verfügbaren Technik entspricht, oder in einer KWK-Anlage erfolgen. [3]Im Übrigen ist § 40 Absatz 2 und 3 entsprechend anzuwenden.

(4) Bei Nutzung sonstiger erneuerbarer Energien wird die Pflicht nach Absatz 1 dadurch erfüllt, dass der Wärme- und Kälteenergiebedarf zu mindestens 15 Prozent durch erneuerbare Energien nach folgenden Maßgaben gedeckt wird:

1. bei der Nutzung von solarer Strahlungsenergie durch solarthermische Anlagen ist § 35 Absatz 2 entsprechend anzuwenden,
2. bei der Nutzung von fester Biomasse ist § 38 Absatz 2 entsprechend anzuwenden,
3. bei der Nutzung von flüssiger Biomasse ist § 39 Absatz 2 und 3 entsprechend anzuwenden,
4. bei der Nutzung von Kälte aus erneuerbaren Energien ist § 41 Absatz 2 bis 5 entsprechend anzuwenden.

(5) Wenn mehrere bestehende Nichtwohngebäude, die sich im Eigentum der öffentlichen Hand befinden und von mindestens einer Behörde genutzt werden, in einer Liegenschaft stehen, kann die Pflicht nach Absatz 1 auch dadurch erfüllt werden, dass der Wärme- und Kälteenergiebedarf dieser Gebäude insgesamt in einem Umfang gedeckt wird, der der Summe der einzelnen Maßgaben der Absätze 3 und 4 entspricht.

§ 53 Ersatzmaßnahmen

(1) [1]Die Pflicht nach § 52 Absatz 1 kann auch dadurch erfüllt werden, dass

1. der Wärme- und Kälteenergiebedarf des renovierten Gebäudes zu mindestens 50 Prozent gedeckt wird aus
   a) einer Anlage zur Nutzung von Abwärme nach Maßgabe von § 42 Absatz 2 und 3 oder
   b) einer KWK-Anlage nach Maßgabe von § 43,
2. Maßnahmen zur Einsparung von Energie nach Maßgabe von Absatz 2 getroffen werden oder
3. Fernwärme oder Fernkälte nach Maßgabe von § 44 bezogen wird.

[2]§ 41 Absatz 1 Satz 3 und § 52 Absatz 5 sind entsprechend anzuwenden.

(2) [1]Bei Maßnahmen zur Einsparung von Energie muss das auf eine Nachkommastelle gerundete 1,25fache der Höchstwerte der mittleren Wärmedurchgangskoeffizienten der wärmeübertragenden Umfassungsfläche nach Anlage 3 um mindestens 10 Prozent unterschritten werden. [2]Satz 1 gilt auch dann als erfüllt, wenn das Gebäude nach der grundlegenden Renovierung insgesamt den Jahres-Primärenergiebedarf des Referenzgebäudes nach Anlage 2 und das auf eine Nachkommastelle gerundete 1,25fache der Höchstwerte der mittleren Wärmedurchgangskoeffizienten der wärmeübertragenden Umfassungsfläche nach Anlage 3 einhält.

(3) [1]Die Pflicht nach § 52 Absatz 1 kann auch dadurch erfüllt werden, dass auf dem Dach des öffentlichen Gebäudes solarthermische Anlagen mit einer Fläche von mindestens 0,06 Quadratmetern Brutto-Kollektorfläche je Quadratmeter Nettogrundfläche von dem Eigentümer oder einem Dritten installiert und betrieben werden, wenn die mit diesen Anlagen erzeugte Wärme oder

[16] § 52 Abs. 5: Zur Anwendung vgl. § 53 Abs. 1 Satz 2

Kälte Dritten zur Deckung des Wärme- und Kälteenergiebedarfs von Gebäuden zur Verfügung gestellt wird und von diesen Dritten nicht zur Erfüllung der Anforderung nach § 10 Absatz 2 Nummer 3 genutzt wird. [2]§ 35 Absatz 3 ist entsprechend anzuwenden.

§ 54 Kombination

[1]Zur Erfüllung der Pflicht nach § 52 Absatz 1 können die Maßnahmen nach § 52 Absatz 3 und 4 und die Ersatzmaßnahmen nach § 53 untereinander und miteinander kombiniert werden. [2]Die prozentualen Anteile der einzelnen Maßnahmen an der nach § 52 Absatz 3 und 4 sowie nach § 53 vorgesehenen Nutzung müssen in der Summe mindestens 100 ergeben.

§ 55 Ausnahmen

(1) [1]Die Pflicht nach § 52 Absatz 1 besteht nicht, soweit ihre Erfüllung im Einzelfall wegen besonderer Umstände durch einen unangemessenen Aufwand oder in sonstiger Weise zu einer unbilligen Härte führt. [2]Dies ist insbesondere der Fall, wenn jede Maßnahme, mit der die Pflicht nach § 52 Absatz 1 erfüllt werden kann, mit Mehrkosten verbunden ist und diese Mehrkosten auch unter Berücksichtigung der Vorbildfunktion nicht unerheblich sind. [3]Bei der Berechnung sind alle Kosten und Einsparungen zu berücksichtigen, auch solche, die innerhalb der noch zu erwartenden Nutzungsdauer der Anlagen oder Gebäudeteile zu erwarten sind.

(2) Die Pflicht nach § 52 Absatz 1 besteht ferner nicht bei einem Gebäude im Eigentum einer Gemeinde oder eines Gemeindeverbandes, wenn

1. die Gemeinde oder der Gemeindeverband zum Zeitpunkt des Beginns der grundlegenden Renovierung überschuldet ist oder durch die Erfüllung der Pflicht nach § 52 Absatz 1 und die Durchführung von Ersatzmaßnahmen nach § 53 überschuldet würde,
2. jede Maßnahme, mit der die Pflicht nach § 52 Absatz 1 erfüllt werden kann, mit Mehrkosten verbunden ist, die auch unter Berücksichtigung der Vorbildfunktion nicht unerheblich sind; im Übrigen ist Absatz 1 Satz 2 und 3 entsprechend anzuwenden, und
3. die Gemeinde oder der Gemeindeverband durch Beschluss das Vorliegen der Voraussetzungen nach Nummer 2 feststellt; die jeweiligen Regelungen zur Beschlussfassung bleiben unberührt.

(3) Die Pflicht nach § 52 Absatz 1 besteht nicht für ein Gebäude, das der Landesverteidigung dient, soweit ihre Erfüllung der Art und dem Hauptzweck der Landesverteidigung entgegensteht.

§ 56 Abweichungsbefugnis

Die Länder können

1. für bestehende öffentliche Gebäude, mit Ausnahme der öffentlichen Gebäude des Bundes, eigene Regelungen zur Erfüllung der Vorbildfunktion nach § 4 treffen und zu diesem Zweck von den Vorschriften dieses Abschnitts abweichen und
2. für bestehende Gebäude, die keine öffentlichen Gebäude sind, eine Pflicht zur Nutzung von erneuerbaren Energien festlegen.

Teil 4: Anlagen der Heizungs-, Kühl- und Raumlufttechnik sowie der Warmwasserversorgung

Abschnitt 1: Aufrechterhaltung der energetischen Qualität bestehender Anlagen

Unterabschnitt 1: Veränderungsverbot

§ 57 Verbot von Veränderungen; entgegenstehende Rechtsvorschriften

(1) Eine Anlage und Einrichtung der Heizungs-, Kühl- oder Raumlufttechnik oder der Warmwasserversorgung darf, soweit sie zum Nachweis der Anforderungen energieeinsparrechtlicher Vorschriften des Bundes zu berücksichtigen war, nicht in einer Weise verändert werden, dass die energetische Qualität des Gebäudes verschlechtert wird.

(2) Die Anforderungen an Anlagen und Einrichtungen nach diesem Teil sind nicht anzuwenden, soweit ihre Erfüllung anderen öffentlich-rechtlichen Vorschriften zur Standsicherheit, zum Brandschutz, zum Schallschutz, zum Arbeitsschutz oder zum Schutz der Gesundheit entgegensteht.

Unterabschnitt 2: Betreiberpflichten

§ 58 Betriebsbereitschaft

(1) Energiebedarfssenkende Einrichtungen in Anlagen und Einrichtungen der Heizungs-, Kühl- und Raumlufttechnik sowie der Warmwasserversorgung sind vom Betreiber betriebsbereit zu erhalten und bestimmungsgemäß zu nutzen.

(2) Der Betreiber kann seine Pflicht nach Absatz 1 auch dadurch erfüllen, dass er andere anlagentechnische oder bauliche Maßnahmen trifft, die den Einfluss einer energiebedarfssenkenden Einrichtung auf den Jahres- Primärenergiebedarf ausgleicht.

§ 59 Sachgerechte Bedienung

Eine Anlage und Einrichtung der Heizungs-, Kühl- oder Raumlufttechnik oder der Warmwasserversorgung ist vom Betreiber sachgerecht zu bedienen.

§ 60 Wartung und Instandhaltung

(1) Komponenten, die einen wesentlichen Einfluss auf den Wirkungsgrad von Anlagen und Einrichtungen der Heizungs-, Kühl- und Raumlufttechnik sowie der Warmwasserversorgung haben, sind vom Betreiber regelmäßig zu warten und instand zu halten.

(2) [1]Für die Wartung und Instandhaltung ist Fachkunde erforderlich. [2]Fachkundig ist, wer die zur Wartung und Instandhaltung notwendigen Fachkenntnisse und Fertigkeiten besitzt. [3]Die Handwerksordnung bleibt unberührt.

Abschnitt 2: Einbau und Ersatz

Unterabschnitt 1: Verteilungseinrichtungen und Warmwasseranlagen

§ 61 Verringerung und Abschaltung der Wärmezufuhr sowie Ein- und Ausschaltung elektrischer Antriebe

(1) [1]Wird eine Zentralheizung in ein Gebäude eingebaut, hat der Bauherr oder der Eigentümer dafür Sorge zu tragen, dass die Zentralheizung mit zentralen selbsttätig wirkenden Einrichtungen zur Verringerung und Abschaltung der Wärmezufuhr sowie zur Ein- und Ausschaltung elektrischer Antriebe ausgestattet ist. [2]Die Regelung der Wärmezufuhr sowie der elektrischen Antriebe im Sinne von Satz 1 erfolgt in Abhängigkeit von

1. der Außentemperatur oder einer anderen geeigneten Führungsgröße und
2. der Zeit.

(2) Soweit die in Absatz 1 Satz 1 geforderte Ausstattung bei einer Zentralheizung in einem bestehenden Gebäude nicht vorhanden ist, muss der Eigentümer sie bis zum 30. September 2021 nachrüsten.

(3) Wird in einem Wohngebäude, das mehr als fünf Wohnungen hat, eine Zentralheizung eingebaut, die jede einzelne Wohnung mittels Wärmeübertrager im Durchlaufprinzip mit Wärme für die Beheizung und die Warmwasserbereitung aus dem zentralen System versorgt, kann jede einzelne Wohnung mit den Einrichtungen nach Absatz 1 ausgestattet werden.

§ 62 Wasserheizung, die ohne Wärmeübertrager an eine Nah- oder Fernwärmeversorgung angeschlossen ist

Bei einer Wasserheizung, die ohne Wärmeübertrager an eine Nah- oder Fernwärmeversorgung angeschlossen ist, kann die Pflicht nach § 61 hinsichtlich der Verringerung und Abschaltung der Wärmezufuhr auch ohne entsprechende Einrichtung in der Haus- und Kundenanlage dadurch erfüllt werden, dass die Vorlauftemperatur des Nah- oder Fernwärmenetzes in Abhängigkeit von der Außentemperatur und der Zeit durch eine entsprechende Einrichtung in der zentralen Erzeugungsanlage geregelt wird.

§ 63 Raumweise Regelung der Raumtemperatur

(1) [1]Wird eine heizungstechnische Anlage mit Wasser als Wärmeträger in ein Gebäude eingebaut, hat der Bauherr oder der Eigentümer dafür Sorge zu tragen, dass die heizungstechnische Anlage mit einer selbsttätig wirkenden Einrichtung zur raumweisen Regelung der Raumtemperatur ausgestattet ist. [2]Satz 1 ist nicht anzuwenden auf

1. eine Fußbodenheizung in Räumen mit weniger als sechs Quadratmetern Nutzfläche oder
2. ein Einzelheizgerät, das zum Betrieb mit festen oder flüssigen Brennstoffen eingerichtet ist.

(2) Mit Ausnahme von Wohngebäuden ist für Gruppen von Räumen gleicher Art und Nutzung eine Gruppenregelung zulässig.

(3) [1]Soweit die in Absatz 1 Satz 1 geforderte Ausstattung bei einem bestehenden Gebäude nicht vorhanden ist, muss der Eigentümer sie nachrüsten. [2]Absatz 1 Satz 2 und Absatz 2 sind entsprechend anzuwenden.

(4) Eine Fußbodenheizung, die vor dem 1. Februar 2002 eingebaut worden ist, darf abweichend von Absatz 1 Satz 1 mit einer Einrichtung zur raumweisen Anpassung der Wärmeleistung an die Heizlast ausgestattet werden.

§ 64 Umwälzpumpe, Zirkulationspumpe

(1) Eine Umwälzpumpe, die im Heizkreis einer Zentralheizung mit mehr als 25 Kilowatt Nennleistung eingebaut wird, ist so auszustatten, dass die elektrische Leistungsaufnahme dem betriebsbedingten Förderbedarf selbsttätig in mindestens drei Stufen angepasst wird, soweit die Betriebssicherheit des Heizkessels dem nicht entgegensteht.

(2) [1]Eine Zirkulationspumpe muss beim Einbau in eine Warmwasseranlage mit einer selbsttätig wirkenden Einrichtung zur Ein- und Ausschaltung ausgestattet werden. [2]Die Trinkwasserverordnung bleibt unberührt.

Unterabschnitt 2: Klimaanlagen und sonstige Anlagen der Raumlufttechnik

§ 65 Begrenzung der elektrischen Leistung

[1]Beim Einbau einer Klimaanlage, die eine Nennleistung für den Kältebedarf von mehr als 12 Kilowatt hat, und einer raumlufttechnischen Anlage mit Zu- und Abluftfunktion, die für einen Volumenstrom der Zuluft von wenigstens 4 000 Kubikmetern je Stunde ausgelegt ist, in ein Gebäude sowie bei der Erneuerung von einem Zentralgerät oder Luftkanalsystem einer solchen Anlage muss diese Anlage so ausgeführt werden, dass bei Auslegungsvolumenstrom der Grenzwert für die spezifische Ventilatorleistung nach DIN EN 16798-3: 2017-11 Kategorie 4 nicht überschritten wird von

1. der auf das Fördervolumen bezogenen elektrischen Leistung der Einzelventilatoren oder
2. dem gewichteten Mittelwert der auf das jeweilige Fördervolumen bezogenen elektrischen Leistung aller Zu- und Abluftventilatoren.

[2]Der Grenzwert für die spezifische Ventilatorleistung der Kategorie 4 kann um Zuschläge nach DIN EN 16798: 2017- 11 Abschnitt 9.5.2.2 für Gas- und Schwebstofffilter- sowie Wärmerückführungsbauteile der Klasse H2 nach DIN EN 13053: 2012-02 erweitert werden.

§ 66 Regelung der Be- und Entfeuchtung

(1) Soweit eine Anlage nach § 65 Satz 1 dazu bestimmt ist, die Feuchte der Raumluft unmittelbar zu verändern, muss diese Anlage beim Einbau in ein Gebäude und bei Erneuerung des Zentralgerätes einer solcher Anlage mit einer selbsttätig wirkenden

Regelungseinrichtung ausgestattet werden, bei der getrennte Sollwerte für die Be- und die Entfeuchtung eingestellt werden können und als Führungsgröße mindestens die direkt gemessene Zu- oder Abluftfeuchte dient.

(2) [1]Sind solche Einrichtungen in einer bestehenden Anlage nach § 65 Satz 1 nicht vorhanden, muss der Betreiber sie innerhalb von sechs Monaten nach Ablauf der Frist des § 76 Absatz 1 Satz 2 nachrüsten. [2]Für sonstige raumlufttechnische Anlagen ist Satz 1 entsprechend anzuwenden.

§ 67 Regelung der Volumenströme

(1) Beim Einbau einer Anlage nach § 65 Satz 1 in Gebäude und bei der Erneuerung eines Zentralgerätes oder eines Luftkanalsystems einer solcher Anlage muss diese Anlage mit einer Einrichtung zur selbsttätigen Regelung der Volumenströme in Abhängigkeit von den thermischen und stofflichen Lasten oder zur Einstellung der Volumenströme in Abhängigkeit von der Zeit ausgestattet werden, wenn der Zuluftvolumenstrom dieser Anlage höher ist als

1. neun Kubikmeter pro Stunde je Quadratmeter versorgter Nettogrundfläche des Nichtwohngebäudes oder
2. neun Kubikmeter pro Stunde je Quadratmeter versorgter Gebäudenutzfläche des Wohngebäudes.

(2) Absatz 1 ist nicht anzuwenden, soweit in den versorgten Räumen auf Grund des Arbeits- und Gesundheitsschutzes erhöhte Zuluftvolumenströme erforderlich oder Laständerungen weder messtechnisch noch hinsichtlich des zeitlichen Verlaufs erfassbar sind.

§ 68 Wärmerückgewinnung

[1]Wird eine Anlage nach § 65 Satz 1 in Gebäude eingebaut oder ein Zentralgerät einer solchen Anlage erneuert, muss diese mit einer Einrichtung zur Wärmerückgewinnung ausgestattet sein, es sei denn, die rückgewonnene Wärme kann nicht genutzt werden oder das Zu- und das Abluftsystem sind räumlich vollständig getrennt. [2]Die Einrichtung zur Wärmerückgewinnung muss mindestens der DIN EN 13053: 2007-11 Klassifizierung H3 entsprechen. [3]Für die Betriebsstundenzahl sind die Nutzungsrandbedingungen nach DIN V 18599-10: 2018-09 und für den Luftvolumenstrom der Außenluftvolumenstrom maßgebend.

Unterabschnitt 3: Wärmedämmung von Rohrleitungen und Armaturen

§ 69 Wärmeverteilungs- und Warmwasserleitungen sowie Armaturen

Werden Wärmeverteilungs- und Warmwasserleitungen sowie Armaturen erstmalig in ein Gebäude eingebaut oder werden sie ersetzt, hat der Bauherr oder der Eigentümer dafür Sorge zu tragen, dass die Wärmeabgabe der Rohrleitungen und Armaturen nach Anlage 8 begrenzt wird.

§ 70 Kälteverteilungs- und Kaltwasserleitungen sowie Armaturen

Werden Kälteverteilungs- und Kaltwasserleitungen sowie Armaturen, die zu Klimaanlagen oder sonstigen Anlagen der Raumlufttechnik im Sinne des § 65 Satz 1 gehören, erstmalig in ein Gebäude eingebaut oder werden sie ersetzt, hat der Bauherr oder der Eigentümer dafür Sorge zu tragen, dass die Wärmeaufnahme der eingebauten oder ersetzten Kälteverteilungs- und Kaltwasserleitungen sowie Armaturen nach Anlage 8 begrenzt wird.

Unterabschnitt 4: Nachrüstung bei heizungstechnischen Anlagen; Betriebsverbot für Heizkessel

§ 71 Dämmung von Wärmeverteilungs- und Warmwasserleitungen

(1) Der Eigentümer eines Gebäudes hat dafür Sorge zu tragen, dass bei heizungstechnischen Anlagen bisher ungedämmte, zugängliche Wärmeverteilungs- und Warmwasserleitungen, die sich nicht in beheizten Räumen befinden, die Wärmeabgabe der Rohrleitungen nach Anlage 8 begrenzt wird.

(2) Absatz 1 ist nicht anzuwenden, soweit die für eine Nachrüstung erforderlichen Aufwendungen durch die eintretenden Einsparungen nicht innerhalb angemessener Frist erwirtschaftet werden können.

§ 72 Betriebsverbot für Heizkessel, Ölheizungen

(1) Eigentümer von Gebäuden dürfen ihre Heizkessel, die mit einem flüssigen oder gasförmigen Brennstoff beschickt werden und vor dem 1. Januar 1991 eingebaut oder aufgestellt worden sind, nicht mehr betreiben.

(2) Eigentümer von Gebäuden dürfen ihre Heizkessel, die mit einem flüssigen oder gasförmigen Brennstoff beschickt werden und ab dem 1. Januar 1991 eingebaut oder aufgestellt worden sind, nach Ablauf von 30 Jahren nach Einbau oder Aufstellung nicht mehr betreiben.

(3) Die Absätze 1 und 2 sind nicht anzuwenden auf

1. Niedertemperatur-Heizkessel und Brennwertkessel sowie
2. heizungstechnische Anlagen, deren Nennleistung weniger als 4 Kilowatt oder mehr als 400 Kilowatt beträgt.

(4) [1]Ab dem 1. Januar 2026 dürfen Heizkessel, die mit Heizöl oder mit festem fossilem Brennstoff beschickt werden, zum Zwecke der Inbetriebnahme in ein Gebäude nur eingebaut oder in einem Gebäude nur aufgestellt werden, wenn

1. ein Gebäude so errichtet worden ist oder errichtet wird, dass der Wärme- und Kälteenergiebedarf nach § 10 Absatz 2 Nummer 3 anteilig durch erneuerbare Energien nach Maßgabe der §§ 34 bis 41 und nicht durch Maßnahmen nach den §§ 42 bis 45 gedeckt wird,
2. ein bestehendes öffentliches Gebäude nach § 52 Absatz 1 so geändert worden ist oder geändert wird, dass der Wärme- und Kälteenergiebedarf anteilig durch erneuerbare Energien nach Maßgabe von § 52 Absatz 3 und 4 gedeckt wird und die Pflicht nach § 52 Absatz 1 nicht durch eine Ersatzmaßnahme nach § 53 erfüllt worden ist oder erfüllt wird,

3. ein bestehendes Gebäude so errichtet oder geändert worden ist oder geändert wird, dass der Wärme- und Kälteenergiebedarf anteilig durch erneuerbare Energien gedeckt wird, oder
4. bei einem bestehenden Gebäude kein Anschluss an ein Gasversorgungsnetz oder an ein Fernwärmeverteilungsnetz hergestellt werden kann, weil kein Gasversorgungsnetz der allgemeinen Versorgung oder kein Verteilungsnetz eines Fernwärmeversorgungsunternehmens am Grundstück anliegt und eine anteilige Deckung des Wärme- und Kälteenergiebedarfs durch erneuerbare Energien technisch nicht möglich ist oder zu einer unbilligen Härte führt.

[2]Die Pflichten nach § 10 Absatz 2 Nummer 3 und nach § 52 Absatz 1 bleiben unberührt.

(5) Absatz 4 Satz 1 ist nicht anzuwenden, wenn die Außerbetriebnahme einer mit Heizöl oder mit festem fossilem Brennstoff betriebenen Heizung und der Einbau einer neuen nicht mit Heizöl oder mit festem fossilem Brennstoff betriebenen Heizung im Einzelfall wegen besonderer Umstände durch einen unangemessenen Aufwand oder in sonstiger Weise zu einer unbilligen Härte führen.

§ 73 Ausnahme

(1) Bei einem Wohngebäude mit nicht mehr als zwei Wohnungen, von denen der Eigentümer eine Wohnung am 1. Februar 2002 selbst bewohnt hat, sind die Pflichten nach § 71 und § 72 Absatz 1 und 2 erst im Falle eines Eigentümerwechsels nach dem 1. Februar 2002 von dem neuen Eigentümer zu erfüllen.

(2) Die Frist zur Pflichterfüllung beträgt zwei Jahre ab dem ersten Eigentumsübergang nach dem 1. Februar 2002.

Abschnitt 3: Energetische Inspektion von Klimaanlagen

§ 74 Betreiberpflicht

(1) Der Betreiber von einer in ein Gebäude eingebauten Klimaanlage mit einer Nennleistung für den Kältebedarf von mehr als 12 Kilowatt oder einer kombinierten Klima- und Lüftungsanlage mit einer Nennleistung für den Kältebedarf von mehr als 12 Kilowatt hat innerhalb der in § 76 genannten Zeiträume energetische Inspektionen dieser Anlage durch eine berechtigte Person im Sinne des § 77 Absatz 1 durchführen zu lassen.

(2) [1]Der Betreiber kann die Pflicht nach Absatz 1 Satz 1 durch eine stichprobenweise Inspektion nach Maßgabe von § 75 Absatz 4 erfüllen, wenn er mehr als zehn Klimaanlagen mit einer Nennleistung für den Kältebedarf von mehr als 12 Kilowatt und bis zu 70 Kilowatt oder mehr als zehn kombinierte Klima- und Lüftungsanlagen mit einer Nennleistung für den Kältebedarf von mehr als 12 Kilowatt und bis zu 70 Kilowatt betreibt, die in vergleichbare Nichtwohngebäude eingebaut und nach Anlagentyp und Leistung gleichartig sind. [2]Ein Nichtwohngebäude ist vergleichbar, wenn es nach demselben Plan errichtet wird, der für mehrere Nichtwohngebäude an verschiedenen Standorten erstellt wurde. [3]Nach Anlagentyp und Leistung gleichartige Klimaanlagen oder kombinierte Klima- und Lüftungsanlagen sind Anlagen gleicher Bauart, gleicher Funktion und gleicher Kühlleistung je Quadratmeter Nettogrundfläche.

(3) [1]Die Pflicht nach Absatz 1 besteht nicht, wenn eine Klimaanlage oder eine kombinierte Klima- und Lüftungsanlage in ein Nichtwohngebäude eingebaut ist, das mit einem System für die Gebäudeautomation und Gebäuderegelung nach Maßgabe von Satz 2 ausgestattet ist. [2]Das System muss in der Lage sein,

1. den Energieverbrauch des Gebäudes kontinuierlich zu überwachen, zu protokollieren, zu analysieren und dessen Anpassung zu ermöglichen,
2. einen Vergleichsmaßstab in Bezug auf die Energieeffizienz des Gebäudes aufzustellen, Effizienzverluste der vorhandenen gebäudetechnischen Systeme zu erkennen und die für die gebäudetechnischen Einrichtungen oder die gebäudetechnische Verwaltung zuständige Person zu informieren und
3. die Kommunikation zwischen den vorhandenen, miteinander verbundenen gebäudetechnischen Systemen und anderen gebäudetechnischen Anwendungen innerhalb des Gebäudes zu ermöglichen und gemeinsam mit verschiedenen Typen gebäudetechnischer Systeme betrieben zu werden.

(4) Die Pflicht nach Absatz 1 besteht nicht, wenn eine Klimaanlage oder eine kombinierte Klima- und Lüftungsanlage in ein Wohngebäude eingebaut ist, das ausgestattet ist mit

1. einer kontinuierlichen elektronischen Überwachungsfunktion, die die Effizienz der vorhandenen gebäudetechnischen Systeme misst und den Eigentümer oder Verwalter des Gebäudes darüber informiert, wenn sich die Effizienz erheblich verschlechtert hat und eine Wartung der vorhandenen gebäudetechnischen Systeme erforderlich ist, und
2. einer wirksamen Regelungsfunktion zur Gewährleistung einer optimalen Erzeugung, Verteilung, Speicherung oder Nutzung von Energie.

§ 75 Durchführung und Umfang der Inspektion

(1) Die Inspektion einer Klimaanlage oder einer kombinierten Klima- und Lüftungsanlage umfasst Maßnahmen zur Prüfung der Komponenten, die den Wirkungsgrad der Anlage beeinflussen, und der Anlagendimensionierung im Verhältnis zum Kühlbedarf des Gebäudes.

(2) Die Inspektion bezieht sich insbesondere auf

1. die Überprüfung und Bewertung der Einflüsse, die für die Auslegung der Anlage verantwortlich sind, insbesondere Veränderungen der Raumnutzung und -belegung, der Nutzungszeiten, der inneren Wärmequellen sowie der relevanten bauphysikalischen Eigenschaften des Gebäudes und der vom Betreiber geforderten Sollwerte hinsichtlich Luftmengen, Temperatur, Feuchte, Betriebszeit sowie Toleranzen, und
2. die Feststellung der Effizienz der wesentlichen Komponenten.

(3) Die Inspektion einer Klimaanlage mit einer Nennleistung für den Kältebedarf von mehr als 70 Kilowatt oder einer kombinierten Klima- und Lüftungsanlage mit einer Nennleistung für den Kältebedarf von mehr als 70 Kilowatt ist nach DIN SPEC 15240: 2019-03 durchzuführen.

(4) In den Fällen des § 74 Absatz 2 ist bei einem Betrieb von bis zu 200 Klimaanlagen jede zehnte Anlage und bei einem Betrieb von mehr als 200 Klimaanlagen jede 20. Anlage einer Inspektion nach Maßgabe der Absätze 1 bis 3 zu unterziehen.

§ 76 Zeitpunkt der Inspektion

(1) [1]Die Inspektion ist erstmals im zehnten Jahr nach der Inbetriebnahme oder der Erneuerung wesentlicher Bauteile wie Wärmeübertrager, Ventilator oder Kältemaschine durchzuführen. [2]Abweichend von Satz 1 ist eine Klimaanlage oder eine kombinierte Klima- und Lüftungsanlage, die am 1. Oktober 2018 mehr als zehn Jahre alt war und noch keiner Inspektion unterzogen wurde, spätestens bis zum 31. Dezember 2022 erstmals einer Inspektion zu unterziehen.

(2) [1]Nach der erstmaligen Inspektion ist die Anlage wiederkehrend spätestens alle zehn Jahre einer Inspektion zu unterziehen. [2]Wenn an der Klimaanlage oder der kombinierten Klima- und Lüftungsanlage nach der erstmaligen Inspektion oder nach einer wiederkehrenden Inspektion keine Änderungen vorgenommen wurden oder in Bezug auf den Kühlbedarf des Gebäudes keine Änderungen eingetreten sind, muss die Prüfung der Anlagendimensionierung nicht wiederholt werden.

§ 77 Fachkunde des Inspektionspersonals[17]

(1) Eine Inspektion darf nur von einer fachkundigen Person durchgeführt werden.

(2) Fachkundig ist insbesondere

1. eine Person mit einem berufsqualifizierenden Hochschulabschluss in einer der Fachrichtungen Versorgungstechnik oder Technische Gebäudeausrüstung mit mindestens einem Jahr Berufserfahrung in Planung, Bau, Betrieb oder Prüfung raumlufttechnischer Anlagen,
2. eine Person mit einem berufsqualifizierenden Hochschulabschluss in einer der Fachrichtungen Maschinenbau, Elektrotechnik, Verfahrenstechnik oder Bauingenieurwesen oder einer anderen technischen Fachrichtung mit einem Ausbildungsschwerpunkt bei der Versorgungstechnik oder der Technischen Gebäudeausrüstung mit mindestens drei Jahren Berufserfahrung in Planung, Bau, Betrieb oder Prüfung raumlufttechnischer Anlagen,
3. eine Person, die für ein zulassungspflichtiges anlagentechnisches Gewerbe die Voraussetzungen zur Eintragung in die Handwerksrolle erfüllt,
4. eine Person, die für ein zulassungsfreies Handwerk in einem der Bereiche nach Nummer 3 einen Meistertitel erworben hat,
5. eine Person, die auf Grund ihrer Ausbildung berechtigt ist, ein zulassungspflichtiges Handwerk in einem der Bereiche nach Nummer 3 ohne Meistertitel selbständig auszuüben,
6. eine Person, die staatlich anerkannter oder geprüfter Techniker ist, dessen Ausbildungsschwerpunkt auch die Beurteilung von Lüftungs- und Klimaanlagen umfasst.

(3) Eine gleichwertige Aus- oder Fortbildung, die in einem anderen Mitgliedstaat der Europäischen Union, einem anderen Vertragsstaat des Abkommens über den Europäischen Wirtschaftsraum oder der Schweiz erworben worden ist und durch einen entsprechenden Nachweis belegt werden kann, ist den in Absatz 2 genannten Aus- und Fortbildungen gleichgestellt.

§ 78 Inspektionsbericht; Registriernummern

(1) Die inspizierende Person hat einen Inspektionsbericht mit den Ergebnissen der Inspektion und Ratschlägen in Form von kurz gefassten fachlichen Hinweisen für Maßnahmen zur kosteneffizienten Verbesserung der energetischen Eigenschaften der Anlage, für deren Austausch oder für Alternativlösungen zu erstellen.

(2) [1]Die inspizierende Person hat den Inspektionsbericht unter Angabe ihres Namens, ihrer Anschrift und Berufsbezeichnung sowie des Datums der Inspektion und des Ausstellungsdatums eigenhändig zu unterschreiben oder mit einem Faksimile der Unterschrift zu versehen. [2]Der Inspektionsbericht ist dem Betreiber zu übergeben.

(3) Vor Übergabe des Inspektionsberichts an den Betreiber hat die inspizierende Person die nach § 98 Absatz 2 zugeteilte Registriernummer einzutragen.

(4) Zur Sicherstellung des Vollzugs der Inspektionspflicht nach § 74 Absatz 1 hat der Betreiber den Inspektionsbericht der nach Landesrecht zuständigen Behörde auf Verlangen vorzulegen.

Teil 5: Energieausweise[18]

§ 79 Grundsätze des Energieausweises[19]

(1) [1]Energieausweise dienen ausschließlich der Information über die energetischen Eigenschaften eines Gebäudes und sollen einen überschlägigen Vergleich von Gebäuden ermöglichen. [2]Ein Energieausweis ist als Energiebedarfsausweis oder als Energieverbrauchsausweis nach Maßgabe der §§ 80 bis 86 auszustellen. [3]Es ist zulässig, sowohl den Energiebedarf als auch den Energieverbrauch anzugeben.

(2) [1]Ein Energieausweis wird für ein Gebäude ausgestellt. [2]Er ist für Teile von einem Gebäude auszustellen, wenn die Gebäudeteile nach § 106 getrennt zu behandeln sind.

---

[17] § 77 Abs. 3: Zur Anwendung vgl. § 88 Abs. 4

[18] Teil 5: Zur Nichtanwendung vgl. § 79 Abs. 4 Satz 1

[19] § 79 Abs. 4 Satz 1 Kursivdruck: Gliederungseinheit "Abschnitt" in Teil 5 nicht vorhanden.

(3) [1]Ein Energieausweis ist für eine Gültigkeitsdauer von zehn Jahren auszustellen. [2]Unabhängig davon verliert er seine Gültigkeit, wenn nach § 80 Absatz 2 ein neuer Energieausweis erforderlich wird.

(4) [1]Auf ein kleines Gebäude sind die Vorschriften dieses *Abschnitts* nicht anzuwenden. [2]Auf ein Baudenkmal ist § 80 Absatz 3 bis 7 nicht anzuwenden.

§ 80 Ausstellung und Verwendung von Energieausweisen[20]

(1) [1]Wird ein Gebäude errichtet, ist ein Energiebedarfsausweis unter Zugrundelegung der energetischen Eigenschaften des fertiggestellten Gebäudes auszustellen. [2]Der Eigentümer hat sicherzustellen, dass der Energieausweis unverzüglich nach Fertigstellung des Gebäudes ausgestellt und ihm der Energieausweis oder eine Kopie hiervon übergeben wird. [3]Die Sätze 1 und 2 sind für den Bauherren entsprechend anzuwenden, wenn der Eigentümer nicht zugleich Bauherr des Gebäudes ist. [4]Der Eigentümer hat den Energieausweis der nach Landesrecht zuständigen Behörde auf Verlangen vorzulegen.

(2) [1]Werden bei einem bestehenden Gebäude Änderungen im Sinne des § 48 ausgeführt, ist ein Energiebedarfsausweis unter Zugrundelegung der energetischen Eigenschaften des geänderten Gebäudes auszustellen, wenn unter Anwendung des § 50 Absatz 1 und 2 für das gesamte Gebäude Berechnungen nach § 50 Absatz 3 durchgeführt werden. [2]Absatz 1 Satz 2 bis 4 ist entsprechend anzuwenden.

(3) [1]Soll ein mit einem Gebäude bebautes Grundstück oder Wohnungs- oder Teileigentum verkauft, ein Erbbaurecht an einem bebauten Grundstück begründet oder übertragen oder ein Gebäude, eine Wohnung oder eine sonstige selbständige Nutzungseinheit vermietet, verpachtet oder verleast werden, ist ein Energieausweis auszustellen, wenn nicht bereits ein gültiger Energieausweis für das Gebäude vorliegt. [2]In den Fällen des Satzes 1 ist für Wohngebäude, die weniger als fünf Wohnungen haben und für die der Bauantrag vor dem 1. November 1977 gestellt worden ist, ein Energiebedarfsausweis auszustellen. [3]Satz 2 ist nicht anzuwenden, wenn das Wohngebäude

1. schon bei der Baufertigstellung das Anforderungsniveau der Wärmeschutzverordnung vom 11. August 1977 (BGBl. I S. 1554) erfüllt hat oder
2. durch spätere Änderungen mindestens auf das in Nummer 1 bezeichnete Anforderungsniveau gebracht worden ist.

[4]Bei der Ermittlung der energetischen Eigenschaften des Wohngebäudes nach Satz 3 können die Bestimmungen über die vereinfachte Datenerhebung nach § 50 Absatz 4 angewendet werden.

(4) [1]Im Falle eines Verkaufs oder der Bestellung eines Rechts im Sinne des Absatzes 3 Satz 1 hat der Verkäufer oder der Immobilienmakler dem potenziellen Käufer spätestens bei der Besichtigung einen Energieausweis oder eine Kopie hiervon vorzulegen. [2]Die Vorlagepflicht wird auch durch einen deutlich sichtbaren Aushang oder ein deutlich sichtbares Auslegen während der Besichtigung erfüllt. [3]Findet keine Besichtigung statt, haben der Verkäufer oder der Immobilienmakler den Energieausweis oder eine Kopie hiervon dem potenziellen Käufer unverzüglich vorzulegen. [4]Der Energieausweis oder eine Kopie hiervon ist spätestens dann unverzüglich vorzulegen, wenn der potenzielle Käufer zur Vorlage auffordert. [5]Unverzüglich nach Abschluss des Kaufvertrages hat der Verkäufer oder der Immobilienmakler dem Käufer den Energieausweis oder eine Kopie hiervon zu übergeben. [6]Im Falle des Verkaufs eines Wohngebäudes mit nicht mehr als zwei Wohnungen hat der Käufer nach Übergabe des Energieausweises ein informatorisches Beratungsgespräch zum Energieausweis mit einer nach § 88 zur Ausstellung von Energieausweisen berechtigten Person zu führen, wenn ein solches Beratungsgespräch als einzelne Leistung unentgeltlich angeboten wird.

(5) Im Falle einer Vermietung, Verpachtung oder eines Leasings im Sinne des Absatzes 3 Satz 1 ist für den Vermieter, den Verpächter, den Leasinggeber oder den Immobilienmakler Absatz 4 Satz 1 bis 5 entsprechend anzuwenden.

(6) [1]Der Eigentümer eines Gebäudes, in dem sich mehr als 250 Quadratmeter Nutzfläche mit starkem Publikumsverkehr befinden, der auf behördlicher Nutzung beruht, hat sicherzustellen, dass für das Gebäude ein Energieausweis ausgestellt wird. [2]Der Eigentümer hat den nach Satz 1 ausgestellten Energieausweis an einer für die Öffentlichkeit gut sichtbaren Stelle auszuhängen. [3]Wird die in Satz 1 genannte Nutzfläche nicht oder nicht überwiegend vom Eigentümer selbst genutzt, so trifft die Pflicht zum Aushang des Energieausweises den Nutzer. [4]Der Eigentümer hat ihm zu diesem Zweck den Energieausweis oder eine Kopie hiervon zu übergeben. [5]Zur Erfüllung der Pflicht nach Satz 2 ist es ausreichend, von einem Energieausweis nur einen Auszug nach dem Muster gemäß § 85 Absatz 8 auszuhängen.

(7) [1]Der Eigentümer eines Gebäudes, in dem sich mehr als 500 Quadratmeter Nutzfläche mit starkem Publikumsverkehr befinden, der nicht auf behördlicher Nutzung beruht, hat einen Energieausweis an einer für die Öffentlichkeit gut sichtbaren Stelle auszuhängen, sobald für das Gebäude ein Energieausweis vorliegt. [2]Absatz 6 Satz 3 bis 5 ist entsprechend anzuwenden.

§ 81 Energiebedarfsausweis

(1) [1]Wird ein Energieausweis für ein zu errichtendes Gebäude auf der Grundlage des berechneten Energiebedarfs ausgestellt, sind die Ergebnisse der nach den §§ 15 und 16 oder nach den §§ 18 und 19 erforderlichen Berechnungen zugrunde zu legen. [2]In den Fällen des § 31 Absatz 1 sind die Kennwerte zu verwenden, die in den Bekanntmachungen nach § 31 Absatz 2 der jeweils zutreffenden Ausstattungsvariante zugewiesen sind.

(2) Wird ein Energieausweis für ein bestehendes Gebäude auf der Grundlage des berechneten Energiebedarfs ausgestellt, ist auf die erforderlichen Berechnungen § 50 Absatz 3 und 4 entsprechend anzuwenden.

[20] § 80 Abs. 3 bis 7: Zur Nichtanwendung vgl. § 79 Abs. 4 Satz 2

§ 82 Energieverbrauchsausweis

(1) [1]Wird ein Energieausweis auf der Grundlage des erfassten Endenergieverbrauchs ausgestellt, sind der witterungsbereinigte Endenergie- und Primärenergieverbrauch nach Maßgabe der Absätze 2 bis 5 zu berechnen. [2]Die Bestimmungen des § 50 Absatz 4 über die vereinfachte Datenerhebung sind entsprechend anzuwenden.

(2) [1]Bei einem Wohngebäude ist der Endenergieverbrauch für Heizung und Warmwasserbereitung zu ermitteln und in Kilowattstunden pro Jahr und Quadratmeter Gebäudenutzfläche anzugeben. [2]Ist im Fall dezentraler Warmwasserbereitung in einem Wohngebäude der hierauf entfallende Verbrauch nicht bekannt, ist der Endenergieverbrauch um eine Pauschale von 20 Kilowattstunden pro Jahr und Quadratmeter Gebäudenutzfläche zu erhöhen. [3]Im Fall der Kühlung von Raumluft in einem Wohngebäude ist der für Heizung und Warmwasser ermittelte Endenergieverbrauch um eine Pauschale von 6 Kilowattstunden pro Jahr und Quadratmeter gekühlter Gebäudenutzfläche zu erhöhen. [4]Ist die Gebäudenutzfläche nicht bekannt, kann sie bei Wohngebäuden mit bis zu zwei Wohneinheiten mit beheiztem Keller pauschal mit dem 1,35fachen Wert der Wohnfläche, bei sonstigen Wohngebäuden mit dem 1,2fachen Wert der Wohnfläche angesetzt werden. [5]Bei Nichtwohngebäuden ist der Endenergieverbrauch für Heizung, Warmwasserbereitung, Kühlung, Lüftung und eingebaute Beleuchtung zu ermitteln und in Kilowattstunden pro Jahr und Quadratmeter Nettogrundfläche anzugeben.

(3) [1]Der Endenergieverbrauch für die Heizung ist einer Witterungsbereinigung zu unterziehen. [2]Der Primärenergieverbrauch wird auf der Grundlage des Endenergieverbrauchs und der Primärenergiefaktoren nach § 22 errechnet.

(4) [1]Zur Ermittlung des Energieverbrauchs sind die folgenden Verbrauchsdaten zu verwenden:

1. Verbrauchsdaten aus Abrechnungen von Heizkosten nach der Verordnung über Heizkostenabrechnung in der Fassung der Bekanntmachung vom 5. Oktober 2009 (BGBl. I S. 3250) für das gesamte Gebäude,
2. andere geeignete Verbrauchsdaten, insbesondere Abrechnungen von Energielieferanten oder sachgerecht durchgeführte Verbrauchsmessungen, oder
3. eine Kombination von Verbrauchsdaten nach den Nummern 1 und 2.

[2]Den zu verwendenden Verbrauchsdaten sind mindestens die Abrechnungen aus einem zusammenhängenden Zeitraum von 36 Monaten zugrunde zu legen, der die jüngste Abrechnungsperiode einschließt, deren Ende nicht mehr als 18 Monate zurückliegen darf. [3]Bei der Ermittlung nach Satz 2 sind längere Leerstände rechnerisch angemessen zu berücksichtigen. [4]Der maßgebliche Energieverbrauch ist der durchschnittliche Verbrauch in dem zugrunde gelegten Zeitraum.

(5) [1]Für die Witterungsbereinigung des Endenergieverbrauchs und die angemessene rechnerische Berücksichtigung längerer Leerstände sowie die Berechnung des Primärenergieverbrauchs auf der Grundlage des ermittelten Endenergieverbrauchs ist ein den anerkannten Regeln der Technik entsprechendes Verfahren anzuwenden. [2]Die Einhaltung der anerkannten Regeln der Technik wird vermutet, soweit bei der Ermittlung des Energieverbrauchs Vereinfachungen verwendet werden, die vom Bundesministerium für Wirtschaft und Energie und vom Bundesministerium des Innern, für Bau und Heimat im Bundesanzeiger gemeinsam bekannt gemacht worden sind.

§ 83 Ermittlung und Bereitstellung von Daten

(1) [1]Der Aussteller ermittelt die Daten, die in den Fällen des § 80 Absatz 3 Satz 3 benötigt werden, sowie die Daten, die nach § 81 Absatz 1 und 2 in Verbindung mit den §§ 20 bis 33 und § 50 oder nach § 82 Absatz 1, 2 Satz 1 oder Satz 5 und Absatz 4 Satz 1 Grundlage für die Ausstellung des Energieausweises sind, selbst oder verwendet die entsprechenden vom Eigentümer des Gebäudes bereitgestellten Daten. [2]Der Aussteller hat dafür Sorge zu tragen, dass die von ihm ermittelten Daten richtig sind.

(2) [1]Wird ein Energiebedarfsausweis ausgestellt und stellt der Aussteller keine eigenen Berechnungen, die nach den §§ 15 und 16, nach den §§ 18 und 19 oder nach § 50 Absatz 3 erforderlich sind, an, hat er die Berechnungen einzusehen oder sich vom Eigentümer zur Verfügung stellen zu lassen. [2]Wird ein Energieverbrauchsausweis ausgestellt und stellt der Aussteller keine eigenen Berechnungen nach § 82 Absatz 1 an, hat er die Berechnungen einzusehen oder sich vom Eigentümer zur Verfügung stellen zu lassen.

(3) [1]Stellt der Eigentümer des Gebäudes die Daten bereit, hat er dafür Sorge zu tragen, dass die Daten richtig sind. [2]Der Aussteller muss die vom Eigentümer bereitgestellten Daten sorgfältig prüfen und darf die Daten seinen Berechnungen nicht zugrunde legen, wenn Zweifel an deren Richtigkeit bestehen.

§ 84 Empfehlungen für die Verbesserung der Energieeffizienz

(1) [1]Der Aussteller hat ein bestehendes Gebäude, für das er einen Energieausweis erstellt, vor Ort zu begehen oder sich für eine Beurteilung der energetischen Eigenschaften geeignete Bildaufnahmen des Gebäudes zur Verfügung stellen zu lassen und im Energieausweis Empfehlungen für Maßnahmen zur kosteneffizienten Verbesserung der energetischen Eigenschaften des Gebäudes (Energieeffizienz) in Form von kurz gefassten fachlichen Hinweisen zu geben (Modernisierungsempfehlungen), es sei denn, die fachliche Beurteilung hat ergeben, dass solche Maßnahmen nicht möglich sind. [2]Die Modernisierungsempfehlungen beziehen sich auf Maßnahmen am gesamten Gebäude, an einzelnen Außenbauteilen sowie an Anlagen und Einrichtungen im Sinne dieses Gesetzes.

(2) [1]Die Bestimmungen des § 50 Absatz 4 über die vereinfachte Datenerhebung sind entsprechend anzuwenden. [2]Sind Modernisierungsempfehlungen nicht möglich, hat der Aussteller dies im Energieausweis zu vermerken.

§ 85 Angaben im Energieausweis

(1) Ein Energieausweis muss mindestens folgende Angaben zur Ausweisart und zum Gebäude enthalten:

1. Fassung dieses Gesetzes, auf deren Grundlage der Energieausweis erstellt wird,

2. Energiebedarfsausweis im Sinne des § 81 oder Energieverbrauchsausweis im Sinne des § 82 mit Hinweisen zu den Aussagen der jeweiligen Ausweisart über die energetische Qualität des Gebäudes,
3. Ablaufdatum des Energieausweises,
4. Registriernummer,
5. Anschrift des Gebäudes,
6. Art des Gebäudes: Wohngebäude oder Nichtwohngebäude,
7. bei einem Wohngebäude: Gebäudetyp,
8. bei einem Nichtwohngebäude: Hauptnutzung oder Gebäudekategorie,
9. im Falle des § 79 Absatz 2 Satz 2: Gebäudeteil,
10. Baujahr des Gebäudes,
11. Baujahr des Wärmeerzeugers; bei einer Fern- oder Nahwärmeversorgung: Baujahr der Übergabestation,
12. bei einem Wohngebäude: Anzahl der Wohnungen und Gebäudenutzfläche; bei Ermittlung der Gebäudenutzfläche aus der Wohnfläche gemäß § 82 Absatz 2 Satz 4 ist darauf hinzuweisen,
13. bei einem Nichtwohngebäude: Nettogrundfläche,
14. wesentliche Energieträger für Heizung und Warmwasser,
15. bei Neubauten: Art der genutzten erneuerbaren Energie, deren Anteil an der Deckung des Wärme- und Kälteenergiebedarfs sowie der Anteil zur Pflichterfüllung; alternativ: Maßnahmen nach den §§ 42, 43, 44 oder 45,
16. Art der Lüftung und, falls vorhanden, Art der Kühlung,
17. inspektionspflichtige Klimaanlagen oder kombinierte Lüftungs- und Klimaanlage im Sinne des § 74 und Fälligkeitsdatum der nächsten Inspektion,
18. der Anlass der Ausstellung des Energieausweises,
19. Durchführung der Datenerhebung durch Eigentümer oder Aussteller,
20. Name, Anschrift und Berufsbezeichnung des Ausstellers, Ausstellungsdatum und Unterschrift des Ausstellers.

(2) Ein Energiebedarfsausweis im Sinne des § 81 muss zusätzlich zu den Angaben nach Absatz 1 mindestens folgende Angaben enthalten:

1. bei Neubau eines Wohn- oder Nichtwohngebäudes: Ergebnisse der nach § 81 Absatz 1 Satz 1 erforderlichen Berechnungen, einschließlich der Anforderungswerte, oder im Fall des § 81 Absatz 1 Satz 2 die in der Bekanntmachung nach § 31 Absatz 2 genannten Kennwerte und nach Maßgabe von Absatz 6 die sich aus dem Jahres-Primärenergiebedarf ergebenden Treibhausgasemissionen, ausgewiesen als äquivalente Kohlendioxidemissionen, in Kilogramm pro Jahr und Quadratmeter der Gebäudenutzfläche bei Wohngebäuden oder der Nettogrundfläche bei Nichtwohngebäuden,
2. in den Fällen des § 80 Absatz 2 bei bestehenden Wohn- oder Nichtwohngebäuden: Ergebnisse der nach § 81 Absatz 2 erforderlichen Berechnungen, einschließlich der Anforderungswerte, und nach Maßgabe von Absatz 6 die sich aus dem Jahres-Primärenergiebedarf ergebenden Treibhausgasemissionen, ausgewiesen als äquivalente Kohlendioxidemissionen, in Kilogramm pro Jahr und Quadratmeter der Gebäudenutzfläche bei Wohngebäuden oder der Nettogrundfläche bei Nichtwohngebäuden,
3. bei Neubau eines Wohn- oder Nichtwohngebäudes: Einhaltung des sommerlichen Wärmeschutzes,
4. das für die Energiebedarfsrechnung verwendete Verfahren:
   a) Verfahren nach den §§ 20, 21,
   b) Modellgebäudeverfahren nach § 31,
   c) Verfahren nach § 32 oder
   d) Vereinfachungen nach § 50 Absatz 4,
5. bei einem Wohngebäude: der Endenergiebedarf für Wärme,
6. bei einem Wohngebäude: Vergleichswerte für Endenergie,
7. bei einem Nichtwohngebäude: der Endenergiebedarf für Wärme und der Endenergiebedarf für Strom,
8. bei einem Nichtwohngebäude: Gebäudezonen mit jeweiliger Nettogrundfläche und deren Anteil an der gesamten Nettogrundfläche,
9. bei einem Nichtwohngebäude: Aufteilung des jährlichen Endenergiebedarfs auf Heizung, Warmwasser, eingebaute Beleuchtung, Lüftung, Kühlung einschließlich Befeuchtung.

(3) Ein Energieverbrauchsausweis im Sinne des § 82 muss zusätzlich zu den Angaben nach Absatz 1 mindestens folgende Angaben enthalten:

1. bei einem Wohngebäude: Endenergie- und Primärenergieverbrauch des Gebäudes für Heizung und Warmwasser entsprechend den Berechnungen nach § 82 Absatz 1, 2 Satz 1 und Absatz 3 in Kilowattstunden pro Jahr und Quadratmeter Gebäudenutzfläche und nach Maßgabe von Absatz 6 die sich aus dem Primärenergieverbrauch ergebenden Treibhausgasemissionen, ausgewiesen als äquivalente Kohlendioxidemissionen, in Kilogramm pro Jahr und Quadratmeter Gebäudenutzfläche,
2. bei einem Nichtwohngebäude: Endenergieverbrauch des Gebäudes für Wärme und Endenergieverbrauch für den zur Heizung, Warmwasserbereitung, Kühlung und zur Lüftung und für die eingebaute Beleuchtung eingesetzten Strom sowie Primärenergieverbrauch entsprechend den Berechnungen nach § 82 Absatz 1, 2 Satz 5 und Absatz 3 in Kilowattstunden pro Jahr und Quadratmeter Nettogrundfläche und nach Maßgabe von Absatz 6 die sich aus dem Primärenergieverbrauch ergebenden Treibhausgasemissionen, ausgewiesen als äquivalente Kohlendioxidemissionen, in Kilogramm pro Jahr und Quadratmeter Nettogrundfläche des Gebäudes,

3. Daten zur Verbrauchserfassung, einschließlich Angaben zu Leerständen,
4. bei einem Nichtwohngebäude: Gebäudenutzung,
5. bei einem Wohngebäude: Vergleichswerte für Endenergie,
6. bei einem Nichtwohngebäude: Vergleichswerte für den Energieverbrauch, die jeweils vom Bundesministerium für Wirtschaft und Energie gemeinsam mit dem Bundesministerium des Innern, für Bau und Heimat im Bundesanzeiger bekannt gemacht worden sind.

(4) Modernisierungsempfehlungen nach § 84 sind Bestandteil der Energieausweise.

(5) Ein Energieausweis ist vom Aussteller unter Angabe seines Namens, seiner Anschrift und Berufsbezeichnung sowie des Ausstellungsdatums eigenhändig oder durch Nachbildung der Unterschrift zu unterschreiben.

(6) Zur Ermittlung der Treibhausgasemissionen für die nach Absatz 2 Nummer 1 und 2 sowie nach Absatz 3 Nummer 1 und 2 zu machenden Angaben sind die Berechnungsregelungen und Emissionsfaktoren der Anlage 9 anzuwenden.

(7) Vor Übergabe des neu ausgestellten Energieausweises an den Eigentümer hat der Aussteller die nach § 98 Absatz 2 zugeteilte Registriernummer einzutragen.

(8) Das Bundesministerium für Wirtschaft und Energie erstellt gemeinsam mit dem Bundesministerium des Innern, für Bau und Heimat Muster zu den Energiebedarfs- und den Energieverbrauchsausweisen, nach denen Energieausweise auszustellen sind, sowie Muster für den Aushang von Energieausweisen nach § 80 Absatz 6 und 7 und macht diese im Bundesanzeiger bekannt.

§ 86 Energieeffizienzklasse eines Wohngebäudes

(1) Im Energieausweis ist die Energieeffizienzklasse des Wohngebäudes entsprechend der Einteilung nach Absatz 2 in Verbindung mit Anlage 10 anzugeben.

(2) Die Energieeffizienzklassen gemäß Anlage 10 ergeben sich unmittelbar aus dem Endenergieverbrauch oder Endenergiebedarf.

§ 87 Pflichtangaben in einer Immobilienanzeige

(1) Wird vor dem Verkauf, der Vermietung, der Verpachtung oder dem Leasing eines Gebäudes, einer Wohnung oder einer sonstigen selbständigen Nutzungseinheit eine Immobilienanzeige in kommerziellen Medien aufgegeben und liegt zu diesem Zeitpunkt ein Energieausweis vor, so hat der Verkäufer, der Vermieter, der Verpächter, der Leasinggeber oder der Immobilienmakler, wenn eine dieser Personen die Veröffentlichung der Immobilienanzeige verantwortet, sicherzustellen, dass die Immobilienanzeige folgende Pflichtangaben enthält:
1. die Art des Energieausweises: Energiebedarfsausweis im Sinne von § 81 oder Energieverbrauchsausweis im Sinne von § 82,
2. den im Energieausweis genannten Wert des Endenergiebedarfs oder des Endenergieverbrauchs für das Gebäude,
3. die im Energieausweis genannten wesentlichen Energieträger für die Heizung des Gebäudes,
4. bei einem Wohngebäude das im Energieausweis genannte Baujahr und
5. bei einem Wohngebäude die im Energieausweis genannte Energieeffizienzklasse.

(2) Bei einem Nichtwohngebäude ist bei einem Energiebedarfsausweis und bei einem Energieverbrauchsausweis als Pflichtangabe nach Absatz 1 Nummer 2 der Endenergiebedarf oder Endenergieverbrauch sowohl für Wärme als auch für Strom jeweils getrennt aufzuführen.

(3) Bei Energieausweisen, die nach dem 30. September 2007 und vor dem 1. Mai 2014 ausgestellt worden sind, und bei Energieausweisen nach § 112 Absatz 2 sind die Pflichten der Absätze 1 und 2 nach Maßgabe des § 112 Absatz 3 und 4 zu erfüllen.

§ 88 Ausstellungsberechtigung für Energieausweise

(1) Zur Ausstellung eines Energieausweises ist nur eine Person berechtigt,
1. die nach bauordnungsrechtlichen Vorschriften der Länder zur Unterzeichnung von bautechnischen Nachweisen des Wärmeschutzes oder der Energieeinsparung bei der Errichtung von Gebäuden berechtigt ist, im Rahmen der jeweiligen Nachweisberechtigung,
2. die eine der in Absatz 2 genannten Voraussetzungen erfüllt und einen berufsqualifizierenden Hochschulabschluss erworben hat
   a) in einer der Fachrichtungen Architektur, Innenarchitektur, Hochbau, Bauingenieurwesen, Technische Gebäudeausrüstung, Physik, Bauphysik, Maschinenbau oder Elektrotechnik oder
   b) in einer anderen technischen oder naturwissenschaftlichen Fachrichtung mit einem Ausbildungsschwerpunkt auf einem unter Buchstabe a genannten Gebiet,
3. die eine der in Absatz 2 genannten Voraussetzungen erfüllt und
   a) für ein zulassungspflichtiges Bau-, Ausbau- oder anlagentechnisches Gewerbe oder für das Schornsteinfegerhandwerk die Voraussetzungen zur Eintragung in die Handwerksrolle erfüllt,
   b) für ein zulassungsfreies Handwerk in einem der Bereiche nach Buchstabe a einen Meistertitel erworben hat oder
   c) auf Grund ihrer Ausbildung berechtigt ist, ein zulassungspflichtiges Handwerk in einem der Bereiche nach Buchstabe a ohne Meistertitel selbständig auszuüben, oder
4. die eine der in Absatz 2 genannten Voraussetzungen erfüllt und staatlich anerkannter oder geprüfter Techniker ist, dessen Ausbildungsschwerpunkt auch die Beurteilung der Gebäudehülle, die Beurteilung von Heizungs- und Warmwasserbereitungsanlagen oder die Beurteilung von Lüftungs- und Klimaanlagen umfasst.

(2) Voraussetzung für die Ausstellungsberechtigung nach Absatz 1 Nummer 2 bis 4 ist
1. während des Studiums ein Ausbildungsschwerpunkt im Bereich des energiesparenden Bauens oder nach einem Studium ohne einen solchen Schwerpunkt eine mindestens zweijährige Berufserfahrung in wesentlichen bau- oder anlagentechnischen Tätigkeitsbereichen des Hochbaus,
2. eine erfolgreiche Schulung im Bereich des energiesparenden Bauens, die den wesentlichen Inhalten der Anlage 11 entspricht, oder
3. eine öffentliche Bestellung als vereidigter Sachverständiger für ein Sachgebiet im Bereich des energiesparenden Bauens oder in wesentlichen bau- oder anlagentechnischen Tätigkeitsbereichen des Hochbaus.

(3) Wurde der Inhalt der Schulung nach Absatz 2 Nummer 2 auf Wohngebäude beschränkt, so ist der erfolgreiche Teilnehmer der Schulung nur berechtigt, Energieausweise für Wohngebäude auszustellen.

(4) § 77 Absatz 3 ist auf Aus- oder Fortbildungen im Sinne des Absatzes 1 Nummer 2 bis 4 entsprechend anzuwenden.

Teil 6: Finanzielle Förderung der Nutzung erneuerbarer Energien für die Erzeugung von Wärme oder Kälte und von Energieeffizienzmaßnahmen

§ 89 Fördermittel

[1]Die Nutzung erneuerbarer Energien für die Erzeugung von Wärme oder Kälte, die Errichtung besonders energieeffizienter und die Verbesserung der Energieeffizienz bestehender Gebäude können durch den Bund nach Maßgabe des Bundeshaushaltes gefördert werden. [2]Gefördert werden können
1. Maßnahmen zur Nutzung erneuerbarer Energien für die Erzeugung von Wärme oder Kälte in bereits bestehenden Gebäuden nach Maßgabe des § 90,
2. Maßnahmen zur Nutzung erneuerbarer Energien für die Erzeugung von Wärme oder Kälte in neu zu errichtenden Gebäuden nach Maßgabe des § 90, wenn die Vorgaben des § 91 eingehalten werden,
3. Maßnahmen zur Errichtung besonders energieeffizienter Gebäude, wenn mit der geförderten Maßnahme die Anforderungen nach den §§ 15 und 16 sowie nach den §§ 18 und 19 übererfüllt werden, und
4. Maßnahmen zur Verbesserung der Energieeffizienz bei der Sanierung bestehender Gebäude, wenn mit der geförderten Maßnahme die Anforderungen nach den §§ 47 und 48 sowie § 50 und nach den §§ 61 bis 73 übererfüllt werden.

[3]Einzelheiten werden insbesondere durch Verwaltungsvorschriften des Bundesministeriums für Wirtschaft und Energie im Einvernehmen mit dem Bundesministerium der Finanzen geregelt.

§ 90 Geförderte Maßnahmen zur Nutzung erneuerbarer Energien

(1) Gefördert werden können Maßnahmen im Zusammenhang mit der Nutzung erneuerbarer Energien zur Bereitstellung von Wärme oder Kälte, insbesondere die Errichtung oder Erweiterung von
1. solarthermischen Anlagen,
2. Anlagen zur Nutzung von Biomasse,
3. Anlagen zur Nutzung von Geothermie und Umweltwärme sowie
4. Wärmenetzen, Speichern und Übergabestationen für Wärmenutzer, wenn sie auch aus Anlagen nach den Nummern 1 bis 3 gespeist werden.

(2) [1]Vorbehaltlich weitergehender Anforderungen an die Förderung in den Regelungen nach § 89 Satz 3 ist
1. eine solarthermische Anlage mit Flüssigkeiten als Wärmeträger nur förderfähig, wenn die darin enthaltenen Kollektoren oder das System mit dem europäischen Prüfzeichen „Solar Keymark" zertifiziert sind oder ist,
2. eine Anlage zur Nutzung von fester Biomasse nur förderfähig, wenn der Umwandlungswirkungsgrad mindestens folgende Werte erreicht:
   a) 89 Prozent bei einer Anlage zur Heizung oder Warmwasserbereitung, die der Erfüllung der Anforderung nach § 10 Absatz 2 Nummer 3 oder der Pflicht nach § 52 Absatz 1 dient,
   b) 70 Prozent bei einer Anlage, die nicht der Heizung oder Warmwasserbereitung dient,
3. eine Wärmepumpe zur Nutzung von Geothermie, Umweltwärme oder Abwärme nur förderfähig, wenn sie die Anforderungen der Richtlinie 2009/28/EG erfüllt.

[2]Die Zertifizierung von einer solarthermischen Anlage mit dem europäischen Prüfzeichen „Solar Keymark" muss nach den anerkannten Regeln der Technik erfolgen. [3]Der Umwandlungswirkungsgrad eines Biomassekessels ist der nach DIN EN 303-5: 2012-10 ermittelte Kesselwirkungsgrad, der Umwandlungswirkungsgrad eines Biomasseofens der nach DIN EN 14785: 2006-09 ermittelte feuerungstechnische Wirkungsgrad und in den übrigen Fällen des Satzes 1 Nummer 2 der nach den anerkannten Regeln der Technik berechnete Wirkungsgrad.

§ 91 Verhältnis zu den Anforderungen an ein Gebäude

(1) Maßnahmen können nicht gefördert werden, soweit sie der Erfüllung der Anforderungen nach § 10 Absatz 2, der Pflicht nach § 52 Absatz 1 oder einer landesrechtlichen Pflicht nach § 56 dienen.

(2) Absatz 1 ist nicht bei den folgenden Maßnahmen anzuwenden:
1. die Errichtung eines Wohngebäudes, bei dem
   a) der Jahres-Primärenergiebedarf für Heizung, Warmwasserbereitung, Lüftung und Kühlung das 0,55fache des auf die Gebäudenutzfläche bezogenen Wertes des Jahres-Primärenergiebedarfs eines Referenzgebäudes, das die gleiche Geo-

metrie, Gebäudenutzfläche und Ausrichtung wie das zu errichtende Gebäude aufweist und der technischen Referenzausführung der Anlage 1 entspricht, nicht überschreitet und
   b) der Höchstwert des spezifischen, auf die wärmeübertragende Umfassungsfläche bezogenen Transmissionswärmeverlustes das 0,7fache des entsprechenden Wertes des jeweiligen Referenzgebäudes nach § 15 Absatz 1 nicht überschreitet,
2. die Errichtung eines Nichtwohngebäudes, bei dem
   a) der Jahres-Primärenergiebedarf für Heizung, Warmwasserbereitung, Lüftung, Kühlung und eingebaute Beleuchtung das 0,7fache des auf die Nettogrundfläche bezogenen Wertes des Jahres- Primärenergiebedarfs eines Referenzgebäudes, das die gleiche Geometrie, Nettogrundfläche, Ausrichtung und Nutzung, einschließlich der Anordnung der Nutzungseinheiten, wie das zu errichtende Gebäude aufweist und der technischen Referenzausführung der Anlage 2 entspricht, nicht überschreitet und
   b) die Höchstwerte der mittleren Wärmedurchgangskoeffizienten der wärmeübertragenden Umfassungsfläche der Anlage 3 unterschritten werden,
3. Maßnahmen, die technische oder sonstige Anforderungen erfüllen, die
   a) im Falle des § 10 Absatz 2 Nummer 3 anspruchsvoller als die Anforderungen nach den §§ 35 bis 41 oder
   b) im Falle des § 56 anspruchsvoller als die Anforderungen nach der landesrechtlichen Pflicht sind,
4. Maßnahmen, die den Wärme- und Kälteenergiebedarf zu einem Anteil decken, der
   a) im Falle des § 10 Absatz 2 Nummer 3 oder des § 52 Absatz 1 um 50 Prozent höher als der Mindestanteil nach den §§ 35 bis 41 oder dem § 52 Absatz 3 und 4 ist oder
   b) im Falle des § 56 höher als der landesrechtlich vorgeschriebene Mindestanteil ist,
5. Maßnahmen, die mit weiteren Maßnahmen zur Steigerung der Energieeffizienz verbunden werden,
6. Maßnahmen zur Nutzung solarthermischer Anlagen auch für die Heizung eines Gebäudes und
7. Maßnahmen zur Nutzung von Tiefengeothermie.

(3) Die Förderung kann in den Fällen des Absatzes 2 auf die Gesamtmaßnahme bezogen werden.

(4) Einzelheiten werden in den Regelungen nach § 89 Satz 3 geregelt.

(5) Fördermaßnahmen durch das Land oder durch ein Kreditinstitut, an dem der Bund oder das Land beteiligt sind, bleiben unberührt.

Teil 7: Vollzug

§ 92 Erfüllungserklärung

(1) [1]Für ein zu errichtendes Gebäude hat der Bauherr oder Eigentümer der nach Landesrecht zuständigen Behörde durch eine Erfüllungserklärung nachzuweisen oder zu bescheinigen, dass die Anforderungen dieses Gesetzes eingehalten werden. [2]Die Erfüllungserklärung ist nach Fertigstellung des Gebäudes vorzulegen, soweit das Landesrecht nicht einen anderen Zeitpunkt der Vorlage bestimmt. [3]Das Landesrecht bestimmt, wer zur Ausstellung der Erfüllungserklärung berechtigt ist.

(2) [1]Werden bei einem bestehenden Gebäude Änderungen im Sinne des § 48 Satz 1 ausgeführt, hat der Eigentümer der nach Landesrecht zuständigen Behörde eine Erfüllungserklärung unter Zugrundelegung der energetischen Eigenschaften des geänderten Gebäudes abzugeben, wenn unter Anwendung des § 50 Absatz 1 und 2 für das gesamte Gebäude Berechnungen nach § 50 Absatz 3 durchgeführt werden. [2]Die Pflicht nach Satz 1 besteht auch in den Fällen des § 51. [3]Absatz 1 Satz 2 und 3 ist entsprechend anzuwenden.

§ 93 Pflichtangaben in der Erfüllungserklärung

[1]In der Erfüllungserklärung sind für das gesamte Gebäude oder, soweit die Berechnungen für unterschiedliche Zonen zu erfolgen haben, stattdessen für jede Zone, unter Beachtung der sich aus diesem Gesetz ergebenden Berechnungsvorgaben, technischen Anforderungen und Randbedingungen die zur Überprüfung erforderlichen Angaben zu machen. [2]Erforderliche Berechnungen sind beizufügen. [3]Das Landesrecht bestimmt den näheren Umfang der Nachweispflicht.

§ 94 Verordnungsermächtigung

[1]Die Landesregierungen werden ermächtigt, durch Rechtsverordnung das Verfahren zur Erfüllungserklärung, die Berechtigung zur Ausstellung der Erfüllungserklärung, die Pflichtangaben in der Erfüllungserklärung und die vorzulegenden Nachweise zu regeln, einen von § 92 Absatz 1 Satz 2 abweichenden Zeitpunkt für die Vorlage der Erfüllungserklärung zu bestimmen und weitere Bestimmungen zum Vollzug der Anforderungen und Pflichten dieses Gesetzes zu treffen. [2]Die Landesregierungen werden ferner ermächtigt, durch Rechtsverordnung zu bestimmen, dass Aufgaben des Vollzugs dieses Gesetzes abweichend von § 92 Absatz 1 Satz 1 und Absatz 2 Satz 1 einer geeigneten Stelle, einer Fachvereinigung oder einem Sachverständigen übertragen werden. [3]Die Landesregierungen können die Ermächtigungen nach den Sätzen 1 und 2 durch Rechtsverordnung auf andere Behörden übertragen.

§ 95 Behördliche Befugnisse

[1]Die zuständige Behörde kann im Einzelfall die zur Erfüllung der Verpflichtungen aus diesem Gesetz erforderlichen Anordnungen treffen. [2]Dritte, die für den Bauherren oder Eigentümer an der Planung, Errichtung oder Änderung von Gebäuden oder technischen Anlagen eines Gebäudes beteiligt sind, haben Anordnungen der Behörde, die sich auch an sie richten, unmittelbar zu befolgen.

§ 96 Private Nachweise

(1) Wer geschäftsmäßig an oder in einem bestehenden Gebäude Arbeiten durchführt, hat dem Eigentümer unverzüglich nach Abschluss der Arbeiten in folgenden Fällen schriftlich zu bestätigen, dass die von ihm geänderten oder eingebauten Bau- oder Anlagenteile den Anforderungen der in den Nummern 1 bis 8 genannten Vorschriften entsprechen (Unternehmererklärung):

1. Änderung von Außenbauteilen im Sinne von § 48,
2. Dämmung oberster Geschossdecken im Sinne von § 47 Absatz 1, auch in Verbindung mit Absatz 3,
3. Einbau von Zentralheizungen nach den §§ 61 bis 63,
4. Ausstattung von Zentralheizungen mit Regelungseinrichtungen nach den §§ 61 bis 63,
5. Einbau von Umwälzpumpen in Zentralheizungen und Zirkulationspumpen in Warmwasseranlagen nach § 64,
6. erstmaliger Einbau, Ersatz oder Wärmedämmung von Wärmeverteilungs- und Warmwasserleitungen nach den §§ 69 und 71 oder von Kälteverteilungs- und Kaltwasserleitungen in Klimaanlagen oder sonstigen Anlagen der Raumlufttechnik nach § 70,
7. Einbau von Klima- und raumlufttechnischen Anlagen oder Zentralgeräten und Luftkanalsystemen solcher Anlagen nach den §§ 65 bis 68 oder
8. Ausrüstung von Anlagen nach Nummer 7 mit Einrichtung zur Feuchteregelung nach § 66.

(2) [1]Zum Zwecke des Nachweises der Erfüllung der Pflichten aus den in Absatz 1 genannten Vorschriften ist die Unternehmererklärung von dem Eigentümer mindestens zehn Jahre aufzubewahren. [2]Der Eigentümer hat die Unternehmererklärung der nach Landesrecht zuständigen Behörde auf Verlangen vorzulegen.

(3) [1]In einer Unternehmererklärung nach Absatz 1 ist zusätzlich anzugeben:

1. im Falle von Arbeiten nach Absatz 1 Nummer 3 die Aufwandszahl der Zentralheizung für die Bereitstellung von Raumwärme und, soweit die Zentralheizung mit einer zentralen Warmwasserbereitung verbunden ist, auch die Aufwandszahl für die Warmwasserbereitung,
2. im Falle von Arbeiten nach Absatz 1 Nummer 7 der gewichtete Mittelwert der auf das jeweilige Fördervolumen bezogenen elektrischen Leistung aller Zu- und Abluftventilatoren sowie der Wärmerückgewinnungsgrad, soweit Anforderungen nach § 68 einzuhalten sind.

[2]Die nach Satz 1 anzugebenden Eigenschaften können nach anerkannten technischen Regeln berechnet werden oder aus Herstellerangaben auf der Grundlage solcher Regeln bestimmt werden; alternativ dürfen Angaben aus Bekanntmachungen nach § 50 Absatz 4 verwendet werden. [3]Die jeweilige Grundlage nach Satz 2 ist ebenfalls in der Unternehmererklärung anzugeben.

(4) Wer Gebäude geschäftsmäßig mit fester, gasförmiger oder flüssiger Biomasse zum Zweck der Erfüllung von Anforderungen nach diesem Gesetz beliefert, muss dem Eigentümer des Gebäudes mit der Abrechnung bestätigen, dass

1. im Falle der Nutzung von Biomethan die Anforderungen nach § 40 Absatz 3 erfüllt sind,
2. im Falle der Nutzung von biogenem Flüssiggas die Anforderungen nach § 40 Absatz 4 erfüllt sind,
3. im Falle der Nutzung von flüssiger Biomasse nach § 39 die Brennstoffe die Anforderungen an einen nachhaltigen Anbau und eine nachhaltige Herstellung nach der Biomassestrom-Nachhaltigkeitsverordnung in der jeweils geltenden Fassung erfüllen oder
4. es sich im Falle der Nutzung von fester Biomasse nach § 38 um Brennstoffe nach § 3 Absatz 1 Nummer 4, 5, 5a oder 8 der Verordnung über kleine und mittlere Feuerungsanlagen handelt.

(5) [1]Mit den Bestätigungen nach Absatz 4 wird die Erfüllung der Pflichten aus den Vorschriften nach den §§ 38 bis 40 nachgewiesen. [2]In den Fällen des Absatzes 4 Nummer 1 bis 3 sind die Abrechnungen und Bestätigungen in den ersten 15 Jahren nach Inbetriebnahme der Heizungsanlage von dem Eigentümer jeweils mindestens fünf Jahre nach Lieferung aufzubewahren. [3]Der Eigentümer hat die Abrechnungen und Bestätigungen der nach Landesrecht zuständigen Behörde auf Verlangen vorzulegen.

(6) [1]Kommt bei der Ermittlung des Jahres-Primärenergiebedarfs eines zu errichtenden Gebäudes § 22 Absatz 1 Satz 1 Nummer 2 oder Nummer 3 zur Anwendung, muss sich der Eigentümer vom Lieferanten bei Vertragsabschluss bescheinigen lassen, dass

1. die vereinbarte Biomethanlieferung die Anforderungen nach § 22 Absatz 1 Satz 1 Nummer 2 Buchstabe c und d erfüllt oder
2. die vereinbarte Lieferung von biogenem Flüssiggas die Anforderungen nach § 22 Absatz 1 Satz 1 Nummer 3 Buchstabe c in der gesamten Laufzeit des Liefervertrags erfüllt.

[2]Die Bescheinigung ist der zuständigen Behörde innerhalb von einem Monat nach Fertigstellung des Gebäudes vorzulegen. [3]Die Pflicht nach Satz 2 besteht auch, wenn der Eigentümer den Lieferanten wechselt. [4]Die Abrechnungen der Lieferung von Biomethan oder von biogenem Flüssiggas müssen die Bestätigung des Lieferanten enthalten, dass im Fall der Lieferung von Biomethan die Anforderungen nach § 22 Absatz 1 Satz 1 Nummer 2 Buchstabe c und d oder im Fall der Lieferung von biogenem Flüssiggas die Anforderungen nach § 22 Absatz 1 Satz 1 Nummer 3 Buchstabe c im Abrechnungszeitraum erfüllt worden sind. [5]Die Abrechnungen sind vom Eigentümer mindestens fünf Jahre ab dem Zeitpunkt der Lieferung aufzubewahren.

§ 97 Aufgaben des bevollmächtigten Bezirksschornsteinfegers

(1) Bei einer heizungstechnischen Anlage prüft der bevollmächtigte Bezirksschornsteinfeger als Beliehener im Rahmen der Feuerstättenschau nach § 14 des Schornsteinfeger-Handwerksgesetzes vom 26. November 2008 (BGBl. I S. 2242), das zuletzt durch Artikel 57 Absatz 7 des Gesetzes vom 12. Dezember 2019 (BGBl. I S. 2652) geändert worden ist, ob

1. ein Heizkessel, der nach § 72 Absatz 1 bis 3, auch in Verbindung mit § 73, außer Betrieb genommen werden musste, weiterhin betrieben wird,

2. Wärmeverteilungs- und Warmwasserleitungen, die nach § 71, auch in Verbindung mit § 73, gedämmt werden mussten, weiterhin ungedämmt sind und
3. ein mit Heizöl beschickter Heizkessel entgegen § 72 Absatz 4 und 5 eingebaut ist.

(2) Bei einer heizungstechnischen Anlage, die in ein bestehendes Gebäude eingebaut wird, prüft der bevollmächtigte Bezirksschornsteinfeger im Rahmen der bauordnungsrechtlichen Abnahme der Anlage oder, wenn eine solche Abnahme nicht vorgesehen ist, als Beliehener im Rahmen der ersten Feuerstättenschau nach dem Einbau außerdem, ob

1. die Anforderungen nach § 57 Absatz 1 erfüllt sind,
2. eine Zentralheizung mit einer zentralen selbsttätig wirkenden Einrichtung zur Verringerung und Abschaltung der Wärmezufuhr sowie zur Ein- und Ausschaltung elektrischer Antriebe nach § 61 Absatz 1 ausgestattet ist,
3. eine Umwälzpumpe in einer Zentralheizung mit einer Vorrichtung zur selbsttätigen Anpassung der elektrischen Leistungsaufnahme nach § 64 Absatz 1 ausgestattet ist und
4. bei Wärmeverteilungs- und Warmwasserleitungen sowie Armaturen die Wärmeabgabe nach § 69 begrenzt ist.

(3) [1]Der bevollmächtigte Bezirksschornsteinfeger weist den Eigentümer bei Nichterfüllung der Pflichten oder bei Nichtbeachtung eines Verbots aus den in den Absätzen 1 und 2 genannten Vorschriften schriftlich auf diese Pflichten oder Verbote hin und setzt eine angemessene Frist zu deren Nacherfüllung oder zur Beseitigung eines verbotswidrigen Zustands. [2]Werden die Pflichten nicht innerhalb der festgesetzten Frist erfüllt oder wird ein verbotswidriger Zustand nicht beseitigt, unterrichtet der bevollmächtigte Bezirksschornsteinfeger unverzüglich die nach Landesrecht zuständige Behörde.

(4) [1]Bei einer Zentralheizung, die in einem bestehenden Gebäude vorhanden ist, prüft der bevollmächtigte Bezirksschornsteinfeger als Beliehener im Rahmen der Feuerstättenschau, ob der Eigentümer zur Nachrüstung nach § 61 Absatz 2 verpflichtet ist und diese Pflicht erfüllt wurde. [2]Bei Nichterfüllung der Pflicht unterrichtet der bevollmächtigte Bezirksschornsteinfeger unverzüglich die nach Landesrecht zuständige Behörde.

(5) [1]Die Erfüllung der Pflichten aus den in den Absätzen 1, 2 und 4 genannten Vorschriften kann durch Vorlage der Unternehmererklärungen gegenüber dem bevollmächtigten Bezirksschornsteinfeger nachgewiesen werden. [2]Es bedarf dann keiner weiteren Prüfung durch den bevollmächtigten Bezirksschornsteinfeger.

§ 98 Registriernummer

(1) [1]Wer einen Inspektionsbericht nach § 78 oder einen Energieausweis nach § 79 ausstellt, hat für diesen Bericht oder für diesen Energieausweis bei der Registrierstelle eine Registriernummer zu beantragen. [2]Der Antrag ist grundsätzlich elektronisch zu stellen. [3]Eine Antragstellung in Papierform ist zulässig, soweit die elektronische Antragstellung für den Antragsteller eine unbillige Härte bedeuten würde. [4]Bei der Antragstellung sind Name und Anschrift der nach Satz 1 antragstellenden Person, das Land und die Postleitzahl der Belegenheit des Gebäudes, das Ausstellungsdatum des Inspektionsberichts oder des Energieausweises anzugeben sowie

1. in den Fällen des § 78 die Nennleistung der inspizierten Klimaanlage oder der kombinierten Klima- und Lüftungsanlage,
2. in den Fällen des § 79
   a) die Art des Energieausweises: Energiebedarfs- oder Energieverbrauchsausweis und
   b) die Art des Gebäudes: Wohn- oder Nichtwohngebäude, Neubau oder bestehendes Gebäude.

(2) [1]Die Registrierstelle teilt dem Antragsteller für jeden neu ausgestellten Inspektionsbericht oder Energieausweis eine Registriernummer zu. [2]Die Registriernummer ist unverzüglich nach Antragstellung zu erteilen.

§ 99 Stichprobenkontrollen von Energieausweisen und Inspektionsberichten über Klimaanlagen

(1) Die zuständige Behörde (Kontrollstelle) unterzieht Inspektionsberichte über Klimaanlagen oder über kombinierte Klima- und Lüftungsanlagen nach § 78 und Energieausweise nach § 79 nach Maßgabe der folgenden Absätze einer Stichprobenkontrolle.

(2) [1]Die Stichproben müssen jeweils einen statistisch signifikanten Prozentanteil aller in einem Kalenderjahr neu ausgestellten Energieausweise und neu ausgestellten Inspektionsberichte über Klimaanlagen erfassen. [2]Die Stichprobenkontrolle von Energieausweisen, die nach dem Inkrafttreten des Gesetzes bis zum 31. Juli 2021 ausgestellt werden und auf die die Vorschriften dieses Gesetzes anzuwenden sind, kann nach dem 31. Juli 2021 durchgeführt werden.

(3) [1]Die Kontrollstelle kann bei der Registrierstelle Registriernummern und dort vorliegende Angaben nach § 98 Absatz 1 zu neu ausgestellten Energieausweisen und Inspektionsberichten über im jeweiligen Land belegene Gebäude und Klimaanlagen verarbeiten, soweit dies für die Vorbereitung der Durchführung der Stichprobenkontrollen erforderlich ist. [2]Nach dem Abschluss der Stichprobenkontrolle hat die Kontrollstelle die Daten nach Satz 1 jedenfalls im Einzelfall unverzüglich zu löschen. [3]Kommt es auf Grund der Stichprobenkontrolle zur Einleitung eines Bußgeldverfahrens gegen den Ausweisaussteller nach § 108 Absatz 1 Nummer 15, 17 oder 21 oder gegen die inspizierende Person nach § 108 Absatz 1 Nummer 11 oder 21, so sind abweichend von Satz 2 die Daten nach Satz 1, soweit diese im Rahmen des Bußgeldverfahrens erforderlich sind, erst nach dessen rechtskräftigem Abschluss unverzüglich zu löschen.

(4) [1]Die gezogene Stichprobe von Energieausweisen wird von der Kontrollstelle auf der Grundlage der nachstehenden Optionen oder gleichwertiger Maßnahmen überprüft:

1. Validitätsprüfung der Eingabe-Gebäudedaten, die zur Ausstellung des Energieausweises verwendet wurden, und der im Energieausweis angegebenen Ergebnisse,
2. Prüfung der Eingabe-Gebäudedaten und Überprüfung der im Energieausweis angegebenen Ergebnisse einschließlich der abgegebenen Modernisierungsempfehlungen,

3. vollständige Prüfung der Eingabe-Gebäudedaten, die zur Ausstellung des Energieausweises verwendet wurden, vollständige Überprüfung der im Energieausweis angegebenen Ergebnisse einschließlich der abgegebenen Modernisierungsempfehlungen und, falls dies insbesondere auf Grund des Einverständnisses des Eigentümers des Gebäudes möglich ist, Inaugenscheinnahme des Gebäudes zur Prüfung der Übereinstimmung zwischen den im Energieausweis angegebenen Spezifikationen mit dem Gebäude, für das der Energieausweis erstellt wurde.

[2]Wird im Rahmen der Stichprobe ein Energieausweis gezogen, der bereits auf der Grundlage von Landesrecht einer zumindest gleichwertigen Überprüfung unterzogen wurde, und ist die Überprüfung einer der Optionen nach Satz 1 gleichwertig, findet insofern keine erneute Überprüfung statt.

(5) Aussteller von Energieausweisen sind verpflichtet, Kopien der von ihnen ausgestellten Energieausweise und der zu deren Ausstellung verwendeten Daten und Unterlagen zwei Jahre ab dem Ausstellungsdatum des jeweiligen Energieausweises aufzubewahren, um die Durchführung von Stichprobenkontrollen und Bußgeldverfahren zu ermöglichen.

(6) [1]Die Kontrollstelle kann zur Durchführung der Überprüfung nach Absatz 4 Satz 1 in Verbindung mit Absatz 1 vom jeweiligen Aussteller die Übermittlung einer Kopie des Energieausweises und die zu dessen Ausstellung verwendeten Daten und Unterlagen verlangen. [2]Der Aussteller ist verpflichtet, dem Verlangen der Kontrollbehörde zu entsprechen. [3]Der Energieausweis sowie die Daten und Unterlagen sind der Kontrollstelle grundsätzlich in elektronischer Form zu übermitteln. [4]Die Kontrollstelle darf hierfür ein Datenformat vorgeben. [5]Eine Übermittlung in Papierform ist zulässig, soweit die elektronische Übermittlung für den Antragsteller eine unbillige Härte bedeuten würde. [6]Angaben zum Eigentümer und zur Adresse des Gebäudes darf die Kontrollstelle nur verlangen, soweit dies zur Durchführung der Überprüfung im Einzelfall erforderlich ist. [7]Werden die in Satz 6 genannten Angaben von der Kontrollstelle nicht verlangt, hat der Aussteller Angaben zum Eigentümer und zur Adresse des Gebäudes in der Kopie des Energieausweises sowie in den zu dessen Ausstellung verwendeten Daten und Unterlagen vor der Übermittlung unkenntlich zu machen. [8]Im Fall der Übermittlung von Angaben nach Satz 6 in Verbindung mit Satz 2 hat der Aussteller des Energieausweises den Eigentümer des Gebäudes hierüber unverzüglich zu informieren.

(7) [1]Die vom Aussteller nach Absatz 6 übermittelten Kopien von Energieausweisen, Daten und Unterlagen dürfen, soweit sie personenbezogene Daten enthalten, von der Kontrollstelle nur für die Durchführung der Stichprobenkontrollen und hieraus resultierender Bußgeldverfahren gegen den Ausweisaussteller nach § 108 Absatz 1 Nummer 15, 17 oder 21 verarbeitet werden, soweit dies im Einzelfall jeweils erforderlich ist. [2]Die in Satz 1 genannten Kopien, Daten und Unterlagen dürfen nur so lange gespeichert oder aufbewahrt werden, wie dies zur Durchführung der Stichprobenkontrollen und der Bußgeldverfahren im Einzelfall erforderlich ist. [3]Sie sind nach Durchführung der Stichprobenkontrollen und bei Einleitung von Bußgeldverfahren nach deren rechtskräftigem Abschluss jeweils im Einzelfall unverzüglich zu löschen oder zu vernichten. [4]Im Übrigen bleiben die Verordnung (EU) 2016/679, das Bundesdatenschutzgesetz und die Datenschutzgesetze der Länder in der jeweils geltenden Fassung unberührt.

(8) Die Absätze 5 bis 7 sind auf die Durchführung der Stichprobenkontrolle von Inspektionsberichten über Klimaanlagen entsprechend anzuwenden.

§ 100 Nicht personenbezogene Auswertung von Daten

(1) Die Kontrollstelle kann den nicht personenbezogenen Anteil der Daten, die sie im Rahmen des § 99 Absatz 3 Satz 1, Absatz 4, 6 Satz 1 bis 5 und Absatz 8 verarbeitet hat, unbefristet zur Verbesserung der Erfüllung von Aufgaben der Energieeinsparung auswerten.

(2) Die Auswertung kann sich bei Energieausweisen insbesondere auf folgende Merkmale beziehen:

1. Art des Energieausweises: Energiebedarfs- oder Energieverbrauchsausweis,
2. Anlass der Ausstellung des Energieausweises nach § 80 Absatz 1 bis 6,
3. Art des Gebäudes: Wohn- oder Nichtwohngebäude, Neubau oder bestehendes Gebäude,
4. Gebäudeeigenschaften, wie die Eigenschaften der wärmeübertragendenden Umfassungsfläche und die Art der heizungs-, kühl- und raumlufttechnischen Anlagentechnik sowie der Warmwasserversorgung, bei Nichtwohngebäuden auch die Art der Nutzung und die Zonierung,
5. Werte des Endenergiebedarfs oder -verbrauchs sowie des Primärenergiebedarfs oder -verbrauchs für das Gebäude,
6. wesentliche Energieträger für Heizung und Warmwasser,
7. Einsatz erneuerbarer Energien und
8. Land und Landkreis der Belegenheit des Gebäudes ohne Angabe des Ortes, der Straße und der Hausnummer.

(3) Die Auswertung kann sich bei Inspektionsberichten über Klimaanlagen insbesondere auf folgende Merkmale beziehen:

1. Nennleistung der inspizierten Klimaanlage,
2. Art des Gebäudes: Wohn- oder Nichtwohngebäude und
3. Land und Landkreis der Belegenheit des Gebäudes, ohne Angabe des Ortes, der Straße und der Hausnummer.

§ 101 Verordnungsermächtigung; Erfahrungsberichte der Länder

(1) Die Landesregierungen werden ermächtigt, zu den in § 78 und in den §§ 98 bis 100 getroffenen Regelungen zur Erfassung und Kontrolle von Inspektionsberichten und Energieausweisen sowie zur nicht personenbezogenen Auswertung der hierbei erhobenen und gespeicherten Daten durch Rechtsverordnung Regelungen zu erlassen

1. zur Art der Durchführung der Erfassung und Kontrolle von Inspektionsberichten und Energieausweisen sowie zur nicht personenbezogenen Auswertung der hierbei erhobenen und gespeicherten Daten, die über die Vorgaben der in § 78 und in den §§ 98 bis 100 getroffenen Regelungen hinausgehen, sowie

2. zum Verfahren, die auch von den in § 78 und in den §§ 98 bis 100 getroffenen Regelungen abweichen können.

(2) [1]Die Landesregierungen werden ermächtigt, durch Rechtsverordnung die Übertragung von Aufgaben zur Erfassung und Kontrolle von Inspektionsberichten und Energieausweisen sowie zur nicht personenbezogenen Auswertung der hierbei erhobenen und gespeicherten Daten, die in § 78 und in den §§ 98 bis 100 und in einer Rechtsverordnung nach Absatz 1 geregelt sind, auf folgende Stellen zu regeln:

1. auf bestehende Behörden in den Ländern, auch auf bestehende Körperschaften oder Anstalten des öffentlichen Rechts, die der Aufsicht des jeweiligen Landes unterstehen, oder
2. auf Fachvereinigungen oder Sachverständige (Beleihung).

[2]Bei der Übertragung im Wege der Beleihung können die Landesregierungen in der Rechtsverordnung nach Satz 1 Nummer 2 auch die Voraussetzungen und das Verfahren der Beleihung regeln; dabei muss sichergestellt werden, dass die Aufgaben von der beliehenen Stelle entsprechend den in § 78 und in den §§ 98 bis 100 getroffenen Regelungen und der Rechtsverordnung nach Absatz 1 wahrgenommen werden. [3]Beliehene unterstehen der Aufsicht der jeweils zuständigen Behörde.

(3) Die Landesregierungen können die Ermächtigungen nach den Absätzen 1 und 2 Satz 1 und 2 durch Rechtsverordnung auf andere Behörden übertragen.

(4) [1]Die Länder berichten der Bundesregierung erstmals zum 1. März 2024, danach alle drei Jahre, über die wesentlichen Erfahrungen mit den Stichprobenkontrollen nach § 99. [2]Die Berichte dürfen keine personenbezogenen Daten enthalten.

§ 102 Befreiungen

(1) [1]Die nach Landesrecht zuständigen Behörden haben auf Antrag des Eigentümers oder Bauherren von den Anforderungen dieses Gesetzes zu befreien, soweit

1. die Ziele dieses Gesetzes durch andere als in diesem Gesetz vorgesehene Maßnahmen im gleichen Umfang erreicht werden oder
2. die Anforderungen im Einzelfall wegen besonderer Umstände durch einen unangemessenen Aufwand oder in sonstiger Weise zu einer unbilligen Härte führen.

[2]Eine unbillige Härte liegt insbesondere vor, wenn die erforderlichen Aufwendungen innerhalb der üblichen Nutzungsdauer, bei Anforderungen an bestehende Gebäude innerhalb angemessener Frist durch die eintretenden Einsparungen nicht erwirtschaftet werden können.

(2) Absatz 1 ist auf die Vorschriften von Teil 5 nicht anzuwenden.

(3) [1]Die Erfüllung der Voraussetzungen nach Absatz 1 Satz 1 Nummer 1 hat der Eigentümer oder der Bauherr darzulegen und nachzuweisen. [2]Die nach Landesrecht zuständige Behörde kann auf Kosten des Eigentümers oder Bauherrn die Vorlage einer Beurteilung der Erfüllung der Voraussetzungen nach Absatz 1 Satz 1 Nummer 1 durch qualifizierte Sachverständige verlangen.

§ 103 Innovationsklausel

(1) [1]Bis zum 31. Dezember 2023 können die nach Landesrecht zuständigen Behörden auf Antrag nach § 102 Absatz 1 Satz 1 Nummer 1

1. von den Anforderungen des § 10 Absatz 2 befreien, wenn
   a) ein Wohngebäude so errichtet wird, dass die Treibhausgasemissionen des Gebäudes gleichwertig begrenzt werden und der Höchstwert des Jahres-Endenergiebedarfs für Heizung, Warmwasserbereitung, Lüftung und Kühlung das 0,75fache des auf die Gebäudenutzfläche bezogenen Wertes des Jahres- Endenergiebedarfs eines Referenzgebäudes, das die gleiche Geometrie, Gebäudenutzfläche und Ausrichtung wie das zu errichtende Gebäude aufweist und der technischen Referenzausführung der Anlage 1 entspricht, nicht überschreitet oder
   b) ein Nichtwohngebäude so errichtet wird, dass die Treibhausgasemissionen des Gebäudes gleichwertig begrenzt werden und der Höchstwert des Jahres-Endenergiebedarfs für Heizung, Warmwasserbereitung, Lüftung, Kühlung und eingebaute Beleuchtung das 0,75fache des auf die Nettogrundfläche bezogenen Wertes des Jahres-Endenergiebedarfs eines Referenzgebäudes, das die gleiche Geometrie, Nettogrundfläche, Ausrichtung und Nutzung, einschließlich der Anordnung der Nutzungseinheiten, wie das zu errichtende Gebäude aufweist und der technischen Referenzausführung der Anlage 2 entspricht, nicht überschreitet oder
2. von den Anforderungen des § 50 Absatz 1 in Verbindung mit § 48 befreien, wenn
   a) ein Wohngebäude so geändert wird, dass die Treibhausgasemissionen des Gebäudes gleichwertig begrenzt werden und der Jahres-Endenergiebedarf für Heizung, Warmwasserbereitung, Lüftung und Kühlung das 1,4fache des auf die Gebäudenutzfläche bezogenen Wertes des Jahres-Endenergiebedarfs eines Referenzgebäudes, das die gleiche Geometrie, Gebäudenutzfläche und Ausrichtung wie das geänderte Gebäude aufweist und der technischen Referenzausführung der Anlage 1 entspricht, nicht überschreitet oder
   b) ein Nichtwohngebäude so geändert wird, dass die Treibhausgasemissionen des Gebäudes gleichwertig begrenzt werden und der Jahres-Endenergiebedarf für Heizung, Warmwasserbereitung, Lüftung, Kühlung und eingebaute Beleuchtung das 1,4fache des auf die Nettogrundfläche bezogenen Wertes des Jahres-Endenergiebedarfs eines Referenzgebäudes, das die gleiche Geometrie, Nettogrundfläche, Ausrichtung und Nutzung, einschließlich der Anordnung der Nutzungseinheiten, wie das geänderte Gebäude aufweist und der technischen Referenzausführung der Anlage 2 entspricht, nicht überschreitet.

[2]Die technische Referenzausführung in den Nummern 1.13 bis 9 der Anlage 2 ist nur insoweit zu berücksichtigen, wie eines der dort genannten Systeme in dem zu errichtenden Gebäude ausgeführt wird oder in dem geänderten Gebäude ausgeführt ist. [3]In

den Fällen des Satzes 1 Nummer 1 darf der spezifische, auf die wärmeübertragende Umfassungsfläche bezogene Transmissionswärmeverlust eines zu errichtenden Wohngebäudes das 1,2fache des entsprechenden Wertes eines Referenzgebäudes nach der Anlage 1 und ein zu errichtendes Nichtwohngebäude das 1,25fache der Höchstwerte der mittleren Wärmedurchgangskoeffizienten der wärmeübertragenden Umfassungsfläche nach der Anlage 3 nicht überschreiten.

(2) [1]Der Antragsteller hat der nach Landesrecht zuständigen Behörde spätestens ein Jahr nach Abschluss der Maßnahme nach Absatz 1 einen Bericht mit den wesentlichen Erfahrungen bei der Anwendung der Regelung, insbesondere über Investitionskosten, Energieverbräuche und, soweit synthetisch erzeugte Energieträger in flüssiger oder gasförmiger Form genutzt werden, über die Herkunft, die Erzeugung und die Kosten dieser Energieträger sowie die Bestimmung der Treibhausgasemissionen, vorzulegen. [2]Die Länder können der Bundesregierung Daten der Berichte nach Satz 1 zum Zwecke der Auswertung zur Verfügung stellen.

(3) [1]Bis zum 31. Dezember 2025 können Bauherren oder Eigentümer bei Änderung ihrer Gebäude, die in räumlichem Zusammenhang stehen, eine Vereinbarung über die gemeinsame Erfüllung der Anforderungen nach § 50 Absatz 1 in Verbindung mit § 48 treffen, wenn sichergestellt ist, dass die von der Vereinbarung erfassten geänderten Gebäude in ihrer Gesamtheit die Anforderungen nach § 50 Absatz 1 erfüllen. [2]Jedes geänderte Gebäude, das von der Vereinbarung erfasst wird, muss eine Mindestqualität der Anforderungen an die wärmeübertragende Umfassungsfläche einhalten. [3]Die Mindestqualität nach Satz 2 gilt als erfüllt, wenn die Wärmedurchgangskoeffizienten der geänderten Außenbauteile jedes einzelnen Gebäudes die Höchstwerte der Wärmedurchgangskoeffizienten nach § 48 in Verbindung mit Anlage 7 um nicht mehr als 40 Prozent überschreiten.

(4) [1]Einer Vereinbarung nach Absatz 3 muss eine einheitliche Planung zugrunde liegen, die eine Realisierung der Maßnahmen an allen von der Vereinbarung erfassten Gebäuden in einem zeitlichen Zusammenhang von nicht mehr als drei Jahren vorsieht. [2]Der zuständigen Behörde ist die Vereinbarung anzuzeigen. [3]§ 107 Absatz 5 bis 7 ist entsprechend anzuwenden.

Teil 8: Besondere Gebäude, Bußgeldvorschriften, Anschluss- und Benutzungszwang

§ 104 Kleine Gebäude und Gebäude aus Raumzellen

[1]Werden bei einem zu errichtenden kleinen Gebäude die für den Fall des erstmaligen Einbaus anzuwendenden Höchstwerte der Wärmedurchgangskoeffizienten der Außenbauteile nach § 48 eingehalten, gelten die Anforderungen des § 10 Absatz 2 als erfüllt. [2]Satz 1 ist auf ein Gebäude entsprechend anzuwenden, das für eine Nutzungsdauer von höchstens fünf Jahren bestimmt und aus Raumzellen von jeweils bis zu 50 Quadratmetern Nutzfläche zusammengesetzt ist.

§ 105 Baudenkmäler und sonstige besonders erhaltenswerte Bausubstanz

Soweit bei einem Baudenkmal, bei auf Grund von Vorschriften des Bundes- oder Landesrechts besonders geschützter Bausubstanz oder bei sonstiger besonders erhaltenswerter Bausubstanz die Erfüllung der Anforderungen dieses Gesetzes die Substanz oder das Erscheinungsbild beeinträchtigt oder andere Maßnahmen zu einem unverhältnismäßig hohen Aufwand führen, kann von den Anforderungen dieses Gesetzes abgewichen werden.

§ 106 Gemischt genutzte Gebäude

(1) Teile eines Wohngebäudes, die sich hinsichtlich der Art ihrer Nutzung und der gebäudetechnischen Ausstattung wesentlich von der Wohnnutzung unterscheiden und die einen nicht unerheblichen Teil der Gebäudenutzfläche umfassen, sind getrennt als Nichtwohngebäude zu behandeln.

(2) Teile eines Nichtwohngebäudes, die dem Wohnen dienen und einen nicht unerheblichen Teil der Nettogrundfläche umfassen, sind getrennt als Wohngebäude zu behandeln.

(3) Die Berechnung von Trennwänden und Trenndecken zwischen Gebäudeteilen richtet sich in den Fällen der Absätze 1 und 2 nach § 29 Absatz 1.

§ 107 Wärmeversorgung im Quartier[21]

(1) [1]In den Fällen des § 10 Absatz 2 oder des § 50 Absatz 1 in Verbindung mit § 48 können Bauherren oder Eigentümer, deren Gebäude in räumlichem Zusammenhang stehen, Vereinbarungen über eine gemeinsame Versorgung ihrer Gebäude mit Wärme oder Kälte treffen, um die jeweiligen Anforderungen nach § 10 Absatz 2 oder nach § 50 Absatz 1 in Verbindung mit § 48 zu erfüllen. [2]Gegenstand von Vereinbarungen nach Satz 1 können insbesondere sein:

1. die Errichtung und der Betrieb gemeinsamer Anlagen zur zentralen oder dezentralen Erzeugung, Verteilung, Nutzung oder Speicherung von Wärme und Kälte aus erneuerbaren Energien oder Kraft-Wärme-Kopplung,
2. die gemeinsame Erfüllung der Anforderung nach § 10 Absatz 2 Nummer 3,
3. die Benutzung von Grundstücken, deren Betreten und die Führung von Leitungen über Grundstücke.

(2) [1]Treffen Bauherren oder Eigentümer eine Vereinbarung nach Absatz 1, sind die Anforderungen nach § 10 Absatz 2 Nummer 1 und 2 und nach § 50 Absatz 1 in Verbindung mit § 48 für jedes Gebäude, das von der Vereinbarung erfasst wird, einzuhalten. [2]§ 103 Absatz 3 bleibt unberührt.

(3) Treffen Bauherren oder Eigentümer eine Vereinbarung zur gemeinsamen Erfüllung der Anforderung nach § 10 Absatz 2 Nummer 3, muss der Wärme- und Kälteenergiebedarf ihrer Gebäude insgesamt in einem Umfang durch Maßnahmen nach den §§ 35 bis 45 gedeckt werden, der mindestens der Summe entspricht, die sich aus den einzelnen Deckungsanteilen nach den §§ 35 bis 45 ergibt.

---

[21] § 107 Abs. 5 bis 7: Zur Anwendung vgl. § 103 Abs. 4 Satz 3

(4) [1]Dritte, insbesondere Energieversorgungsunternehmen, können an Vereinbarungen im Sinne des Absatzes 1 beteiligt werden. [2]§ 22 bleibt unberührt.

(5) Die Vereinbarung ist der zuständigen Behörde auf Verlangen vorzulegen.

(6) Eine Vereinbarung im Sinne des Absatzes 1 bedarf der Schriftform, soweit nicht durch Rechtsvorschriften eine andere Form vorgeschrieben ist.

(7) [1]Die Regelungen der Absätze 1 bis 5 sind entsprechend anwendbar, wenn die Gebäude, die im räumlichen Zusammenhang stehen und nach den Absätzen 1 bis 4 gemeinsam Anforderungen dieses Gesetzes erfüllen, einem Eigentümer gehören. [2]An die Stelle der Vereinbarung nach Absatz 1 tritt eine schriftliche Dokumentation des Eigentümers, die der zuständigen Behörde auf Verlangen vorzulegen ist.

§ 108 Bußgeldvorschriften

(1) Ordnungswidrig handelt, wer vorsätzlich oder leichtfertig

1. entgegen § 15 Absatz 1, § 16, § 18 Absatz 1 Satz 1 oder § 19 ein dort genanntes Gebäude nicht richtig errichtet,
2. entgegen § 47 Absatz 1 Satz 1 nicht dafür sorgt, dass eine dort genannte Geschossdecke gedämmt ist,
3. entgegen § 48 Satz 1 eine dort genannte Maßnahme nicht richtig ausführt,
4. entgegen § 61 Absatz 1 Satz 1 nicht dafür Sorge trägt, dass eine Zentralheizung mit einer dort genannten Einrichtung ausgestattet ist,
5. entgegen § 61 Absatz 2 eine dort genannte Ausstattung nicht, nicht richtig oder nicht rechtzeitig nachrüstet,
6. entgegen § 63 Absatz 1 Satz 1 nicht dafür Sorge trägt, dass eine heizungstechnische Anlage mit Wasser als Wärmeträger mit einer dort genannten Einrichtung ausgestattet ist,
7. entgegen § 69, § 70 oder § 71 Absatz 1 nicht dafür Sorge trägt, dass die Wärmeabgabe oder Wärmeaufnahme dort genannter Leitungen oder Armaturen begrenzt wird,
8. entgegen § 72 Absatz 1 oder 2 einen Heizkessel betreibt,
9. entgegen § 72 Absatz 4 Satz 1 einen Heizkessel einbaut oder aufstellt,
10. entgegen § 74 Absatz 1 eine Inspektion nicht, nicht richtig oder nicht rechtzeitig durchführen lässt,
11. entgegen § 77 Absatz 1 eine Inspektion durchführt,
12. entgegen § 80 Absatz 1 Satz 2, auch in Verbindung mit Satz 3, nicht sicherstellt, dass ein Energieausweis oder eine Kopie übergeben wird,
13. entgegen § 80 Absatz 4 Satz 1 oder 4, jeweils auch in Verbindung mit Absatz 5, einen Energieausweis oder eine Kopie nicht, nicht richtig, nicht vollständig oder nicht rechtzeitig vorlegt,
14. entgegen § 80 Absatz 4 Satz 5, auch in Verbindung mit Absatz 5, einen Energieausweis oder eine Kopie nicht, nicht richtig, nicht vollständig oder nicht rechtzeitig übergibt,
15. entgegen § 83 Absatz 1 Satz 2 oder Absatz 3 Satz 1 nicht dafür Sorge trägt, dass dort genannte Daten richtig sind,
16. entgegen § 87 Absatz 1, auch in Verbindung mit Absatz 2, nicht sicherstellt, dass die Immobilienanzeige die dort genannten Pflichtangaben enthält,
17. entgegen § 88 Absatz 1 einen Energieausweis ausstellt,
18. entgegen § 96 Absatz 1 eine Bestätigung nicht, nicht richtig, nicht vollständig, nicht in der vorgeschriebenen Weise oder nicht rechtzeitig vornimmt,
19. entgegen § 96 Absatz 5 Satz 2 eine Abrechnung nicht oder nicht mindestens fünf Jahre aufbewahrt,
20. entgegen § 96 Absatz 6 Satz 1, auch in Verbindung mit Satz 2, eine Bescheinigung nicht, nicht richtig, nicht vollständig oder nicht rechtzeitig ausstellen lässt oder nicht, nicht richtig, nicht vollständig oder nicht rechtzeitig vorlegt oder
21. einer vollziehbaren Anordnung nach § 99 Absatz 6 Satz 1, auch in Verbindung mit Absatz 8, zuwiderhandelt.

(2) Die Ordnungswidrigkeit kann in den Fällen des Absatzes 1 Nummer 1 bis 9 mit einer Geldbuße bis zu fünfzigtausend Euro, in den Fällen des Absatzes 1 Nummer 10 bis 17 mit einer Geldbuße bis zu zehntausend Euro und in den übrigen Fällen mit einer Geldbuße bis zu fünftausend Euro geahndet werden.

§ 109 Anschluss- und Benutzungszwang

Die Gemeinden und Gemeindeverbände können von einer Bestimmung nach Landesrecht, die sie zur Begründung eines Anschluss- und Benutzungszwangs an ein Netz der öffentlichen Fernwärme- oder Fernkälteversorgung ermächtigt, auch zum Zwecke des Klima- und Ressourcenschutzes Gebrauch machen.

Betriebskostenverordnung (BetrKV)

Verordnung über die Aufstellung von Betriebskosten

Rechtsstand: April 2021. Letzte Änderung: 10.05.2012 (BGBl. I S. 958).

§ 1 Betriebskosten

(1) [1]Betriebskosten sind die Kosten, die dem Eigentümer oder Erbbauberechtigten durch das Eigentum oder Erbbaurecht am Grundstück oder durch den bestimmungsmäßigen Gebrauch des Gebäudes, der Nebengebäude, Anlagen, Einrichtungen und des Grundstücks laufend entstehen. [2]Sach- und Arbeitsleistungen des Eigentümers oder Erbbauberechtigten dürfen mit dem Betrag angesetzt werden, der für eine gleichwertige Leistung eines Dritten, insbesondere eines Unternehmers, angesetzt werden könnte; die Umsatzsteuer des Dritten darf nicht angesetzt werden.

(2) Zu den Betriebskosten gehören nicht:

1. die Kosten der zur Verwaltung des Gebäudes erforderlichen Arbeitskräfte und Einrichtungen, die Kosten der Aufsicht, der Wert der vom Vermieter persönlich geleisteten Verwaltungsarbeit, die Kosten für die gesetzlichen oder freiwilligen Prüfungen des Jahresabschlusses und die Kosten für die Geschäftsführung (Verwaltungskosten),
2. die Kosten, die während der Nutzungsdauer zur Erhaltung des bestimmungsmäßigen Gebrauchs aufgewendet werden müssen, um die durch Abnutzung, Alterung und Witterungseinwirkung entstehenden baulichen oder sonstigen Mängel ordnungsgemäß zu beseitigen (Instandhaltungs- und Instandsetzungskosten).

§ 2 Aufstellung der Betriebskosten

Betriebskosten im Sinne von § 1 sind:

1. die laufenden öffentlichen Lasten des Grundstücks,
   hierzu gehört namentlich die Grundsteuer;
2. die Kosten der Wasserversorgung,
   hierzu gehören die Kosten des Wasserverbrauchs, die Grundgebühren, die Kosten der Anmietung oder anderer Arten der Gebrauchsüberlassung von Wasserzählern sowie die Kosten ihrer Verwendung einschließlich der Kosten der Eichung sowie der Kosten der Berechnung und Aufteilung, die Kosten der Wartung von Wassermengenreglern, die Kosten des Betriebs einer hauseigenen Wasserversorgungsanlage und einer Wasseraufbereitungsanlage einschließlich der Aufbereitungsstoffe;
3. die Kosten der Entwässerung,
   hierzu gehören die Gebühren für die Haus- und Grundstücksentwässerung, die Kosten des Betriebs einer entsprechenden nicht öffentlichen Anlage und die Kosten des Betriebs einer Entwässerungspumpe;
4. die Kosten
   a) des Betriebs der zentralen Heizungsanlage einschließlich der Abgasanlage, hierzu gehören die Kosten der verbrauchten Brennstoffe und ihrer Lieferung, die Kosten des Betriebsstroms, die Kosten der Bedienung, Überwachung und Pflege der Anlage, der regelmäßigen Prüfung ihrer Betriebsbereitschaft und Betriebssicherheit einschließlich der Einstellung durch eine Fachkraft, der Reinigung der Anlage und des Betriebsraums, die Kosten der Messungen nach dem Bundes-Immissionsschutzgesetz, die Kosten der Anmietung oder anderer Arten der Gebrauchsüberlassung einer Ausstattung zur Verbrauchserfassung sowie die Kosten der Verwendung einer Ausstattung zur Verbrauchserfassung einschließlich der Kosten der Eichung sowie der Kosten der Berechnung und Aufteilung
   oder
   b) des Betriebs der zentralen Brennstoffversorgungsanlage,
      hierzu gehören die Kosten der verbrauchten Brennstoffe und ihrer Lieferung, die Kosten des Betriebsstroms und die Kosten der Überwachung sowie die Kosten der Reinigung der Anlage und des Betriebsraums
   oder
   c) der eigenständig gewerblichen Lieferung von Wärme, auch aus Anlagen im Sinne des Buchstabens a, hierzu gehören das Entgelt für die Wärmelieferung und die Kosten des Betriebs der zugehörigen Hausanlagen entsprechend Buchstabe a
   oder
   d) der Reinigung und Wartung von Etagenheizungen und Gaseinzelfeuerstätten,
      hierzu gehören die Kosten der Beseitigung von Wasserablagerungen und Verbrennungsrückständen in der Anlage, die Kosten der regelmäßigen Prüfung der Betriebsbereitschaft und Betriebssicherheit und der damit zusammenhängenden Einstellung durch eine Fachkraft sowie die Kosten der Messungen nach dem Bundes-Immissionsschutzgesetz;
5. die Kosten
   a) des Betriebs der zentralen Warmwasserversorgungsanlage,
      hierzu gehören die Kosten der Wasserversorgung entsprechend Nummer 2, soweit sie nicht dort bereits berücksichtigt sind, und die Kosten der Wassererwärmung entsprechend Nummer 4 Buchstabe a
   oder
   b) der eigenständig gewerblichen Lieferung von Warmwasser, auch aus Anlagen im Sinne des Buchstabens a,
      hierzu gehören das Entgelt für die Lieferung des Warmwassers und die Kosten des Betriebs der zugehörigen Hausanlagen entsprechend Nummer 4 Buchstabe a
   oder
   c) der Reinigung und Wartung von Warmwassergeräten,
      hierzu gehören die Kosten der Beseitigung von Wasserablagerungen und Verbrennungsrückständen im Innern der Geräte

sowie die Kosten der regelmäßigen Prüfung der Betriebsbereitschaft und Betriebssicherheit und der damit zusammenhängenden Einstellung durch eine Fachkraft;

6. die Kosten verbundener Heizungs- und Warmwasserversorgungsanlagen
   a) bei zentralen Heizungsanlagen entsprechend Nummer 4 Buchstabe a und entsprechend Nummer 2, soweit sie nicht dort bereits berücksichtigt sind,

   oder

   b) bei der eigenständig gewerblichen Lieferung von Wärme entsprechend Nummer 4 Buchstabe c und entsprechend Nummer 2, soweit sie nicht dort bereits berücksichtigt sind,

   oder

   c) bei verbundenen Etagenheizungen und Warmwasserversorgungsanlagen entsprechend Nummer 4 Buchstabe d und entsprechend Nummer 2, soweit sie nicht dort bereits berücksichtigt sind;
7. die Kosten des Betriebs des Personen- oder Lastenaufzugs,
   hierzu gehören die Kosten des Betriebsstroms, die Kosten der Beaufsichtigung, der Bedienung, Überwachung und Pflege der Anlage, der regelmäßigen Prüfung ihrer Betriebsbereitschaft und Betriebssicherheit einschließlich der Einstellung durch eine Fachkraft sowie die Kosten der Reinigung der Anlage;
8. die Kosten der Straßenreinigung und Müllbeseitigung,
   zu den Kosten der Straßenreinigung gehören die für die öffentliche Straßenreinigung zu entrichtenden Gebühren und die Kosten entsprechender nicht öffentlicher Maßnahmen; zu den Kosten der Müllbeseitigung gehören namentlich die für die Müllabfuhr zu entrichtenden Gebühren, die Kosten entsprechender nicht öffentlicher Maßnahmen, die Kosten des Betriebs von Müllkompressoren, Müllschluckern, Müllabsauganlagen sowie des Betriebs von Müllmengenerfassungsanlagen einschließlich der Kosten der Berechnung und Aufteilung;
9. die Kosten der Gebäudereinigung und Ungezieferbekämpfung,
   zu den Kosten der Gebäudereinigung gehören die Kosten für die Säuberung der von den Bewohnern gemeinsam genutzten Gebäudeteile, wie Zugänge, Flure, Treppen, Keller, Bodenräume, Waschküchen, Fahrkorb des Aufzugs;
10. die Kosten der Gartenpflege,
    hierzu gehören die Kosten der Pflege gärtnerisch angelegter Flächen einschließlich der Erneuerung von Pflanzen und Gehölzen, der Pflege von Spielplätzen einschließlich der Erneuerung von Sand und der Pflege von Plätzen, Zugängen und Zufahrten, die dem nicht öffentlichen Verkehr dienen;
11. die Kosten der Beleuchtung,
    hierzu gehören die Kosten des Stroms für die Außenbeleuchtung und die Beleuchtung der von den Bewohnern gemeinsam genutzten Gebäudeteile, wie Zugänge, Flure, Treppen, Keller, Bodenräume, Waschküchen;
12. die Kosten der Schornsteinreinigung,
    hierzu gehören die Kehrgebühren nach der maßgebenden Gebührenordnung, soweit sie nicht bereits als Kosten nach Nummer 4 Buchstabe a berücksichtigt sind;
13. die Kosten der Sach- und Haftpflichtversicherung,
    hierzu gehören namentlich die Kosten der Versicherung des Gebäudes gegen Feuer-, Sturm-, Wasser- sowie sonstige Elementarschäden, der Glasversicherung, der Haftpflichtversicherung für das Gebäude, den Öltank und den Aufzug;
14. die Kosten für den Hauswart,
    hierzu gehören die Vergütung, die Sozialbeiträge und alle geldwerten Leistungen, die der Eigentümer oder Erbbauberechtigte dem Hauswart für seine Arbeit gewährt, soweit diese nicht die Instandhaltung, Instandsetzung, Erneuerung, Schönheitsreparaturen oder die Hausverwaltung betrifft; soweit Arbeiten vom Hauswart ausgeführt werden, dürfen Kosten für Arbeitsleistungen nach den Nummern 2 bis 10 und 16 nicht angesetzt werden;
15. die Kosten
    a) des Betriebs der Gemeinschafts-Antennenanlage,
       hierzu gehören die Kosten des Betriebsstroms und die Kosten der regelmäßigen Prüfung ihrer Betriebsbereitschaft einschließlich der Einstellung durch eine Fachkraft oder das Nutzungsentgelt für eine nicht zu dem Gebäude gehörende Antennenanlage sowie die Gebühren, die nach dem Urheberrechtsgesetz für die Kabelweitersendung entstehen,

    oder

    b) des Betriebs der mit einem Breitbandnetz verbundenen privaten Verteilanlage; hierzu gehören die Kosten entsprechend Buchstabe a, ferner die laufenden monatlichen Grundgebühren für Breitbandanschlüsse;
16. die Kosten des Betriebs der Einrichtungen für die Wäschepflege,
    hierzu gehören die Kosten des Betriebsstroms, die Kosten der Überwachung, Pflege und Reinigung der Einrichtungen, der regelmäßigen Prüfung ihrer Betriebsbereitschaft und Betriebssicherheit sowie die Kosten der Wasserversorgung entsprechend Nummer 2, soweit sie nicht dort bereits berücksichtigt sind;
17. sonstige Betriebskosten,
    hierzu gehören Betriebskosten im Sinne des § 1, die von den Nummern 1 bis 16 nicht erfasst sind.

Heizkostenverordnung (HeizkostenV)

Verordnung über die verbrauchsabhängige Abrechnung der Heiz- und Warmwasserkosten

Auszug

Rechtsstand: April 2021. Letzte Änderung: 01.01.2009 (BGBl. I S. 3250).

§ 1 Anwendungsbereich

(1) Diese Verordnung gilt für die Verteilung der Kosten
1. des Betriebs zentraler Heizungsanlagen und zentraler Warmwasserversorgungsanlagen,
2. der eigenständig gewerblichen Lieferung von Wärme und Warmwasser, auch aus Anlagen nach Nummer 1, (Wärmelieferung, Warmwasserlieferung)

durch den Gebäudeeigentümer auf die Nutzer der mit Wärme oder Warmwasser versorgten Räume.

(2) Dem Gebäudeeigentümer stehen gleich
1. der zur Nutzungsüberlassung in eigenem Namen und für eigene Rechnung Berechtigte,
2. derjenige, dem der Betrieb von Anlagen im Sinne des § 1 Absatz 1 Nummer 1 in der Weise übertragen worden ist, dass er dafür ein Entgelt vom Nutzer zu fordern berechtigt ist,
3. beim Wohnungseigentum die Gemeinschaft der Wohnungseigentümer im Verhältnis zum Wohnungseigentümer, bei Vermietung einer oder mehrerer Eigentumswohnungen der Wohnungseigentümer im Verhältnis zum Mieter.

(3) Diese Verordnung gilt auch für die Verteilung der Kosten der Wärmelieferung und Warmwasserlieferung auf die Nutzer der mit Wärme oder Warmwasser versorgten Räume, soweit der Lieferer unmittelbar mit den Nutzern abrechnet und dabei nicht den für den einzelnen Nutzer gemessenen Verbrauch, sondern die Anteile der Nutzer am Gesamtverbrauch zu Grunde legt; in diesen Fällen gelten die Rechte und Pflichten des Gebäudeeigentümers aus dieser Verordnung für den Lieferer.

(4) Diese Verordnung gilt auch für Mietverhältnisse über preisgebundenen Wohnraum, soweit für diesen nichts anderes bestimmt ist.

§ 2 Vorrang vor rechtsgeschäftlichen Bestimmungen

Außer bei Gebäuden mit nicht mehr als zwei Wohnungen, von denen eine der Vermieter selbst bewohnt, gehen die Vorschriften dieser Verordnung rechtsgeschäftlichen Bestimmungen vor.

§ 3 Anwendung auf das Wohnungseigentum

[1]Die Vorschriften dieser Verordnung sind auf Wohnungseigentum anzuwenden unabhängig davon, ob durch Vereinbarung oder Beschluss der Wohnungseigentümer abweichende Bestimmungen über die Verteilung der Kosten der Versorgung mit Wärme und Warmwasser getroffen worden sind. [2]Auf die Anbringung und Auswahl der Ausstattung nach den §§ 4 und 5 sowie auf die Verteilung der Kosten und die sonstigen Entscheidungen des Gebäudeeigentümers nach den §§ 6 bis 9b und 11 sind die Regelungen entsprechend anzuwenden, die für die Verwaltung des gemeinschaftlichen Eigentums im Wohnungseigentumsgesetz enthalten oder durch Vereinbarung der Wohnungseigentümer getroffen worden sind. [3]Die Kosten für die Anbringung der Ausstattung sind entsprechend den dort vorgesehenen Regelungen über die Tragung der Verwaltungskosten zu verteilen.

§ 4 Pflicht zur Verbrauchserfassung

(1) Der Gebäudeeigentümer hat den anteiligen Verbrauch der Nutzer an Wärme und Warmwasser zu erfassen.

(2) [1]Er hat dazu die Räume mit Ausstattungen zur Verbrauchserfassung zu versehen; die Nutzer haben dies zu dulden. [2]Will der Gebäudeeigentümer die Ausstattung zur Verbrauchserfassung mieten oder durch eine andere Art der Gebrauchsüberlassung beschaffen, so hat er dies den Nutzern vorher unter Angabe der dadurch entstehenden Kosten mitzuteilen; die Maßnahme ist unzulässig, wenn die Mehrheit der Nutzer innerhalb eines Monats nach Zugang der Mitteilung widerspricht. [3]Die Wahl der Ausstattung bleibt im Rahmen des § 5 dem Gebäudeeigentümer überlassen.

(3) [1]Gemeinschaftlich genutzte Räume sind von der Pflicht zur Verbrauchserfassung ausgenommen. [2]Dies gilt nicht für Gemeinschaftsräume mit nutzungsbedingt hohem Wärme- oder Warmwasserverbrauch, wie Schwimmbäder oder Saunen.

(4) Der Nutzer ist berechtigt, vom Gebäudeeigentümer die Erfüllung dieser Verpflichtungen zu verlangen.

§ 5 Ausstattung zur Verbrauchserfassung

(1) [1]Zur Erfassung des anteiligen Wärmeverbrauchs sind Wärmezähler oder Heizkostenverteiler, zur Erfassung des anteiligen Warmwasserverbrauchs Warmwasserzähler oder andere geeignete Ausstattungen zu verwenden. [2]Soweit nicht eichrechtliche Bestimmungen zur Anwendung kommen, dürfen nur solche Ausstattungen zur Verbrauchserfassung verwendet werden, hinsichtlich derer sachverständige Stellen bestätigt haben, dass sie den anerkannten Regeln der Technik entsprechen oder dass ihre Eignung auf andere Weise nachgewiesen wurde. [3]Als sachverständige Stellen gelten nur solche Stellen, deren Eignung die nach Landesrecht zuständige Behörde im Benehmen mit der Physikalisch-Technischen Bundesanstalt bestätigt hat. [4]Die Ausstattungen müssen für das jeweilige Heizsystem geeignet sein und so angebracht werden, dass ihre technisch einwandfreie Funktion gewährleistet ist.

(2) [1]Wird der Verbrauch der von einer Anlage im Sinne des § 1 Absatz 1 versorgten Nutzer nicht mit gleichen Ausstattungen erfasst, so sind zunächst durch Vorerfassung vom Gesamtverbrauch die Anteile der Gruppen von Nutzern zu erfassen, deren

Verbrauch mit gleichen Ausstattungen erfasst wird. [2]Der Gebäudeeigentümer kann auch bei unterschiedlichen Nutzungs- oder Gebäudearten oder aus anderen sachgerechten Gründen eine Vorerfassung nach Nutzergruppen durchführen.

§ 6 Pflicht zur verbrauchsabhängigen Kostenverteilung

(1) [1]Der Gebäudeeigentümer hat die Kosten der Versorgung mit Wärme und Warmwasser auf der Grundlage der Verbrauchserfassung nach Maßgabe der §§ 7 bis 9 auf die einzelnen Nutzer zu verteilen. [2]Das Ergebnis der Ablesung soll dem Nutzer in der Regel innerhalb eines Monats mitgeteilt werden. [3]Eine gesonderte Mitteilung ist nicht erforderlich, wenn das Ableseergebnis über einen längeren Zeitraum in den Räumen des Nutzers gespeichert ist und von diesem selbst abgerufen werden kann. [4]Einer gesonderten Mitteilung des Warmwasserverbrauchs bedarf es auch dann nicht, wenn in der Nutzeinheit ein Warmwasserzähler eingebaut ist.

(2) [1]In den Fällen des § 5 Absatz 2 sind die Kosten zunächst mindestens zu 50 vom Hundert nach dem Verhältnis der erfassten Anteile am Gesamtverbrauch auf die Nutzergruppen aufzuteilen. [2]Werden die Kosten nicht vollständig nach dem Verhältnis der erfassten Anteile am Gesamtverbrauch aufgeteilt, sind

1. die übrigen Kosten der Versorgung mit Wärme nach der Wohn- oder Nutzfläche oder nach dem umbauten Raum auf die einzelnen Nutzergruppen zu verteilen; es kann auch die Wohn- oder Nutzfläche oder der umbaute Raum der beheizten Räume zu Grunde gelegt werden,
2. die übrigen Kosten der Versorgung mit Warmwasser nach der Wohn- oder Nutzfläche auf die einzelnen Nutzergruppen zu verteilen.

[3]Die Kostenanteile der Nutzergruppen sind dann nach Absatz 1 auf die einzelnen Nutzer zu verteilen.

(3) [1]In den Fällen des § 4 Absatz 3 Satz 2 sind die Kosten nach dem Verhältnis der erfassten Anteile am Gesamtverbrauch auf die Gemeinschaftsräume und die übrigen Räume aufzuteilen. [2]Die Verteilung der auf die Gemeinschaftsräume entfallenden anteiligen Kosten richtet sich nach rechtsgeschäftlichen Bestimmungen.

(4) [1]Die Wahl der Abrechnungsmaßstäbe nach Absatz 2 sowie nach § 7 Absatz 1 Satz 1, §§ 8 und 9 bleibt dem Gebäudeeigentümer überlassen. [2]Er kann diese für künftige Abrechnungszeiträume durch Erklärung gegenüber den Nutzern ändern

1. bei der Einführung einer Vorerfassung nach Nutzergruppen,
2. nach Durchführung von baulichen Maßnahmen, die nachhaltig Einsparungen von Heizenergie bewirken oder
3. aus anderen sachgerechten Gründen nach deren erstmaliger Bestimmung.

[3]Die Festlegung und die Änderung der Abrechnungsmaßstäbe sind nur mit Wirkung zum Beginn eines Abrechnungszeitraumes zulässig.

§ 7 Verteilung der Kosten der Versorgung mit Wärme

(1) [1]Von den Kosten des Betriebs der zentralen Heizungsanlage sind mindestens 50 vom Hundert, höchstens 70 vom Hundert nach dem erfassten Wärmeverbrauch der Nutzer zu verteilen. [2]In Gebäuden, die das Anforderungsniveau der Wärmeschutzverordnung vom 16. August 1994 (BGBl. I S. 2121) nicht erfüllen, die mit einer Öl- oder Gasheizung versorgt werden und in denen die freiliegenden Leitungen der Wärmeverteilung überwiegend gedämmt sind, sind von den Kosten des Betriebs der zentralen Heizungsanlage 70 vom Hundert nach dem erfassten Wärmeverbrauch der Nutzer zu verteilen. [3]In Gebäuden, in denen die freiliegenden Leitungen der Wärmeverteilung überwiegend ungedämmt sind und deswegen ein wesentlicher Anteil des Wärmeverbrauchs nicht erfasst wird, kann der Wärmeverbrauch der Nutzer nach anerkannten Regeln der Technik bestimmt werden. [4]Der so bestimmte Verbrauch der einzelnen Nutzer wird als erfasster Wärmeverbrauch nach Satz 1 berücksichtigt. [5]Die übrigen Kosten sind nach der Wohn- oder Nutzfläche oder nach dem umbauten Raum zu verteilen; es kann auch die Wohn- oder Nutzfläche oder der umbaute Raum der beheizten Räume zu Grunde gelegt werden.

(2) [1]Zu den Kosten des Betriebs der zentralen Heizungsanlage einschließlich der Abgasanlage gehören die Kosten der verbrauchten Brennstoffe und ihrer Lieferung, die Kosten des Betriebsstromes, die Kosten der Bedienung, Überwachung und Pflege der Anlage, der regelmäßigen Prüfung ihrer Betriebsbereitschaft und Betriebssicherheit einschließlich der Einstellung durch eine Fachkraft, der Reinigung der Anlage und des Betriebsraumes, die Kosten der Messungen nach dem Bundes-Immissionsschutzgesetz, die Kosten der Anmietung oder anderer Arten der Gebrauchsüberlassung einer Ausstattung zur Verbrauchserfassung sowie die Kosten der Verwendung einer Ausstattung zur Verbrauchserfassung einschließlich der Kosten der Eichung sowie der Kosten der Berechnung, Aufteilung und Verbrauchsanalyse. [2]Die Verbrauchsanalyse sollte insbesondere die Entwicklung der Kosten für die Heizwärme- und Warmwasserversorgung der vergangenen drei Jahre wiedergeben.

(3) Für die Verteilung der Kosten der Wärmelieferung gilt Absatz 1 entsprechend.

(4) Zu den Kosten der Wärmelieferung gehören das Entgelt für die Wärmelieferung und die Kosten des Betriebs der zugehörigen Hausanlagen entsprechend Absatz 2.

§ 8 Verteilung der Kosten der Versorgung mit Warmwasser

(1) Von den Kosten des Betriebs der zentralen Warmwasserversorgungsanlage sind mindestens 50 vom Hundert, hochstens 70 vom Hundert nach dem erfassten Warmwasserverbrauch, die übrigen Kosten nach der Wohn- oder Nutzfläche zu verteilen.

(2) [1]Zu den Kosten des Betriebs der zentralen Warmwasserversorgungsanlage gehören die Kosten der Wasserversorgung, soweit sie nicht gesondert abgerechnet werden, und die Kosten der Wassererwärmung entsprechend § 7 Absatz 2. [2]Zu den Kosten der Wasserversorgung gehören die Kosten des Wasserverbrauchs, die Grundgebühren und die Zählermiete, die Kosten der Verwendung von Zwischenzählern, die Kosten des Betriebs einer hauseigenen Wasserversorgungsanlage und einer Wasseraufbereitungsanlage einschließlich der Aufbereitungsstoffe.

(3) Für die Verteilung der Kosten der Warmwasserlieferung gilt Absatz 1 entsprechend.

(4) Zu den Kosten der Warmwasserlieferung gehören das Entgelt für die Lieferung des Warmwassers und die Kosten des Betriebs der zugehörigen Hausanlagen entsprechend § 7 Absatz 2.

§ 9 Verteilung der Kosten der Versorgung mit Wärme und Warmwasser bei verbundenen Anlagen

(1) [1]Ist die zentrale Anlage zur Versorgung mit Wärme mit der zentralen Warmwasserversorgungsanlage verbunden, so sind die einheitlich entstandenen Kosten des Betriebs aufzuteilen. [2]Die Anteile an den einheitlich entstandenen Kosten sind bei Anlagen mit Heizkesseln nach den Anteilen am Brennstoffverbrauch oder am Energieverbrauch, bei eigenständiger gewerblicher Wärmelieferung nach den Anteilen am Wärmeverbrauch zu bestimmen. [3]Kosten, die nicht einheitlich entstanden sind, sind dem Anteil an den einheitlich entstandenen Kosten hinzuzurechnen. [4]Der Anteil der zentralen Anlage zur Versorgung mit Wärme ergibt sich aus dem gesamten Verbrauch nach Abzug des Verbrauchs der zentralen Warmwasserversorgungsanlage. [5]Bei Anlagen, die weder durch Heizkessel noch durch eigenständige gewerbliche Wärmelieferung mit Wärme versorgt werden, können anerkannte Regeln der Technik zur Aufteilung der Kosten verwendet werden. [6]Der Anteil der zentralen Warmwasserversorgungsanlage am Wärmeverbrauch ist nach Absatz 2, der Anteil am Brennstoffverbrauch nach Absatz 3 zu ermitteln.

(2) [1]Die auf die zentrale Warmwasserversorgungsanlage entfallende Wärmemenge (Q) ist ab dem 31. Dezember 2013 mit einem Wärmezähler zu messen. [2]Kann die Wärmemenge nur mit einem unzumutbar hohen Aufwand gemessen werden, kann sie nach der Gleichung

$$Q = 2{,}5 \bullet \frac{\text{kWh}}{(\text{m}^3 \bullet \text{K})} \bullet \text{V} \bullet (\text{t}_\text{w} - 10\ °\text{C})$$

bestimmt werden. [3]Dabei sind zu Grunde zu legen

1. das gemessene Volumen des verbrauchten Warmwassers (V) in Kubikmetern (m^3);
2. die gemessene oder geschätzte mittlere Temperatur des Warmwassers (t_w) in Grad Celsius (°C).

[4]Wenn in Ausnahmefällen weder die Wärmemenge noch das Volumen des verbrauchten Warmwassers gemessen werden können, kann die auf die zentrale Warmwasserversorgungsanlage entfallende Wärmemenge nach folgender Gleichung bestimmt werden

$$Q = 32 \bullet \frac{\text{kWh}}{(\text{m}^2 A_{\text{Wohn}})} \bullet A_{\text{Wohn}}$$

[5]Dabei ist die durch die zentrale Anlage mit Warmwasser versorgte Wohn- oder Nutzfläche (A_{Wohn}) zu Grunde zu legen. [6]Die nach den Gleichungen in Satz 2 oder 4 bestimmte Wärmemenge (Q) ist

1. bei brennwertbezogener Abrechnung von Erdgas mit 1,11 zu multiplizieren und
2. bei eigenständiger gewerblicher Wärmelieferung durch 1,15 zu dividieren.

(3) [1]Bei Anlagen mit Heizkesseln ist der Brennstoffverbrauch der zentralen Warmwasserversorgungsanlage (B) in Litern, Kubikmetern, Kilogramm oder Schüttraummetern nach der Gleichung

$$\text{B} = \frac{\text{Q}}{\text{H}_\text{i}}$$

zu bestimmen. [2]Dabei sind zu Grunde zu legen

1. die auf die zentrale Warmwasserversorgungsanlage entfallende Wärmemenge (Q) nach Absatz 2 in kWh;
2. der Heizwert des verbrauchten Brennstoffes (H_i) in Kilowattstunden (kWh) je Liter (l), Kubikmeter (m^3), Kilogramm (kg) oder Schüttraummeter (SRm). [3]Als H_i-Werte können verwendet werden für

Leichtes Heizöl EL	10	kWh/l
Schweres Heizöl	10,9	kWh/l
Erdgas H	10	kWh/m^3
Erdgas L	9	kWh/m^3
Flüssiggas	13	kWh/kg
Koks	8	kWh/kg
Braunkohle	5,5	kWh/kg
Steinkohle	8	kWh/kg
Holz (lufttrocken)	4,1	kWh/kg
Holzpellets	5	kWh/kg
Holzhackschnitzel	650	kWh/SRm.

[4]Enthalten die Abrechnungsunterlagen des Energieversorgungsunternehmens oder Brennstofflieferanten H_i-Werte, so sind diese zu verwenden. [5]Soweit die Abrechnung über kWh-Werte erfolgt, ist eine Umrechnung in Brennstoffverbrauch nicht erforderlich.

(4) Der Anteil an den Kosten der Versorgung mit Wärme ist nach § 7 Absatz 1, der Anteil an den Kosten der Versorgung mit Warmwasser nach § 8 Absatz 1 zu verteilen, soweit diese Verordnung nichts anderes bestimmt oder zulässt.

§ 9a Kostenverteilung in Sonderfällen

(1) [1]Kann der anteilige Wärme- oder Warmwasserverbrauch von Nutzern für einen Abrechnungszeitraum wegen Geräteausfalls oder aus anderen zwingenden Gründen nicht ordnungsgemäß erfasst werden, ist er vom Gebäudeeigentümer auf der Grundlage des Verbrauchs der betroffenen Räume in vergleichbaren Zeiträumen oder des Verbrauchs vergleichbarer anderer Räume im jeweiligen Abrechnungszeitraum oder des Durchschnittsverbrauchs des Gebäudes oder der Nutzergruppe zu ermitteln. [2]Der so ermittelte anteilige Verbrauch ist bei der Kostenverteilung anstelle des erfassten Verbrauchs zu Grunde zu legen.

(2) Überschreitet die von der Verbrauchsermittlung nach Absatz 1 betroffene Wohn- oder Nutzfläche oder der umbaute Raum 25 vom Hundert der für die Kostenverteilung maßgeblichen gesamten Wohn- oder Nutzfläche oder des maßgeblichen gesamten umbauten Raumes, sind die Kosten ausschließlich nach den nach § 7 Absatz 1 Satz 5 und § 8 Absatz 1 für die Verteilung der übrigen Kosten zu Grunde zu legenden Maßstäben zu verteilen.

§ 9b Kostenaufteilung bei Nutzerwechsel

(1) Bei Nutzerwechsel innerhalb eines Abrechnungszeitraumes hat der Gebäudeeigentümer eine Ablesung der Ausstattung zur Verbrauchserfassung der vom Wechsel betroffenen Räume (Zwischenablesung) vorzunehmen.

(2) Die nach dem erfassten Verbrauch zu verteilenden Kosten sind auf der Grundlage der Zwischenablesung, die übrigen Kosten des Wärmeverbrauchs auf der Grundlage der sich aus anerkannten Regeln der Technik ergebenden Gradtagszahlen oder zeitanteilig und die übrigen Kosten des Warmwasserverbrauchs zeitanteilig auf Vor- und Nachnutzer aufzuteilen.

(3) Ist eine Zwischenablesung nicht möglich oder lässt sie wegen des Zeitpunktes des Nutzerwechsels aus technischen Gründen keine hinreichend genaue Ermittlung der Verbrauchsanteile zu, sind die gesamten Kosten nach den nach Absatz 2 für die übrigen Kosten geltenden Maßstäben aufzuteilen.

(4) Von den Absätzen 1 bis 3 abweichende rechtsgeschäftliche Bestimmungen bleiben unberührt.

§ 10 Überschreitung der Höchstsätze

Rechtsgeschäftliche Bestimmungen, die höhere als die in § 7 Absatz 1 und § 8 Absatz 1 genannten Höchstsätze von 70 vom Hundert vorsehen, bleiben unberührt.

§ 11 Ausnahmen

(1) Soweit sich die §§ 3 bis 7 auf die Versorgung mit Wärme beziehen, sind sie nicht anzuwenden

1. auf Räume,
   a) in Gebäuden, die einen Heizwärmebedarf von weniger als 15 kWh/(m^2 • a) aufweisen,
   b) bei denen das Anbringen der Ausstattung zur Verbrauchserfassung, die Erfassung des Wärmeverbrauchs oder die Verteilung der Kosten des Wärmeverbrauchs nicht oder nur mit unverhältnismäßig hohen Kosten möglich ist; unverhältnismäßig hohe Kosten liegen vor, wenn diese nicht durch die Einsparungen, die in der Regel innerhalb von zehn Jahren erzielt werden können, erwirtschaftet werden können; oder
   c) die vor dem 1. Juli 1981 bezugsfertig geworden sind und in denen der Nutzer den Wärmeverbrauch nicht beeinflussen kann;
2. a) auf Alters- und Pflegeheime, Studenten- und Lehrlingsheime,
   b) auf vergleichbare Gebäude oder Gebäudeteile, deren Nutzung Personengruppen vorbehalten ist, mit denen wegen ihrer besonderen persönlichen Verhältnisse regelmäßig keine üblichen Mietverträge abgeschlossen werden;
3. auf Räume in Gebäuden, die überwiegend versorgt werden
   a) mit Wärme aus Anlagen zur Rückgewinnung von Wärme oder aus Wärmepumpen- oder Solaranlagen oder
   b) mit Wärme aus Anlagen der Kraft-Wärme-Kopplung oder aus Anlagen zur Verwertung von Abwärme, sofern der Wärmeverbrauch des Gebäudes nicht erfasst wird;
4. auf die Kosten des Betriebs der zugehörigen Hausanlagen, soweit diese Kosten in den Fällen des § 1 Absatz 3 nicht in den Kosten der Wärmelieferung enthalten sind, sondern vom Gebäudeeigentümer gesondert abgerechnet werden;
5. in sonstigen Einzelfällen, in denen die nach Landesrecht zuständige Stelle wegen besonderer Umstände von den Anforderungen dieser Verordnung befreit hat, um einen unangemessenen Aufwand oder sonstige unbillige Härten zu vermeiden.

(2) Soweit sich die §§ 3 bis 6 und § 8 auf die Versorgung mit Warmwasser beziehen, gilt Absatz 1 entsprechend.

Wärmelieferverordnung (WärmeLV)

Verordnung über die Umstellung auf gewerbliche Wärmelieferung für Mietwohnraum

Rechtsstand: April 2021. Letzte Änderung: 07.06.2013 (BGBl. I S. 1509).

Abschnitt 1: Allgemeine Vorschriften

§ 1 Gegenstand der Verordnung

Gegenstand der Verordnung sind

1. Vorschriften für Wärmelieferverträge, die bei einer Umstellung auf Wärmelieferung nach § 556c des Bürgerlichen Gesetzbuchs geschlossen werden, und
2. mietrechtliche Vorschriften für den Kostenvergleich und die Umstellungsankündigung nach § 556c Absatz 1 und 2 des Bürgerlichen Gesetzbuchs.

Abschnitt 2: Wärmeliefervertrag

§ 2 Inhalt des Wärmeliefervertrages

(1) Der Wärmeliefervertrag soll enthalten:

1. eine genaue Beschreibung der durch den Wärmelieferanten zu erbringenden Leistungen, insbesondere hinsichtlich der Art der Wärmelieferung sowie der Zeiten der Belieferung,
2. die Aufschlüsselung des Wärmelieferpreises in den Grundpreis in Euro pro Monat und in Euro pro Jahr und den Arbeitspreis in Cent pro Kilowattstunde, jeweils als Netto- und Bruttobeträge, sowie etwaige Preisänderungsklauseln,
3. die Festlegung des Übergabepunkts,
4. Angaben zur Dimensionierung der Heizungs- oder Warmwasseranlage unter Berücksichtigung der üblichen mietrechtlichen Versorgungspflichten,
5. Regelungen zum Umstellungszeitpunkt sowie zur Laufzeit des Vertrages,
6. falls der Kunde Leistungen vorhalten oder Leistungen des Wärmelieferanten vergüten soll, die vom Grund- und Arbeitspreis nicht abgegolten sind, auch eine Beschreibung dieser Leistungen oder Vergütungen,
7. Regelungen zu den Rechten und Pflichten der Parteien bei Vertragsbeendigung, insbesondere wenn für Zwecke des Wärmeliefervertrages eine Heizungs- oder Warmwasseranlage neu errichtet wurde.

(2) Der Wärmelieferant ist verpflichtet, in seiner Vertragserklärung

1. die voraussichtliche energetische Effizienzverbesserung nach § 556c Absatz 1 Satz 1 Nummer 1 des Bürgerlichen Gesetzbuchs oder die energetisch verbesserte Betriebsführung nach § 556c Absatz 1 Satz 2 des Bürgerlichen Gesetzbuchs anzugeben sowie
2. den Kostenvergleich nach § 556c Absatz 1 Satz 1 Nummer 2 des Bürgerlichen Gesetzbuchs und nach den §§ 8 bis 10 durchzuführen sowie die ihm zugrunde liegenden Annahmen und Berechnungen mitzuteilen.

(3) Die Vereinbarung von Mindestabnahmemengen oder von Modernisierungsbeschränkungen ist unwirksam.

§ 3 Preisänderungsklauseln

Preisänderungsklauseln in Wärmelieferverträgen sind nur wirksam, wenn sie den Anforderungen des § 24 Absatz 4 Satz 1 und 2 der Verordnung über Allgemeine Bedingungen für die Versorgung mit Fernwärme in der jeweils geltenden Fassung entsprechen.

§ 4 Form des Wärmeliefervertrages

Der Wärmeliefervertrag bedarf der Textform.

§ 5 Auskunftsanspruch

Hat der Mieter nach einer Umstellung auf Wärmelieferung die Wärmelieferkosten nicht als Betriebskosten zu tragen, weil die Voraussetzungen des § 556c Absatz 1 des Bürgerlichen Gesetzbuchs nicht erfüllt sind, so kann der Kunde vom Wärmelieferanten verlangen, diejenigen Bestandteile des Wärmelieferpreises als jeweils gesonderte Kosten auszuweisen, die den umlegbaren Betriebskosten nach § 7 Absatz 2 und § 8 Absatz 2 der Verordnung über Heizkostenabrechnung entsprechen.

§ 6 Verhältnis zur Verordnung über Allgemeine Bedingungen für die Versorgung mit Fernwärme

Soweit diese Verordnung keine abweichenden Regelungen enthält, bleiben die Regelungen der Verordnung über Allgemeine Bedingungen für die Versorgung mit Fernwärme unberührt.

§ 7 Abweichende Vereinbarungen

Eine von den Vorschriften dieses Abschnitts abweichende Vereinbarung ist unwirksam.

Abschnitt 3: Umstellung der Wärmeversorgung für Mietwohnraum

§ 8 Kostenvergleich vor Umstellung auf Wärmelieferung

Beim Kostenvergleich nach § 556c Absatz 1 Satz 1 Nummer 2 des Bürgerlichen Gesetzbuchs sind für das Mietwohngebäude gegenüberzustellen

1. die Kosten der Eigenversorgung durch den Vermieter mit Wärme oder Warmwasser, die der Mieter bislang als Betriebskosten zu tragen hatte, und
2. die Kosten, die der Mieter zu tragen gehabt hätte, wenn er die den bisherigen Betriebskosten zugrunde liegende Wärmemenge im Wege der Wärmelieferung bezogen hätte.

§ 9 Ermittlung der Betriebskosten der Eigenversorgung

(1) Die bisherigen Betriebskosten nach § 8 Nummer 1 sind wie folgt zu ermitteln:

1. Auf der Grundlage des Endenergieverbrauchs der letzten drei Abrechnungszeiträume, die vor der Umstellungsankündigung gegenüber dem Mieter abgerechnet worden sind, ist der bisherige durchschnittliche Endenergieverbrauch für einen Abrechnungszeitraum zu ermitteln; liegt der Endenergieverbrauch nicht vor, ist er aufgrund des Energiegehalts der eingesetzten Brennstoffmengen zu bestimmen.
2. Der nach Nummer 1 ermittelte Endenergieverbrauch ist mit den Brennstoffkosten auf Grundlage der durchschnittlich vom Vermieter entrichteten Preise des letzten Abrechnungszeitraums zu multiplizieren.
3. Den nach Nummer 2 ermittelten Kosten sind die sonstigen abgerechneten Betriebskosten des letzten Abrechnungszeitraums, die der Versorgung mit Wärme oder Warmwasser dienen, hinzuzurechnen.

(2) Hat der Vermieter die Heizungs- oder Warmwasseranlage vor dem Übergabepunkt während der letzten drei Abrechnungszeiträume modernisiert, so sind die Betriebskosten der bisherigen Versorgung auf Grundlage des Endenergieverbrauchs der modernisierten Anlage zu berechnen.

§ 10 Ermittlung der Kosten der Wärmelieferung

(1) Die Kosten der Wärmelieferung nach § 8 Nummer 2 sind wie folgt zu ermitteln: Aus dem durchschnittlichen Endenergieverbrauch in einem Abrechnungszeitraum nach § 9 Absatz 1 Nummer 1 ist durch Multiplikation mit dem Jahresnutzungsgrad der bisherigen Heizungs- oder Warmwasseranlage, bestimmt am Übergabepunkt, die bislang durchschnittlich erzielte Wärmemenge zu ermitteln.

(2) Sofern der Jahresnutzungsgrad nicht anhand der im letzten Abrechnungszeitraum fortlaufend gemessenen Wärmemenge bestimmbar ist, ist er durch Kurzzeitmessung oder, sofern eine Kurzzeitmessung nicht durchgeführt wird, mit anerkannten Pauschalwerten zu ermitteln.

(3) Für die nach Absatz 1 ermittelte bisherige durchschnittliche Wärmemenge in einem Abrechnungszeitraum sind die Wärmelieferkosten zu ermitteln, indem der aktuelle Wärmelieferpreis nach § 2 Absatz 1 Nummer 2 unter Anwendung einer nach Maßgabe von § 3 vereinbarten Preisänderungsklausel auf den letzten Abrechnungszeitraum indexiert wird.

§ 11 Umstellungsankündigung des Vermieters

(1) Die Umstellungsankündigung nach § 556c Absatz 2 des Bürgerlichen Gesetzbuchs muss dem Mieter spätestens drei Monate vor der Umstellung in Textform zugehen.

(2) Sie muss Angaben enthalten

1. zur Art der künftigen Wärmelieferung,
2. zur voraussichtlichen energetischen Effizienzverbesserung nach § 556c Absatz 1 Satz 1 Nummer 1 des Bürgerlichen Gesetzbuchs oder zur energetisch verbesserten Betriebsführung nach § 556c Absatz 1 Satz 2 des Bürgerlichen Gesetzbuchs; § 555c Absatz 3 des Bürgerlichen Gesetzbuchs gilt entsprechend,
3. zum Kostenvergleich nach § 556c Absatz 1 Satz 1 Nummer 2 des Bürgerlichen Gesetzbuchs und nach den §§ 8 bis 10 einschließlich der ihm zugrunde liegenden Annahmen und Berechnungen,
4. zum geplanten Umstellungszeitpunkt,
5. zu den im Wärmeliefervertrag vorgesehenen Preisen und den gegebenenfalls vorgesehenen Preisänderungsklauseln.

(3) Rechnet der Vermieter Wärmelieferkosten als Betriebskosten ab und hat er dem Mieter die Umstellung nicht nach den Absätzen 1 und 2 angekündigt, so beginnt die Frist für Einwendungen gegen die Abrechnung der Wärmelieferkosten (§ 556 Absatz 3 Satz 5 des Bürgerlichen Gesetzbuchs) frühestens, wenn der Mieter eine Mitteilung erhalten hat, die den Anforderungen nach den Absätzen 1 und 2 entspricht.

§ 12 Abweichende Vereinbarungen

Eine zum Nachteil des Mieters von den Vorschriften dieses Abschnitts abweichende Vereinbarung ist unwirksam.

Abschnitt 4: Schlussvorschriften

§ 13 Inkrafttreten

Diese Verordnung tritt am 1. Juli 2013 in Kraft.

Gerichtsprozess - Zwangsvollstreckung - Zwangsversteigerung - Insolvenz

Zivilprozessordnung (ZPO)

Auszug

Rechtsstand: April 2021. Letzte Änderung: 01.01.2021 (BGBl. I S. 3320).

Buch 1: Allgemeine Vorschriften

Abschnitt 1: Gerichte

Titel 1: Sachliche Zuständigkeit der Gerichte und Wertvorschriften

§ 1 Sachliche Zuständigkeit

Die sachliche Zuständigkeit der Gerichte wird durch das Gesetz über die Gerichtsverfassung bestimmt.

§ 3 Wertfestsetzung nach freiem Ermessen

Der Wert wird von dem Gericht nach freiem Ermessen festgesetzt; es kann eine beantragte Beweisaufnahme sowie von Amts wegen die Einnahme des Augenscheins und die Begutachtung durch Sachverständige anordnen.

§ 8 Pacht- oder Mietverhältnis

Ist das Bestehen oder die Dauer eines Pacht- oder Mietverhältnisses streitig, so ist der Betrag der auf die gesamte streitige Zeit entfallenden Pacht oder Miete und, wenn der 25fache Betrag des einjährigen Entgelts geringer ist, dieser Betrag für die Wertberechnung entscheidend.

§ 9 Wiederkehrende Nutzungen oder Leistungen

[1]Der Wert des Rechts auf wiederkehrende Nutzungen oder Leistungen wird nach dem dreieinhalbfachen Wert des einjährigen Bezuges berechnet. [2]Bei bestimmter Dauer des Bezugsrechts ist der Gesamtbetrag der künftigen Bezüge maßgebend, wenn er der geringere ist.

Titel 2: Gerichtsstand

§ 29a Ausschließlicher Gerichtsstand bei Miet- oder Pachträumen

(1) Für Streitigkeiten über Ansprüche aus Miet- oder Pachtverhältnissen über Räume oder über das Bestehen solcher Verhältnisse ist das Gericht ausschließlich zuständig, in dessen Bezirk sich die Räume befinden.

(2) Absatz 1 ist nicht anzuwenden, wenn es sich um Wohnraum der in § 549 Abs. 2 Nr. 1 bis 3 des Bürgerlichen Gesetzbuchs genannten Art handelt.

§ 29c Besonderer Gerichtsstand für Haustürgeschäfte

(1) [1]Für Klagen aus außerhalb von Geschäftsräumen geschlossenen Verträgen (§ 312b des Bürgerlichen Gesetzbuchs) ist das Gericht zuständig, in dessen Bezirk der Verbraucher zur Zeit der Klageerhebung seinen Wohnsitz, in Ermangelung eines solchen seinen gewöhnlichen Aufenthalt hat. [2]Für Klagen gegen den Verbraucher ist dieses Gericht ausschließlich zuständig.

(2) Verbraucher ist jede natürliche Person, die bei dem Erwerb des Anspruchs oder der Begründung des Rechtsverhältnisses nicht überwiegend im Rahmen ihrer gewerblichen oder selbständigen beruflichen Tätigkeit handelt.

(3) § 33 Abs. 2 findet auf Widerklagen der anderen Vertragspartei keine Anwendung.

(4) Eine von Absatz 1 abweichende Vereinbarung ist zulässig für den Fall, dass der Verbraucher nach Vertragsschluss seinen Wohnsitz oder gewöhnlichen Aufenthalt aus dem Geltungsbereich dieses Gesetzes verlegt oder sein Wohnsitz oder gewöhnlicher Aufenthalt im Zeitpunkt der Klageerhebung nicht bekannt ist.

Abschnitt 2: Parteien

Titel 4: Prozessbevollmächtigte und Beistände

§ 78 Anwaltsprozess

(1) [1]Vor den Landgerichten und Oberlandesgerichten müssen sich die Parteien durch einen Rechtsanwalt vertreten lassen. [2]Ist in einem Land auf Grund des § 8 des Einführungsgesetzes zum Gerichtsverfassungsgesetz ein oberstes Landesgericht errichtet, so müssen sich die Parteien vor diesem ebenfalls durch einen Rechtsanwalt vertreten lassen. [3]Vor dem Bundesgerichtshof müssen sich die Parteien durch einen bei dem Bundesgerichtshof zugelassenen Rechtsanwalt vertreten lassen.

(2) Behörden und juristische Personen des öffentlichen Rechts einschließlich der von ihnen zur Erfüllung ihrer öffentlichen Aufgaben gebildeten Zusammenschlüsse können sich als Beteiligte für die Nichtzulassungsbeschwerde durch eigene Beschäftigte mit Befähigung zum Richteramt oder durch Beschäftigte mit Befähigung zum Richteramt anderer Behörden oder juristischer Personen des öffentlichen Rechts einschließlich der von ihnen zur Erfüllung ihrer öffentlichen Aufgaben gebildeten Zusammenschlüsse vertreten lassen.

(3) Diese Vorschriften sind auf das Verfahren vor einem beauftragten oder ersuchten Richter sowie auf Prozesshandlungen, die vor dem Urkundsbeamten der Geschäftsstelle vorgenommen werden können, nicht anzuwenden.

(4) Ein Rechtsanwalt, der nach Maßgabe der Absätze 1 und 2 zur Vertretung berechtigt ist, kann sich selbst vertreten.

§ 78b Notanwalt

(1) Insoweit eine Vertretung durch Anwälte geboten ist, hat das Prozessgericht einer Partei auf ihren Antrag durch Beschluss für den Rechtszug einen Rechtsanwalt zur Wahrnehmung ihrer Rechte beizuordnen, wenn sie einen zu ihrer Vertretung bereiten Rechtsanwalt nicht findet und die Rechtsverfolgung oder Rechtsverteidigung nicht mutwillig oder aussichtslos erscheint.

(2) Gegen den Beschluss, durch den die Beiordnung eines Rechtsanwalts abgelehnt wird, findet die sofortige Beschwerde statt.

Titel 5: Prozesskosten

§ 91 Grundsatz und Umfang der Kostenpflicht

(1) [1]Die unterliegende Partei hat die Kosten des Rechtsstreits zu tragen, insbesondere die dem Gegner erwachsenen Kosten zu erstatten, soweit sie zur zweckentsprechenden Rechtsverfolgung oder Rechtsverteidigung notwendig waren. [2]Die Kostenerstattung umfasst auch die Entschädigung des Gegners für die durch notwendige Reisen oder durch die notwendige Wahrnehmung von Terminen entstandene Zeitversäumnis; die für die Entschädigung von Zeugen geltenden Vorschriften sind entsprechend anzuwenden.

(2) [1]Die gesetzlichen Gebühren und Auslagen des Rechtsanwalts der obsiegenden Partei sind in allen Prozessen zu erstatten, Reisekosten eines Rechtsanwalts, der nicht in dem Bezirk des Prozessgerichts niedergelassen ist und am Ort des Prozessgerichts auch nicht wohnt, jedoch nur insoweit, als die Zuziehung zur zweckentsprechenden Rechtsverfolgung oder Rechtsverteidigung notwendig war. [2]Die Kosten mehrerer Rechtsanwälte sind nur insoweit zu erstatten, als sie die Kosten eines Rechtsanwalts nicht übersteigen oder als in der Person des Rechtsanwalts ein Wechsel eintreten musste. [3]In eigener Sache sind dem Rechtsanwalt die Gebühren und Auslagen zu erstatten, die er als Gebühren und Auslagen eines bevollmächtigten Rechtsanwalts erstattet verlangen könnte.

(3) Zu den Kosten des Rechtsstreits im Sinne der Absätze 1, 2 gehören auch die Gebühren, die durch ein Güteverfahren vor einer durch die Landesjustizverwaltung eingerichteten oder anerkannten Gütestelle entstanden sind; dies gilt nicht, wenn zwischen der Beendigung des Güteverfahrens und der Klageerhebung mehr als ein Jahr verstrichen ist.

(4) Zu den Kosten des Rechtsstreits im Sinne von Absatz 1 gehören auch Kosten, die die obsiegende Partei der unterlegenen Partei im Verlaufe des Rechtsstreits gezahlt hat.

§ 91a Kosten bei Erledigung der Hauptsache

(1) [1]Haben die Parteien in der mündlichen Verhandlung oder durch Einreichung eines Schriftsatzes oder zu Protokoll der Geschäftsstelle den Rechtsstreit in der Hauptsache für erledigt erklärt, so entscheidet das Gericht über die Kosten unter Berücksichtigung des bisherigen Sach- und Streitstandes nach billigem Ermessen durch Beschluss. [2]Dasselbe gilt, wenn der Beklagte der Erledigungserklärung des Klägers nicht innerhalb einer Notfrist von zwei Wochen seit der Zustellung des Schriftsatzes widerspricht, wenn der Beklagte zuvor auf diese Folge hingewiesen worden ist.

(2) [1]Gegen die Entscheidung findet die sofortige Beschwerde statt. [2]Dies gilt nicht, wenn der Streitwert der Hauptsache den in § 511 genannten Betrag nicht übersteigt. [3]Vor der Entscheidung über die Beschwerde ist der Gegner zu hören.

§ 93b Kosten bei Räumungsklagen

(1) [1]Wird einer Klage auf Räumung von Wohnraum mit Rücksicht darauf stattgegeben, dass ein Verlangen des Beklagten auf Fortsetzung des Mietverhältnisses auf Grund der §§ 574 bis 574b des Bürgerlichen Gesetzbuchs wegen der berechtigten Interessen des Klägers nicht gerechtfertigt ist, so kann das Gericht die Kosten ganz oder teilweise dem Kläger auferlegen, wenn der Beklagte die Fortsetzung des Mietverhältnisses unter Angabe von Gründen verlangt hatte und der Kläger aus Gründen obsiegt, die erst nachträglich entstanden sind (§ 574 Abs. 3 des Bürgerlichen Gesetzbuchs). [2]Dies gilt in einem Rechtsstreit wegen Fortsetzung des Mietverhältnisses bei Abweisung der Klage entsprechend.

(2) [1]Wird eine Klage auf Räumung von Wohnraum mit Rücksicht darauf abgewiesen, dass auf Verlangen des Beklagten die Fortsetzung des Mietverhältnisses auf Grund der §§ 574 bis 574b des Bürgerlichen Gesetzbuchs bestimmt wird, so kann das Gericht die Kosten ganz oder teilweise dem Beklagten auferlegen, wenn er auf Verlangen des Klägers nicht unverzüglich über die Gründe des Widerspruchs Auskunft erteilt hat. [2]Dies gilt in einem Rechtsstreit wegen Fortsetzung des Mietverhältnisses entsprechend, wenn der Klage stattgegeben wird.

(3) Erkennt der Beklagte den Anspruch auf Räumung von Wohnraum sofort an, wird ihm jedoch eine Räumungsfrist bewilligt, so kann das Gericht die Kosten ganz oder teilweise dem Kläger auferlegen, wenn der Beklagte bereits vor Erhebung der Klage unter Angabe von Gründen die Fortsetzung des Mietverhältnisses oder eine den Umständen nach angemessene Räumungsfrist vom Kläger vergeblich begehrt hatte.

Abschnitt 3: Verfahren

Titel 2: Verfahren bei Zustellungen

Untertitel 1: Zustellungen von Amts wegen

§ 185 Öffentliche Zustellung

Die Zustellung kann durch öffentliche Bekanntmachung (öffentliche Zustellung) erfolgen, wenn

1. der Aufenthaltsort einer Person unbekannt und eine Zustellung an einen Vertreter oder Zustellungsbevollmächtigten nicht möglich ist,

2. bei juristischen Personen, die zur Anmeldung einer inländischen Geschäftsanschrift zum Handelsregister verpflichtet sind, eine Zustellung weder unter der eingetragenen Anschrift noch unter einer im Handelsregister eingetragenen Anschrift einer für Zustellungen empfangsberechtigten Person oder einer ohne Ermittlungen bekannten anderen inländischen Anschrift möglich ist,
3. eine Zustellung im Ausland nicht möglich ist oder keinen Erfolg verspricht oder
4. die Zustellung nicht erfolgen kann, weil der Ort der Zustellung die Wohnung einer Person ist, die nach den §§ 18 bis 20 des Gerichtsverfassungsgesetzes der Gerichtsbarkeit nicht unterliegt.

§ 186 Bewilligung und Ausführung der öffentlichen Zustellung

(1) [1]Über die Bewilligung der öffentlichen Zustellung entscheidet das Prozessgericht. [2]Die Entscheidung kann ohne mündliche Verhandlung ergehen.

(2) [1]Die öffentliche Zustellung erfolgt durch Aushang einer Benachrichtigung an der Gerichtstafel oder durch Einstellung in ein elektronisches Informationssystem, das im Gericht öffentlich zugänglich ist. [2]Die Benachrichtigung kann zusätzlich in einem von dem Gericht für Bekanntmachungen bestimmten elektronischen Informations- und Kommunikationssystem veröffentlicht werden. [3]Die Benachrichtigung muss erkennen lassen

1. die Person, für die zugestellt wird,
2. den Namen und die letzte bekannte Anschrift des Zustellungsadressaten,
3. das Datum, das Aktenzeichen des Schriftstücks und die Bezeichnung des Prozessgegenstandes sowie
4. die Stelle, wo das Schriftstück eingesehen werden kann.

[4]Die Benachrichtigung muss den Hinweis enthalten, dass ein Schriftstück öffentlich zugestellt wird und Fristen in Gang gesetzt werden können, nach deren Ablauf Rechtsverluste drohen können. [5]Bei der Zustellung einer Ladung muss die Benachrichtigung den Hinweis enthalten, dass das Schriftstück eine Ladung zu einem Termin enthält, dessen Versäumung Rechtsnachteile zur Folge haben kann.

(3) In den Akten ist zu vermerken, wann die Benachrichtigung ausgehängt und wann sie abgenommen wurde.

Untertitel 2: Zustellungen auf Betreiben der Parteien

§ 191 Zustellung

Ist eine Zustellung auf Betreiben der Parteien zugelassen oder vorgeschrieben, finden die Vorschriften über die Zustellung von Amts wegen entsprechende Anwendung, soweit sich nicht aus den nachfolgenden Vorschriften Abweichungen ergeben.

§ 192 Zustellung durch Gerichtsvollzieher

(1) Die von den Parteien zu betreibenden Zustellungen erfolgen unbeschadet der Zustellung im Ausland nach § 183 durch den Gerichtsvollzieher nach Maßgabe der §§ 193 und 194.

(2) [1]Die Partei übergibt dem Gerichtsvollzieher das zuzustellende Schriftstück mit den erforderlichen Abschriften. [2]Der Gerichtsvollzieher beglaubigt die Abschriften; er kann fehlende Abschriften selbst herstellen.

(3) [1]Im Verfahren vor dem Amtsgericht kann die Partei den Gerichtsvollzieher unter Vermittlung der Geschäftsstelle des Prozessgerichts mit der Zustellung beauftragen. [2]Insoweit hat diese den Gerichtsvollzieher mit der Zustellung zu beauftragen.

§ 193 Ausführung der Zustellung

(1) [1]Der Gerichtsvollzieher beurkundet auf der Urschrift des zuzustellenden Schriftstücks oder auf dem mit der Urschrift zu verbindenden hierfür vorgesehenen Formular die Ausführung der Zustellung nach § 182 Abs. 2 und vermerkt die Person, in deren Auftrag er zugestellt hat. [2]Bei Zustellung durch Aufgabe zur Post ist das Datum und die Anschrift, unter der die Aufgabe erfolgte, zu vermerken.

(2) Der Gerichtsvollzieher vermerkt auf dem zu übergebenden Schriftstück den Tag der Zustellung, sofern er nicht eine beglaubigte Abschrift der Zustellungsurkunde übergibt.

(3) Die Zustellungsurkunde ist der Partei zu übermitteln, für die zugestellt wurde.

§ 194 Zustellungsauftrag

(1) [1]Beauftragt der Gerichtsvollzieher die Post mit der Ausführung der Zustellung, vermerkt er auf dem zuzustellenden Schriftstück, im Auftrag welcher Person er es der Post übergibt. [2]Auf der Urschrift des zuzustellenden Schriftstücks oder auf einem mit ihr zu verbindenden Übergabebogen bezeugt er, dass die mit der Anschrift des Zustellungsadressaten, der Bezeichnung des absendenden Gerichtsvollziehers und einem Aktenzeichen versehene Sendung der Post übergeben wurde.

(2) Die Post leitet die Zustellungsurkunde unverzüglich an den Gerichtsvollzieher zurück.

§ 195 Zustellung von Anwalt zu Anwalt

(1) [1]Sind die Parteien durch Anwälte vertreten, so kann ein Dokument auch dadurch zugestellt werden, dass der zustellende Anwalt das Dokument dem anderen Anwalt übermittelt (Zustellung von Anwalt zu Anwalt). [2]Auch Schriftsätze, die nach den Vorschriften dieses Gesetzes vom Amts wegen zugestellt werden, können stattdessen von Anwalt zu Anwalt zugestellt werden, wenn nicht gleichzeitig dem Gegner eine gerichtliche Anordnung mitzuteilen ist. [3]In dem Schriftsatz soll die Erklärung enthalten sein, dass von Anwalt zu Anwalt zugestellt werde. [4]Die Zustellung ist dem Gericht, sofern dies für die zu treffende Entscheidung erforderlich ist, nachzuweisen. [5]Für die Zustellung an einen Anwalt gilt § 174 Abs. 2 Satz 1 und Abs. 3 Satz 1, 3 entsprechend.

(2) [1]Zum Nachweis der Zustellung genügt das mit Datum und Unterschrift versehene schriftliche Empfangsbekenntnis des Anwalts, dem zugestellt worden ist. [2]§ 174 Absatz 4 Satz 2 bis 4 gilt entsprechend. [3]Der Anwalt, der zustellt, hat dem anderen Anwalt auf Verlangen eine Bescheinigung über die Zustellung zu erteilen.

Buch 2: Verfahren im ersten Rechtszug

Abschnitt 1: Verfahren vor den Landgerichten

Titel 1: Verfahren bis zum Urteil

§ 256 Feststellungsklage

(1) Auf Feststellung des Bestehens oder Nichtbestehens eines Rechtsverhältnisses, auf Anerkennung einer Urkunde oder auf Feststellung ihrer Unechtheit kann Klage erhoben werden, wenn der Kläger ein rechtliches Interesse daran hat, dass das Rechtsverhältnis oder die Echtheit oder Unechtheit der Urkunde durch richterliche Entscheidung alsbald festgestellt werde.

(2) Bis zum Schluss derjenigen mündlichen Verhandlung, auf die das Urteil ergeht, kann der Kläger durch Erweiterung des Klageantrags, der Beklagte durch Erhebung einer Widerklage beantragen, dass ein im Laufe des Prozesses streitig gewordenes Rechtsverhältnis, von dessen Bestehen oder Nichtbestehen die Entscheidung des Rechtsstreits ganz oder zum Teil abhängt, durch richterliche Entscheidung festgestellt werde.

§ 257 Klage auf künftige Zahlung oder Räumung

Ist die Geltendmachung einer nicht von einer Gegenleistung abhängigen Geldforderung oder die Geltendmachung des Anspruchs auf Räumung eines Grundstücks oder eines Raumes, der anderen als Wohnzwecken dient, an den Eintritt eines Kalendertages geknüpft, so kann Klage auf künftige Zahlung oder Räumung erhoben werden.

§ 259 Klage wegen Besorgnis nicht rechtzeitiger Leistung

Klage auf künftige Leistung kann außer den Fällen der §§ 257, 258 erhoben werden, wenn den Umständen nach die Besorgnis gerechtfertigt ist, dass der Schuldner sich der rechtzeitigen Leistung entziehen werde.

§ 272 Bestimmung der Verfahrensweise

(1) Der Rechtsstreit ist in der Regel in einem umfassend vorbereiteten Termin zur mündlichen Verhandlung (Haupttermin) zu erledigen.

(2) Der Vorsitzende bestimmt entweder einen frühen ersten Termin zur mündlichen Verhandlung (§ 275) oder veranlasst ein schriftliches Vorverfahren (§ 276).

(3) Die Güteverhandlung und die mündliche Verhandlung sollen so früh wie möglich stattfinden.

(4) Räumungssachen sind vorrangig und beschleunigt durchzuführen.

§ 282 Rechtzeitigkeit des Vorbringens

(1) Jede Partei hat in der mündlichen Verhandlung ihre Angriffs- und Verteidigungsmittel, insbesondere Behauptungen, Bestreiten, Einwendungen, Einreden, Beweismittel und Beweiseinreden, so zeitig vorzubringen, wie es nach der Prozesslage einer sorgfältigen und auf Förderung des Verfahrens bedachten Prozessführung entspricht.

(2) Anträge sowie Angriffs- und Verteidigungsmittel, auf die der Gegner voraussichtlich ohne vorhergehende Erkundigung keine Erklärung abgeben kann, sind vor der mündlichen Verhandlung durch vorbereitenden Schriftsatz so zeitig mitzuteilen, dass der Gegner die erforderliche Erkundigung noch einzuziehen vermag.

(3) [1]Rügen, die die Zulässigkeit der Klage betreffen, hat der Beklagte gleichzeitig und vor seiner Verhandlung zur Hauptsache vorzubringen. [2]Ist ihm vor der mündlichen Verhandlung eine Frist zur Klageerwiderung gesetzt, so hat er die Rügen schon innerhalb der Frist geltend zu machen.

§ 283a Sicherungsanordnung

(1) [1]Wird eine Räumungsklage mit einer Zahlungsklage aus demselben Rechtsverhältnis verbunden, ordnet das Prozessgericht auf Antrag des Klägers an, dass der Beklagte wegen der Geldforderungen, die nach Rechtshängigkeit der Klage fällig geworden sind, Sicherheit zu leisten hat, soweit

1. die Klage auf diese Forderungen hohe Aussicht auf Erfolg hat und
2. die Anordnung nach Abwägung der beiderseitigen Interessen zur Abwendung besonderer Nachteile für den Kläger gerechtfertigt ist. Hinsichtlich der abzuwägenden Interessen genügt deren Glaubhaftmachung.

[2]Streiten die Parteien um das Recht des Klägers, die Geldforderung zu erhöhen, erfasst die Sicherungsanordnung den Erhöhungsbetrag nicht. [3]Gegen die Entscheidung über die Sicherungsanordnung findet die sofortige Beschwerde statt.

(2) Der Beklagte hat die Sicherheitsleistung binnen einer vom Gericht zu bestimmenden Frist nachzuweisen.

(3) Soweit der Kläger obsiegt, ist in einem Endurteil oder einer anderweitigen den Rechtsstreit beendenden Regelung auszusprechen, dass er berechtigt ist, sich aus der Sicherheit zu befriedigen.

(4) [1]Soweit dem Kläger nach dem Endurteil oder nach der anderweitigen Regelung ein Anspruch in Höhe der Sicherheitsleistung nicht zusteht, hat er den Schaden zu ersetzen, der dem Beklagten durch die Sicherheitsleistung entstanden ist. [2]§ 717 Absatz 2 Satz 2 gilt entsprechend.

Titel 2: Urteil

§ 308a Entscheidung ohne Antrag in Mietsachen

(1) [1]Erachtet das Gericht in einer Streitigkeit zwischen dem Vermieter und dem Mieter oder dem Mieter und dem Untermieter wegen Räumung von Wohnraum den Räumungsanspruch für unbegründet, weil der Mieter nach den §§ 574 bis 574b des Bürgerlichen Gesetzbuchs eine Fortsetzung des Mietverhältnisses verlangen kann, so hat es in dem Urteil auch ohne Antrag auszusprechen, für welche Dauer und unter welchen Änderungen der Vertragsbedingungen das Mietverhältnis fortgesetzt wird. [2]Vor dem Ausspruch sind die Parteien zu hören.

(2) Der Ausspruch ist selbständig anfechtbar.

Buch 8: Zwangsvollstreckung

Abschnitt 1: Allgemeine Vorschriften

§ 704 Vollstreckbare Endurteile

Die Zwangsvollstreckung findet statt aus Endurteilen, die rechtskräftig oder für vorläufig vollstreckbar erklärt sind.

§ 708 Vorläufige Vollstreckbarkeit ohne Sicherheitsleistung

Für vorläufig vollstreckbar ohne Sicherheitsleistung sind zu erklären:

1. Urteile, die auf Grund eines Anerkenntnisses oder eines Verzichts ergehen;
2. Versäumnisurteile und Urteile nach Lage der Akten gegen die säumige Partei gemäß § 331a;
3. Urteile, durch die gemäß § 341 der Einspruch als unzulässig verworfen wird;
4. Urteile, die im Urkunden-, Wechsel- oder Scheckprozess erlassen werden;
5. Urteile, die ein Vorbehaltsurteil, das im Urkunden-, Wechsel- oder Scheckprozess erlassen wurde, für vorbehaltlos erklären;
6. Urteile, durch die Arreste oder einstweilige Verfügungen abgelehnt oder aufgehoben werden;
7. Urteile in Streitigkeiten zwischen dem Vermieter und dem Mieter oder Untermieter von Wohnräumen oder anderen Räumen oder zwischen dem Mieter und dem Untermieter solcher Räume wegen Überlassung, Benutzung oder Räumung, wegen Fortsetzung des Mietverhältnisses über Wohnraum auf Grund der §§ 574 bis 574b des Bürgerlichen Gesetzbuchs sowie wegen Zurückhaltung der von dem Mieter oder dem Untermieter in die Mieträume eingebrachten Sachen;
8. Urteile, die die Verpflichtung aussprechen, Unterhalt, Renten wegen Entziehung einer Unterhaltsforderung oder Renten wegen einer Verletzung des Körpers oder der Gesundheit zu entrichten, soweit sich die Verpflichtung auf die Zeit nach der Klageerhebung und auf das ihr vorausgehende letzte Vierteljahr bezieht;
9. Urteile nach §§ 861, 862 des Bürgerlichen Gesetzbuchs auf Wiedereinräumung des Besitzes oder auf Beseitigung oder Unterlassung einer Besitzstörung;
10. Berufungsurteile in vermögensrechtlichen Streitigkeiten. Wird die Berufung durch Urteil oder Beschluss gemäß § 522 Absatz 2 zurückgewiesen, ist auszusprechen, dass das angefochtene Urteil ohne Sicherheitsleistung vorläufig vollstreckbar ist;
11. andere Urteile in vermögensrechtlichen Streitigkeiten, wenn der Gegenstand der Verurteilung in der Hauptsache 1.250 Euro nicht übersteigt oder wenn nur die Entscheidung über die Kosten vollstreckbar ist und eine Vollstreckung im Wert von nicht mehr als 1.500 Euro ermöglicht.

§ 709 Vorläufige Vollstreckbarkeit gegen Sicherheitsleistung

[1]Andere Urteile sind gegen eine der Höhe nach zu bestimmende Sicherheit für vorläufig vollstreckbar zu erklären. [2]Soweit wegen einer Geldforderung zu vollstrecken ist, genügt es, wenn die Höhe der Sicherheitsleistung in einem bestimmten Verhältnis zur Höhe des jeweils zu vollstreckenden Betrages angegeben wird. [3]Handelt es sich um ein Urteil, das ein Versäumnisurteil aufrechterhält, so ist auszusprechen, dass die Vollstreckung aus dem Versäumnisurteil nur gegen Leistung der Sicherheit fortgesetzt werden darf.

§ 711 Abwendungsbefugnis

[1]In den Fällen des § 708 Nr. 4 bis 11 hat das Gericht auszusprechen, dass der Schuldner die Vollstreckung durch Sicherheitsleistung oder Hinterlegung abwenden darf, wenn nicht der Gläubiger vor der Vollstreckung Sicherheit leistet. [2]§ 709 Satz 2 gilt entsprechend, für den Schuldner jedoch mit der Maßgabe, dass Sicherheit in einem bestimmten Verhältnis zur Höhe des auf Grund des Urteils vollstreckbaren Betrages zu leisten ist. [3]Für den Gläubiger gilt § 710 entsprechend.

§ 712 Schutzantrag des Schuldners

(1) [1]Würde die Vollstreckung dem Schuldner einen nicht zu ersetzenden Nachteil bringen, so hat ihm das Gericht auf Antrag zu gestatten, die Vollstreckung durch Sicherheitsleistung oder Hinterlegung ohne Rücksicht auf eine Sicherheitsleistung des Gläubigers abzuwenden; § 709 Satz 2 gilt in den Fällen des § 709 Satz 1 entsprechend. [2]Ist der Schuldner dazu nicht in der Lage, so ist das Urteil nicht für vorläufig vollstreckbar zu erklären oder die Vollstreckung auf die in § 720a Abs. 1, 2 bezeichneten Maßregeln zu beschränken.

(2) [1]Dem Antrag des Schuldners ist nicht zu entsprechen, wenn ein überwiegendes Interesse des Gläubigers entgegensteht. [2]In den Fällen des § 708 kann das Gericht anordnen, dass das Urteil nur gegen Sicherheitsleistung vorläufig vollstreckbar ist.

§ 713 Unterbleiben von Schuldnerschutzanordnungen

Die in den §§ 711, 712 zugunsten des Schuldners zugelassenen Anordnungen sollen nicht ergehen, wenn die Voraussetzungen, unter denen ein Rechtsmittel gegen das Urteil stattfindet, unzweifelhaft nicht vorliegen.

§ 721 Räumungsfrist

(1) [1]Wird auf Räumung von Wohnraum erkannt, so kann das Gericht auf Antrag oder von Amts wegen dem Schuldner eine den Umständen nach angemessene Räumungsfrist gewähren. [2]Der Antrag ist vor dem Schluss der mündlichen Verhandlung zu stellen, auf die das Urteil ergeht. [3]Ist der Antrag bei der Entscheidung übergangen, so gilt § 321; bis zur Entscheidung kann das Gericht auf Antrag die Zwangsvollstreckung wegen des Räumungsanspruchs einstweilen einstellen.

(2) [1]Ist auf künftige Räumung erkannt und über eine Räumungsfrist noch nicht entschieden, so kann dem Schuldner eine den Umständen nach angemessene Räumungsfrist gewährt werden, wenn er spätestens zwei Wochen vor dem Tag, an dem nach dem Urteil zu räumen ist, einen Antrag stellt. [2]§§ 233 bis 238 gelten sinngemäß.

(3) [1]Die Räumungsfrist kann auf Antrag verlängert oder verkürzt werden. [2]Der Antrag auf Verlängerung ist spätestens zwei Wochen vor Ablauf der Räumungsfrist zu stellen. [3]§§ 233 bis 238 gelten sinngemäß.

(4) [1]Über Anträge nach den Absätzen 2 oder 3 entscheidet das Gericht erster Instanz, solange die Sache in der Berufungsinstanz anhängig ist, das Berufungsgericht. [2]Die Entscheidung ergeht durch Beschluss. [3]Vor der Entscheidung ist der Gegner zu hören. [4]Das Gericht ist befugt, die im § 732 Abs. 2 bezeichneten Anordnungen zu erlassen.

(5) [1]Die Räumungsfrist darf insgesamt nicht mehr als ein Jahr betragen. [2]Die Jahresfrist rechnet vom Tage der Rechtskraft des Urteils oder, wenn nach einem Urteil auf künftige Räumung an einem späteren Tage zu räumen ist, von diesem Tage an.

(6) Die sofortige Beschwerde findet statt

1. gegen Urteile, durch die auf Räumung von Wohnraum erkannt ist, wenn sich das Rechtsmittel lediglich gegen die Versagung, Gewährung oder Bemessung einer Räumungsfrist richtet;
2. gegen Beschlüsse über Anträge nach den Absätzen 2 oder 3.

(7) [1]Die Absätze 1 bis 6 gelten nicht für Mietverhältnisse über Wohnraum im Sinne des § 549 Abs. 2 Nr. 3 sowie in den Fällen des § 575 des Bürgerlichen Gesetzbuchs. [2]Endet ein Mietverhältnis im Sinne des § 575 des Bürgerlichen Gesetzbuchs durch außerordentliche Kündigung, kann eine Räumungsfrist höchstens bis zum vertraglich bestimmten Zeitpunkt der Beendigung gewährt werden.

§ 732 Erinnerung gegen Erteilung der Vollstreckungsklausel

(1) [1]Über Einwendungen des Schuldners, welche die Zulässigkeit der Vollstreckungsklausel betreffen, entscheidet das Gericht, von dessen Geschäftsstelle die Vollstreckungsklausel erteilt ist. [2]Die Entscheidung ergeht durch Beschluss.

(2) Das Gericht kann vor der Entscheidung eine einstweilige Anordnung erlassen; es kann insbesondere anordnen, dass die Zwangsvollstreckung gegen oder ohne Sicherheitsleistung einstweilen einzustellen oder nur gegen Sicherheitsleistung fortzusetzen sei.

§ 750 Voraussetzungen der Zwangsvollstreckung

(1) [1]Die Zwangsvollstreckung darf nur beginnen, wenn die Personen, für und gegen die sie stattfinden soll, in dem Urteil oder in der ihm beigefügten Vollstreckungsklausel namentlich bezeichnet sind und das Urteil bereits zugestellt ist oder gleichzeitig zugestellt wird. [2]Eine Zustellung durch den Gläubiger genügt; in diesem Fall braucht die Ausfertigung des Urteils Tatbestand und Entscheidungsgründe nicht zu enthalten.

(2) Handelt es sich um die Vollstreckung eines Urteils, dessen vollstreckbare Ausfertigung nach § 726 Abs. 1 erteilt worden ist, oder soll ein Urteil, das nach den §§ 727 bis 729, 738, 742, 744, dem § 745 Abs. 2 und dem § 749 für oder gegen eine der dort bezeichneten Personen wirksam ist, für oder gegen eine dieser Personen vollstreckt werden, so muss außer dem zu vollstreckenden Urteil auch die ihm beigefügte Vollstreckungsklausel und, sofern die Vollstreckungsklausel auf Grund öffentlicher oder öffentlich beglaubigter Urkunden erteilt ist, auch eine Abschrift dieser Urkunden vor Beginn der Zwangsvollstreckung zugestellt sein oder gleichzeitig mit ihrem Beginn zugestellt werden.

(3) Eine Zwangsvollstreckung nach § 720a darf nur beginnen, wenn das Urteil und die Vollstreckungsklausel mindestens zwei Wochen vorher zugestellt sind.

§ 765a Vollstreckungsschutz

(1) [1]Auf Antrag des Schuldners kann das Vollstreckungsgericht eine Maßnahme der Zwangsvollstreckung ganz oder teilweise aufheben, untersagen oder einstweilen einstellen, wenn die Maßnahme unter voller Würdigung des Schutzbedürfnisses des Gläubigers wegen ganz besonderer Umstände eine Härte bedeutet, die mit den guten Sitten nicht vereinbar ist. [2]Es ist befugt, die in § 732 Abs. 2 bezeichneten Anordnungen zu erlassen. [3]Betrifft die Maßnahme ein Tier, so hat das Vollstreckungsgericht bei der von ihm vorzunehmenden Abwägung die Verantwortung des Menschen für das Tier zu berücksichtigen.

(2) Eine Maßnahme zur Erwirkung der Herausgabe von Sachen kann der Gerichtsvollzieher bis zur Entscheidung des Vollstreckungsgerichts, jedoch nicht länger als eine Woche, aufschieben, wenn ihm die Voraussetzungen des Absatzes 1 Satz 1 glaubhaft gemacht werden und dem Schuldner die rechtzeitige Anrufung des Vollstreckungsgerichts nicht möglich war.

(3) In Räumungssachen ist der Antrag nach Absatz 1 spätestens zwei Wochen vor dem festgesetzten Räumungstermin zu stellen, es sei denn, dass die Gründe, auf denen der Antrag beruht, erst nach diesem Zeitpunkt entstanden sind oder der Schuldner ohne sein Verschulden an einer rechtzeitigen Antragstellung gehindert war.

(4) Das Vollstreckungsgericht hebt seinen Beschluss auf Antrag auf oder ändert ihn, wenn dies mit Rücksicht auf eine Änderung der Sachlage geboten ist.

(5) Die Aufhebung von Vollstreckungsmaßregeln erfolgt in den Fällen des Absatzes 1 Satz 1 und des Absatzes 4 erst nach Rechtskraft des Beschlusses.

§ 766 Erinnerung gegen Art und Weise der Zwangsvollstreckung

(1) [1]Über Anträge, Einwendungen und Erinnerungen, welche die Art und Weise der Zwangsvollstreckung oder das vom Gerichtsvollzieher bei ihr zu beobachtende Verfahren betreffen, entscheidet das Vollstreckungsgericht. [2]Es ist befugt, die im § 732 Abs. 2 bezeichneten Anordnungen zu erlassen.

(2) Dem Vollstreckungsgericht steht auch die Entscheidung zu, wenn ein Gerichtsvollzieher sich weigert, einen Vollstreckungsauftrag zu übernehmen oder eine Vollstreckungshandlung dem Auftrag gemäß auszuführen, oder wenn wegen der von dem Gerichtsvollzieher in Ansatz gebrachten Kosten Erinnerungen erhoben werden.

§ 794a Zwangsvollstreckung aus Räumungsvergleich

(1) [1]Hat sich der Schuldner in einem Vergleich, aus dem die Zwangsvollstreckung stattfindet, zur Räumung von Wohnraum verpflichtet, so kann ihm das Amtsgericht, in dessen Bezirk der Wohnraum belegen ist, auf Antrag eine den Umständen nach angemessene Räumungsfrist bewilligen. [2]Der Antrag ist spätestens zwei Wochen vor dem Tag, an dem nach dem Vergleich zu räumen ist, zu stellen; §§ 233 bis 238 gelten sinngemäß. [3]Die Entscheidung ergeht durch Beschluss. [4]Vor der Entscheidung ist der Gläubiger zu hören. [5]Das Gericht ist befugt, die im § 732 Abs. 2 bezeichneten Anordnungen zu erlassen.

(2) [1]Die Räumungsfrist kann auf Antrag verlängert oder verkürzt werden. [2]Absatz 1 Satz 2 bis 5 gilt entsprechend.

(3) [1]Die Räumungsfrist darf insgesamt nicht mehr als ein Jahr, gerechnet vom Tag des Abschlusses des Vergleichs, betragen. [2]Ist nach dem Vergleich an einem späteren Tag zu räumen, so rechnet die Frist von diesem Tag an.

(4) Gegen die Entscheidung des Amtsgerichts findet die sofortige Beschwerde statt.

(5) [1]Die Absätze 1 bis 4 gelten nicht für Mietverhältnisse über Wohnraum im Sinne des § 549 Abs. 2 Nr. 3 sowie in den Fällen des § 575 des Bürgerlichen Gesetzbuchs. [2]Endet ein Mietverhältnis im Sinne des § 575 des Bürgerlichen Gesetzbuchs durch außerordentliche Kündigung, kann eine Räumungsfrist höchstens bis zum vertraglich bestimmten Zeitpunkt der Beendigung gewährt werden.

§ 796a Voraussetzungen für die Vollstreckbarerklärung des Anwaltsvergleichs

(1) Ein von Rechtsanwälten im Namen und mit Vollmacht der von ihnen vertretenen Parteien abgeschlossener Vergleich wird auf Antrag einer Partei für vollstreckbar erklärt, wenn sich der Schuldner darin der sofortigen Zwangsvollstreckung unterworfen hat und der Vergleich unter Angabe des Tages seines Zustandekommens bei einem Amtsgericht niedergelegt ist, bei dem eine der Parteien zur Zeit des Vergleichsabschlusses ihren allgemeinen Gerichtsstand hat.

(2) Absatz 1 gilt nicht, wenn der Vergleich auf die Abgabe einer Willenserklärung gerichtet ist oder den Bestand eines Mietverhältnisses über Wohnraum betrifft.

(3) Die Vollstreckbarerklärung ist abzulehnen, wenn der Vergleich unwirksam ist oder seine Anerkennung gegen die öffentliche Ordnung verstoßen würde.

Abschnitt 2: Zwangsvollstreckung wegen Geldforderungen

Titel 2: Zwangsvollstreckung in das bewegliche Vermögen

Untertitel 3: Zwangsvollstreckung in Forderungen und andere Vermögensrechte

§ 851b Pfändungsschutz bei Miet- und Pachtzinsen

(1) [1]Die Pfändung von Miete und Pacht ist auf Antrag des Schuldners vom Vollstreckungsgericht insoweit aufzuheben, als diese Einkünfte für den Schuldner zur laufenden Unterhaltung des Grundstücks, zur Vornahme notwendiger Instandsetzungsarbeiten und zur Befriedigung von Ansprüchen unentbehrlich sind, die bei einer Zwangsvollstreckung in das Grundstück dem Anspruch des Gläubigers nach § 10 des Gesetzes über die Zwangsversteigerung und die Zwangsverwaltung vorgehen würden. [2]Das Gleiche gilt von der Pfändung von Barmitteln und Guthaben, die aus Miet- oder Pachtzahlungen herrühren und zu den in Satz 1 bezeichneten Zwecken unentbehrlich sind.

(2) [1]Wird der Antrag nicht binnen einer Frist von zwei Wochen gestellt, so ist er ohne sachliche Prüfung zurückzuweisen, wenn das Vollstreckungsgericht der Überzeugung ist, dass der Schuldner den Antrag in der Absicht der Verschleppung oder aus grober Nachlässigkeit nicht früher gestellt hat. [2]Die Frist beginnt mit der Pfändung.

(3) Anordnungen nach Absatz 1 können mehrmals ergehen und, soweit es nach Lage der Verhältnisse geboten ist, auf Antrag aufgehoben oder abgeändert werden.

(4) [1]Vor den in den Absätzen 1 und 3 bezeichneten Entscheidungen ist, soweit dies ohne erhebliche Verzögerung möglich ist, der Gläubiger zu hören. [2]Die für die Entscheidung wesentlichen tatsächlichen Verhältnisse sind glaubhaft zu machen. [3]Die Pfändung soll unterbleiben, wenn offenkundig ist, dass die Voraussetzungen für die Aufhebung der Zwangsvollstreckung nach Absatz 1 vorliegen.

Abschnitt 3: Zwangsvollstreckung zur Erwirkung der Herausgabe von Sachen und zur Erwirkung von Handlungen oder Unterlassungen

§ 885 Herausgabe von Grundstücken oder Schiffen

(1) [1]Hat der Schuldner eine unbewegliche Sache oder ein eingetragenes Schiff oder Schiffsbauwerk herauszugeben, zu überlassen oder zu räumen, so hat der Gerichtsvollzieher den Schuldner aus dem Besitz zu setzen und den Gläubiger in den Besitz einzuweisen. [2]Der Gerichtsvollzieher hat den Schuldner aufzufordern, eine Anschrift zum Zweck von Zustellungen oder einen Zustellungsbevollmächtigten zu benennen.

(2) Bewegliche Sachen, die nicht Gegenstand der Zwangsvollstreckung sind, werden von dem Gerichtsvollzieher weggeschafft und dem Schuldner oder, wenn dieser abwesend ist, einem Bevollmächtigten des Schuldners, einem erwachsenen Familienangehörigen, einer in der Familie beschäftigten Person oder einem erwachsenen ständigen Mitbewohner übergeben oder zur Verfügung gestellt.

(3) [1]Ist weder der Schuldner noch eine der bezeichneten Personen anwesend oder wird die Entgegennahme verweigert, hat der Gerichtsvollzieher die in Absatz 2 bezeichneten Sachen auf Kosten des Schuldners in die Pfandkammer zu schaffen oder anderweitig in Verwahrung zu bringen. [2]Bewegliche Sachen, an deren Aufbewahrung offensichtlich kein Interesse besteht, sollen unverzüglich vernichtet werden.

(4) [1]Fordert der Schuldner die Sachen nicht binnen einer Frist von einem Monat nach der Räumung ab, veräußert der Gerichtsvollzieher die Sachen und hinterlegt den Erlös. [2]Der Gerichtsvollzieher veräußert die Sachen und hinterlegt den Erlös auch dann, wenn der Schuldner die Sachen binnen einer Frist von einem Monat abfordert, ohne binnen einer Frist von zwei Monaten nach der Räumung die Kosten zu zahlen. [3]Die §§ 806, 814 und 817 sind entsprechend anzuwenden. [4]Sachen, die nicht verwertet werden können, sollen vernichtet werden.

(5) Unpfändbare Sachen und solche Sachen, bei denen ein Verwertungserlös nicht zu erwarten ist, sind auf Verlangen des Schuldners jederzeit ohne Weiteres herauszugeben.

§ 885a Beschränkter Vollstreckungsauftrag

(1) Der Vollstreckungsauftrag kann auf die Maßnahmen nach § 885 Absatz 1 beschränkt werden.

(2) [1]Der Gerichtsvollzieher hat in dem Protokoll (§ 762) die frei ersichtlichen beweglichen Sachen zu dokumentieren, die er bei der Vornahme der Vollstreckungshandlung vorfindet. [2]Er kann bei der Dokumentation Bildaufnahmen in elektronischer Form herstellen.

(3) [1]Der Gläubiger kann bewegliche Sachen, die nicht Gegenstand der Zwangsvollstreckung sind, jederzeit wegschaffen und hat sie zu verwahren. [2]Bewegliche Sachen, an deren Aufbewahrung offensichtlich kein Interesse besteht, kann er jederzeit vernichten. [3]Der Gläubiger hat hinsichtlich der Maßnahmen nach den Sätzen 1 und 2 nur Vorsatz und grobe Fahrlässigkeit zu vertreten.

(4) [1]Fordert der Schuldner die Sachen beim Gläubiger nicht binnen einer Frist von einem Monat nach der Einweisung des Gläubigers in den Besitz ab, kann der Gläubiger die Sachen verwerten. [2]Die §§ 372 bis 380, 382, 383 und 385 des Bürgerlichen Gesetzbuchs sind entsprechend anzuwenden. [3]Eine Androhung der Versteigerung findet nicht statt. [4]Sachen, die nicht verwertet werden können, können vernichtet werden.

(5) Unpfändbare Sachen und solche Sachen, bei denen ein Verwertungserlös nicht zu erwarten ist, sind auf Verlangen des Schuldners jederzeit ohne Weiteres herauszugeben.

(6) Mit der Mitteilung des Räumungstermins weist der Gerichtsvollzieher den Gläubiger und den Schuldner auf die Bestimmungen der Absätze 2 bis 5 hin.

(7) Die Kosten nach den Absätzen 3 und 4 gelten als Kosten der Zwangsvollstreckung.

§ 886 Herausgabe bei Gewahrsam eines Dritten

Befindet sich eine herauszugebende Sache im Gewahrsam eines Dritten, so ist dem Gläubiger auf dessen Antrag der Anspruch des Schuldners auf Herausgabe der Sache nach den Vorschriften zu überweisen, welche die Pfändung und Überweisung einer Geldforderung betreffen.

Abschnitt 5: Arrest und einstweilige Verfügung

§ 940 Einstweilige Verfügung zur Regelung eines einstweiligen Zustandes

Einstweilige Verfügungen sind auch zum Zwecke der Regelung eines einstweiligen Zustandes in Bezug auf ein streitiges Rechtsverhältnis zulässig, sofern diese Regelung, insbesondere bei dauernden Rechtsverhältnissen zur Abwendung wesentlicher Nachteile oder zur Verhinderung drohender Gewalt oder aus anderen Gründen nötig erscheint.

§ 940a Räumung von Wohnraum

(1) Die Räumung von Wohnraum darf durch einstweilige Verfügung nur wegen verbotener Eigenmacht oder bei einer konkreten Gefahr für Leib oder Leben angeordnet werden.

(2) Die Räumung von Wohnraum darf durch einstweilige Verfügung auch gegen einen Dritten angeordnet werden, der im Besitz der Mietsache ist, wenn gegen den Mieter ein vollstreckbarer Räumungstitel vorliegt und der Vermieter vom Besitzerwerb des Dritten erst nach dem Schluss der mündlichen Verhandlung Kenntnis erlangt hat.

(3) Ist Räumungsklage wegen Zahlungsverzugs erhoben, darf die Räumung von Wohnraum durch einstweilige Verfügung auch angeordnet werden, wenn der Beklagte einer Sicherungsanordnung (§ 283a) im Hauptsacheverfahren nicht Folge leistet.

(4) In den Fällen der Absätze 2 und 3 hat das Gericht den Gegner vor Erlass einer Räumungsverfügung anzuhören.

Buch 10: Schiedsrichterliches Verfahren
Abschnitt 2: Schiedsvereinbarung

§ 1030 Schiedsfähigkeit

(1) [1]Jeder vermögensrechtliche Anspruch kann Gegenstand einer Schiedsvereinbarung sein. [2]Eine Schiedsvereinbarung über nichtvermögensrechtliche Ansprüche hat insoweit rechtliche Wirkung, als die Parteien berechtigt sind, über den Gegenstand des Streites einen Vergleich zu schließen.

(2) [1]Eine Schiedsvereinbarung über Rechtsstreitigkeiten, die den Bestand eines Mietverhältnisses über Wohnraum im Inland betreffen, ist unwirksam. [2]Dies gilt nicht, soweit es sich um Wohnraum der in § 549 Abs. 2 Nr. 1 bis 3 des Bürgerlichen Gesetzbuchs bestimmten Art handelt.

(3) Gesetzliche Vorschriften außerhalb dieses Buches, nach denen Streitigkeiten einem schiedsrichterlichen Verfahren nicht oder nur unter bestimmten Voraussetzungen unterworfen werden dürfen, bleiben unberührt.

Gerichtsverfassungsgesetz (GVG)

Auszug

Rechtsstand: April 2021. Letzte Änderung: 18.03.2021 (BGBl. I S. 327).

Dritter Titel: Amtsgerichte

§ 23 |Zuständigkeit bei Zivilsachen|

Die Zuständigkeit der Amtsgerichte umfaßt in bürgerlichen Rechtsstreitigkeiten, soweit sie nicht ohne Rücksicht auf den Wert des Streitgegenstandes den Landgerichten zugewiesen sind:

1. Streitigkeiten über Ansprüche, deren Gegenstand an Geld oder Geldeswert die Summe von fünftausend Euro nicht übersteigt;
2. ohne Rücksicht auf den Wert des Streitgegenstandes:
   a) Streitigkeiten über Ansprüche aus einem Mietverhältnis über Wohnraum oder über den Bestand eines solchen Mietverhältnisses; diese Zuständigkeit ist ausschließlich;
   b) Streitigkeiten zwischen Reisenden und Wirten, Fuhrleuten, Schiffern oder Auswanderungsexpedienten in den Einschiffungshäfen, die über Wirtszechen, Fuhrlohn, Überfahrtsgelder, Beförderung der Reisenden und ihrer Habe und über Verlust und Beschädigung der letzteren, sowie Streitigkeiten zwischen Reisenden und Handwerkern, die aus Anlaß der Reise entstanden sind;
   c) Streitigkeiten nach § 43 Absatz 2 des Wohnungseigentumsgesetzes; diese Zuständigkeit ist ausschließlich;
   d) Streitigkeiten wegen Wildschadens;
   e) (weggefallen)
   f) (weggefallen)
   g) Ansprüche aus einem mit der Überlassung eines Grundstücks in Verbindung stehenden Leibgedings-, Leibzuchts-, Altenteils- oder Auszugsvertrag.

§ 23a |Zuständigkeit bei Familiensachen und Angelegenheiten der freiwilligen Gerichtsbarkeit|

(1) [1]Die Amtsgerichte sind ferner zuständig für

1. Familiensachen;
2. Angelegenheiten der freiwilligen Gerichtsbarkeit, soweit nicht durch gesetzliche Vorschriften eine anderweitige Zuständigkeit begründet ist.

[2]Die Zuständigkeit nach Satz 1 Nummer 1 ist eine ausschließliche.

(2) Angelegenheiten der freiwilligen Gerichtsbarkeit sind

1. Betreuungssachen, Unterbringungssachen sowie betreuungsgerichtliche Zuweisungssachen,
2. Nachlass- und Teilungssachen,
3. Registersachen,
4. unternehmensrechtliche Verfahren nach § 375 des Gesetzes über das Verfahren in Familiensachen und in den Angelegenheiten der freiwilligen Gerichtsbarkeit,
5. die weiteren Angelegenheiten der freiwilligen Gerichtsbarkeit nach § 410 des Gesetzes über das Verfahren in Familiensachen und in den Angelegenheiten der freiwilligen Gerichtsbarkeit,
6. Verfahren in Freiheitsentziehungssachen nach § 415 des Gesetzes über das Verfahren in Familiensachen und in den Angelegenheiten der freiwilligen Gerichtsbarkeit,
7. Aufgebotsverfahren,
8. Grundbuchsachen,
9. Verfahren nach § 1 Nr. 1 und 2 bis 6 des Gesetzes über das gerichtliche Verfahren in Landwirtschaftssachen,
10. Schiffsregistersachen sowie
11. sonstige Angelegenheiten der freiwilligen Gerichtsbarkeit, soweit sie durch Bundesgesetz den Gerichten zugewiesen sind.

(3) Abweichend von Absatz 1 Satz 1 Nummer 2 sind für die den Amtsgerichten obliegenden Verrichtungen in Teilungssachen im Sinne von § 342 Absatz 2 Nummer 1 des Gesetzes über das Verfahren in Familiensachen und in den Angelegenheiten der freiwilligen Gerichtsbarkeit anstelle der Amtsgerichte die Notare zuständig.

Zwangsversteigerungsgesetz (ZVG)

Gesetz über die Zwangsversteigerung und die Zwangsverwaltung

Auszug

Rechtsstand: April 2021. Letzte Änderung: 01.01.2021 (BGBl. I S. 3256).

Erster Abschnitt: Zwangsversteigerung und Zwangsverwaltung von Grundstücken im Wege der Zwangsvollstreckung

Zweiter Titel: Zwangsversteigerung

IV. Geringstes Gebot. Versteigerungsbedingungen

§ 55 |Versteigerung des Grundstücks|

(1) Die Versteigerung des Grundstücks erstreckt sich auf alle Gegenstände, deren Beschlagnahme noch wirksam ist.

(2) Auf Zubehörstücke, die sich im Besitz des Schuldners oder eines neu eingetretenen Eigentümers befinden, erstreckt sich die Versteigerung auch dann, wenn sie einem Dritten gehören, es sei denn, daß dieser sein Recht nach Maßgabe des § 37 Nr. 5 geltend gemacht hat.

§ 56 |Gefahrenübergang|

[1]Die Gefahr des zufälligen Unterganges geht in Ansehung des Grundstücks mit dem Zuschlag, in Ansehung der übrigen Gegenstände mit dem Schluß der Versteigerung auf den Ersteher über. [2]Von dem Zuschlag an gebühren dem Ersteher die Nutzungen und trägt er die Lasten. [3]Ein Anspruch auf Gewährleistung findet nicht statt.

§ 57 |Anwendbare Vorschriften für Mieter oder Pächter|

Ist das Grundstück einem Mieter oder Pächter überlassen, so finden die Vorschriften der §§ 566, 566a, 566b Abs. 1, §§ 566c und 566d des Bürgerlichen Gesetzbuchs nach Maßgabe der §§ 57a und 57b entsprechende Anwendung.

§ 57a |Kündigungsrecht und Kündigungsfrist des Erstehers|

[1]Der Ersteher ist berechtigt, das Miet- oder Pachtverhältnis unter Einhaltung der gesetzlichen Frist zu kündigen. [2]Die Kündigung ist ausgeschlossen, wenn sie nicht für den ersten Termin erfolgt, für den sie zulässig ist

§ 57b |Verfügungen über die Miete oder Pacht|

(1) [1]Soweit nach den Vorschriften des § 566b Abs. 1 und der §§ 566c, 566d des Bürgerlichen Gesetzbuchs für die Wirkung von Verfügungen und Rechtsgeschäften über die Miete oder Pacht der Übergang des Eigentums in Betracht kommt, ist an dessen Stelle die Beschlagnahme des Grundstücks maßgebend. [2]Ist dem Mieter oder Pächter der Beschluß, durch den die Zwangsversteigerung angeordnet wird, zugestellt, so gilt mit der Zustellung die Beschlagnahme als dem Mieter oder Pächter bekannt; die Zustellung erfolgt auf Antrag des Gläubigers an die von ihm bezeichneten Personen. [3]Dem Beschluß soll eine Belehrung über die Bedeutung der Beschlagnahme für den Mieter oder Pächter beigefügt werden. [4]Das Gericht hat auf Antrag des Gläubigers zur Feststellung der Mieter und Pächter eines Grundstücks Ermittlungen zu veranlassen; es kann damit einen Gerichtsvollzieher oder einen sonstigen Beamten beauftragen, auch die zuständige örtliche Behörde um Mitteilung der ihr bekannten Mieter und Pächter ersuchen.

(2) [1]Der Beschlagnahme zum Zwecke der Zwangsversteigerung steht die Beschlagnahme zum Zwecke der Zwangsverwaltung gleich, wenn sie bis zum Zuschlag fortgedauert hat. [2]Ist dem Mieter oder Pächter der Beschluß, durch den ihm verboten wird, an den Schuldner zu zahlen, zugestellt, so gilt mit der Zustellung die Beschlagnahme als dem Mieter oder Pächter bekannt.

(3) Auf Verfügungen und Rechtsgeschäfte des Zwangsverwalters finden diese Vorschriften keine Anwendung.

§ 58 |Beschlusskosten|

Die Kosten des Beschlusses, durch welchen der Zuschlag erteilt wird, fallen dem Ersteher zur Last.

Insolvenzordnung (InsO)

Auszug

Rechtsstand: April 2021. Letzte Änderung: 01.01.2021 (BGBl. I S. 3256).

Dritter Teil: Wirkungen der Eröffnung des Insolvenzverfahrens

Zweiter Abschnitt: Erfüllung der Rechtsgeschäfte. Mitwirkung des Betriebsrats

§ 106 Vormerkung

(1) [1]Ist zur Sicherung eines Anspruchs auf Einräumung oder Aufhebung eines Rechts an einem Grundstück des Schuldners oder an einem für den Schuldner eingetragenen Recht oder zur Sicherung eines Anspruchs auf Änderung des Inhalts oder des Ranges eines solchen Rechts eine Vormerkung im Grundbuch eingetragen, so kann der Gläubiger für seinen Anspruch Befriedigung aus der Insolvenzmasse verlangen. [2]Dies gilt auch, wenn der Schuldner dem Gläubiger gegenüber weitere Verpflichtungen übernommen hat und diese nicht oder nicht vollständig erfüllt sind.

(2) Für eine Vormerkung, die im Schiffsregister, Schiffsbauregister oder Register für Pfandrechte an Luftfahrzeugen eingetragen ist, gilt Absatz 1 entsprechend.

§ 107 Eigentumsvorbehalt

(1) [1]Hat vor der Eröffnung des Insolvenzverfahrens der Schuldner eine bewegliche Sache unter Eigentumsvorbehalt verkauft und dem Käufer den Besitz an der Sache übertragen, so kann der Käufer die Erfüllung des Kaufvertrages verlangen. [2]Dies gilt auch, wenn der Schuldner dem Käufer gegenüber weitere Verpflichtungen übernommen hat und diese nicht oder nicht vollständig erfüllt sind.

(2) [1]Hat vor der Eröffnung des Insolvenzverfahrens der Schuldner eine bewegliche Sache unter Eigentumsvorbehalt gekauft und vom Verkäufer den Besitz an der Sache erlangt, so braucht der Insolvenzverwalter, den der Verkäufer zur Ausübung des Wahlrechts aufgefordert hat, die Erklärung nach § 103 Abs. 2 Satz 2 erst unverzüglich nach dem Berichtstermin abzugeben. [2]Dies gilt nicht, wenn in der Zeit bis zum Berichtstermin eine erhebliche Verminderung des Wertes der Sache zu erwarten ist und der Gläubiger den Verwalter auf diesen Umstand hingewiesen hat.

§ 108 Fortbestehen bestimmter Schuldverhältnisse

(1) [1]Miet- und Pachtverhältnisse des Schuldners über unbewegliche Gegenstände oder Räume sowie Dienstverhältnisse des Schuldners bestehen mit Wirkung für die Insolvenzmasse fort. [2]Dies gilt auch für Miet- und Pachtverhältnisse, die der Schuldner als Vermieter oder Verpächter eingegangen war und die sonstige Gegenstände betreffen, die einem Dritten, der ihre Anschaffung oder Herstellung finanziert hat, zur Sicherheit übertragen wurden.

(2) Ein vom Schuldner als Darlehensgeber eingegangenes Darlehensverhältnis besteht mit Wirkung für die Masse fort, soweit dem Darlehensnehmer der geschuldete Gegenstand zur Verfügung gestellt wurde.

(3) Ansprüche für die Zeit vor der Eröffnung des Insolvenzverfahrens kann der andere Teil nur als Insolvenzgläubiger geltend machen.

§ 109 Schuldner als Mieter oder Pächter

(1) [1]Ein Miet- oder Pachtverhältnis über einen unbeweglichen Gegenstand oder über Räume, das der Schuldner als Mieter oder Pächter eingegangen war, kann der Insolvenzverwalter ohne Rücksicht auf die vereinbarte Vertragsdauer oder einen vereinbarten Ausschluss des Rechts zur ordentlichen Kündigung kündigen; die Kündigungsfrist beträgt drei Monate zum Monatsende, wenn nicht eine kürzere Frist maßgeblich ist. [2]Ist Gegenstand des Mietverhältnisses die Wohnung des Schuldners, so tritt an die Stelle der Kündigung das Recht des Insolvenzverwalters zu erklären, dass Ansprüche, die nach Ablauf der in Satz 1 genannten Frist fällig werden, nicht im Insolvenzverfahren geltend gemacht werden können. [3]Kündigt der Verwalter nach Satz 1 oder gibt er die Erklärung nach Satz 2 ab, so kann der andere Teil wegen der vorzeitigen Beendigung des Vertragsverhältnisses oder wegen der Folgen der Erklärung als Insolvenzgläubiger Schadenersatz verlangen.

(2) [1]Waren dem Schuldner der unbewegliche Gegenstand oder die Räume zur Zeit der Eröffnung des Verfahrens noch nicht überlassen, so kann sowohl der Verwalter als auch der andere Teil vom Vertrag zurücktreten. [2]Tritt der Verwalter zurück, so kann der andere Teil wegen der vorzeitigen Beendigung des Vertragsverhältnisses als Insolvenzgläubiger Schadenersatz verlangen. [3]Jeder Teil hat dem anderen auf dessen Verlangen binnen zwei Wochen zu erklären, ob er vom Vertrag zurücktreten will; unterläßt er dies, so verliert er das Rücktrittsrecht.

§ 110 Schuldner als Vermieter oder Verpächter

(1) [1]Hatte der Schuldner als Vermieter oder Verpächter eines unbeweglichen Gegenstands oder von Räumen vor der Eröffnung des Insolvenzverfahrens über die Miet- oder Pachtforderung für die spätere Zeit verfügt, so ist diese Verfügung nur wirksam, soweit sie sich auf die Miete oder Pacht für den zur Zeit der Eröffnung des Verfahrens laufenden Kalendermonat bezieht. [2]Ist die Eröffnung nach dem fünfzehnten Tag des Monats erfolgt, so ist die Verfügung auch für den folgenden Kalendermonat wirksam.

(2) [1]Eine Verfügung im Sinne des Absatzes 1 ist insbesondere die Einziehung der Miete oder Pacht. [2]Einer rechtsgeschäftlichen Verfügung steht eine Verfügung gleich, die im Wege der Zwangsvollstreckung erfolgt.

(3) [1]Der Mieter oder der Pächter kann gegen die Miet- oder Pachtforderung für den in Absatz 1 bezeichneten Zeitraum eine Forderung aufrechnen, die ihm gegen den Schuldner zusteht. [2]Die §§ 95 und 96 Nr. 2 bis 4 bleiben unberührt.

§ 111 Veräußerung des Miet- oder Pachtobjekts

[1]Veräußert der Insolvenzverwalter einen unbeweglichen Gegenstand oder Räume, die der Schuldner vermietet oder verpachtet hatte, und tritt der Erwerber anstelle des Schuldners in das Miet- oder Pachtverhältnis ein, so kann der Erwerber das Miet- oder Pachtverhältnis unter Einhaltung der gesetzlichen Frist kündigen. [2]Die Kündigung kann nur für den ersten Termin erfolgen, für den sie zulässig ist.

§ 112 Kündigungssperre

Ein Miet- oder Pachtverhältnis, das der Schuldner als Mieter oder Pächter eingegangen war, kann der andere Teil nach dem Antrag auf Eröffnung des Insolvenzverfahrens nicht kündigen:
1. wegen eines Verzugs mit der Entrichtung der Miete oder Pacht, der in der Zeit vor dem Eröffnungsantrag eingetreten ist;
2. wegen einer Verschlechterung der Vermögensverhältnisse des Schuldners.

§ 113 Kündigung eines Dienstverhältnisses

[1]Ein Dienstverhältnis, bei dem der Schuldner der Dienstberechtigte ist, kann vom Insolvenzverwalter und vom anderen Teil ohne Rücksicht auf eine vereinbarte Vertragsdauer oder einen vereinbarten Ausschluß des Rechts zur ordentlichen Kündigung gekündigt werden. [2]Die Kündigungsfrist beträgt drei Monate zum Monatsende, wenn nicht eine kürzere Frist maßgeblich ist. [3]Kündigt der Verwalter, so kann der andere Teil wegen der vorzeitigen Beendigung des Dienstverhältnisses als Insolvenzgläubiger Schadenersatz verlangen.

§ 115 Erlöschen von Aufträgen

(1) Ein vom Schuldner erteilter Auftrag, der sich auf das zur Insolvenzmasse gehörende Vermögen bezieht, erlischt durch die Eröffnung des Insolvenzverfahrens.

(2) [1]Der Beauftragte hat, wenn mit dem Aufschub Gefahr verbunden ist, die Besorgung des übertragenen Geschäfts fortzusetzen, bis der Insolvenzverwalter anderweitig Fürsorge treffen kann. [2]Der Auftrag gilt insoweit als fortbestehend. [3]Mit seinen Ersatzansprüchen aus dieser Fortsetzung ist der Beauftragte Massegläubiger.

(3) [1]Solange der Beauftragte die Eröffnung des Verfahrens ohne Verschulden nicht kennt, gilt der Auftrag zu seinen Gunsten als fortbestehend. [2]Mit den Ersatzansprüchen aus dieser Fortsetzung ist der Beauftragte Insolvenzgläubiger.

§ 116 Erlöschen von Geschäftsbesorgungsverträgen

[1]Hat sich jemand durch einen Dienst- oder Werkvertrag mit dem Schuldner verpflichtet, ein Geschäft für diesen zu besorgen, so gilt § 115 entsprechend. [2]Dabei gelten die Vorschriften für die Ersatzansprüche aus der Fortsetzung der Geschäftsbesorgung auch für die Vergütungsansprüche. [3]Satz 1 findet keine Anwendung auf Zahlungsaufträge sowie auf Aufträge zwischen Zahlungsdienstleistern oder zwischengeschalteten Stellen und Aufträge zur Übertragung von Wertpapieren; diese bestehen mit Wirkung für die Masse fort.

§ 117 Erlöschen von Vollmachten

(1) Eine vom Schuldner erteilte Vollmacht, die sich auf das zur Insolvenzmasse gehörende Vermögen bezieht, erlischt durch die Eröffnung des Insolvenzverfahrens.

(2) Soweit ein Auftrag oder ein Geschäftsbesorgungsvertrag nach § 115 Abs. 2 fortbesteht, gilt auch die Vollmacht als fortbestehend.

(3) Solange der Bevollmächtigte die Eröffnung des Verfahrens ohne Verschulden nicht kennt, haftet er nicht nach § 179 des Bürgerlichen Gesetzbuchs.

§ 118 Auflösung von Gesellschaften

[1]Wird eine Gesellschaft ohne Rechtspersönlichkeit oder eine Kommanditgesellschaft auf Aktien durch die Eröffnung des Insolvenzverfahrens über das Vermögen eines Gesellschafters aufgelöst, so ist der geschäftsführende Gesellschafter mit den Ansprüchen, die ihm aus der einstweiligen Fortführung eilbedürftiger Geschäfte zustehen, Massegläubiger. [2]Mit den Ansprüchen aus der Fortführung der Geschäfte während der Zeit, in der er die Eröffnung des Insolvenzverfahrens ohne sein Verschulden nicht kannte, ist er Insolvenzgläubiger; § 84 Abs. 1 bleibt unberührt.

§ 119 Unwirksamkeit abweichender Vereinbarungen

Vereinbarungen, durch die im voraus die Anwendung der §§ 103 bis 118 ausgeschlossen oder beschränkt wird, sind unwirksam.

Sonstige Vorschriften

Wohnraumförderungsgesetz (WoFG)

Gesetz über die soziale Wohnraumförderung

Auszug

Rechtsstand: April 2021. Letzte Änderung: 01.01.2020 (BGBl. I S. 1147).

Teil 1: Allgemeines zur Förderung

Abschnitt 1: Zweck und Maßnahmen der Förderung

§ 1 Zweck und Anwendungsbereich, Zielgruppe

(1) Dieses Gesetz regelt die Förderung des Wohnungsbaus und anderer Maßnahmen zur Unterstützung von Haushalten bei der Versorgung mit Mietwohnraum, einschließlich genossenschaftlich genutzten Wohnraums, und bei der Bildung von selbst genutztem Wohneigentum (soziale Wohnraumförderung).

(2) [1]Zielgruppe der sozialen Wohnraumförderung sind Haushalte, die sich am Markt nicht angemessen mit Wohnraum versorgen können und auf Unterstützung angewiesen sind. [2]Unter diesen Voraussetzungen unterstützt

1. die Förderung von Mietwohnraum insbesondere Haushalte mit geringem Einkommen sowie Familien und andere Haushalte mit Kindern, Alleinerziehende, Schwangere, ältere Menschen, behinderte Menschen, Wohnungslose und sonstige hilfebedürftige Personen,
2. die Förderung der Bildung selbst genutzten Wohneigentums insbesondere Familien und andere Haushalte mit Kindern sowie behinderte Menschen, die unter Berücksichtigung ihres Einkommens und der Eigenheimzulage die Belastungen des Baus oder Erwerbs von Wohnraum ohne soziale Wohnraumförderung nicht tragen können.

§ 2 Fördergegenstände und Fördermittel

(1) Fördergegenstände sind:

1. Wohnungsbau, einschließlich des erstmaligen Erwerbs des Wohnraums innerhalb von zwei Jahren nach Fertigstellung (Ersterwerb),
2. Modernisierung von Wohnraum,
3. Erwerb von Belegungsrechten an bestehendem Wohnraum und
4. Erwerb bestehenden Wohnraums,

wenn damit die Unterstützung von Haushalten bei der Versorgung mit Mietwohnraum durch Begründung von Belegungs- und Mietbindungen oder bei der Bildung von selbst genutztem Wohneigentum erfolgt.

(2) Die Förderung erfolgt durch

1. Gewährung von Fördermitteln, die aus öffentlichen Haushalten oder Zweckvermögen als Darlehen zu Vorzugsbedingungen, auch zur nachstelligen Finanzierung, oder als Zuschüsse bereitgestellt werden,
2. Übernahme von Bürgschaften, Garantien und sonstigen Gewährleistungen sowie
3. Bereitstellung von verbilligtem Bauland.

§ 3 Durchführung der Aufgaben und Zuständigkeiten

(1) Länder, Gemeinden und Gemeindeverbände wirken nach Maßgabe dieses Gesetzes bei der sozialen Wohnraumförderung zusammen.

(2) [1]Die Länder führen die soziale Wohnraumförderung als eigene Aufgabe durch. [2]Sie legen das Verwaltungsverfahren fest, soweit dieses Gesetz keine Regelungen trifft. [3]Zuständige Stelle im Sinne dieses Gesetzes ist die Stelle, die nach Landesrecht zuständig ist oder von der Landesregierung in sonstiger Weise bestimmt wird.

(3) [1]Die Länder sollen bei der sozialen Wohnraumförderung die wohnungswirtschaftlichen Belange der Gemeinden und Gemeindeverbände berücksichtigen; dies gilt insbesondere, wenn sich eine Gemeinde oder ein Gemeindeverband an der Förderung beteiligt. [2]Die Länder können bei ihrer Förderung ein von einer Gemeinde oder einem Gemeindeverband beschlossenes Konzept zur sozialen Wohnraumversorgung (kommunales Wohnraumversorgungskonzept) zu Grunde legen.

(4) Gemeinden und Gemeindeverbände können mit eigenen Mitteln eine Förderung nach diesem Gesetz und den hierzu erlassenen landesrechtlichen Vorschriften durchführen, soweit nicht im Übrigen Landesrecht entgegensteht.

§ 4 Bauland, sonstige Rahmenbedingungen

(1) Länder, Gemeinden, Gemeindeverbände, sonstige Körperschaften, Anstalten und Stiftungen des öffentlichen Rechts und die von ihnen wirtschaftlich abhängigen Unternehmen sollen in ausreichendem Umfang geeignete Grundstücke als Bauland für den Wohnungsbau unter Berücksichtigung der Anforderungen des Kosten und Flächen sparenden Bauens zu Eigentum oder in Erbbaurecht überlassen.

(2) [1]Die Gemeinden sollen im Rahmen der Gesetze dafür Sorge tragen, dass für den Wohnungsbau erforderliche Grundstücke bebaut und erforderliche Modernisierungsmaßnahmen durchgeführt werden können. [2]Dabei soll auf die Anforderungen des Kosten und Flächen sparenden Bauens geachtet werden.

(3) Die Gemeinden sollen Bauwillige, die ein Baugrundstück erwerben wollen, beraten und unterstützen.

(4) Aus den Absätzen 1 bis 3 können Ansprüche nicht hergeleitet werden.

Abschnitt 2: Grundsätze, Voraussetzungen und Förderzusage

§ 5 Anforderungen an die Förderung

(1) Die soziale Wohnraumförderung wird nach diesem Gesetz und hierzu erlassenen Vorschriften des Landes durchgeführt.

(2) Die Länder treffen soweit erforderlich auf der Grundlage dieses Gesetzes Bestimmungen, insbesondere über Voraussetzungen der Förderung und deren Durchführung.

(3) [1]Die in den §§ 6 bis 8 und 10 bezeichneten Grundsätze sind bei den Bestimmungen nach Absatz 2 und, soweit solche Bestimmungen nicht getroffen sind, bei Entscheidungen, die zur Förderung ergehen, in der Abwägung und bei der Ermessensausübung zu berücksichtigen. [2]Die Länder können weitere Grundsätze aufstellen.

§ 6 Allgemeine Fördergrundsätze

[1]Die soziale Wohnraumförderung ist der Nachhaltigkeit einer Wohnraumversorgung verpflichtet, die die wirtschaftlichen und sozialen Erfordernisse mit der Erhaltung der Umwelt in Einklang bringt. [2]Bei der Förderung sind zu berücksichtigen:

1. die örtlichen und regionalen wohnungswirtschaftlichen Verhältnisse und Zielsetzungen, die erkennbaren unterschiedlichen Investitionsbedingungen des Bauherrn sowie die besonderen Anforderungen des zu versorgenden Personenkreises;
2. der Beitrag des genossenschaftlichen Wohnens zur Erreichung der Ziele und Zwecke der sozialen Wohnraumförderung;
3. die Schaffung und Erhaltung sozial stabiler Bewohnerstrukturen;
4. die Schaffung und Erhaltung ausgewogener Siedlungsstrukturen sowie ausgeglichener wirtschaftlicher, sozialer und kultureller Verhältnisse, die funktional sinnvolle Zuordnung der Wohnbereiche zu den Arbeitsplätzen und der Infrastruktur (Nutzungsmischung) sowie die ausreichende Anbindung des zu fördernden Wohnraums an den öffentlichen Personennahverkehr;
5. die Nutzung des Wohnungs- und Gebäudebestandes für die Wohnraumversorgung;
6. die Erhaltung preisgünstigen Wohnraums im Fall der Förderung der Modernisierung;
7. die Anforderungen des Kosten sparenden Bauens, insbesondere durch
   a) die Begrenzung der Förderung auf einen bestimmten Betrag (Förderpauschale),
   b) die Festlegung von Kostenobergrenzen, deren Überschreitung eine Förderung ausschließt, oder
   c) die Vergabe von Fördermitteln im Rahmen von Wettbewerbsverfahren;
8. die Anforderungen des barrierefreien Bauens für die Nutzung von Wohnraum und seines Umfelds durch Personen, die infolge von Alter, Behinderung oder Krankheit dauerhaft oder vorübergehend in ihrer Mobilität eingeschränkt sind;
9. der sparsame Umgang mit Grund und Boden, die ökologischen Anforderungen an den Bau und die Modernisierung von Wohnraum sowie Ressourcen schonende Bauweisen.

[3]Maßnahmen der sozialen Wohnraumförderung, die im Zusammenhang mit städtebaulichen Sanierungs- und Entwicklungsmaßnahmen stehen, sind bevorzugt zu berücksichtigen.

§ 7 Besondere Grundsätze zur Förderung von Mietwohnraum

Bei der Förderung von Mietwohnraum sind folgende Grundsätze zu berücksichtigen:

1. Um tragbare Wohnkosten für Haushalte im Sinne des § 1 Abs. 2 Satz 2 Nr. 1 zu erreichen, können Wohnkostenentlastungen durch Bestimmung höchstzulässiger Mieten unterhalb von ortsüblichen Vergleichsmieten oder durch sonstige Maßnahmen vorgesehen werden. Dabei sind insbesondere die Leistungen nach dem Wohngeldgesetz sowie das örtliche Mietenniveau und das Haushaltseinkommen des Mieters sowie deren Entwicklungen zu berücksichtigen.
2. Wohnkostenentlastungen, die nach Förderzweck und Zielgruppe sowie Förderintensität unangemessen sind (Fehlförderungen), sind zu vermeiden oder auszugleichen. Maßnahmen zur Vermeidung von Fehlförderungen sind Vorkehrungen bei der Förderung, durch die die Wohnkostenentlastung
   a) auf Grund von Bestimmungen in der Förderzusage oder
   b) auf Grund eines Vorbehalts in der Förderzusage durch Entscheidung der zuständigen Stelle

   vermindert wird. Eine Maßnahme zum Ausgleich entstandener Fehlförderungen in Fällen der Festlegung von höchstzulässigen Mieten ist die Erhebung von Ausgleichszahlungen nach den §§ 34 bis 37.
3. Bei der Vermeidung und dem Ausgleich von Fehlförderungen sind soweit erforderlich Veränderungen der für die Wohnkostenentlastung maßgeblichen Einkommensverhältnisse und der Haushaltsgröße durch Überprüfungen in regelmäßigen zeitlichen Abständen zu berücksichtigen.

§ 8 Besondere Grundsätze zur Förderung der Bildung selbst genutzten Wohneigentums

Bei der Förderung der Bildung selbst genutzten Wohneigentums nach § 1 Abs. 2 Satz 2 Nr. 2 sind folgende Grundsätze zu berücksichtigen:

1. Die Förderung der Bildung selbst genutzten Wohneigentums erfolgt bevorzugt für Familien und andere Haushalte mit zwei und mehr Kindern im Sinne des § 32 Abs. 1 bis 5 des Einkommensteuergesetzes sowie für Haushalte, bei denen wegen einer Behinderung eines Haushaltsangehörigen oder aus sonstigen Gründen ein besonderer baulicher Bedarf besteht.
2. Um eine angemessene Belastung des Bauherrn oder des Erwerbers des selbst genutzten Wohneigentums zu erreichen, sind bei der Festlegung der Förderung insbesondere die Einkommensentwicklung und die Eigenheimzulage nach dem Eigenheimzulagengesetz zu berücksichtigen. Fehlförderungen sind zu vermeiden. Soweit dies durch eine Förderung erfolgt, die auf die Entwicklung des Haushaltseinkommens abstellt, sind Veränderungen der maßgeblichen Einkommensverhältnisse und der Haushaltsgröße durch Überprüfungen in regelmäßigen zeitlichen Abständen zu berücksichtigen.

§ 9 Einkommensgrenzen

(1) [1]Die Förderung darf nur Haushalte begünstigen, deren Einkommen die Grenzen für das jährliche Einkommen, die in Absatz 2 bezeichnet oder von den Ländern nach Absatz 3 abweichend festgelegt sind, nicht überschreiten. [2]Bei der Ermittlung des Einkommens sind die §§ 20 bis 24 anzuwenden.

(2) [1]Die Einkommensgrenze beträgt:

für einen Einpersonenhaushalt	12.000 Euro,
für einen Zweipersonenhaushalt	18.000 Euro,
zuzüglich für jede weitere zum Haushalt rechnende Person	4.100 Euro.

[2]Sind zum Haushalt rechnende Personen Kinder im Sinne des § 32 Abs. 1 bis 5 des Einkommensteuergesetzes, erhöht sich die Einkommensgrenze nach Satz 1 für jedes Kind um weitere 500 Euro.

(3) [1]Die Landesregierungen werden ermächtigt, durch Rechtsverordnung von den in Absatz 2 bezeichneten Einkommensgrenzen nach den örtlichen und regionalen wohnungswirtschaftlichen Verhältnissen insbesondere

1. zur Berücksichtigung von Haushalten mit Schwierigkeiten bei der Wohnraumversorgung,
2. im Rahmen der Förderung von selbst genutztem Wohneigentum oder
3. zur Schaffung oder Erhaltung sozial stabiler Bewohnerstrukturen

Abweichungen festzulegen. [2]Die Landesregierungen können diese Ermächtigung durch Rechtsverordnung auf eine oberste Landesbehörde übertragen.

§ 10 Wohnungsgrößen

(1) Bei Bestimmungen der Länder über die Grenzen für Wohnungsgrößen sind folgende Grundsätze zu berücksichtigen:

1. Die Größe der zu fördernden Wohnung muss entsprechend ihrer Zweckbestimmung angemessen sein.
2. Besonderheiten bei Maßnahmen im Gebäudebestand und bei selbst genutztem Wohneigentum sowie besonderen persönlichen oder beruflichen Bedürfnissen von Haushaltsangehörigen und einem nach der Lebenserfahrung in absehbarer Zeit zu erwartenden zusätzlichen Raumbedarf ist Rechnung zu tragen.

(2) Bei der Berechnung der Wohnfläche ist § 19 Abs. 1 anzuwenden.

§ 11 Förderempfänger

(1) Empfänger der Förderung ist

1. bei Maßnahmen des Wohnungsbaus und der Modernisierung derjenige, der das Bauvorhaben für eigene oder fremde Rechnung im eigenen Namen durchführt oder durch Dritte durchführen lässt (Bauherr),
2. beim Ersterwerb vom Bauherrn zur Selbstnutzung der Erwerber des Wohnraums,
3. beim Erwerb aus dem Bestand zur Selbstnutzung der Erwerber des Wohnraums,
4. beim Erwerb von Belegungsrechten der Eigentümer oder der sonstige zur Einräumung von Belegungsrechten an dem Wohnraum Berechtigte.

(2) Soweit Fördermittel an einen Bauträger vergeben werden, ist die Vergabe mit der Auflage zu verbinden, dass der Bauträger den geförderten Wohnraum zu angemessenen Bedingungen dem Erwerber alsbald zur Selbstnutzung überträgt.

(3) [1]Die Gewährung von Fördermitteln setzt voraus, dass

1. der Bauherr Eigentümer eines geeigneten Baugrundstücks ist oder nachweist, dass der Erwerb eines derartigen Grundstücks gesichert ist oder durch die Gewährung der Fördermittel gesichert wird,
2. die Gewähr für eine ordnungsmäßige und wirtschaftliche Durchführung des Bauvorhabens und für eine ordnungsmäßige Verwaltung des Wohnraums besteht,
3. der Bauherr die erforderliche Leistungsfähigkeit und Zuverlässigkeit besitzt,
4. bei der Förderung von selbst genutztem Wohneigentum die Belastung auf Dauer tragbar erscheint und
5. der Bauherr eine angemessene Eigenleistung erbringt, für die eigene Geldmittel, der Wert des nicht durch Fremdmittel finanzierten Baugrundstücks oder Selbsthilfe im Sinne des § 12 Abs. 1 Satz 2 in Betracht kommen.

[2]Fördermittel können auch einem Bauherrn oder einem sonstigen Förderempfänger gewährt werden, für den an einem geeigneten Grundstück ein Erbbaurecht von angemessener Dauer bestellt ist oder der nachweist, dass der Erwerb eines derartigen Erbbaurechts gesichert ist.

§ 12 Bevorzugung von Maßnahmen, zusätzliche Förderung

(1) [1]Maßnahmen, bei denen Bauherren in Selbsthilfe tätig werden oder bei denen Mieter von Wohnraum Leistungen erbringen, durch die sie im Rahmen des Mietverhältnisses Vergünstigungen erlangen, können bei der Förderung bevorzugt werden. [2]Selbsthilfe sind die Arbeitsleistungen, die zur Durchführung der geförderten Maßnahmen vom Bauherrn selbst, seinen Angehörigen oder von anderen unentgeltlich oder auf Gegenseitigkeit oder von Mitgliedern von Genossenschaften erbracht werden. [3]Leistungen von Mietern sind die von

1. Mietern für die geförderten Maßnahmen erbrachten Finanzierungsanteile, Arbeitsleistungen oder Sachleistungen und
2. Genossenschaftsmitgliedern übernommenen weiteren Geschäftsanteile, soweit sie für die geförderten Maßnahmen über die Pflichtanteile hinaus erbracht werden.

(2) Eine zusätzliche Förderung für notwendigen Mehraufwand kann insbesondere gewährt werden bei

1. Ressourcen schonenden Bauweisen, die besonders wirksam zur Entlastung der Umwelt, zum Schutz der Gesundheit und zur rationellen Energieverwendung beitragen,
2. besonderen baulichen Maßnahmen, mit denen Belangen behinderter oder älterer Menschen Rechnung getragen wird,
3. einer organisierten Gruppenselbsthilfe für den bei der Vorbereitung und Durchführung der Maßnahmen entstehenden Aufwand,
4. besonderen experimentellen Ansätzen zur Weiterentwicklung des Wohnungsbaus.

§ 13 Förderzusage

(1) Die Förderung wird auf Antrag durch eine Förderzusage der zuständigen Stelle gewährt.

(2) [1]In der Förderzusage sind Bestimmungen zu treffen

1. über Zweckbestimmung, Einsatzart und Höhe der Förderung, Dauer der Gewährung, Verzinsung und Tilgung der Fördermittel, Einhaltung von Einkommensgrenzen und Wohnungsgrößen, Rechtsfolgen eines Eigentumswechsels an dem geförderten Gegenstand sowie
2. bei der Förderung von Mietwohnraum zusätzlich unter Anwendung des Abschnitts 3 des Teils 2 über Gegenstand, Art und Dauer der Belegungsbindungen sowie Art, Höhe und Dauer der Mietbindungen.

[2]In die Förderzusage können weitere für den jeweiligen Förderzweck erforderliche Bestimmungen aufgenommen werden.

(3) [1]Die Förderzusage erfolgt durch Verwaltungsakt oder durch öffentlich-rechtlichen Vertrag; sie bedarf der Schriftform. [2]Die sich aus der Förderzusage ergebenden Berechtigungen und Verpflichtungen gehen nach den in der Förderzusage für den Fall des Eigentumswechsels enthaltenen Bestimmungen auf den Rechtsnachfolger über.

(4) Ein Anspruch auf Förderung besteht nicht.

Abschnitt 3: Kooperationsvertrag

§ 14 Zweck, Beteiligte

(1) Gemeinden, Gemeindeverbände und sonstige öffentliche Stellen können mit Eigentümern oder sonstigen Verfügungsberechtigten von Wohnraum Vereinbarungen über Angelegenheiten der örtlichen Wohnraumversorgung treffen (Kooperationsverträge), insbesondere zur Unterstützung von Maßnahmen der sozialen Wohnraumversorgung einschließlich der Verbesserung der Wohnverhältnisse sowie der Schaffung oder Erhaltung sozial stabiler Bewohnerstrukturen.

(2) [1]In die Vereinbarungen können Dritte, insbesondere öffentliche und private Träger sozialer Aufgaben und andere mit der Durchführung des Kooperationsvertrags Beauftragte, einbezogen werden. [2]Soweit durch Vereinbarungen die Aufgaben der nach § 3 Abs. 2 Satz 3 zuständigen Stellen berührt werden, sind diese Stellen zu beteiligen.

§ 15 Gegenstände des Kooperationsvertrags

(1) Gegenstände des Kooperationsvertrags können insbesondere sein:

1. die Begründung oder Verlängerung von Belegungs- und Mietbindungen an Wohnraum des Eigentümers oder sonstigen Verfügungsberechtigten zu Gunsten der Gemeinde, einer zuständigen Stelle oder eines Trägers sozialer Aufgaben; die entsprechende Anwendung von Bestimmungen der §§ 26 bis 32 kann vereinbart werden;
2. im Zusammenhang mit Vereinbarungen nach Nummer 1 die Übernahme von Bewirtschaftungsrisiken sowie die Übernahme von Bürgschaften für die Erbringung einmaliger oder sonstiger Nebenleistungen der Mieter;
3. die Aufhebung oder Änderung von Belegungs- und Mietbindungen an Wohnraum, soweit dies nach den §§ 30 und 31 zulässig ist und Bestimmungen der Förderzusage nicht entgegenstehen;
4. die Übernahme von wohnungswirtschaftlichen, baulichen und sozialen Maßnahmen, insbesondere von solchen der Verbesserung des Wohnumfelds, der Behebung sozialer Missstände und der Quartiersverwaltung;
5. die Überlassung von Grundstücken und Räumen für die mit dem Kooperationsvertrag verfolgten Zwecke.

(2) [1]Die vereinbarten Leistungen eines Kooperationsvertrags müssen den gesamten Umständen nach angemessen sein und in sachlichem Zusammenhang mit den jeweils beabsichtigten Maßnahmen der Wohnraumversorgung stehen. [2]Die Vereinbarung einer vom Eigentümer oder sonstigen Verfügungsberechtigten oder von einem in den Vertrag einbezogenen Dritten zu erbringenden Leistung ist unzulässig, wenn er auch ohne sie einen Anspruch auf die Gegenleistung hätte.

(3) Ein Kooperationsvertrag bedarf der Schriftform, soweit nicht durch Rechtsvorschriften eine andere Form vorgeschrieben ist.

(4) Die Zulässigkeit anderer Verträge bleibt unberührt.

Teil 2: Begriffsbestimmungen, Durchführung der sozialen Wohnraumförderung

Abschnitt 1: Begriffsbestimmungen

§ 16 Wohnungsbau, Modernisierung

(1) Wohnungsbau ist das Schaffen von Wohnraum durch

1. Baumaßnahmen, durch die Wohnraum in einem neuen selbstständigen Gebäude geschaffen wird,
2. Beseitigung von Schäden an Gebäuden unter wesentlichem Bauaufwand, durch die die Gebäude auf Dauer wieder zu Wohnzwecken nutzbar gemacht werden,
3. Änderung, Nutzungsänderung oder Erweiterung von Gebäuden, durch die unter wesentlichem Bauaufwand Wohnraum geschaffen wird, oder

4. Änderung von Wohnraum unter wesentlichem Bauaufwand zur Anpassung an geänderte Wohnbedürfnisse.

(2) Wohnraum oder anderer Raum ist in Fällen des Absatzes 1 Nr. 2 nicht auf Dauer nutzbar, wenn ein zu seiner Nutzung erforderlicher Gebäudeteil zerstört ist oder wenn sich der Raum oder der Gebäudeteil in einem Zustand befindet, der aus bauordnungsrechtlichen Gründen eine dauernde, der Zweckbestimmung entsprechende Nutzung nicht gestattet; dabei ist es unerheblich, ob der Raum oder der Gebäudeteil tatsächlich genutzt wird.

(3) [1]Modernisierung sind bauliche Maßnahmen, die
1. den Gebrauchswert des Wohnraums oder des Wohngebäudes nachhaltig erhöhen,
2. die allgemeinen Wohnverhältnisse auf Dauer verbessern oder
3. nachhaltig Einsparungen von Energie oder Wasser bewirken.

[2]Instandsetzungen, die durch Maßnahmen der Modernisierung verursacht werden, fallen unter die Modernisierung.

§ 17 Wohnraum

(1) [1]Wohnraum ist umbauter Raum, der tatsächlich und rechtlich zur dauernden Wohnnutzung geeignet und vom Verfügungsberechtigten dazu bestimmt ist. [2]Wohnraum können Wohnungen oder einzelne Wohnräume sein.

(2) Selbst genutztes Wohneigentum ist Wohnraum im eigenen Haus oder in einer eigenen Eigentumswohnung, der zu eigenen Wohnzwecken genutzt wird.

(3) Mietwohnraum ist Wohnraum, der den Bewohnern auf Grund eines Mietverhältnisses oder eines genossenschaftlichen oder sonstigen ähnlichen Nutzungsverhältnisses zum Gebrauch überlassen wird.

§ 18 Haushaltsangehörige

(1) [1]Zum Haushalt rechnen die in Absatz 2 bezeichneten Personen, die miteinander eine Wohn- und Wirtschaftsgemeinschaft führen (Haushaltsangehörige). [2]Zum Haushalt rechnen auch Personen im Sinne des Absatzes 2, die alsbald in den Haushalt aufgenommen werden sollen.

(2) Haushaltsangehörige sind:
1. der Antragsteller,
2. der Ehegatte,
3. der Lebenspartner und
4. der Partner einer sonstigen auf Dauer angelegten Lebensgemeinschaft

sowie deren Verwandte in gerader Linie und zweiten Grades in der Seitenlinie, Verschwägerte in gerader Linie und zweiten Grades in der Seitenlinie, Pflegekinder ohne Rücksicht auf ihr Alter und Pflegeeltern.

§ 19 Wohnfläche

[1]Die Wohnfläche einer Wohnung ist die Summe der anrechenbaren Grundflächen der ausschließlich zur Wohnung gehörenden Räume. [2]Die Landesregierungen werden ermächtigt, durch Rechtsverordnung Vorschriften zur Berechnung der Grundfläche und zur Anrechenbarkeit auf die Wohnfläche zu erlassen. [3]Die Landesregierungen können die Ermächtigung durch Rechtsverordnung auf eine oberste Landesbehörde übertragen.

Abschnitt 2: Einkommensermittlung

§ 20 Gesamteinkommen

[1]Maßgebendes Einkommen ist das Gesamteinkommen des Haushalts. [2]Gesamteinkommen des Haushalts im Sinne dieses Gesetzes ist die Summe der Jahreseinkommen der Haushaltsangehörigen abzüglich der Frei- und Abzugsbeträge nach § 24. [3]Maßgebend sind die Verhältnisse im Zeitpunkt der Antragstellung.

§ 21 Begriff des Jahreseinkommens

(1) [1]Jahreseinkommen im Sinne dieses Gesetzes ist, vorbehaltlich der Absätze 2 und 3 sowie der §§ 22 und 23, die Summe der positiven Einkünfte im Sinne des § 2 Abs. 1, 2 und 5a des Einkommensteuergesetzes jedes Haushaltsangehörigen. [2]Bei den Einkünften im Sinne des § 2 Abs. 1 Satz 1 Nr. 1 bis 3 des Einkommensteuergesetzes ist § 7g Abs. 1 bis 4 und 7 des Einkommensteuergesetzes nicht anzuwenden. [3]Ein Ausgleich mit negativen Einkünften aus anderen Einkunftsarten und mit negativen Einkünften des zusammenveranlagten Ehegatten ist nicht zulässig.

(2) Zum Jahreseinkommen gehören:

1.1 der nach § 19 Abs. 2 und § 22 Nr. 4 Satz 4 Buchstabe b des Einkommensteuergesetzes steuerfreie Betrag von Versorgungsbezügen,

1.2 die einkommensabhängigen, nach § 3 Nr. 6 des Einkommensteuergesetzes steuerfreien Bezüge, die auf Grund gesetzlicher Vorschriften aus öffentlichen Mitteln versorgungshalber an Wehr- und Zivildienstbeschädigte oder ihre Hinterbliebenen, Kriegsbeschädigte und Kriegshinterbliebene sowie ihnen gleichgestellte Personen gezahlt werden,

1.3 die den Ertragsanteil oder den der Besteuerung unterliegenden Anteil nach § 22 Nr. 1 Satz 3 Buchstabe a des Einkommensteuergesetzes übersteigenden Teile von Leibrenten,

1.4 die nach § 3 Nr. 3 des Einkommensteuergesetzes steuerfreien Kapitalabfindungen auf Grund der gesetzlichen Rentenversicherung und auf Grund der Beamten-(Pensions-)Gesetze,

1.5 die nach § 3 Nr. 1 Buchstabe a des Einkommensteuergesetzes steuerfreien
   a) Renten wegen Minderung der Erwerbsfähigkeit nach den §§ 56 bis 62 des Siebten Buches Sozialgesetzbuch,

b) Renten und Beihilfen an Hinterbliebene nach den §§ 63 bis 71 des Siebten Buches Sozialgesetzbuch,
c) Abfindungen nach den §§ 75 bis 80 des Siebten Buches Sozialgesetzbuch,

1.6 die Lohn- und Einkommensersatzleistungen nach § 32b Abs. 1 Nr. 1 des Einkommensteuergesetzes, mit Ausnahme der nach § 3 Nr. 1 Buchstabe d des Einkommensteuergesetzes steuerfreien Mutterschutzleistungen und des nach § 3 Nr. 67 des Einkommensteuergesetzes steuerfreien Elterngeldes bis zur Höhe der nach § 10 des Bundeselterngeld- und Elternzeitgesetzes anrechnungsfreien Beträge,
1.7 die Hälfte der nach § 3 Nr. 7 des Einkommensteuergesetzes steuerfreien
a) Unterhaltshilfe nach den §§ 261 bis 278a des Lastenausgleichsgesetzes, mit Ausnahme der Pflegezulage nach § 269 Abs. 2 des Lastenausgleichsgesetzes,
b) Beihilfe zum Lebensunterhalt nach den §§ 301 bis 301b des Lastenausgleichsgesetzes,
c) Unterhaltshilfe nach § 44 und Unterhaltsbeihilfe nach § 45 des Reparationsschädengesetzes,
d) Beihilfe zum Lebensunterhalt nach den §§ 10 bis 15 des Flüchtlingshilfegesetzes, mit Ausnahme der Pflegezulage nach § 269 Abs. 2 des Lastenausgleichsgesetzes,

1.8 die nach § 3 Nr. 1 Buchstabe a des Einkommensteuergesetzes steuerfreien Krankentagegelder,
1.9 die Hälfte der nach § 3 Nr. 68 des Einkommensteuergesetzes steuerfreien Renten nach § 3 Abs. 2 des Anti-D-Hilfegesetzes,
2.1 die nach § 3b des Einkommensteuergesetzes steuerfreien Zuschläge für Sonntags-, Feiertags- oder Nachtarbeit,
2.2 der nach § 40a des Einkommensteuergesetzes vom Arbeitgeber pauschal besteuerte Arbeitslohn,
3.1 der nach § 20 Abs. 9 des Einkommensteuergesetzes steuerfreie Betrag (Sparer-Pauschbetrag), soweit die Kapitalerträge 100 Euro übersteigen,
3.2 (weggefallen)
3.3 die auf erhöhte Absetzungen entfallenden Beträge, soweit sie die höchstmöglichen Absetzungen für Abnutzung nach § 7 des Einkommensteuergesetzes übersteigen, und die auf Sonderabschreibungen entfallenden Beträge,
4.1 der nach § 3 Nr. 9 des Einkommensteuergesetzes steuerfreie Betrag von Abfindungen wegen einer vom Arbeitgeber veranlassten oder gerichtlich ausgesprochenen Auflösung des Dienstverhältnisses,
4.2 der nach § 3 Nr. 27 des Einkommensteuergesetzes steuerfreie Grundbetrag der Produktionsaufgaberente und das Ausgleichsgeld nach dem Gesetz zur Förderung der Einstellung der landwirtschaftlichen Erwerbstätigkeit,
4.3 die nach § 3 Nr. 60 des Einkommensteuergesetzes steuerfreien Leistungen aus öffentlichen Mitteln an Arbeitnehmer des Steinkohlen-, Pechkohlen- und Erzbergbaues, des Braunkohlentiefbaues und der Eisen- und Stahlindustrie aus Anlass von Stilllegungs-, Einschränkungs-, Umstellungs- oder Rationalisierungsmaßnahmen,
5.1 die nach § 22 Nr. 1 Satz 2 des Einkommensteuergesetzes dem Empfänger nicht zuzurechnenden Bezüge, die ihm von nicht zum Haushalt rechnenden Personen gewährt werden, und die Leistungen nach dem Unterhaltsvorschussgesetz,
5.2 (weggefallen)
5.3 (weggefallen)
5.4 die Hälfte des für die Kosten zur Erziehung bestimmten Anteils an Leistungen zum Unterhalt
a) des Kindes oder Jugendlichen in Fällen
aa) der Vollzeitpflege nach § 39 in Verbindung mit § 33 oder mit § 35a Abs. 2 Nr. 3 des Achten Buches Sozialgesetzbuch oder
bb) einer vergleichbaren Unterbringung nach § 21 des Achten Buches Sozialgesetzbuch,
b) des jungen Volljährigen in Fällen der Vollzeitpflege nach § 41 in Verbindung mit den §§ 39 und 33 oder mit den §§ 39 und 35a Abs. 2 Nr. 3 des Achten Buches Sozialgesetzbuch,

5.5 die Hälfte der laufenden Leistungen für die Kosten des notwendigen Unterhalts einschließlich der Unterkunft sowie der Krankenhilfe für Minderjährige und junge Volljährige nach § 13 Abs. 3 Satz 2, § 19 Abs. 3, § 21 Satz 2, § 39 Abs. 1 und § 41 Abs. 2 des Achten Buches Sozialgesetzbuch,
5.6 die Hälfte des Pflegegeldes nach § 37 des Elften Buches Sozialgesetzbuch für Pflegehilfen, die keine Wohn- und Wirtschaftsgemeinschaft mit dem Pflegebedürftigen führen,
6.1 die Hälfte der als Zuschüsse erbrachten
a) Leistungen zur Förderung der Ausbildung nach dem Bundesausbildungsförderungsgesetz,
b) Leistungen der Begabtenförderungswerke, soweit sie nicht von Nummer 6.2 erfasst sind,
c) Stipendien, soweit sie nicht von Buchstabe b, Nummer 6.2 oder Nummer 6.3 erfasst sind,
d) Berufsausbildungsbeihilfen und des Ausbildungsgeldes nach dem Dritten Buch Sozialgesetzbuch,
e) Beiträge zur Deckung des Unterhaltsbedarfs nach dem Aufstiegsfortbildungsförderungsgesetz,

6.2 die als Zuschuss gewährte Graduiertenförderung,
6.3 die Hälfte der nach § 3 Nr. 42 des Einkommensteuergesetzes steuerfreien Zuwendungen, die auf Grund des Fulbright-Abkommens gezahlt werden,
7.1 das Arbeitslosengeld II und das Sozialgeld nach § 19 Absatz 1 des Zweiten Buches Sozialgesetzbuch,
7.2 die Leistungen der Hilfe zum Lebensunterhalt nach den §§ 27 bis 30 des Zwölften Buches Sozialgesetzbuch,
7.3 die Leistungen der Grundsicherung im Alter und bei Erwerbsminderung nach § 42 Nummer 1, 2 und 4 des Zwölften Buches Sozialgesetzbuch mit Ausnahme der Leistungen für einmalige Bedarfe,
7.4 die Leistungen nach dem Asylbewerberleistungsgesetz,
7.5 die Leistungen der ergänzenden Hilfe zum Lebensunterhalt nach § 27a des Bundesversorgungsgesetzes oder nach einem Gesetz, das dieses für anwendbar erklärt, mit Ausnahme der Leistungen für einmalige Bedarfe,

soweit diese Leistungen die bei ihrer Berechnung berücksichtigten Kosten für Wohnraum übersteigen,
8. die ausländischen Einkünfte nach § 32b Abs. 1 Nr. 2 und 3 des Einkommensteuergesetzes.

(3) Aufwendungen zum Erwerb, zur Sicherung und zur Erhaltung von Einnahmen nach Absatz 2 mit Ausnahme der Nummern 5.3 bis 5.5 dürfen in der im Sinne des § 22 Abs. 1 und 2 zu erwartenden oder nachgewiesenen Höhe abgezogen werden.

§ 22 Zeitraum für die Ermittlung des Jahreseinkommens

(1) [1]Bei der Ermittlung des Jahreseinkommens ist das Einkommen zu Grunde zu legen, das in den zwölf Monaten ab dem Monat der Antragstellung zu erwarten ist. [2]Hierzu kann auch von dem Einkommen ausgegangen werden, das innerhalb der letzten zwölf Monate vor Antragstellung erzielt worden ist. [3]Änderungen sind zu berücksichtigen, wenn sie im Zeitpunkt der Antragstellung innerhalb von zwölf Monaten mit Sicherheit zu erwarten sind; Änderungen, deren Beginn oder Ausmaß nicht ermittelt werden können, bleiben außer Betracht.

(2) Kann die Höhe des zu erwartenden Einkommens nicht nach Absatz 1 ermittelt werden, so ist grundsätzlich das Einkommen der letzten zwölf Monate vor Antragstellung zu Grunde zu legen.

(3) Bei Personen, die zur Einkommensteuer veranlagt werden, kann bei Anwendung des Absatzes 1 von den Einkünften ausgegangen werden, die sich aus dem letzten Einkommensteuerbescheid, den Vorauszahlungsbescheiden oder der letzten Einkommensteuererklärung ergeben; die sich hieraus ergebenden Einkünfte sind bei Anwendung des Absatzes 2 zu Grunde zu legen.

(4) [1]Einmaliges Einkommen, das in einem nach Absatz 1 oder 2 maßgebenden Zeitraum anfällt, aber einem anderen Zeitraum zuzurechnen ist, ist so zu behandeln, als wäre es während des anderen Zeitraums angefallen. [2]Einmaliges Einkommen, das einem nach Absatz 1 oder 2 maßgebenden Zeitraum zuzurechnen, aber in einem früheren Zeitraum angefallen ist, ist so zu behandeln, als wäre es während des nach Absatz 1 oder 2 maßgebenden Zeitraums angefallen. [3]Satz 2 gilt nur für Einkommen, das innerhalb von drei Jahren vor Antragstellung angefallen ist.

§ 23 Pauschaler Abzug

(1) Bei der Ermittlung des Jahreseinkommens wird von dem nach den §§ 21 und 22 ermittelten Betrag ein pauschaler Abzug in Höhe von jeweils 10 Prozent für die Leistung von
1. Steuern vom Einkommen,
2. Pflichtbeiträgen zur gesetzlichen Kranken- und Pflegeversicherung und
3. Pflichtbeiträgen zur gesetzlichen Rentenversicherung

vorgenommen.

(2) [1]Werden keine Pflichtbeiträge nach Absatz 1 Nr. 2 oder 3 geleistet, so werden laufende Beiträge zu öffentlichen oder privaten Versicherungen oder ähnlichen Einrichtungen in der tatsächlich geleisteten Höhe, höchstens bis zu jeweils 10 Prozent des sich nach den §§ 21 und 22 ergebenden Betrages abgezogen, wenn die Beiträge der Zweckbestimmung der Pflichtbeiträge nach Absatz 1 Nr. 2 oder 3 entsprechen. [2]Dies gilt auch, wenn die Beiträge zu Gunsten eines zum Haushalt rechnenden Angehörigen geleistet werden. [3]Die Sätze 1 und 2 gelten nicht, wenn eine im Wesentlichen beitragsfreie Sicherung oder eine Sicherung, für die Beiträge von einem Dritten geleistet werden, besteht.

§ 24 Frei- und Abzugsbeträge

(1) Bei der Ermittlung des Gesamteinkommens werden folgende Freibeträge abgesetzt:
1. 4.500 Euro für jeden schwerbehinderten Menschen mit einem Grad der Behinderung
   a) von 100 oder
   b) von wenigstens 80, wenn der schwerbehinderte Mensch häuslich pflegebedürftig im Sinne des § 14 des Elften Buches Sozialgesetzbuch ist;
2. 2.100 Euro für jeden schwerbehinderten Menschen mit einem Grad der Behinderung von unter 80, wenn der schwerbehinderte Mensch häuslich pflegebedürftig im Sinne des § 14 des Elften Buches Sozialgesetzbuch ist;
3. 4.000 Euro bei jungen Ehepaaren bis zum Ablauf des fünften Kalenderjahres nach dem Jahr der Eheschließung; junge Ehepaare sind solche, bei denen keiner der Ehegatten das 40. Lebensjahr vollendet hat;
4. 600 Euro für jedes Kind unter zwölf Jahren, für das Kindergeld nach dem Einkommensteuergesetz oder dem Bundeskindergeldgesetz oder eine Leistung im Sinne des § 65 Abs. 1 des Einkommensteuergesetzes oder des § 4 Abs. 1 des Bundeskindergeldgesetzes gewährt wird, wenn die antragsberechtigte Person allein mit Kindern zusammenwohnt und wegen Erwerbstätigkeit oder Ausbildung nicht nur kurzfristig vom Haushalt abwesend ist;
5. bis zu 600 Euro, soweit ein zum Haushalt rechnendes Kind eigenes Einkommen hat und das 16., aber noch nicht das 25. Lebensjahr vollendet hat.

(2) [1]Aufwendungen zur Erfüllung gesetzlicher Unterhaltsverpflichtungen werden bis zu dem in einer notariell beurkundeten Unterhaltsvereinbarung festgelegten oder in einem Unterhaltstitel oder Unterhaltsbescheid festgestellten Betrag abgesetzt. [2]Liegen eine notariell beurkundete Unterhaltsvereinbarung, ein Unterhaltstitel oder ein Unterhaltsbescheid nicht vor, können Aufwendungen zur Erfüllung gesetzlicher Unterhaltsverpflichtungen wie folgt abgesetzt werden:
1. bis zu 3.000 Euro für einen Haushaltsangehörigen, der auswärts untergebracht ist und sich in der Berufsausbildung befindet;
2. bis zu 6.000 Euro für einen nicht zum Haushalt rechnenden früheren oder dauernd getrennt lebenden Ehegatten oder Lebenspartner;
3. bis zu 3.000 Euro für eine sonstige nicht zum Haushalt rechnende Person.

Abschnitt 3: Begründung und Sicherung von Belegungs- und Mietbindungen sowie von Bindungen für selbst genutztes Wohneigentum

§ 25 Anwendungsbereich

(1) [1]Mietwohnraum unterliegt den in der Förderzusage nach § 13 Abs. 2 bestimmten Bindungen, insbesondere Belegungs- und Mietbindungen. [2]Auf diese Bestimmungen sind die §§ 26 bis 33 und 52 anzuwenden.

(2) [1]Selbst genutztes Wohneigentum unterliegt den in der Förderzusage nach § 13 Abs. 2 bestimmten Bindungen. [2]Auf diese Bestimmungen sind § 27 Abs. 7 Satz 1 Nr. 2 und 3 und Satz 3 bis 5 sowie Abs. 8, § 32 Abs. 1, 2 und 4 sowie die §§ 33 und 52 entsprechend anzuwenden.

§ 26 Gegenstände und Arten der Belegungsrechte

(1) Belegungsrechte können

1. an den geförderten Wohnungen (unmittelbare Belegung),
2. an diesen und an anderen Wohnungen (verbundene Belegung),
3. nur an anderen Wohnungen (mittelbare Belegung)

begründet werden.

(2) [1]Belegungsrechte können in der Förderzusage als allgemeine Belegungsrechte, Benennungsrechte und Besetzungsrechte begründet werden. [2]Ein allgemeines Belegungsrecht ist das Recht der zuständigen Stelle, von dem durch die Förderung berechtigten und verpflichteten Eigentümer oder sonstigen Verfügungsberechtigten zu fordern, eine bestimmte belegungsgebundene Wohnung einem Wohnungssuchenden zu überlassen, dessen Wohnberechtigung sich aus einer Bescheinigung nach § 27 ergibt. [3]Ein Benennungsrecht ist das Recht der zuständigen Stelle, dem Verfügungsberechtigten für die Vermietung einer bestimmten belegungsgebundenen Wohnung mindestens drei Wohnungssuchende zur Auswahl zu benennen. [4]Ein Besetzungsrecht ist das Recht der zuständigen Stelle, einen Wohnungssuchenden zu bestimmen, dem der Verfügungsberechtigte eine bestimmte belegungsgebundene Wohnung zu überlassen hat.

(3) In der Förderzusage kann bestimmt werden, dass die zuständige Stelle unter in der Förderzusage festgelegten Voraussetzungen befristet oder unbefristet statt eines allgemeinen Belegungsrechts ein Benennungsrecht oder ein Besetzungsrecht im Sinne des Absatzes 2 ausüben kann.

§ 27 Wohnberechtigungsschein, Sicherung der Belegungsrechte

(1) [1]Der Verfügungsberechtigte darf die Wohnung nur einem Wohnungssuchenden zum Gebrauch überlassen, wenn dieser ihm vorher seine Wohnberechtigung durch Übergabe eines Wohnberechtigungsscheins nachweist. [2]Der Wohnberechtigungsschein wird nach Maßgabe der Absätze 2 bis 5 erteilt.

(2) [1]Der Wohnberechtigungsschein wird auf Antrag des Wohnungssuchenden von der zuständigen Stelle für die Dauer eines Jahres erteilt. [2]Antragsberechtigt sind Wohnungssuchende, die sich nicht nur vorübergehend im Geltungsbereich dieses Gesetzes aufhalten und die rechtlich und tatsächlich in der Lage sind, für sich und ihre Haushaltsangehörigen nach § 18 auf längere Dauer einen Wohnsitz als Mittelpunkt der Lebensbeziehungen zu begründen und dabei einen selbstständigen Haushalt zu führen.

(3) [1]Der Wohnberechtigungsschein ist zu erteilen, wenn vom Wohnungssuchenden und seinen Haushaltsangehörigen die Einkommensgrenze nach § 9 Abs. 2 eingehalten wird. [2]Hat ein Land nach § 9 Abs. 3 eine Abweichung von der Einkommensgrenze festgelegt, ist der Wohnberechtigungsschein unter Zugrundelegung dieser abweichenden Einkommensgrenze zu erteilen. [3]In dem Wohnberechtigungsschein ist anzugeben, welche maßgebliche Einkommensgrenze eingehalten wird. [4]Der Wohnberechtigungsschein kann in Abweichung von der Einkommensgrenze nach Satz 1 oder 2 mit Geltung für das Gebiet eines Landes erteilt werden, wenn

1. die Versagung für den Wohnungssuchenden eine besondere Härte bedeuten würde oder
2. der Wohnungssuchende durch den Bezug der Wohnung eine andere geförderte Wohnung freimacht, deren Miete, bezogen auf den Quadratmeter Wohnfläche, niedriger ist oder deren Größe die für ihn maßgebliche Wohnungsgröße übersteigt.

[5]Die Erteilung des Wohnberechtigungsscheins ist zu versagen, wenn sie auch bei Einhaltung der nach Satz 1 oder 2 maßgeblichen Einkommensgrenze offensichtlich nicht gerechtfertigt wäre.

(4) [1]In dem Wohnberechtigungsschein ist die für den Wohnungssuchenden und seine Haushaltsangehörigen nach den Bestimmungen des Landes maßgebliche Wohnungsgröße nach der Raumzahl oder nach der Wohnfläche anzugeben. [2]Von der maßgeblichen Grenze kann im Einzelfall

1. zur Berücksichtigung
   a) besonderer persönlicher oder beruflicher Bedürfnisse eines Haushaltsangehörigen oder
   b) eines nach der Lebenserfahrung in absehbarer Zeit zu erwartenden zusätzlichen Raumbedarfs oder
2. zur Vermeidung besonderer Härten

abgewichen werden.

(5) Soweit Wohnungen nach der Förderzusage bestimmten Haushalten vorbehalten sind und der Wohnungssuchende und seine Haushaltsangehörigen zu diesen Haushalten gehören, sind im Wohnberechtigungsschein Angaben zur Zugehörigkeit zu diesen Haushalten aufzunehmen.

(6) [1]Ist eine Wohnung entgegen Absatz 1 Satz 1 überlassen worden, hat der Verfügungsberechtigte auf Verlangen der zuständigen Stelle das Mietverhältnis zu kündigen und die Wohnung einem Wohnungssuchenden nach Absatz 1 Satz 1 zu überlassen.

²Kann der Verfügungsberechtigte die Beendigung des Mietverhältnisses durch Kündigung nicht alsbald erreichen, kann die zuständige Stelle von dem Mieter, dem der Verfügungsberechtigte die Wohnung entgegen Absatz 1 Satz 1 überlassen hat, die Räumung der Wohnung verlangen.

(7) ¹Der Verfügungsberechtigte darf eine Wohnung nur mit Genehmigung der zuständigen Stelle
1. selbst nutzen,
2. nicht nur vorübergehend, mindestens drei Monate, leer stehen lassen oder
3. anderen als Wohnzwecken zuführen oder entsprechend baulich ändern.

²Im Fall des Satzes 1 Nr. 1 ist die Genehmigung zu erteilen, wenn der Verfügungsberechtigte und seine Haushaltsangehörigen die Voraussetzungen für die Erteilung eines Wohnberechtigungsscheins nach den Absätzen 1 bis 5 erfüllen. ³Im Fall des Satzes 1 Nr. 2 darf die Genehmigung nur erteilt werden, wenn und solange eine Vermietung nicht möglich ist und der Förderzweck nicht auf andere Weise, auch nicht durch Freistellung von Belegungsbindungen nach § 30 oder durch Übertragung von Belegungs- und Mietbindungen nach § 31, erreicht werden kann. ⁴Im Fall des Satzes 1 Nr. 3 kann die Genehmigung erteilt werden, wenn und soweit ein überwiegendes öffentliches Interesse oder ein überwiegendes berechtigtes Interesse des Verfügungsberechtigten oder eines Dritten an der anderen Verwendung oder baulichen Änderung der Wohnung besteht; die Genehmigung kann unter der Verpflichtung zu einem Geldausgleich in angemessener Höhe oder zur vertraglichen Einräumung eines Belegungsrechts für eine andere nicht gebundene Wohnung (Ersatzwohnung) erteilt werden. ⁵Wer der sich aus Satz 1 Nr. 3 ergebenden Verpflichtung zuwiderhandelt, hat auf Verlangen der zuständigen Stelle die Eignung für Wohnzwecke auf seine Kosten wiederherzustellen.

(8) Sobald voraussehbar ist, dass eine Wohnung bezugsfertig oder frei wird, hat der Verfügungsberechtigte dies der zuständigen Stelle unverzüglich schriftlich anzuzeigen und den voraussichtlichen Zeitpunkt der Bezugsfertigkeit oder des Freiwerdens mitzuteilen.

§ 28 Bestimmung und Sicherung der höchstzulässigen Miete

(1) ¹In der Förderzusage ist eine höchstzulässige Miete zu bestimmen; sie ist die Miete ohne den Betrag für Betriebskosten. ²In der Förderzusage können Änderungen der höchstzulässigen Miete während der Dauer der Förderung, auch für Mieterhöhungen nach durchgeführten Modernisierungen, vorgesehen oder vorbehalten werden. ³Bestimmungen über die höchstzulässige Miete dürfen nicht zum Nachteil des Mieters von den allgemeinen mietrechtlichen Vorschriften abweichen.

(2) ¹Der Vermieter darf eine Wohnung nicht gegen eine höhere als die höchstzulässige Miete zum Gebrauch überlassen. ²Er hat die in der Förderzusage enthaltenen Bestimmungen über die höchstzulässige Miete und das Bindungsende im Mietvertrag anzugeben.

(3) Der Vermieter kann die Miete nach Maßgabe der allgemeinen mietrechtlichen Vorschriften erhöhen, jedoch nicht höher als bis zur höchstzulässigen Miete und unter Einhaltung sonstiger Bestimmungen der Förderzusage zur Mietbindung.

(4) Der Vermieter darf
1. eine Leistung zur Abgeltung von Betriebskosten nur nach Maßgabe der §§ 556, 556a und 560 des Bürgerlichen Gesetzbuchs und
2. eine einmalige oder sonstige Nebenleistung nur insoweit, als sie nach Vorschriften des Landes oder nach den Bestimmungen der Förderzusage zugelassen ist,

fordern, sich versprechen lassen oder annehmen.

(5) ¹Der Mieter kann sich gegenüber dem Vermieter auf die Bestimmung der Förderzusage über die höchstzulässige Miete und auf die sonstigen Bestimmungen der Förderzusage zur Mietbindung berufen. ²Hierzu hat ihm der Vermieter die erforderlichen Auskünfte zu erteilen. ³Erteilt der Vermieter die Auskünfte nicht oder nur unzureichend, hat dies auf Verlangen des Mieters durch die zuständige Stelle zu erfolgen.

(6) Von den Absätzen 1 bis 5 abweichende Vereinbarungen im Mietvertrag sind unwirksam.

§ 29 Dauer der Belegungs- und Mietbindungen

(1) ¹Die Dauer der Belegungs- und Mietbindungen ist in der Förderzusage durch Festlegung einer Frist zu bestimmen; bei der Gewährung von Darlehen sind Bestimmungen über die Dauer der Bindungen bei vorzeitiger vollständiger Rückzahlung der Darlehen zu treffen, die dem mit dem Einsatz der Fördermittel verfolgten Förderzweck Rechnung tragen. ²Die Bindungen bleiben bestehen
1. bei Rückzahlung der Darlehen auf Grund einer Kündigung wegen Verstoßes gegen Bestimmungen der Förderzusage bis zu dem in der Förderzusage bestimmten Ende der Bindungen, längstens jedoch bis zum Ablauf des zwölften Kalenderjahres nach dem Jahr der Rückzahlung,
2. bei einer Zwangsversteigerung des Grundstücks bis zu dem in der Förderzusage bestimmten Ende der Bindungen, längstens jedoch bis zum Ablauf des dritten Kalenderjahres nach dem Kalenderjahr, in dem der Zuschlag erteilt worden ist und die auf Grund der Darlehensförderung begründeten Grundpfandrechte mit dem Zuschlag erloschen sind.

³Bei der Gewährung von Zuschüssen bleiben die Bindungen im Fall der Rückforderung der Zuschüsse wegen Verstoßes gegen die Bestimmungen der Förderzusage längstens zwölf Kalenderjahre nach dem Jahr der Rückzahlung, im Fall der Zwangsversteigerung des Grundstücks bis zum Zuschlag bestehen.

(2) [1]Die zuständige Stelle hat auf Antrag dem Verfügungsberechtigten und bei berechtigtem Interesse auch einem Wohnungssuchenden und dem Mieter schriftlich zu bestätigen, wie lange die Belegungs- und Mietbindungen dauern. [2]Die Bestätigung ist gegenüber dem Verfügungsberechtigten und dem Mieter in tatsächlicher und rechtlicher Hinsicht verbindlich.

§ 30 Freistellung von Belegungsbindungen

(1) Die zuständige Stelle kann den Verfügungsberechtigten von den Verpflichtungen nach § 27 Abs. 1 und 7 Satz 1 freistellen, wenn und soweit

1. nach den örtlichen wohnungswirtschaftlichen Verhältnissen ein überwiegendes öffentliches Interesse an den Bindungen nicht mehr besteht oder
2. an der Freistellung ein überwiegendes öffentliches Interesse besteht oder
3. die Freistellung der Schaffung oder Erhaltung sozial stabiler Bewohnerstrukturen dient oder
4. an der Freistellung ein überwiegendes berechtigtes Interesse des Verfügungsberechtigten oder eines Dritten besteht

und für die Freistellung ein Ausgleich dadurch erfolgt, dass der Verfügungsberechtigte der zuständigen Stelle das Belegungsrecht für Ersatzwohnungen, die bezugsfertig oder frei sind, für die Dauer der Freistellung vertraglich einräumt oder einen Geldausgleich in angemessener Höhe oder einen sonstigen Ausgleich in angemessener Art und Weise leistet.

(2) Freistellungen können für bestimmte Wohnungen, für Wohnungen bestimmter Art oder für Wohnungen in bestimmten Gebieten erteilt werden.

(3) Bei einer Freistellung kann von einem Ausgleich abgesehen werden, wenn und soweit die Freistellung im überwiegenden öffentlichen Interesse erteilt wird.

§ 31 Übertragung von Belegungs- und Mietbindungen

(1) Die zuständige Stelle kann mit dem Verfügungsberechtigten vereinbaren, dass die Belegungs- und Mietbindungen von geförderten Wohnungen (Förderwohnungen) auf Ersatzwohnungen des Verfügungsberechtigten übergehen, wenn

1. dies der Schaffung oder Erhaltung sozial stabiler Bewohnerstrukturen dient oder aus anderen Gründen der örtlichen wohnungswirtschaftlichen Verhältnisse geboten ist und
2. Förderwohnungen und Ersatzwohnungen unter Berücksichtigung des Förderzwecks gleichwertig sind und
3. sichergestellt ist, dass zum Zeitpunkt des Übergangs die Wohnungen bezugsfertig oder frei sind.

(2) Gegenstand der Vereinbarung können ohne Vorliegen der Voraussetzungen des Absatzes 1 Nr. 2 auch Änderungen der Belegungs- und Mietbindungen, insbesondere deren Anzahl, Dauer, Art oder Höhe sein, wenn die Änderungen unter Berücksichtigung der maßgeblichen Umstände, insbesondere des Wohnwerts der Wohnungen, nicht zu einem mehr als nur unerheblichen wirtschaftlichen Vorteil des Verfügungsberechtigten führen.

(3) [1]In der Vereinbarung sind weitere zum Übergang und zur Änderung der Belegungs- und Mietbindungen sowie zu sonstigen in der Förderzusage festgelegten Berechtigungen und Verpflichtungen erforderliche Bestimmungen zu treffen, namentlich zum Zeitpunkt des Übergangs. [2]Mit dem Zeitpunkt des Übergangs gelten die Ersatzwohnungen als geförderte Wohnungen im Sinne der Förderzusage; auf die Ersatzwohnungen sind die Vorschriften dieses und des vierten Abschnitts anzuwenden.

(4) Sind gewährte Fördermittel durch dingliche Rechte am Grundstück der Förderwohnungen gesichert, können die zuständige Stelle, der Verfügungsberechtigte und der Gläubiger vereinbaren, dass die dinglichen Rechte aufgehoben und am Grundstück der Ersatzwohnungen neu bestellt werden.

§ 32 Sonstige Vorschriften der Sicherung

(1) [1]Die zuständige Stelle kann Bestimmungen der Förderzusage nach den allgemeinen Vorschriften im Wege des Verwaltungszwangs vollziehen. [2]Soweit die Bestimmungen in einem öffentlich-rechtlichen Vertrag getroffen werden, hat sich der Förderempfänger der sofortigen Vollstreckung nach § 61 des Verwaltungsverfahrensgesetzes oder nach entsprechenden landesrechtlichen Vorschriften zu unterwerfen.

(2) [1]Die zuständige Stelle darf Daten hinsichtlich

1. Wohnungen,
2. der Nutzung von Wohnungen,
3. der jeweiligen Mieter und Vermieter,
4. der Belegungsrechte und
5. der höchstzulässigen Mieten

verarbeiten, soweit dies zur Sicherung der Zweckbestimmung der Wohnungen und der sonstigen Bestimmungen der Förderzusage erforderlich ist. [2]Der Vermieter und der Mieter sind verpflichtet, der zuständigen Stelle auf Verlangen Auskunft zu erteilen und Einsicht in ihre Unterlagen zu gewähren und ihr die Besichtigung von Grundstücken, Gebäuden und Wohnungen zu gestatten, soweit dies zur Sicherung der Zweckbestimmung der Wohnungen und der sonstigen Bestimmungen der Förderzusage erforderlich ist. [3]Durch Satz 2 wird das Grundrecht der Unverletzlichkeit der Wohnung (Artikel 13 des Grundgesetzes) eingeschränkt.

(3) [1]Der Vermieter hat der zuständigen Stelle die Veräußerung von belegungs- oder mietgebundenen Wohnungen und die Begründung von Wohnungseigentum an solchen Wohnungen unverzüglich schriftlich mitzuteilen. [2]Der Vermieter, der eine Wohnung erworben hat, an der nach der Überlassung an einen Mieter Wohnungseigentum begründet worden ist, darf sich dem Mieter gegenüber auf berechtigte Interessen an der Beendigung des Mietverhältnisses im Sinne des § 573 Abs. 2 Nr. 2 des Bürgerlichen Gesetzbuchs nicht berufen, solange die Wohnung Belegungs- oder Mietbindungen unterliegt; im Übrigen bleibt §

577a Abs. 1 und 2 des Bürgerlichen Gesetzbuchs unberührt, soweit in dieser Bestimmung auf § 573 Abs. 2 Nr. 2 des Bürgerlichen Gesetzbuchs verwiesen wird.

(4) [1]Finanzbehörden und Arbeitgeber haben der zuständigen Stelle Auskunft über die Einkommensverhältnisse der Wohnungssuchenden zu erteilen, soweit dies zur Sicherung der Zweckbestimmung der Wohnungen und der sonstigen Bestimmungen der Förderzusage erforderlich ist und begründete Zweifel an der Richtigkeit der Angaben und der hierzu vorgelegten Nachweise bestehen. [2]Vor einem Auskunftsersuchen an den Arbeitgeber soll dem Wohnungssuchenden Gelegenheit zur Stellungnahme gegeben werden.

(5) Fördermittel, die in Abhängigkeit vom jeweiligen Haushaltseinkommen des Mieters gewährt werden, können auch dann an den Vermieter ausgezahlt werden, wenn dieser aus den geleisteten Zahlungen Rückschlüsse auf das Einkommen des Mieterhaushalts ziehen kann.

(6) Die für Wohnungen geltenden Vorschriften dieses Abschnitts gelten entsprechend für einzelne Wohnräume mit Ausnahme solcher in Wohnheimen.

(7) Für die Zwecke der Sicherung der höchstzulässigen Miete nach § 28 Abs. 2 bis 6 und für die übrigen Sicherungsvorschriften der Absätze 2, 3, 5 und 6 ist der sonstige Verfügungsberechtigte dem Vermieter gleichgestellt.

§ 33 Geldleistung bei Gesetzesverstößen

[1]Für die Zeit, während der der Verfügungsberechtigte oder ein von ihm Beauftragter schuldhaft gegen die Vorschriften des § 27 Abs. 1 oder 6 Satz 1 oder Abs. 7 Satz 1 oder Abs. 8 oder des § 28 Abs. 2 bis 4 oder des § 32 Abs. 3 Satz 1 verstößt, kann die zuständige Stelle für die Dauer des Verstoßes durch Verwaltungsakt von dem Verfügungsberechtigten Geldleistungen bis zu monatlich 5 Euro je Quadratmeter Wohnfläche der Wohnung, auf die sich der Verstoß bezieht, erheben. [2]Für die Bemessung der Geldleistungen sind ausschließlich der Wohnwert der Wohnung und die Schwere des Verstoßes maßgebend. [3]Die eingezogenen Geldleistungen sind für Maßnahmen der sozialen Wohnraumförderung einzusetzen.

Abschnitt 4: Ausgleich von Fehlförderungen

§ 34 Grundlagen der Ausgleichszahlung

(1) [1]Die Länder können, um eine Fehlförderung im Sinne des § 7 Nr. 2 Satz 1 und 3 auszugleichen, landesrechtliche Vorschriften über die Erhebung einer Ausgleichszahlung von Mietern geförderter Wohnungen erlassen; sie treffen dazu nach Maßgabe der Absätze 2 bis 4, des § 35 Abs. 1 Satz 2, des § 36 Abs. 1 und 3 sowie des § 37 Abs. 2 Satz 1 und 4 die erforderlichen Bestimmungen. [2]Auf die Erhebung von Ausgleichszahlungen sind die Absätze 5 bis 7 sowie § 35 Abs. 1 Satz 1, 3 und 4 und Abs. 2 bis 4, § 36 Abs. 2 sowie § 37 Abs. 1 und 2 Satz 2 und 3 anzuwenden. [3]§ 32 Abs. 6 gilt entsprechend für die Vorschriften dieses Abschnitts.

(2) [1]Die Länder legen fest, in welchen Gemeinden und für welche Arten von geförderten Wohnungen eine Ausgleichszahlung erhoben werden soll. [2]Dabei kann von der Festlegung einer Gemeinde auch abgesehen werden, wenn in der Gemeinde

1. die für die Wohnungen bestimmten höchstzulässigen Mieten nur geringfügige Wohnkostenentlastungen beinhalten oder
2. der Verwaltungsaufwand für die Erhebung einer Ausgleichszahlung in einem unangemessenen Verhältnis zu den erwarteten Einnahmen stehen würde.

(3) Die Verpflichtung zur Leistung einer Ausgleichszahlung darf für Mieter nur vorgesehen werden, wenn das Gesamteinkommen der Haushaltsangehörigen und der die Wohnung nicht nur vorübergehend nutzenden sonstigen Personen die entsprechend § 9 maßgebliche Einkommensgrenze mehr als unerheblich übersteigt.

(4) [1]Eine Verpflichtung zur Leistung einer Ausgleichszahlung darf nicht vorgesehen werden

1. für Mieter, die Wohngeld nach dem Wohngeldgesetz erhalten,
2. für Mieter, die Leistungen der Hilfe zum Lebensunterhalt nach dem Zwölften Buch Sozialgesetzbuch oder Leistungen zur Sicherung des Lebensunterhalts nach dem Zweiten Buch Sozialgesetzbuch oder Leistungen der ergänzenden Hilfe zum Lebensunterhalt nach § 27a des Bundesversorgungsgesetzes erhalten und daneben keine weiteren Einkünfte erzielen, bei deren Berücksichtigung eine Ausgleichszahlung zu leisten wäre, oder
3. wenn eine Freistellung nach § 30 Abs. 1 und 2 für das Gebiet, in dem die Wohnung liegt, erfolgt ist.

[2]Die Tatsachen für die Ausnahme von der Leistungspflicht nach Satz 1 hat der Mieter nachzuweisen.

(5) [1]Von der Erhebung einer Ausgleichszahlung kann für bestimmte Wohnungen, für Wohnungen bestimmter Art, für Wohnungen in bestimmten Gebieten von Gemeinden oder für Wohnungen in bestimmten Teilen von Gemeinden ganz oder teilweise abgesehen werden, wenn nach dem Förderzweck unter Berücksichtigung der örtlichen wohnungswirtschaftlichen Verhältnisse das Absehen der Schaffung oder Erhaltung sozial stabiler Bewohnerstrukturen dient. [2]Satz 1 gilt entsprechend für bestimmte Wohnungen oder für Wohnungen bestimmter Art, wenn Tatsachen die Annahme rechtfertigen, dass die Vermietbarkeit dieser Wohnungen während des Leistungszeitraums sonst nicht gesichert wäre, oder für eine Wohnung, die vom Verfügungsberechtigten, der mindestens vier geförderte Wohnungen geschaffen hat, selbst genutzt wird.

(6) [1]Die zuständige Stelle hat die eingezogenen Ausgleichszahlungen an das Land abzuführen, soweit nichts anderes bestimmt ist. [2]Das Aufkommen aus der Erhebung der Ausgleichszahlungen ist laufend für die soziale Wohnraumförderung zu verwenden.

(7) Für die Zwecke des Ausgleichs von Fehlförderungen nach diesem Abschnitt sind sonstige Wohnungsinhaber den Mietern gleichgestellt.

§ 35 Einkommensermittlung und Einkommensnachweis

(1) [1]Auf die Ermittlung des Gesamteinkommens sind die §§ 20 bis 24 unter Einbeziehung der die Wohnung nicht nur vorübergehend nutzenden Personen anzuwenden. [2]Die Länder können bestimmen, dass abweichend von Satz 1 zur weitergehenden Berücksichtigung sozialer Gründe, die der Vermeidung nicht vertretbarer Belastungen dient, zusätzliche Freibeträge vom Gesamteinkommen abgesetzt werden können. [3]Maßgebend für die Einkommensermittlung nach den Sätzen 1 und 2 sind die Verhältnisse neun Monate vor Beginn des durch landesrechtliche Vorschriften nach § 36 Abs. 1 Nr. 3 bestimmten Leistungszeitraums. [4]Abweichend hiervon ist in den Fällen des § 37 Abs. 2 der Zeitpunkt der Antragstellung maßgebend.

(2) [1]Der Mieter hat auf Anforderung der zuständigen Stelle sein Einkommen nachzuweisen und die weiteren Haushaltsangehörigen sowie die die Wohnung nicht nur vorübergehend nutzenden sonstigen Personen zu benennen sowie deren Einkommen nachzuweisen. [2]Dem Mieter ist hierfür eine angemessene Frist einzuräumen. [3]Verweigert eine für die Einkommensermittlung heranzuziehende Person gegenüber dem Mieter Angaben über ihr Einkommen, ist sie verpflichtet, die erforderlichen Angaben gegenüber der zuständigen Stelle zu machen und nachzuweisen; Satz 2 gilt entsprechend. [4]Der Mieter hat die zur Angabe des Einkommens verpflichtete Person vorab darauf hinzuweisen, dass sie ihre Angabe gegenüber der zuständigen Stelle machen und nachweisen kann.

(3) [1]Versäumt der Mieter oder die zur Angabe des Einkommens verpflichtete Person die Frist nach Absatz 2 Satz 2 und 3, wird vermutet, dass eine Überschreitung der Einkommensgrenze in dem Umfang vorliegt, der den Mieter zu der nach § 36 festgelegten höchstmöglichen Ausgleichszahlung verpflichtet. [2]Wird die Verpflichtung nach Absatz 2 Satz 1 nachträglich erfüllt, ist vom ersten Tag des nächsten Kalendermonats an nur der Betrag zu entrichten, der sich nach Überprüfung der Einkommensverhältnisse ergibt.

(4) [1]Finanzbehörden und Arbeitgeber haben der zuständigen Stelle Auskunft über die Einkommensverhältnisse zu erteilen, soweit dies für die Festsetzung der Ausgleichszahlung erforderlich ist und begründete Zweifel an der Richtigkeit der Angaben und der hierzu vorgelegten Nachweise bestehen. [2]Vor einem Auskunftsersuchen an den Arbeitgeber soll dem Mieter oder der zur Angabe des Einkommens verpflichteten Person Gelegenheit zur Stellungnahme gegeben werden.

§ 36 Höhe der Ausgleichszahlung und Leistungszeitraum

(1) Die Länder bestimmen

1. den monatlichen Höchstbetrag je Quadratmeter Wohnfläche, auf den die Ausgleichszahlung festgesetzt werden kann,
2. die Höhe der nach dem Gesamteinkommen des Haushalts zu staffelnden monatlichen Ausgleichszahlung je Quadratmeter Wohnfläche sowie
3. den Leistungszeitraum, für den die Ausgleichszahlung erhoben wird, und den Beginn der Leistungspflicht.

(2) Der Gesamtbetrag aus höchstzulässiger Miete und Ausgleichszahlung darf die ortsübliche Vergleichsmiete im Sinne des § 558 Abs. 2 des Bürgerlichen Gesetzbuchs nicht überschreiten.

(3) [1]Die Länder können zum Zwecke der Begrenzung der Ausgleichszahlung durch ortsübliche Vergleichsmieten nach Absatz 2 Höchstbeträge bestimmen. [2]Sie können hierfür

1. Beträge bis zum Mittelwert der in einem Mietspiegel enthaltenen Mietspanne oder bis zu den in einem Mietspiegel enthaltenen Festbeträgen für Wohnungen vergleichbarer Art, Größe, Ausstattung, Beschaffenheit und Lage oder,
2. wenn ein Mietspiegel nicht besteht oder keine entsprechenden Angaben enthält, die nach statistischen Erhebungen und deren Fortschreibung oder sonstigen Erkenntnismitteln erfahrungsgemäß zu erzielenden Entgelte für Wohnungen vergleichbarer Art, Größe, Ausstattung, Beschaffenheit und Lage nach Gemeinden unterschiedlich

festlegen. [3]Sie können auch bestimmen, dass bei der Festsetzung der Ausgleichszahlung bestimmte eigene Leistungen des Mieters und der sich hieraus ergebende Mietvorteil zu seinen Gunsten berücksichtigt werden.

§ 37 Wegfall und Minderung der Ausgleichszahlung

(1) Die Verpflichtung zur Leistung einer Ausgleichszahlung erlischt, sobald die Wohnung nicht mehr der Mietbindung unterliegt oder von keinem der Mieter mehr genutzt wird.

(2) [1]Die Zahlungspflicht ist auf Antrag mit Wirkung vom ersten Tag des auf den Antrag folgenden Kalendermonats an auf den Betrag herabzusetzen, der den Verhältnissen im Zeitpunkt des Antrags entspricht, wenn dieser Betrag niedriger ist, weil

1. das Gesamteinkommen die nach Absatz 2 oder auf Grund des Absatzes 3 des § 9 maßgebliche Einkommensgrenze unterschreitet,
2. sich das Gesamteinkommen um mehr als 15 Prozent verringert hat,
3. sich die Zahl der Haushaltsangehörigen und der die Wohnung nicht nur vorübergehend nutzenden sonstigen Personen erhöht hat oder
4. sich die Miete nach § 28 Abs. 1 Satz 1 um mehr als 15 Prozent erhöht hat.

[2]Die Herabsetzung nach Satz 1 soll rückwirkend erfolgen, wenn das die Herabsetzung begründende Ereignis durch eine amtliche Bescheinigung nachgewiesen wird und diese Bescheinigung erst zu einem späteren Zeitpunkt beigebracht werden kann. [3]Der Antrag kann in den Fällen des Satzes 1 nur bis sechs Monate vor Ablauf des Leistungszeitraums, im Fall des Satzes 2 nur bis zum Ablauf des Leistungszeitraums gestellt werden. [4]Die Länder können zur Vermeidung eines unvertretbaren Verwaltungsaufwands von Satz 1 abweichende Bestimmungen erlassen.

Wohnflächenverordnung (WoFlV)

Auszug aus der Verordnung. Rechtsstand: April 2021. Letzte Änderung: 25.11.2003 (BGBl. I S. 2346).

§ 1 Anwendungsbereich, Berechnung der Wohnfläche

(1) Wird nach dem Wohnraumförderungsgesetz die Wohnfläche berechnet, sind die Vorschriften dieser Verordnung anzuwenden.

(2) Zur Berechnung der Wohnfläche sind die nach § 2 zur Wohnfläche gehörenden Grundflächen nach § 3 zu ermitteln und nach § 4 auf die Wohnfläche anzurechnen.

§ 2 Zur Wohnfläche gehörende Grundflächen

(1) [1]Die Wohnfläche einer Wohnung umfasst die Grundflächen der Räume, die ausschließlich zu dieser Wohnung gehören. [2]Die Wohnfläche eines Wohnheims umfasst die Grundflächen der Räume, die zur alleinigen und gemeinschaftlichen Nutzung durch die Bewohner bestimmt sind.

(2) Zur Wohnfläche gehören auch die Grundflächen von

1. Wintergärten, Schwimmbädern und ähnlichen nach allen Seiten geschlossenen Räumen sowie
2. Balkonen, Loggien, Dachgärten und Terrassen,

wenn sie ausschließlich zu der Wohnung oder dem Wohnheim gehören.

(3) Zur Wohnfläche gehören nicht die Grundflächen folgender Räume:

1. Zubehörräume, insbesondere:
   a) Kellerräume,
   b) Abstellräume und Kellerersatzräume außerhalb der Wohnung,
   c) Waschküchen,
   d) Bodenräume,
   e) Trockenräume,
   f) Heizungsräume und
   g) Garagen,
2. Räume, die nicht den an ihre Nutzung zu stellenden Anforderungen des Bauordnungsrechts der Länder genügen, sowie
3. Geschäftsräume.

§ 3 Ermittlung der Grundfläche

(1) [1]Die Grundfläche ist nach den lichten Maßen zwischen den Bauteilen zu ermitteln; dabei ist von der Vorderkante der Bekleidung der Bauteile auszugehen. [2]Bei fehlenden begrenzenden Bauteilen ist der bauliche Abschluss zu Grunde zu legen.

(2) Bei der Ermittlung der Grundfläche sind namentlich einzubeziehen die Grundflächen von

1. Tür- und Fensterbekleidungen sowie Tür- und Fensterumrahmungen,
2. Fuß-, Sockel- und Schrammleisten,
3. fest eingebauten Gegenständen, wie z. B. Öfen, Heiz- und Klimageräten, Herden, Bade- oder Duschwannen,
4. freiliegenden Installationen,
5. Einbaumöbeln und
6. nicht ortsgebundenen, versetzbaren Raumteilern.

(3) Bei der Ermittlung der Grundflächen bleiben außer Betracht die Grundflächen von

1. Schornsteinen, Vormauerungen, Bekleidungen, freistehenden Pfeilern und Säulen, wenn sie eine Höhe von mehr als 1,50 Meter aufweisen und ihre Grundfläche mehr als 0,1 Quadratmeter beträgt,
2. Treppen mit über drei Steigungen und deren Treppenabsätze,
3. Türnischen und
4. Fenster- und offenen Wandnischen, die nicht bis zum Fußboden herunterreichen oder bis zum Fußboden herunterreichen und 0,13 Meter oder weniger tief sind.

(4) [1]Die Grundfläche ist durch Ausmessung im fertig gestellten Wohnraum oder auf Grund einer Bauzeichnung zu ermitteln. [2]Wird die Grundfläche auf Grund einer Bauzeichnung ermittelt, muss diese

1. für ein Genehmigungs-, Anzeige-, Genehmigungsfreistellungs- oder ähnliches Verfahren nach dem Bauordnungsrecht der Länder gefertigt oder, wenn ein bauordnungsrechtliches Verfahren nicht erforderlich ist, für ein solches geeignet sein und
2. die Ermittlung der lichten Maße zwischen den Bauteilen im Sinne des Absatzes 1 ermöglichen.

[3]Ist die Grundfläche nach einer Bauzeichnung ermittelt worden und ist abweichend von dieser Bauzeichnung gebaut worden, ist die Grundfläche durch Ausmessung im fertig gestellten Wohnraum oder auf Grund einer berichtigten Bauzeichnung neu zu ermitteln.

§ 4 Anrechnung der Grundflächen

Die Grundflächen

1. von Räumen und Raumteilen mit einer lichten Höhe von mindestens zwei Metern sind vollständig,
2. von Räumen und Raumteilen mit einer lichten Höhe von mindestens einem Meter und weniger als zwei Metern sind zur Hälfte,
3. von unbeheizbaren Wintergärten, Schwimmbädern und ähnlichen nach allen Seiten geschlossenen Räumen sind zur Hälfte,
4. von Balkonen, Loggien, Dachgärten und Terrassen sind in der Regel zu einem Viertel, höchstens jedoch zur Hälfte

anzurechnen.

Wohnungsbindungsgesetz (WoBindG)

Gesetz zur Sicherung der Zweckbestimmung von Sozialwohnungen

Auszug

Rechtsstand: April 2021. Letzte Änderung: 27.06.2020 (BGBl. I S. 1328).

Erster Abschnitt: Allgemeine Vorschriften

§ 1 Anwendungsbereich

Dieses Gesetz gilt nach Maßgabe des § 50 des Wohnraumförderungsgesetzes für den in dessen Absatz 1 und nach Maßgabe des § 2 des Wohnraumförderung-Überleitungsgesetzes vom 5. September 2006 (BGBl. I S. 2098, 2100) für den in dessen Absatz 2 genannten Wohnraum, der öffentlich gefördert ist oder als öffentlich gefördert gilt.

§ 2 Sicherung der Zweckbestimmung

Auf die Erhebung, Verarbeitung und Nutzung von Daten, die Erteilung von Auskünften, die Gewährung von Einsicht in Unterlagen, die Besichtigung von Grundstücken, Gebäuden und Wohnungen, die Erteilung von Auskünften durch Finanzbehörden und Arbeitgeber sowie die Mitteilungspflichten und die Einschränkung der Rechte zur Beendigung von Mietverhältnissen bei der Veräußerung und Umwandlung von öffentlich geförderten Wohnungen ist § 32 Abs. 2 bis 4 des Wohnraumförderungsgesetzes entsprechend anzuwenden.

§§ 2a und 2b (weggefallen)

§ 3 Zuständige Stelle

Zuständige Stelle im Sinne dieses Gesetzes ist die Stelle, die von der Landesregierung bestimmt wird oder die nach Landesrecht zuständig ist.

Zweiter Abschnitt: Bindungen des Verfügungsberechtigten

§ 4 Überlassung an Wohnberechtigte

(1) Sobald voraussehbar ist, dass eine Wohnung bezugsfertig oder frei wird, hat der Verfügungsberechtigte dies der zuständigen Stelle unverzüglich schriftlich anzuzeigen und den voraussichtlichen Zeitpunkt der Bezugsfertigkeit oder des Freiwerdens mitzuteilen.

(2) [1]Der Verfügungsberechtigte darf die Wohnung einem Wohnungsuchenden nur zum Gebrauch überlassen, wenn dieser ihm vor der Überlassung eine Bescheinigung über die Wohnberechtigung im öffentlich geförderten sozialen Wohnungsbau (§ 5) übergibt und wenn die in der Bescheinigung angegebene Wohnungsgröße nicht überschritten wird. [2]Auf Antrag des Verfügungsberechtigten kann die zuständige Stelle die Überlassung einer Wohnung, die die angegebene Wohnungsgröße geringfügig überschreitet, genehmigen, wenn dies nach den wohnungswirtschaftlichen Verhältnissen vertretbar erscheint.

(3) Ist die Wohnung bei der Bewilligung der öffentlichen Mittel für Angehörige eines bestimmten Personenkreises vorbehalten worden, so darf der Verfügungsberechtigte sie für die Dauer des Vorbehalts einem Wohnberechtigten nur zum Gebrauch überlassen, wenn sich aus der Bescheinigung außerdem ergibt, dass er diesem Personenkreis angehört.

(4) [1]Sind für den Bau der Wohnung Mittel einer Gemeinde oder eines Gemeindeverbandes mit der Auflage gewährt, dass die Wohnung einem von der zuständigen Stelle benannten Wohnungssuchenden zu überlassen ist, so hat die zuständige Stelle dem Verfügungsberechtigten bis zur Bezugsfertigkeit oder bis zum Freiwerden der Wohnung mindestens drei Wohnungssuchende zur Auswahl zu benennen, bei denen die Voraussetzungen erfüllt sind, die zur Erlangung einer Bescheinigung nach § 5 erforderlich wären. [2]Der Verfügungsberechtigte darf die Wohnung nur einem der benannten Wohnungssuchenden überlassen; der Vorlage einer Bescheinigung nach § 5 bedarf es insoweit nicht. [3]Bei der Benennung sind die Maßstäbe des § 5a Satz 3 zu beachten. [4]Dies gilt entsprechend, wenn zugunsten der zuständigen Stelle ein vertragliches Besetzungsrecht besteht.

(5) [1]Besteht ein Besetzungsrecht zugunsten einer Stelle, die für den Bau der Wohnung Wohnungsfürsorgemittel für Angehörige des öffentlichen Dienstes gewährt hat, so bedarf es der Vorlage einer Bescheinigung nach § 5 nicht, wenn diese Stelle das Besetzungsrecht ausübt. [2]Die in Satz 1 bezeichnete Stelle darf das Besetzungsrecht zugunsten eines Wohnungssuchenden nur ausüben, wenn bei ihm die Voraussetzungen erfüllt sind, die zur Erlangung einer Bescheinigung nach § 5 erforderlich wären. [3]Bei der Ausübung des Besetzungsrechts sind die Maßstäbe des § 5a Satz 3 zu beachten.

(6) Der Verfügungsberechtigte hat binnen zwei Wochen, nachdem er die Wohnung einem Wohnungssuchenden überlassen hat, der zuständigen Stelle den Namen des Wohnungssuchenden mitzuteilen und ihr in den Fällen der Absätze 2 und 3 den ihm übergebenen Wohnberechtigungsschein vorzulegen.

(7) Wenn der Inhaber des Wohnberechtigungsscheins oder der entsprechend Berechtigte aus der Wohnung ausgezogen ist, darf der Verfügungsberechtigte die Wohnung dessen Haushaltsangehörigen im Sinne des § 18 des Wohnraumförderungsgesetzes nur nach Maßgabe der Absätze 1 bis 6 zum Gebrauch überlassen; Personen, die nach dem Tod des Inhabers des Wohnberechtigungsscheins nach § 563 Abs. 1 bis 3 des Bürgerlichen Gesetzbuchs in das Mietverhältnis eingetreten sind, darf die Wohnung auch ohne Übergabe eines Wohnberechtigungsscheins zum Gebrauch überlassen werden.

(8) [1]Der Verfügungsberechtigte, der eine Wohnung entgegen den Absätzen 2 bis 5 und 7 überlassen hat, hat auf Verlangen der zuständigen Stelle das Mietverhältnis zu kündigen und die Wohnung einem Wohnungssuchenden nach den Absätzen 1 bis 7 zu überlassen. [2]Kann der Verfügungsberechtigte die Beendigung des Mietverhältnisses durch Kündigung nicht alsbald erreichen, so

kann die zuständige Stelle von dem Inhaber der Wohnung, dem der Verfügungsberechtigte sie entgegen den Absätzen 2 bis 5 und 7 überlassen hat, die Räumung der Wohnung verlangen; dies gilt nicht, wenn der Inhaber der Wohnung vor dem Bezug eine Bestätigung nach § 18 Abs. 2 erhalten hat, dass die Wohnung nicht eine öffentlich geförderte Wohnung sei.

§ 5 Ausstellung der Bescheinigung über die Wohnberechtigung

Die Bescheinigung über die Wohnberechtigung (Wohnberechtigungsschein) wird in entsprechender Anwendung des § 27 Abs. 1 bis 5 des Wohnraumförderungsgesetzes erteilt.

§ 5a Sondervorschriften für Gebiete mit erhöhtem Wohnungsbedarf

[1]Die Landesregierungen werden ermächtigt, für Gebiete mit erhöhtem Wohnungsbedarf Rechtsverordnungen zu erlassen, die befristet oder unbefristet bestimmen, dass der Verfügungsberechtigte eine frei oder bezugsfertig werdende Wohnung nur einem von der zuständigen Stelle benannten Wohnungssuchenden zum Gebrauch überlassen darf. [2]Die zuständige Stelle hat dem Verfügungsberechtigten mindestens drei wohnberechtigte Wohnungssuchende zur Auswahl zu benennen. [3]Bei der Benennung sind ungeachtet des Satzes 5 insbesondere schwangere Frauen, Familien und andere Haushalte mit Kindern, junge Ehepaare, allein stehende Elternteile mit Kindern, ältere Menschen und schwerbehinderte Menschen vorrangig zu berücksichtigen; sind schwangere Frauen wohnberechtigte Wohnungssuchende, haben sie Vorrang vor den anderen Personengruppen. [4]Als junge Ehepaare sind diejenigen zu berücksichtigen, bei denen keiner der Ehegatten das 40. Lebensjahr vollendet hat; als ältere Menschen sind diejenigen zu berücksichtigen, die das 60. Lebensjahr vollendet haben. [5]Für die Benennung gilt § 4 Abs. 3 sinngemäß; im Übrigen können in der Rechtsverordnung nähere Bestimmungen darüber getroffen werden, nach welchen weiteren Gesichtspunkten die Benennung erfolgen soll.

§ 6 (weggefallen)

§ 7 Freistellung von Belegungsbindungen, Übertragung von Belegungs- und Mietbindungen, Erhaltung der Mietwohnnutzung, Kooperationsverträge

(1) Die zuständige Stelle kann den Verfügungsberechtigten von Belegungsbindungen in entsprechender Anwendung des § 30 des Wohnraumförderungsgesetzes freistellen.

(2) Die zuständige Stelle kann mit dem Verfügungsberechtigten die Übertragung und Änderung von Belegungs- und Mietbindungen sowie sonstigen Berechtigungen und Verpflichtungen in entsprechender Anwendung des § 31 des Wohnraumförderungsgesetzes vereinbaren.

(3) [1]In Fällen der Selbstnutzung, Nichtvermietung, Zweckentfremdung und baulichen Änderung der Wohnung gilt § 27 Abs. 7 des Wohnraumförderungsgesetzes entsprechend. [2]Hat der Verfügungsberechtigte mindestens vier geförderte Wohnungen geschaffen, von denen er eine selbst nutzen will, so ist die Genehmigung auch zu erteilen, wenn das Gesamteinkommen die maßgebliche Einkommensgrenze übersteigt.

(4) Kooperationsverträge können in entsprechender Anwendung der §§ 14 und 15 des Wohnraumförderungsgesetzes abgeschlossen werden.

§ 8 Kostenmiete

(1) [1]Der Verfügungsberechtigte darf die Wohnung nicht gegen ein höheres Entgelt zum Gebrauch überlassen, als zur Deckung der laufenden Aufwendungen erforderlich ist (Kostenmiete). [2]Die Kostenmiete ist nach den §§ 8a und 8b zu ermitteln.

(2) [1]Soweit das vereinbarte Entgelt die Kostenmiete übersteigt, ist die Vereinbarung unwirksam. [2]Soweit die Vereinbarung unwirksam ist, ist die Leistung zurückzuerstatten und vom Empfang an zu verzinsen. [3]Der Anspruch auf Rückerstattung verjährt nach Ablauf von vier Jahren nach der jeweiligen Leistung, jedoch spätestens nach Ablauf eines Jahres von der Beendigung des Mietverhältnisses an.

(3) [1]Sind für eine Wohnung in einem Eigenheim oder einer Kleinsiedlung oder für eine sonstige Wohnung die öffentlichen Mittel ohne Vorlage einer Wirtschaftlichkeitsberechnung oder auf Grund einer vereinfachten Wirtschaftlichkeitsberechnung bewilligt worden, so darf der Verfügungsberechtigte die Wohnung höchstens gegen ein Entgelt bis zur Höhe der Kostenmiete für vergleichbare öffentlich geförderte Wohnungen (Vergleichsmiete) überlassen. [2]Die zuständige Stelle kann genehmigen, dass der Verfügungsberechtigte von der Vergleichsmiete zur Kostenmiete übergeht. [3]Absatz 2 ist entsprechend anzuwenden.

(4) [1]Der Vermieter hat dem Mieter auf Verlangen Auskunft über die Ermittlung und Zusammensetzung der Miete zu geben und, soweit der Miete eine Genehmigung der Bewilligungsstelle zugrunde liegt, die zuletzt erteilte Genehmigung vorzulegen. [2]Wird eine Genehmigung nicht vorgelegt oder ist die Auskunft über die Ermittlung und Zusammensetzung der Miete unzureichend, so hat die zuständige Stelle dem Mieter auf Verlangen die Höhe der nach Absatz 1 oder 3 zulässigen Miete mitzuteilen, soweit diese sich aus ihren Unterlagen ergibt.

(5) Die diesem Gesetz unterliegenden Wohnungen sind preisgebundener Wohnraum.

§ 8a Ermittlung der Kostenmiete und der Vergleichsmiete

(1) [1]Bei der Ermittlung der Kostenmiete ist von dem Mietbetrag auszugehen, der sich für die öffentlich geförderten Wohnungen des Gebäudes oder der Wirtschaftseinheit auf Grund der Wirtschaftlichkeitsberechnung für den Quadratmeter der Wohnfläche durchschnittlich ergibt (Durchschnittsmiete). [2]In der Wirtschaftlichkeitsberechnung darf für den Wert der Eigenleistung,

soweit er 15 vom Hundert der Gesamtkosten des Bauvorhabens nicht übersteigt, eine Verzinsung von 4 vom Hundert angesetzt werden; für den darüber hinausgehenden Betrag darf angesetzt werden

a) eine Verzinsung in Höhe des marktüblichen Zinssatzes für erststellige Hypotheken, sofern die öffentlichen Mittel vor dem 1. Januar 1974 bewilligt worden sind,

b) in den übrigen Fällen eine Verzinsung in Höhe von 6,5 vom Hundert.

(2) Bei Wohnungen, die nach den Vorschriften des Zweiten Wohnungsbaugesetzes gefördert worden sind, ist bei der Ermittlung der Kostenmiete von der Durchschnittsmiete auszugehen, die von der Bewilligungsstelle nach § 72 des Zweiten Wohnungsbaugesetzes genehmigt worden ist.

(3) [1]Ändern sich nach der erstmaligen Berechnung der Durchschnittsmiete oder nach der Genehmigung der Durchschnittsmiete nach § 72 des Zweiten Wohnungsbaugesetzes die laufenden Aufwendungen (Kapitalkosten, Bewirtschaftungskosten), so tritt jeweils eine entsprechend geänderte Durchschnittsmiete an die Stelle der bisherigen Durchschnittsmiete. [2]Bei einer Erhöhung der laufenden Aufwendungen gilt Satz 1 nur, soweit sie auf Umständen beruht, die der Vermieter nicht zu vertreten hat; als Erhöhung der Aufwendungen gilt auch eine durch Gesetz oder Rechtsverordnung zugelassene Erhöhung eines Ansatzes in der Wirtschaftlichkeitsberechnung.

(4) [1]Bei einer Erhöhung der laufenden Aufwendungen, die bis zur Anerkennung der Schlussabrechnung, spätestens jedoch bis zu zwei Jahren nach der Bezugsfertigkeit eintritt, bedarf die Erhöhung der Durchschnittsmiete nach Absatz 3 der Genehmigung der Bewilligungsstelle. [2]Die Genehmigung wirkt auf den Zeitpunkt der Erhöhung der laufenden Aufwendungen, längstens jedoch drei Monate vor Stellung eines Antrags mit prüffähigen Unterlagen zurück; der Vermieter kann jedoch eine rückwirkende Mieterhöhung nur verlangen, wenn dies bei der Vereinbarung der Miete vorbehalten worden ist.

(5) [1]Auf der Grundlage der Durchschnittsmiete hat der Vermieter die Miete für die einzelnen Wohnungen unter angemessener Berücksichtigung ihres unterschiedlichen Wohnwertes, insbesondere von Lage, Ausstattung und Zuschnitt zu berechnen (Einzelmiete). [2]Der Durchschnitt der Einzelmieten muss der Durchschnittsmiete entsprechen.

(6) [1]Ändern sich in den Fällen der Vergleichsmiete (§ 8 Abs. 3) nach der Bewilligung der öffentlichen Mittel die laufenden Aufwendungen, so ändert sich die Vergleichsmiete um den Betrag, der anteilig auf die Wohnung entfällt. [2]Absatz 3 Satz 2 gilt entsprechend.

(7) Die nach den Absätzen 1 bis 6 sich ergebende Einzelmiete oder Vergleichsmiete zuzüglich zulässiger Umlagen, Zuschläge und Vergütungen ist das zulässige Entgelt im Sinne des § 8 Abs. 1 oder 3.

(8) Das Nähere über die Ermittlung des zulässigen Entgelts bestimmt die Rechtsverordnung nach § 28.

§ 8b Ermittlung der Kostenmiete in besonderen Fällen

(1) Wird die Kostenmiete nach Ablauf von sechs Jahren seit Bezugsfertigkeit der Wohnungen ermittelt, dürfen bei der Aufstellung der Wirtschaftlichkeitsberechnung laufende Aufwendungen, insbesondere Zinsen für die Eigenleistungen, auch dann angesetzt werden, wenn sie in einer früheren Wirtschaftlichkeitsberechnung nicht oder nur in geringerer Höhe in Anspruch genommen oder anerkannt worden sind oder wenn auf ihren Ansatz ganz oder teilweise verzichtet worden ist.

(2) [1]Die Bewilligungsstelle kann zustimmen, dass demselben Eigentümer gehörende Gebäude mit öffentlich geförderten Wohnungen, die bisher selbständige Wirtschaftseinheiten bildeten, oder mehrere bisherige Wirtschaftseinheiten zu einer Wirtschaftseinheit zusammengefasst werden, sofern die Gebäude oder Wirtschaftseinheiten in örtlichem Zusammenhang stehen und die Wohnungen keine wesentlichen Unterschiede in ihrem Wohnwert aufweisen. [2]In die neue Wirtschaftlichkeitsberechnung sind die bisherigen Gesamtkosten, Finanzierungsmittel und laufenden Aufwendungen zu übernehmen. [3]Die sich hieraus ergebende neue Durchschnittsmiete bedarf der Genehmigung der Bewilligungsstelle. [4]Die öffentlichen Mittel gelten als für sämtliche Wohnungen der neuen Wirtschaftseinheit bewilligt.

(3) [1]Die Bewilligungsstelle kann zustimmen, dass eine Wirtschaftseinheit aufgeteilt wird. [2]Ist eine Wirtschaftseinheit nach Satz 1 aufgeteilt worden, ist insbesondere Wohneigentum an öffentlich geförderten Wohnungen einer Wirtschaftseinheit oder eines Gebäudes begründet worden, sind Wirtschaftlichkeitsberechnungen jeweils für die neuen Wirtschaftseinheiten, für die Gebäude oder für die einzelnen Wohnungen aufzustellen. [3]Absatz 2 Satz 2 bis 4 gilt entsprechend.

§ 9 Einmalige Leistungen

(1) [1]Eine Vereinbarung, nach der der Mieter oder für ihn ein Dritter mit Rücksicht auf die Überlassung der Wohnung eine einmalige Leistung zu erbringen hat, ist, vorbehaltlich der Absätze 2 bis 6, unwirksam. [2]Satz 1 gilt nicht für Einzahlungen auf Geschäftsanteile bei Wohnungsunternehmen in der Rechtsform der Genossenschaft oder ähnliche Mitgliedsbeiträge.

(2) Die Vereinbarung einer Mietvorauszahlung oder eines Mieterdarlehens als Finanzierungsbeitrag zum Bau der Wohnung ist nur insoweit unwirksam, als die Annahme des Finanzierungsbeitrags nach § 28 des Ersten Wohnungsbaugesetzes oder nach § 50 des Zweiten Wohnungsbaugesetzes ausgeschlossen oder nicht zugelassen ist.

(3) Die Vereinbarung einer Mietvorauszahlung oder eines Mieterdarlehens zur Deckung der Kosten für eine Modernisierung, der die zuständige Stelle zugestimmt hat, ist nur unwirksam, soweit die Leistung das Vierfache des nach § 8 zulässigen jährlichen Entgelts überschreitet.

(4) Ist ein von einem Mieter oder einem Dritten nach § 28 des Ersten Wohnungsbaugesetzes oder § 50 des Zweiten Wohnungsbaugesetzes zulässigerweise geleisteter Finanzierungsbeitrag oder eine nach Absatz 3 zulässige Leistung wegen einer vorzeitigen Beendigung des Mietverhältnisses dem Leistenden ganz oder teilweise zurückerstattet worden, so ist eine Vereinbarung,

wonach der Mietnachfolger oder für ihn ein Dritter die Leistung unter den gleichen Bedingungen bis zur Höhe des zurückerstatteten Betrags zu erbringen hat, zulässig.

(5) [1]Die Vereinbarung einer Sicherheitsleistung des Mieters ist zulässig, soweit sie dazu bestimmt ist, Ansprüche des Vermieters gegen den Mieter aus Schäden an der Wohnung oder unterlassenen Schönheitsreparaturen zu sichern. [2]Im Übrigen gilt § 551 des Bürgerlichen Gesetzbuchs.

(6) [1]Eine Vereinbarung, nach der der Mieter oder für ihn ein Dritter mit Rücksicht auf die Überlassung der Wohnung Waren zu beziehen oder andere Leistungen in Anspruch zu nehmen oder zu erbringen hat, ist unwirksam. [2]Satz 1 gilt nicht für die Überlassung einer Garage, eines Stellplatzes oder eines Hausgartens und für die Übernahme von Sach- oder Arbeitsleistungen, die zu einer Verringerung von Bewirtschaftungskosten führen. [3]Die zuständige Stelle kann eine Vereinbarung zwischen dem Verfügungsberechtigten und dem Mieter über die Mitvermietung von Einrichtungs- und Ausstattungsgegenständen und über laufende Leistungen zur persönlichen Betreuung und Versorgung genehmigen; sie hat die Genehmigung zu versagen, wenn die vereinbarte Vergütung offensichtlich unangemessen hoch ist.

(7) [1]Soweit eine Vereinbarung nach den Absätzen 1 bis 6 unwirksam ist, ist die Leistung zurückzuerstatten und vom Empfang an zu verzinsen. [2]Der Anspruch auf Rückerstattung verjährt nach Ablauf eines Jahres von der Beendigung des Mietverhältnisses an.

(8) [1]Für Vereinbarungen, die vor dem 1. August 1968 in denjenigen kreisfreien Städten, Landkreisen oder Gemeinden eines Landkreises, in denen zu diesem Zeitpunkt die Mietpreisfreigabe noch nicht erfolgt war, getroffen worden sind, gelten die Vorschriften des Absatzes 7 entsprechend, soweit die Vereinbarungen nach den bis zu diesem Zeitpunkt geltenden Vorschriften unzulässig waren. [2]Das Gleiche gilt für Vereinbarungen, die vor dem 1. September 1965 in denjenigen kreisfreien Städten, Landkreisen oder Gemeinden eines Landkreises getroffen worden sind, in denen zu diesem Zeitpunkt die Mietpreisfreigabe bereits erfolgt war.

§ 10 Einseitige Mieterhöhung

(1) [1]Ist der Mieter nur zur Entrichtung eines niedrigeren als des nach diesem Gesetz zulässigen Entgelts verpflichtet, so kann der Vermieter dem Mieter gegenüber schriftlich erklären, dass das Entgelt um einen bestimmten Betrag, bei Umlagen um einen bestimmbaren Betrag, bis zur Höhe des zulässigen Entgelts erhöht werden soll. [2]Die Erklärung ist nur wirksam, wenn in ihr die Erhöhung berechnet und erläutert ist. [3]Der Berechnung der Kostenmiete ist eine Wirtschaftlichkeitsberechnung oder ein Auszug daraus, der die Höhe der laufenden Aufwendungen erkennen lässt, beizufügen. [4]An Stelle einer Wirtschaftlichkeitsberechnung kann auch eine Zusatzberechnung zu der letzten Wirtschaftlichkeitsberechnung oder, wenn das zulässige Entgelt von der Bewilligungsstelle auf Grund einer Wirtschaftlichkeitsberechnung genehmigt worden ist, eine Abschrift der Genehmigung beigefügt werden. [5]Hat der Vermieter seine Erklärung mit Hilfe automatischer Einrichtungen gefertigt, so bedarf es nicht seiner eigenhändigen Unterschrift.

(2) [1]Die Erklärung des Vermieters hat die Wirkung, dass von dem Ersten des auf die Erklärung folgenden Monats an das erhöhte Entgelt an die Stelle des bisher zu entrichtenden Entgelts tritt; wird die Erklärung erst nach dem Fünfzehnten eines Monats abgegeben, so tritt diese Wirkung von dem Ersten des übernächsten Monats an ein. [2]Wird die Erklärung bereits vor dem Zeitpunkt abgegeben, von dem an das erhöhte Entgelt nach den dafür maßgebenden Vorschriften zulässig ist, so wird sie frühestens von diesem Zeitpunkt an wirksam. [3]Soweit die Erklärung darauf beruht, dass sich die Betriebskosten rückwirkend erhöht haben, wirkt sie auf den Zeitpunkt der Erhöhung der Betriebskosten, höchstens jedoch auf den Beginn des der Erklärung vorangehenden Kalenderjahres zurück, sofern der Vermieter die Erklärung innerhalb von drei Monaten nach Kenntnis von der Erhöhung abgibt.

(3) Ist der Erklärung ein Auszug aus der Wirtschaftlichkeitsberechnung oder die Genehmigung der Bewilligungsstelle beigefügt, so hat der Vermieter dem Mieter auf Verlangen Einsicht in die Wirtschaftlichkeitsberechnung zu gewähren.

(4) Dem Vermieter steht das Recht zur einseitigen Mieterhöhung nicht zu, soweit und solange eine Erhöhung der Miete durch ausdrückliche Vereinbarung mit dem Mieter oder einem Dritten ausgeschlossen ist oder der Ausschluss sich aus den Umständen ergibt.

§ 11 Kündigungsrecht des Mieters

(1) Der Mieter ist im Falle einer Erklärung des Vermieters nach § 10 berechtigt, das Mietverhältnis spätestens am dritten Werktag des Kalendermonats, von dem an die Miete erhöht werden soll, für den Ablauf des nächsten Kalendermonats zu kündigen.

(2) Kündigt der Mieter nach Absatz 1, so tritt die Mieterhöhung nach § 10 nicht ein.

(3) Eine zum Nachteil des Mieters abweichende Vereinbarung ist unwirksam.

§ 12 (weggefallen)

Dritter Abschnitt: Beginn und Ende der Eigenschaft "öffentlich gefördert"

§ 13 Beginn der Eigenschaft "öffentlich gefördert"

(1) [1]Eine Wohnung, für die die öffentlichen Mittel vor der Bezugsfertigkeit bewilligt worden sind, gilt von dem Zeitpunkt an als öffentlich gefördert, in dem der Bescheid über die Bewilligung der öffentlichen Mittel (Bewilligungsbescheid) dem Bauherrn zugegangen ist. [2]Sind die öffentlichen Mittel erstmalig nach der Bezugsfertigkeit der Wohnung bewilligt worden, so gilt die

Wohnung, wenn der Bauherr die Bewilligung der öffentlichen Mittel vor der Bezugsfertigkeit beantragt hat, von der Bezugsfertigkeit an als öffentlich gefördert, im Übrigen von dem Zugang des Bewilligungsbescheids an.

(2) [1]Wird die Bewilligung der öffentlichen Mittel vor der Bezugsfertigkeit der Wohnung widerrufen, so gilt die Wohnung als von Anfang an nicht öffentlich gefördert. [2]Das Gleiche gilt, wenn die Bewilligung nach der Bezugsfertigkeit der Wohnung, jedoch vor der erstmaligen Auszahlung der öffentlichen Mittel widerrufen wird.

(3) Für die Anwendung der Vorschriften der Absätze 1 und 2 ist es unerheblich, in welcher Höhe, zu welchen Bedingungen, für welche Zeitdauer und für welchen Finanzierungsraum die öffentlichen Mittel bewilligt worden sind.

(4) [1]Eine Wohnung gilt als bezugsfertig, wenn sie so weit fertiggestellt ist, dass den zukünftigen Bewohnern zugemutet werden kann, sie zu beziehen; die Genehmigung der Bauaufsichtsbehörde zum Beziehen ist nicht entscheidend. [2]Im Falle des Wiederaufbaus ist für die Bezugsfertigkeit der Zeitpunkt maßgebend, in dem die durch den Wiederaufbau geschaffene Wohnung bezugsfertig geworden ist; Entsprechendes gilt im Falle der Wiederherstellung, des Ausbaus oder der Erweiterung.

§ 14 Einbeziehung von Zubehörräumen, Wohnungsvergrößerung, Umbau

(1) Werden die Zubehörräume einer öffentlich geförderten Wohnung ohne Genehmigung der Bewilligungsstelle zu Wohnräumen oder Wohnungen ausgebaut, so gelten auch diese als öffentlich gefördert.

(2) Wird eine öffentlich geförderte Wohnung um weitere Wohnräume vergrößert, so gelten auch diese als öffentlich gefördert.

(3) [1]Wird eine öffentlich geförderte Wohnung durch eine Änderung von nicht mehr Wohnzwecken dienenden Räumen unter wesentlichem Bauaufwand zur Anpassung an geänderte Wohnbedürfnisse ohne Inanspruchnahme von öffentlichen Mitteln ausgebaut, so gilt die neu geschaffene Wohnung weiterhin als öffentlich gefördert. [2]Dies gilt nicht, wenn vor dem Umbau die für die Wohnung als Darlehen bewilligten öffentlichen Mittel zurückgezahlt und die für sie als Zuschüsse bewilligten öffentlichen Mittel letztmalig gezahlt worden sind.

§ 15 Ende der Eigenschaft "öffentlich gefördert"

(1) [1]Eine Wohnung, für die die öffentlichen Mittel als Darlehen bewilligt worden sind, gilt, soweit sich aus dem § 16 oder § 17 nichts anderes ergibt, als öffentlich gefördert

a) im Falle einer Rückzahlung der Darlehen nach Maßgabe der Tilgungsbedingungen bis zum Ablauf des Kalenderjahres, in dem die Darlehen vollständig zurückgezahlt worden sind,
b) im Falle einer vorzeitigen Rückzahlung auf Grund einer Kündigung wegen Verstoßes gegen Bestimmungen des Bewilligungsbescheids oder des Darlehensvertrags bis zum Ablauf des Kalenderjahres, in dem die Darlehen nach Maßgabe der Tilgungsbedingungen vollständig zurückgezahlt worden wären, längstens jedoch bis zum Ablauf des zwölften Kalenderjahres nach dem Jahr der Rückzahlung.

[2]Sind neben den Darlehen Zuschüsse zur Deckung der laufenden Aufwendungen oder Zinszuschüsse aus öffentlichen Mitteln bewilligt worden, so gilt die Wohnung mindestens bis zum Ablauf des Kalenderjahres als öffentlich gefördert, in dem der Zeitraum endet, für den sich die laufenden Aufwendungen durch die Gewährung der Zuschüsse vermindern (Förderungszeitraum).

(2) [1]Eine Wohnung, für die die öffentlichen Mittel lediglich als Zuschüsse zur Deckung der laufenden Aufwendungen oder als Zinszuschüsse bewilligt worden sind, gilt als öffentlich gefördert bis zum Ablauf des dritten Kalenderjahres nach dem Ende des Förderungszeitraums. [2]Endet der Förderungszeitraum durch planmäßige Einstellung oder durch Verzicht auf weitere Auszahlungen der Zuschüsse, so gilt für ein Eigenheim, eine Eigensiedlung oder eine eigengenutzte Eigentumswohnung § 16 Abs. 5 und 7 sinngemäß. [3]§ 17 bleibt unberührt.

(3) Sind die öffentlichen Mittel für eine Wohnung lediglich als Zuschuss zur Deckung der für den Bau der Wohnung entstandenen Gesamtkosten bewilligt worden, so gilt die Wohnung als öffentlich gefördert bis zum Ablauf des zehnten Kalenderjahres nach dem Jahr der Bezugsfertigkeit.

(4) [1]Sind die öffentlichen Mittel für mehrere Wohnungen eines Gebäudes oder einheitlich für Wohnungen mehrerer Gebäude bewilligt worden, so gelten die Absätze 1 und 2 nur, wenn die für sämtliche Wohnungen eines Gebäudes als Darlehen bewilligten öffentlichen Mittel zurückgezahlt werden und die für sie als Zuschüsse bewilligten öffentlichen Mittel nicht mehr gezahlt werden. [2]Der Anteil der auf ein einzelnes Gebäude entfallenden öffentlichen Mittel errechnet sich nach dem Verhältnis der Wohnfläche der Wohnungen des Gebäudes zur Wohnfläche der Wohnungen aller Gebäude. [3]Die Sätze 1 und 2 sind insoweit nicht anzuwenden, als öffentliche Mittel ab 29. August 1990 für neue Wohnungen bewilligt sind, die durch Ausbau oder Erweiterung in einem Gebäude oder einer Wirtschaftseinheit mit öffentlich geförderten Wohnungen geschaffen werden.

§ 16 Ende der Eigenschaft "öffentlich gefördert" bei freiwilliger vorzeitiger Rückzahlung

(1) [1]Werden die für eine Wohnung als Darlehen bewilligten öffentlichen Mittel ohne rechtliche Verpflichtung vorzeitig vollständig zurückgezahlt, so gilt die Wohnung vorbehaltlich der Absätze 2 und 5 als öffentlich gefördert bis zum Ablauf des zehnten Kalenderjahres nach dem Jahr der Rückzahlung, längstens jedoch bis zum Ablauf des Kalenderjahres, in dem die Darlehen nach Maßgabe der Tilgungsbedingungen vollständig zurückgezahlt wären (Nachwirkungsfrist). [2]Sind neben den Darlehen Zuschüsse zur Deckung der laufenden Aufwendungen oder Zinszuschüsse aus öffentlichen Mitteln bewilligt worden, so gilt § 15 Abs. 1 Satz 2 entsprechend.

(2) Abweichend von Absatz 1 Satz 1 gilt eine Wohnung, für deren Bau ein Darlehen aus öffentlichen Mitteln von nicht mehr als 1.550 Euro bewilligt worden ist, als öffentlich gefördert bis zum Zeitpunkt der Rückzahlung; dabei ist von dem durchschnittlichen Förderungsbetrag je Wohnung des Gebäudes auszugehen.

(3)-(4) (weggefallen)

(5) [1]Sind die für ein Eigenheim, eine Eigensiedlung oder eine eigengenutzte Eigentumswohnung als Darlehen bewilligten öffentlichen Mittel ohne rechtliche Verpflichtung vorzeitig vollständig zurückgezahlt oder nach § 69 des Zweiten Wohnungsbaugesetzes ganz abgelöst worden, so gilt die Wohnung als öffentlich gefördert bis zum Zeitpunkt der Rückzahlung oder Ablösung; bei Rückzahlung oder Ablösung vor dem 17. Juli 1985 gilt die Wohnung längstens bis zum 16. Juli 1985 als öffentlich gefördert. [2]§ 15 Abs. 1 Satz 2 bleibt unberührt. [3]Eine Eigentumswohnung, die durch Umwandlung einer öffentlich geförderten Mietwohnung entstanden ist, gilt als eigengenutzt, wenn sie vom Eigentümer oder seinen Angehörigen als Berechtigte im Sinne dieses Gesetzes selbst genutzt wird; erfolgt in dem Falle die Eigennutzung nach Rückzahlung oder Ablösung, so gilt die Wohnung vom Beginn der Eigennutzung an nicht mehr als öffentlich gefördert.

(6) Sind die öffentlichen Mittel für mehrere Wohnungen eines Gebäudes oder einheitlich für Wohnungen mehrerer Gebäude bewilligt worden, so gilt vorbehaltlich des Absatzes 7 der Absatz 1 nur, wenn die für sämtliche Wohnungen eines Gebäudes als Darlehen bewilligten öffentlichen Mittel zurückgezahlt werden und die für sie als Zuschüsse bewilligten öffentlichen Mittel nicht mehr gezahlt werden; § 15 Abs. 4 Satz 2 gilt entsprechend.

(7) [1]Sind die öffentlichen Mittel für zwei Wohnungen eines Eigenheimes, eines Kaufeigenheimes oder einer Kleinsiedlung bewilligt worden, so gelten die Absätze 1 bis 5 auch für die einzelne Wohnung, wenn der auf sie entfallende Anteil der als Darlehen gewährten Mittel zurückgezahlt oder abgelöst und der anteilige Zuschussbetrag nicht mehr gezahlt wird; der Anteil errechnet sich nach dem Verhältnis der Wohnflächen der einzelnen Wohnungen zueinander, sofern nicht der Bewilligung ein anderer Berechnungsmaßstab zugrunde gelegen hat. [2]Satz 1 gilt entsprechend für Rückzahlungen und Ablösungen bei Eigentumswohnungen, wenn die öffentlichen Mittel für mehrere Wohnungen eines Gebäudes oder einheitlich für Wohnungen mehrerer Gebäude bewilligt worden sind.

§ 17 Ende der Eigenschaft "öffentlich gefördert" bei Zwangsversteigerung

(1) [1]Bei einer Zwangsversteigerung des Grundstücks gelten die Wohnungen, für die öffentliche Mittel als Darlehen bewilligt worden sind, bis zum Ablauf des dritten Kalenderjahres nach dem Kalenderjahr, in dem der Zuschlag erteilt worden ist, als öffentlich gefördert, sofern die wegen der öffentlichen Mittel begründeten Grundpfandrechte mit dem Zuschlag erlöschen; abweichend hiervon gilt ein Eigenheim, eine Eigensiedlung oder eine eigengenutzte Eigentumswohnung im Sinne von § 16 Abs. 5 nur bis zum Zuschlag als öffentlich gefördert, sofern die wegen der öffentlichen Mittel begründeten Grundpfandrechte mit dem Zuschlag erlöschen. [2]Sind die öffentlichen Mittel lediglich als Zuschüsse bewilligt worden, so gelten die Wohnungen bis zum Zuschlag als öffentlich gefördert. [3]Soweit nach den Vorschriften des § 15 oder des § 16 die Wohnungen nur bis zu einem früheren Zeitpunkt als öffentlich gefördert gelten, ist dieser Zeitpunkt maßgebend.

(2) Sind die wegen der öffentlichen Mittel begründeten Grundpfandrechte mit dem Zuschlag nicht erloschen, so gelten die Wohnungen bis zu dem sich aus § 15 oder § 16 ergebenden Zeitpunkt als öffentlich gefördert.

§ 18 Bestätigung

(1) [1]Die zuständige Stelle hat dem Verfügungsberechtigten und bei berechtigtem Interesse auch dem Mieter schriftlich zu bestätigen, von welchem Zeitpunkt an die Wohnung nicht mehr als öffentlich gefördert gilt. [2]Die Bestätigung ist in tatsächlicher und rechtlicher Hinsicht verbindlich.

(2) [1]Die zuständige Stelle hat einem Wohnungssuchenden auf dessen Verlangen schriftlich zu bestätigen, ob die Wohnung, die er benutzen will, eine neu geschaffene öffentlich geförderte Wohnung ist. [2]Absatz 1 Satz 1 gilt bei berechtigtem Interesse für den Wohnungssuchenden entsprechend.

Vierter Abschnitt: Einschränkung von Zinsvergünstigungen bei öffentlich geförderten Wohnungen

§ 18a Höhere Verzinsung der öffentlichen Baudarlehen

(1) [1]Öffentliche Mittel im Sinne des § 3 des Ersten Wohnungsbaugesetzes oder des § 6 des Zweiten Wohnungsbaugesetzes, die vor dem 1. Januar 1960 als öffentliche Baudarlehen bewilligt worden sind, können mit einem Zinssatz bis höchstens 8 vom Hundert jährlich verzinst werden, wenn dies durch landesrechtliche Regelung in einem Gesetz oder einer Verordnung der Landesregierung bestimmt ist; § 18b Abs. 2 ist anzuwenden. [2]Dies gilt auch, wenn vertraglich eine Höherverzinsung ausdrücklich ausgeschlossen ist. [3]Eine Vereinbarung, nach der eine höhere Verzinsung des öffentlichen Baudarlehens verlangt werden kann, bleibt unberührt.

(2) Öffentliche Mittel, die nach dem 31. Dezember 1959, jedoch vor dem 1. Januar 1970 als öffentliche Baudarlehen bewilligt worden sind, können mit einem Zinssatz bis höchstens 6 vom Hundert jährlich verzinst werden; Absatz 1 gilt im Übrigen entsprechend.

(3) [1]Die Landesregierungen stellen durch Rechtsverordnung sicher, dass die aus der höheren Verzinsung nach den Absätzen 1 und 2 folgenden Durchschnittsmieten bestimmte Beträge, die für die öffentlich geförderten Wohnungen nach Gemeindegrößenklassen und unter Berücksichtigung von Alter und Ausstattung der Wohnungen festgelegt werden, nicht übersteigen. [2]Sie haben dabei die sich aus der höheren Verzinsung ergebende Mieterhöhung angemessen zu begrenzen. [3]Einwendungen gegen die Auswirkungen der Zinserhöhung sind dabei nur innerhalb einer festzusetzenden Ausschlussfrist von höchstens sechs Monaten seit Zugang der Mitteilung über die Zinserhöhung zuzulassen.

(4) Soweit bei Wohnungen, für die die öffentlichen Baudarlehen vom 1. Januar 1960 an bewilligt worden sind, die Durchschnittsmiete auf Grund einer nach der Zinserhöhung durchgeführten Modernisierung die nach Absatz 3 bestimmten Beträge

nicht nur unerheblich überschreitet, ist der nach Absatz 2 festgesetzte Zinssatz auf Antrag des Verfügungsberechtigten oder des Mieters entsprechend herabzusetzen.

(5) [1]Eine Zinserhöhung nach den Absätzen 1 und 2 ist bei Familienheimen in der Form von Eigenheimen, Kaufeigenheimen und Kleinsiedlungen sowie bei solchen Eigentumswohnungen, die vom Eigentümer oder seinen Angehörigen genutzt werden, nur unter den Voraussetzungen des § 44 Abs. 3 des Zweiten Wohnungsbaugesetzes zulässig. [2]Dabei ist die aus der höheren Verzinsung folgende Mehrbelastung angemessen zu begrenzen. [3]Absatz 3 Satz 3 gilt entsprechend.

(6) Die Absätze 1 bis 5 gelten für Annuitätsdarlehen entsprechend.

§ 18b Berechnung der neuen Jahresleistung

(1) Die für das Wohnungs- und Siedlungswesen zuständigen obersten Landesbehörden treffen nähere Bestimmungen über die Durchführung der höheren Verzinsung.

(2) [1]Die darlehnsverwaltende Stelle hat bei der Erhöhung des Zinssatzes die neue Jahresleistung für das öffentliche Baudarlehen in der Weise zu berechnen, dass der erhöhte Zinssatz und der Tilgungssatz auf den ursprünglichen Darlehnsbetrag bezogen werden; ein Verwaltungskostenbeitrag bis zu 0,5 vom Hundert ist auf den Zinssatz nicht anzurechnen. [2]Die Zinsleistungen sind nach der Darlehnsrestschuld zu berechnen und die durch die fortschreitende Darlehnstilgung ersparten Zinsen zur erhöhten Tilgung zu verwenden.

(3) Die darlehnsverwaltende Stelle hat dem Darlehnsschuldner die Erhöhung des Zinssatzes, die Höhe der neuen Jahresleistung sowie den Zahlungsabschnitt, für den die höhere Leistung erstmalig entrichtet werden soll, schriftlich mitzuteilen.

(4) [1]Die höhere Leistung ist erstmalig für denjenigen nach dem Darlehnsvertrag maßgeblichen Zahlungsabschnitt zu entrichten, der frühestens nach Ablauf von zwei Monaten nach dem Zugang der in Absatz 3 bezeichneten Mitteilung beginnt. [2]Der Zeitpunkt der Fälligkeit bestimmt sich nach dem Darlehnsvertrag.

§ 18c Öffentliche Baudarlehen verschiedener Gläubiger

(1) [1]Sind für die Wohnungen des Gebäudes oder der Wirtschaftseinheit öffentliche Baudarlehen von verschiedenen Gläubigern gewährt worden und wird für diese Baudarlehen eine höhere Verzinsung nach § 18a verlangt, so haben die Gläubiger möglichst einheitliche Zinssätze festzusetzen und diese so zu bemessen, dass sich die zulässige Durchschnittsmiete nicht um mehr, als nach § 18a Abs. 3 zulässig ist, erhöht. [2]Werden die Zinssätze für diese öffentlichen Baudarlehen nacheinander erhöht und würde durch die spätere Erhöhung des Zinssatzes für eines dieser Darlehen die Durchschnittsmiete über den nach § 18a Abs. 3 zulässigen Umfang hinaus erhöht werden, so ist auf Verlangen des Gläubigers dieses Darlehens der vorher erhöhte Zinssatz für die anderen Darlehen so weit herabzusetzen, dass bei möglichst einheitlichem Zinssatz der öffentlichen Baudarlehen der nach § 18a Abs. 3 zulässige Erhöhungsbetrag nicht überschritten wird; die Herabsetzung darf frühestens von dem Zeitpunkt an verlangt werden, von dem an die spätere Zinserhöhung wirksam werden soll.

(2) [1]Die für das Wohnungs- und Siedlungswesen zuständigen obersten Landesbehörden treffen die näheren Bestimmungen über die Festsetzung der Zinssätze nach Absatz 1. [2]Im Übrigen gelten die Vorschriften des § 18b sinngemäß.

§ 18d Zins- und Tilgungshilfen sowie Zuschüsse und Darlehen zur Deckung der laufenden Aufwendungen

(1) [1]Sind vor dem 1. Januar 1960 neben oder an Stelle eines öffentlichen Baudarlehens Zins- und Tilgungshilfen aus öffentlichen Mitteln für ein zur Deckung der Gesamtkosten aufgenommenes Darlehen bewilligt worden, so kann die Zins- und Tilgungshilfe so weit herabgesetzt werden, dass der Darlehnsschuldner für das Darlehen eine Verzinsung bis höchstens 8 vom Hundert jährlich auf den ursprünglichen Darlehnsbetrag selbst zu erbringen hat, wenn dies durch landesrechtliche Regelung in einem Gesetz oder einer Verordnung der Landesregierung bestimmt ist. [2]Erfolgte die Bewilligung nach dem 31. Dezember 1959, jedoch vor dem 1. Januar 1970, so kann unter den gleichen Voraussetzungen die Zins- und Tilgungshilfe so weit herabgesetzt werden, dass der Darlehnsschuldner für das Darlehen eine Verzinsung bis höchstens 6 vom Hundert jährlich auf den ursprünglichen Darlehnsbetrag selbst zu erbringen hat. [3]Die Sätze 1 und 2 gelten auch, wenn eine Einstellung oder Herabsetzung vertraglich ausdrücklich ausgeschlossen ist. [4]Die Vorschriften des § 18a Abs. 3 bis 5 gelten entsprechend. [5]Verbleibt nach der Herabsetzung eine Zins- und Tilgungshilfe von weniger als insgesamt 60 Euro je Wohnung jährlich, so entfällt diese.

(2) Für die Durchführung des Absatzes 1 gelten die Vorschriften des § 18b sinngemäß.

(3) Sind von verschiedenen Gläubigern aus öffentlichen Mitteln Zins- und Tilgungshilfen nebeneinander oder Zins- und Tilgungshilfen neben öffentlichen Baudarlehen gewährt worden, so ist auch § 18c sinngemäß anzuwenden.

(4) [1]Sind vor dem 1. Januar 1970 neben oder an Stelle eines öffentlichen Baudarlehens oder einer Zins- und Tilgungshilfe Zuschüsse oder Darlehen zur Deckung der laufenden Aufwendungen bewilligt worden, so können die Zuschüsse herabgesetzt oder für Darlehen die Zinsen nach Maßgabe des § 18a Abs. 1 und 2 erhöht werden, wenn dies durch landesrechtliche Regelung in einem Gesetz oder einer Verordnung der Landesregierung bestimmt ist. [2]Dies gilt auch, wenn nach dem Bewilligungsbescheid eine Herabsetzung oder Höherverzinsung zu diesem Zeitpunkt oder in diesem Umfang nicht vorgesehen oder vertraglich ausdrücklich ausgeschlossen ist. [3]Die Vorschriften des § 18a Abs. 3 bis 5 gelten entsprechend.

§ 18e Entsprechende Anwendung für öffentliche Mittel im Bereich des Bergarbeiterwohnungsbaus

[1]Die Vorschriften der §§ 18a bis 18d gelten entsprechend für öffentliche Baudarlehen und Zins- und Tilgungshilfen, die nach dem Gesetz zur Förderung des Bergarbeiterwohnungsbaus im Kohlenbergbau aus Mitteln des Treuhandvermögens des Bundes bewilligt worden sind. [2]Die in § 18b Abs. 1 bezeichneten Aufgaben obliegen dem Bundesministerium des Innern, für Bau und

Heimat im Benehmen mit den für das Wohnungs- und Siedlungswesen zuständigen obersten Landesbehörden. [3]Das Bundesministerium des Innern, für Bau und Heimat wird ermächtigt, die Bestimmungen nach § 18a Abs. 1 bis 3 und 5 sowie nach § 18d durch Rechtsverordnung mit Zustimmung des Bundesrates zu treffen.

§ 18f Mieterhöhung

(1) [1]Für die Durchführung einer Mieterhöhung auf Grund der höheren Verzinsung oder der Herabsetzung der Zins- und Tilgungshilfen oder der Zuschüsse zur Deckung der laufenden Aufwendungen nach den §§ 18a bis 18e finden die Vorschriften des § 10 Abs. 1, 2 und 4 Anwendung. [2]Soweit sich eine Mieterhöhung nur auf Grund der §§ 18a bis 18e ergibt, braucht der Vermieter jedoch abweichend von § 10 Abs. 1 der Erklärung eine Wirtschaftlichkeitsberechnung oder einen Auszug daraus oder eine Zusatzberechnung nicht beizufügen; er hat dem Mieter auf Verlangen Einsicht in die Mitteilung der darlehnsverwaltenden Stelle nach § 18b Abs. 3 und, soweit eine Wirtschaftlichkeitsberechnung aufzustellen ist, auch in diese zu gewähren.

(2) Für Mieterhöhungen auf Grund der §§ 18a bis 18e ist eine vertragliche Vereinbarung, wonach eine höhere Miete für eine zurückliegende Zeit verlangt werden kann, unwirksam.

Fünfter Abschnitt: Schlussvorschriften

§ 19 Gleichstellungen

(1) Die Vorschriften dieses Gesetzes für Wohnungen gelten für einzelne öffentlich geförderte Wohnräume entsprechend, soweit sich nicht aus Inhalt oder Zweck der Vorschriften etwas anderes ergibt.

(2) [1]Dem Vermieter einer öffentlich geförderten Wohnung steht derjenige gleich, der die Wohnung einem Wohnungssuchenden auf Grund eines anderen Schuldverhältnisses, insbesondere eines genossenschaftlichen Nutzungsverhältnisses, zum Gebrauch überlässt. [2]Dem Mieter einer öffentlich geförderten Wohnung steht derjenige gleich, der die Wohnung auf Grund eines anderen Schuldverhältnisses, insbesondere eines genossenschaftlichen Nutzungsverhältnisses, bewohnt.

(3) Dem Verfügungsberechtigten steht ein von ihm Beauftragter gleich.

(4) Dem Bauherrn eines Kaufeigenheims oder einer Kaufeigentumswohnung steht der Bewerber gleich, wenn diesem die öffentlichen Mittel nach den Vorschriften des Zweiten Wohnungsbaugesetzes bewilligt worden sind.

§ 20 Wohnheime

Die Vorschriften dieses Gesetzes gelten nicht für öffentlich geförderte Wohnheime.

§ 21 Untermietverhältnisse

(1) [1]Die Vorschriften dieses Gesetzes gelten sinngemäß für den Inhaber einer öffentlich geförderten Wohnung, wenn dieser die Wohnung ganz oder mit mehr als der Hälfte der Wohnfläche untervermietet. [2]Wird nur ein Teil der Wohnung untervermietet, finden jedoch die Vorschriften des § 4 Abs. 1, 4 und 5 sowie der §§ 5a und 7 Abs. 3 in Verbindung mit § 27 Abs. 7 Satz 1 Nr. 1 und 2 des Wohnraumförderungsgesetzes keine Anwendung.

(2) Vermietet der Verfügungsberechtigte einen Teil der von ihm genutzten Wohnung, sind die Vorschriften dieses Gesetzes nur anzuwenden, wenn mehr als die Hälfte der Wohnfläche vermietet wird; die Vorschriften des § 4 Abs. 1, 4 und 5 sowie der §§ 5a und 7 Abs. 3 in Verbindung mit § 27 Abs. 7 Satz 1 Nr. 1 und 2 des Wohnraumförderungsgesetzes finden jedoch keine Anwendung.

§ 22 Bergarbeiterwohnungen

(1) Für die in § 2 Abs. 2 Nr. 2 des Wohnraumförderung-Überleitungsgesetzes bezeichneten Wohnungen sind die Vorschriften dieses Gesetzes nach Maßgabe der Absätze 2 bis 4 anzuwenden.

(2) An die Stelle der Wohnberechtigung im öffentlich geförderten sozialen Wohnungsbau im Sinne des § 5 dieses Gesetzes in Verbindung mit § 27 Abs. 2 und 3 des Wohnraumförderungsgesetzes tritt die Wohnberechtigung nach § 4 Abs. 1 Buchstabe a, b oder c des Gesetzes zur Förderung des Bergarbeiterwohnungsbaus im Kohlenbergbau.

(3) Der Verfügungsberechtigte darf eine Bergarbeiterwohnung einem Wohnungsberechtigten im Sinne des § 4 Abs. 1 Buchstabe d des Gesetzes zur Förderung des Bergarbeiterwohnungsbaus im Kohlenbergbau oder einem Nichtwohnungsberechtigten vermieten oder überlassen,

a) wenn die zuständige Stelle diesem eine Bescheinigung über die Wohnberechtigung im Kohlenbergbau unter den Voraussetzungen des § 6 Abs. 2 des Gesetzes zur Förderung des Bergarbeiterwohnungsbaus im Kohlenbergbau erteilt hat oder

b) wenn die zuständige Stelle eine Freistellung von der Zweckbindung der Bergarbeiterwohnung unter den Voraussetzungen des § 6 Abs. 3 oder 4 des Gesetzes zur Förderung des Bergarbeiterwohnungsbaus im Kohlenbergbau zugunsten von Wohnberechtigten im Sinne des Wohnungsbindungsgesetzes oder entsprechender landesrechtlicher Vorschriften ausgesprochen hat.

(4) Ist bei den in § 5 Abs. 2 des Gesetzes zur Förderung des Bergarbeiterwohnungsbaus im Kohlenbergbau bezeichneten Wohnungen die Zweckbindung zugunsten von Wohnungsberechtigten im Kohlenbergbau beendet, so sind hinsichtlich der Zweckbindung die Vorschriften der §§ 4 bis 7 dieses Gesetzes oder entsprechende landesrechtliche Vorschriften anzuwenden; der Verfügungsberechtigte darf die Wohnung jedoch auch einem Wohnungsberechtigten im Sinne des § 4 Abs. 1 Buchstabe a bis c des Gesetzes zur Förderung des Bergarbeiterwohnungsbaus im Kohlenbergbau vermieten oder überlassen.

§ 23 Erweiterter Anwendungsbereich

Die Vorschriften der §§ 13 bis 18 über den Beginn und das Ende der Eigenschaft "öffentlich gefördert" gelten auch für die Anwendung von Rechtsvorschriften außerhalb dieses Gesetzes, sofern nicht in jenen Rechtsvorschriften ausdrücklich etwas anderes bestimmt ist.

§ 24 Verwaltungszwang

Verwaltungsakte der zuständigen Stelle können im Wege des Verwaltungszwangs vollzogen werden.

§ 25 Maßnahmen bei Gesetzesverstößen

(1) [1]Für die Zeit, während der der Verfügungsberechtigte schuldhaft gegen die Vorschriften der §§ 4, 7 Abs. 3, des § 8 Abs. 1 und 3, des § 8a, 8b, 9 oder des § 21 oder gegen die nach § 5a erlassenen Vorschriften verstößt, kann die zuständige Stelle durch Verwaltungsakt von dem Verfügungsberechtigten Geldleistungen bis zu 5 Euro je Quadratmeter Wohnfläche der Wohnung monatlich, auf die sich der Verstoß bezieht, erheben. [2]Für die Bemessung der Geldleistungen sind ausschließlich der Wohnwert der Wohnung und die Schwere des Verstoßes maßgebend.

(2) [1]Bei einem schuldhaften Verstoß des Verfügungsberechtigten gegen die in Absatz 1 bezeichneten Vorschriften kann der Gläubiger die als Darlehen bewilligten öffentlichen Mittel fristlos kündigen; er soll sie bei einem Verstoß gegen § 7 Abs. 3 in Verbindung mit § 27 Abs. 7 Satz 1 Nr. 3 des Wohnraumförderungsgesetzes kündigen. [2]Zuschüsse zur Deckung der laufenden Aufwendungen und Zinszuschüsse können für die in Absatz 1 bezeichnete Zeit zurückgefordert werden. [3]Soweit Darlehen oder Zuschüsse bewilligt, aber noch nicht ausgezahlt sind, kann die Bewilligung widerrufen werden.

(3) Die Befugnisse nach den Absätzen 1 und 2 sollen nicht geltend gemacht werden, wenn die Geltendmachung unter Berücksichtigung der Verhältnisse des Einzelfalls, namentlich der Bedeutung des Verstoßes, unbillig sein würde.

(4) Die zuständige Stelle hat die nach Absatz 1 eingezogenen Geldleistungen an die Stelle abzuführen, welche die für das Wohnungs- und Siedlungswesen zuständige oberste Landesbehörde bestimmt; sie sind für den öffentlich geförderten sozialen Wohnungsbau einzusetzen.

§ 26 Ordnungswidrigkeiten

(1) Ordnungswidrig handelt, wer

1. entgegen § 2 in Verbindung mit § 32 Abs. 3 Satz 1 des Wohnraumförderungsgesetzes eine Mitteilung nicht, nicht richtig, nicht vollständig oder nicht rechtzeitig macht,
2. eine Wohnung entgegen § 4 Abs. 2 bis 5 oder entgegen den nach § 5a erlassenen Vorschriften zum Gebrauch überlässt oder belässt,
3. entgegen § 7 Abs. 3 in Verbindung mit § 27 Abs. 7 Satz 1 Nr. 1 oder 2 des Wohnraumförderungsgesetzes eine Wohnung selbst nutzt oder nicht nur vorübergehend, mindestens drei Monate, leer stehen lässt,
4. für die Überlassung einer Wohnung ein höheres Entgelt fordert, sich versprechen lässt oder annimmt, als nach den §§ 8 bis 9 zulässig ist, oder
5. entgegen § 7 Abs. 3 in Verbindung mit § 27 Abs. 7 Satz 1 Nr. 3 des Wohnraumförderungsgesetzes eine Wohnung anderen als Wohnzwecken zuführt oder entsprechend baulich ändert.

(2) Die Ordnungswidrigkeit kann in den Fällen des Absatzes 1 Nr. 1 mit einer Geldbuße bis zu zweitausendfünfhundert Euro je Wohnung, in den Fällen des Absatzes 1 Nr. 2 und 3 mit einer Geldbuße bis zu zehntausend Euro, in den Fällen des Absatzes 1 Nr. 4 mit einer Geldbuße bis zu fünfzehntausend Euro und in den Fällen des Absatzes 1 Nr. 5 mit einer Geldbuße bis zu fünfzigtausend Euro geahndet werden.

(3) Die Ordnungswidrigkeit nach Absatz 1 Nr. 4 kann mit einer Geldbuße bis zu fünfzigtausend Euro geahndet werden, wenn jemand vorsätzlich oder leichtfertig ein wesentlich höheres Entgelt fordert, sich versprechen lässt oder annimmt, als nach den §§ 8 bis 9 zulässig ist.

§ 27 Weitergehende Verpflichtungen

[1]Weitergehende vertragliche Verpflichtungen der in diesem Gesetz bestimmten Art, die im Zusammenhang mit der Gewährung öffentlicher Mittel vertraglich begründet worden sind oder begründet werden, bleiben wirksam, soweit sie über die Verpflichtungen aus diesem Gesetz hinausgehen; andersartige vertragliche Verpflichtungen bleiben unberührt. [2]Satz 1 gilt nicht für Strafversprechen und Ansprüche auf erhöhte Verzinsung wegen eines Verstoßes gegen die in § 25 Abs. 1 bezeichneten Vorschriften, sofern Geldleistungen nach § 25 Abs. 1 entrichtet worden sind.

...

§ 29 Einschränkung des Grundrechts der Unverletzlichkeit der Wohnung

Durch dieses Gesetz wird das Grundrecht der Unverletzlichkeit der Wohnung (Artikel 13 des Grundgesetzes) eingeschränkt.

§ 30 Geltung im Saarland

Dieses Gesetz gilt nicht im Saarland.

Neubaumietenverordnung 1970 (NMV 1970)

Verordnung über die Ermittlung der zulässigen Miete für preisgebundene Wohnungen

Rechtsstand: April 2021. Letzte Änderung: 25.11.2003 (BGBl. I S. 2346).

Teil I: Allgemeine Vorschriften

§ 1 Anwendungsbereich der Verordnung

(1) Diese Verordnung ist anzuwenden auf preisgebundene Wohnungen, die nach dem 20. Juni 1948 bezugsfertig geworden sind oder bezugsfertig werden.

(2) Für öffentlich geförderte Wohnungen ist die nach den §§ 8 bis 8b des Wohnungsbindungsgesetzes zulässige Miete nach Maßgabe der Vorschriften der Teile II und IV dieser Verordnung zu ermitteln.

(3) Soweit und solange steuerbegünstigte oder frei finanzierte Wohnungen nach den §§ 87a, 111 oder 88b des Zweiten Wohnungsbaugesetzes preisgebunden sind, ist die nach diesen Vorschriften zulässige Miete nach Maßgabe der Vorschriften der Teile III und IV dieser Verordnung zu ermitteln.

(4) Soweit und solange diese Verordnung auf Wohnungen nach den Absätzen 1 bis 3 anzuwenden ist, sind die im Rahmen der Verordnung maßgeblichen Vorschriften

1. des bis zum 31. Dezember 2001 geltenden Zweiten Wohnungsbaugesetzes weiter anzuwenden sowie
2. a) des Wohnungsbindungsgesetzes ab 1. Januar 2002 in der jeweils geltenden Fassung,
   b) der Zweiten Berechnungsverordnung ab 1. Januar 2002 in der jeweils geltenden Fassung und
   c) der Verordnung über Heizkostenabrechnung in der jeweils geltenden Fassung
   anzuwenden.

§ 2 Anwendung der Zweiten Berechnungsverordnung

Ist zur Ermittlung der zulässigen Miete eine Wirtschaftlichkeitsberechnung aufzustellen oder die Wohnfläche zu berechnen oder sind die laufenden Aufwendungen zu ermitteln, so sind hierfür die Vorschriften der Zweiten Berechnungsverordnung in der jeweils geltenden Fassung anzuwenden.

Teil II: Zulässige Miete für öffentlich geförderte Wohnungen

1. Abschnitt: Ermittlung der Kostenmiete

§ 3 Erstmalige Ermittlung der Kostenmiete

(1) Die Kostenmiete umfaßt als zulässige Miete für öffentlich geförderte Wohnungen die Einzelmiete sowie Umlagen, Zuschläge und Vergütungen, soweit diese nach den §§ 20 bis 27 zulässig sind.

(2) [1]Bei der erstmaligen Ermittlung der Kostenmiete ist auszugehen von dem Mietbetrag, der sich für die öffentlich geförderten Wohnungen des Gebäudes oder der Wirtschaftseinheit als Durchschnittsmiete für den Quadratmeter Wohnfläche monatlich ergibt. [2]Die Durchschnittsmiete ist auf der Grundlage der Wirtschaftlichkeitsberechnung, die der Bewilligung der öffentlichen Mittel zugrunde gelegen hat, aus dem Gesamtbetrag der laufenden Aufwendungen nach Abzug von Vergütungen zu errechnen. [3]Bei Wohnungen, für welche die öffentlichen Mittel nach dem 31. Dezember 1956 bewilligt worden sind, ist von der Durchschnittsmiete auszugehen, die die Bewilligungsstelle auf Grund der Wirtschaftlichkeitsberechnung bei der Bewilligung der öffentlichen Mittel genehmigt hat.

(3) [1]Auf der Grundlage der Durchschnittsmiete hat der Vermieter die Einzelmieten der Wohnungen nach deren Wohnfläche zu berechnen und dabei selbstverantwortlich den unterschiedlichen Wohnwert der Wohnungen, insbesondere Lage, Ausstattung und Zuschnitt, angemessen zu berücksichtigen. [2]Die Summe der Einzelmieten darf den Betrag nicht übersteigen, der sich aus der Vervielfältigung der Durchschnittsmiete mit der nach Quadratmetern berechneten Summe der Wohnflächen der öffentlich geförderten Wohnungen, auf die sich die Wirtschaftlichkeitsberechnung bezieht, ergibt.

(4) Hat die Bewilligungsstelle im Hinblick auf eine unterschiedliche Gewährung der öffentlichen Mittel unterschiedliche Durchschnittsmieten genehmigt, so sind die Einzelmieten nach Absatz 3 jeweils auf der Grundlage der für die Wohnungen maßgebenden Durchschnittsmiete zu berechnen.

§ 4 Erhöhung der Kostenmiete infolge Erhöhung der laufenden Aufwendungen[22]

(1) [1]Erhöht sich nach der erstmaligen Ermittlung der Kostenmiete der Gesamtbetrag der laufenden Aufwendungen auf Grund von Umständen, die der Vermieter nicht zu vertreten hat, oder wird durch Gesetz oder Rechtsverordnung ein höherer Ansatz für laufende Aufwendungen in der Wirtschaftlichkeitsberechnung zugelassen, so kann der Vermieter eine neue Wirtschaftlichkeitsberechnung aufstellen. [2]Die sich ergebende erhöhte Durchschnittsmiete bildet vom Zeitpunkt der Erhöhung der laufenden Aufwendungen an die Grundlage der Kostenmiete.

(2) [1]Ist bei Wohnungen, für welche die öffentlichen Mittel nach dem 31. Dezember 1956 bewilligt worden sind, die Erhöhung der laufenden Aufwendungen vor der Anerkennung der Schlußabrechnung, spätestens jedoch vor Ablauf von zwei Jahren nach der Bezugsfertigkeit der Wohnungen eingetreten, so erhöht sich die Durchschnittsmiete nach Absatz 1 nur, wenn oder soweit die Bewilligungsstelle deren Erhöhung genehmigt hat. [2]Die Bewilligungsstelle hat die Erhöhung zu genehmigen, soweit sie sich aus

[22] § 4: Zur Anwendung vgl. § 34 Abs. 1

der Wirtschaftlichkeitsberechnung im Rahmen des Absatzes 1 ergibt. [3]Die Genehmigung wirkt auf den Zeitpunkt der Erhöhung der laufenden Aufwendungen, längstens jedoch drei Monate vor Stellung eines Antrags mit prüffähigen Unterlagen zurück. [4]Ist eine Genehmigung nicht erteilt worden, so darf die Erhöhung der laufenden Aufwendungen auch bei einer späteren Ermittlung der Kostenmiete nicht berücksichtigt werden.

(3) (weggefallen)

(4) [1]Soweit aus öffentlichen Mitteln gewährte Darlehen oder Zuschüsse zur Deckung der laufenden Aufwendungen, insbesondere Zinszuschüsse, aus Gründen, die der Vermieter zu vertreten hat, vor Ablauf des Bewilligungszeitraums nicht mehr oder nur in verminderter Höhe gewährt werden, tritt nach Ablauf des Bewilligungszeitraums eine entsprechende Erhöhung der Durchschnittsmiete ein. [2]Der Vermieter hat es auch zu vertreten, wenn er vor Ablauf des Bewilligungszeitraums auf die Fortgewährung der in Satz 1 bezeichneten Darlehen oder Zuschüsse verzichtet.

(5) [1]Hat sich die Durchschnittsmiete nach den Absätzen 1 bis 4 erhöht, so erhöhen sich die zulässigen Einzelmieten entsprechend ihrem bisherigen Verhältnis zur Durchschnittsmiete. [2]§ 3 Abs. 3 Satz 2 gilt entsprechend.

(6) [1]Soweit eine Erhöhung der laufenden Aufwendungen auf Umständen beruht, die nur in der Person einzelner Mieter begründet sind und nicht sämtliche Wohnungen betreffen, tritt eine Erhöhung der Durchschnittsmiete und der Einzelmieten nach den Absätzen 1 und 5 nicht ein. [2]Für die betroffenen Wohnungen ist vom Zeitpunkt der Erhöhung an neben der Einzelmiete ein Zuschlag zur Deckung der erhöhten laufenden Aufwendungen nach § 26 Abs. 1 Nr. 4 zulässig. [3]Die Vorschriften des Absatzes 2 gelten sinngemäß. [4]Bei Wohnungen, die nach dem Gesetz zur Förderung des Bergarbeiterwohnungsbaues im Kohlenbergbau gefördert worden sind, ist ein Zuschlag entsprechend Satz 1 bis 3 auch zulässig, soweit die Erhöhung der laufenden Aufwendungen darauf beruht, daß die als Darlehen gewährten Mittel nach dem 24. Juli 1982 gemäß § 16 des Wohnungsbindungsgesetzes zurückgezahlt, jedoch nur einzelne Wohnungen des Gebäudes oder der Wirtschaftseinheit von der Zweckbindung der Bergarbeiterwohnungen unbefristet freigestellt worden sind.

(7) [1]Die Durchführung einer zulässigen Mieterhöhung gegenüber dem Mieter sowie der Zeitpunkt, von dem an sie wirksam wird, bestimmt sich nach § 10 des Wohnungsbindungsgesetzes, soweit nichts anderes vereinbart ist. [2]Bei der Erläuterung der Mieterhöhung sind die Gründe anzugeben, aus denen sich die einzelnen laufenden Aufwendungen erhöht haben, und die auf die einzelnen laufenden Aufwendungen fallenden Beträge. [3]Dies gilt auch, wenn die Erklärung der Mieterhöhung mit Hilfe automatischer Einrichtungen gefertigt ist.

(8) [1]Ist die jeweils zulässige Miete als vertragliche Miete vereinbart, so gilt für die Durchführung einer Mieterhöhung § 10 Abs. 1 des Wohnungsbindungsgesetzes entsprechend. [2]Auf Grund einer Vereinbarung gemäß Satz 1 darf der Vermieter eine zulässige Mieterhöhung wegen Erhöhung der laufenden Aufwendungen nur für einen zurückliegenden Zeitraum seit Beginn des der Erklärung vorangehenden Kalenderjahres nachfordern; für einen weiter zurückliegenden Zeitraum kann eine zulässige Mieterhöhung jedoch dann nachgefordert werden, wenn der Vermieter die Nachforderung aus Gründen, die er nicht zu vertreten hat, erst nach dem Ende des auf die Erhöhung der laufenden Aufwendungen folgenden Kalenderjahres geltend machen konnte und sie innerhalb von drei Monaten nach Wegfall der Gründe geltend macht. [3]Auf Grund von Zinserhöhungen nach den §§ 18a bis 18f des Wohnungsbindungsgesetzes ist eine Mieterhöhung für einen zurückliegenden Zeitraum nicht zulässig.

§ 5 Senkung der Kostenmiete infolge Verringerung der laufenden Aufwendungen

(1) [1]Verringert sich nach der erstmaligen Ermittlung der Kostenmiete der Gesamtbetrag der laufenden Aufwendungen oder wird durch Gesetz oder Rechtsverordnung nur ein verringerter Ansatz in der Wirtschaftlichkeitsberechnung zugelassen, so hat der Vermieter unverzüglich eine neue Wirtschaftlichkeitsberechnung aufzustellen. [2]Die sich ergebende verringerte Durchschnittsmiete bildet vom Zeitpunkt der Verringerung der laufenden Aufwendungen an die Grundlage der Kostenmiete. [3]Der Vermieter hat die Einzelmieten entsprechend ihrem bisherigen Verhältnis zur Durchschnittsmiete zu senken. [4]Die Mietsenkung ist den Mietern unverzüglich mitzuteilen; sie ist zu berechnen und entsprechend § 4 Abs. 7 Satz 2 und 3 zu erläutern.

(2) [1]Wird nach § 4 Abs. 6 neben der Einzelmiete ein Zuschlag zur Deckung erhöhter laufender Aufwendungen erhoben, so senkt sich der Zuschlag entsprechend, wenn sich die zugrundeliegenden laufenden Aufwendungen verringern. [2]Absatz 1 Satz 4 gilt sinngemäß.

(3) [1]Sind die Gesamtkosten, Finanzierungsmittel und laufenden Aufwendungen einer zentralen Heizungs- oder Warmwasserversorgungsanlage in der Wirtschaftlichkeitsberechnung enthalten, wird jedoch die Anlage eigenständig gewerblich im Sinne des § 1 Abs. 1 Nr. 2 der Verordnung über Heizkostenabrechnung in der Fassung der Bekanntmachung vom 20. Januar 1989 (BGBl. I S. 115) betrieben, verringern sich die Gesamtkosten, Finanzierungsmittel und laufenden Aufwendungen in dem Maße, in dem sie den Kosten der eigenständig gewerblichen Lieferung von Wärme und Warmwasser zugrunde gelegt werden. [2]Dieser Anteil ist nach den Vorschriften der §§ 33 bis 36 der Zweiten Berechnungsverordnung über die Aufstellung der Teilwirtschaftlichkeitsberechnung zu ermitteln. [3]Absatz 1 gilt entsprechend.

§ 5a Änderung der Kostenmiete infolge Änderung der Wirtschaftseinheit

(1) [1]Wird nach der erstmaligen Ermittlung der Kostenmiete eine Wirtschaftseinheit aufgeteilt, so hat der Vermieter unverzüglich Wirtschaftlichkeitsberechnungen für die einzelnen Gebäude oder, wenn neue Wirtschaftseinheiten entstanden sind, für die neuen Wirtschaftseinheiten aufzustellen. [2]Wird Wohnungseigentum an den Wohnungen einer Wirtschaftseinheit oder eines Gebäudes begründet, so hat der Vermieter unverzüglich eine Wirtschaftlichkeitsberechnung für die einzelnen Wohnungen aufzustellen.

(2) Sind nach der erstmaligen Ermittlung der Kostenmiete mehrere Gebäude, mehrere Wirtschaftseinheiten oder mehrere Gebäude und Wirtschaftseinheiten mit Zustimmung der Bewilligungsstelle zu einer Wirtschaftseinheit zusammengefaßt worden, so hat der Vermieter unverzüglich eine neue Wirtschaftlichkeitsberechnung für die entstandene Wirtschaftseinheit aufzustellen.

(3) [1]Die Durchschnittsmieten, die sich aus den nach den Absätzen 1 und 2 aufgestellten Wirtschaftlichkeitsberechnungen ergeben, bedürfen der Genehmigung der Bewilligungsstelle. [2]Sie bilden vom Zeitpunkt der Genehmigung an die Grundlage der Kostenmiete. [3]Für die Berechnung der Einzelmieten gilt § 3 Abs. 3. [4]Erhöht sich die zulässige Einzelmiete gegenüber dem Zeitpunkt vor der Genehmigung, gilt § 4 Abs. 7 und Abs. 8 Satz 1. [5]Verringert sich die zulässige Einzelmiete gegenüber dem Zeitpunkt vor der Genehmigung, so hat der Vermieter die Miete zu senken und die Mietsenkung den Mietern unverzüglich mitzuteilen; die Mietsenkung ist zu berechnen und entsprechend § 4 Abs. 7 Satz 2 und 3 zu erläutern.

§ 6 Erhöhung der Kostenmiete wegen baulicher Änderungen

(1) [1]Hat der Vermieter für sämtliche öffentlich geförderten Wohnungen bauliche Änderungen auf Grund von Umständen, die er nicht zu vertreten hat, vorgenommen, so kann er zur Berücksichtigung der hierdurch entstehenden laufenden Aufwendungen eine neue Wirtschaftlichkeitsberechnung aufstellen. [2]Das gleiche gilt, wenn er mit Zustimmung der Bewilligungsstelle solche bauliche Änderungen vorgenommen hat, die eine Modernisierung im Sinne des § 11 Abs. 6 der Zweiten Berechnungsverordnung bewirken; die Zustimmung gilt als erteilt, wenn Mittel aus öffentlichen Haushalten für die Modernisierung bewilligt worden sind. [3]Die sich ergebende erhöhte Durchschnittsmiete bildet vom Ersten des auf die Fertigstellung folgenden Monats an die Grundlage der Kostenmiete. [4]Für die Erhöhung der Einzelmieten gilt § 4 Abs. 5 entsprechend. [5]Soweit die baulichen Änderungen nach Art oder Umfang für die einzelnen Wohnungen unterschiedlich sind, ist dies bei der Berechnung der Einzelmieten angemessen zu berücksichtigen.

(2) [1]Sind die baulichen Änderungen nur für einen Teil der Wohnungen vorgenommen worden, so ist für diese Wohnungen neben der Einzelmiete ein Zuschlag zur Deckung der erhöhten laufenden Aufwendungen nach § 26 Abs. 1 Nr. 4 zulässig; bei einer Modernisierung von unterschiedlichem Umfang gilt für die Höhe des Zuschlags Absatz 1 Satz 5 sinngemäß. [2]Von dem Zeitpunkt an, in dem die baulichen Änderungen für sämtliche Wohnungen durchgeführt worden sind, tritt an die Stelle der Zuschläge zur Einzelmiete eine Erhöhung der Durchschnittsmiete und der Einzelmieten nach den Vorschriften des Absatzes 1.

§ 7 Kostenmiete nach Schaffung neuer Wohnungen durch Ausbau oder Erweiterung des Gebäudes[23]

(1) [1]Werden in einem Gebäude oder einer Wirtschaftseinheit mit öffentlich geförderten Wohnungen durch Ausbau oder Erweiterung neue Wohnungen geschaffen, so ist für die bisherigen öffentlich geförderten Wohnungen die bisherige Wirtschaftlichkeitsberechnung als Teilwirtschaftlichkeitsberechnung weiter maßgebend; die bisherige Durchschnittsmiete und die bisherigen Einzelmieten ändern sich infolge des Ausbaus oder der Erweiterung nicht. [2]Sind durch den Ausbau oder die Erweiterung Zubehörräume der öffentlich geförderten Wohnungen ganz oder teilweise weggefallen und ist hierfür kein gleichwertiger Ersatz geschaffen worden, ist die Einzelmiete der betroffenen Wohnung um einen angemessenen Betrag zu senken.

(2) [1]Werden in einem Gebäude oder einer Wirtschaftseinheit mit öffentlich geförderten Wohnungen durch Ausbau oder Erweiterung neue Wohnungen unter Einsatz öffentlicher Mittel geschaffen, ist bei der Ermittlung der Kostenmiete für diese Wohnungen von der Durchschnittsmiete auszugehen, die auf Grund der für sie gesondert aufgestellten Teilwirtschaftlichkeitsberechnung berechnet und von der Bewilligungsstelle im Bewilligungsbescheid genehmigt worden ist. [2]Auf der Grundlage der genehmigten Durchschnittsmiete sind die Einzelmieten entsprechend § 3 Abs. 3 zu berechnen.

(3) [1]Sind Zubehörräume öffentlich geförderter Wohnungen ohne Genehmigung der Bewilligungsstelle zu Wohnungen ausgebaut worden, so gelten die durch den Ausbau neu geschaffenen Wohnungen von der Bezugsfertigkeit an als öffentlich geförderter preisgebundener Wohnraum. [2]Bei der Ermittlung der Kostenmiete für diese Wohnungen ist von der Durchschnittsmiete auszugehen, die auf Grund der für sie gesondert aufgestellten Teilwirtschaftlichkeitsberechnung berechnet worden ist. [3]Die sich ergebende Durchschnittsmiete bedarf der Genehmigung der Bewilligungsstelle; die Genehmigung wirkt auf den Zeitpunkt der Bezugsfertigkeit der neu geschaffenen Wohnungen, jedoch nicht mehr als vier Jahre zurück. [4]Auf der Grundlage der genehmigten Durchschnittsmiete sind die Einzelmieten entsprechend § 3 Abs. 3 zu berechnen. [5]Die Einzelmieten sind vom Ersten des Monats, der auf den in Satz 3 genannten Zeitpunkt folgt, maßgebend.

(4) Sind Zubehörräume öffentlich geförderter Wohnungen ohne Einsatz öffentlicher Mittel mit Genehmigung der Bewilligungsstelle zu Wohnungen ausgebaut worden oder wird der Ausbau nachträglich genehmigt, so gelten die neu geschaffenen Wohnungen von der Bezugsfertigkeit an nicht als öffentlich geförderter preisgebundener Wohnraum.

(5) Die Absätze 1 bis 4 gelten entsprechend, wenn einzelne Räume ausgebaut worden sind, die selbständig vermietet werden.

§ 8 Kostenmiete nach Wohnungsvergrößerung

(1) [1]Sind sämtliche öffentlich geförderten Wohnungen durch Ausbau oder Erweiterung um weitere Wohnräume vergrößert worden, so hat der Vermieter eine neue Wirtschaftlichkeitsberechnung aufzustellen. [2]Die sich ergebende Durchschnittsmiete bedarf der Genehmigung der Bewilligungsstelle, die Genehmigung wirkt auf den Zeitpunkt der Fertigstellung der Wohnungsvergrößerung zurück. [3]Die neuen Einzelmieten sind entsprechend § 3 Abs. 3 zu berechnen; sie treten vom Ersten des auf die Fertigstellung folgenden Monats an an die Stelle der bisher zulässigen Einzelmieten.

(2) Ist nur ein Teil der Wohnungen um weitere Wohnräume vergrößert worden, so ist für die vergrößerten Wohnungen vom Zeitpunkt der Fertigstellung an neben der Einzelmiete ein Zuschlag nach § 26 Abs. 1 Nr. 4 zulässig.

---

[23] § 7: Zur Anwendung vgl. § 34 Abs. 2

(3) Die Vorschriften des § 4 Abs. 8 gelten entsprechend.

§ 8a Kostenmiete in Fällen, in denen nur noch ein Teil der Wohnungen als öffentlich gefördert gilt[24]

[1]Gelten nach § 15 Abs. 2 Satz 2 oder § 16 Abs. 2 oder 7 des Wohnungsbindungsgesetzes eine oder mehrere Wohnungen eines Gebäudes oder einer Wirtschaftseinheit nicht mehr als öffentlich gefördert, so bleiben für die übrigen Wohnungen die bisherige Einzelmiete sowie Umlagen, Zuschläge und Vergütungen unverändert. [2]Ändern sich die laufenden Aufwendungen, so bleibt für jede spätere Berechnung der Einzelmiete die bisherige Wirtschaftlichkeitsberechnung mit den zulässigen Ansätzen für Gesamtkosten, Finanzierungsmittel und laufende Aufwendungen in der Weise maßgebend, wie sie für alle bisherigen öffentlich geförderten Wohnungen des Gebäudes oder der Wirtschaftseinheit maßgeblich gewesen wären.

§ 9 Zusatzberechnung, Auszug aus der Wirtschaftlichkeitsberechnung

[1]Zur Berechnung einer Änderung der Durchschnittsmiete kann der Vermieter an Stelle einer neuen Wirtschaftlichkeitsberechnung eine Zusatzberechnung zur bisherigen Wirtschaftlichkeitsberechnung nach § 39a Abs. 1 oder 3 der Zweiten Berechnungsverordnung aufstellen, wenn er dem Mieter bereits eine Wirtschaftlichkeitsberechnung oder einen Auszug daraus gemäß § 39 Abs. 1 Satz 3 der Zweiten Berechnungsverordnung übergeben hatte. [2]Zur Berechnung einer Erhöhung der Durchschnittsmiete kann an Stelle einer neuen Wirtschaftlichkeitsberechnung auch ein Auszug aus der Wirtschaftlichkeitsberechnung nach § 39 Abs. 2 der Zweiten Berechnungsverordnung aufgestellt werden.

§ 10 Mieterleistungen

Einmalige Leistungen des Mieters, die mit Rücksicht auf die Überlassung der Wohnung erbracht werden sollen, sind nur nach Maßgabe des § 9 des Wohnungsbindungsgesetzes zulässig; das gleiche gilt für entsprechende Leistungen eines Dritten zugunsten des Mieters.

2. Abschnitt: Ermittlung der Vergleichsmiete

§ 11 Erstmalige Bestimmung der Vergleichsmiete

(1) [1]Die Vergleichsmiete bestimmt sich erstmalig nach den Einzelmieten solcher öffentlich geförderter Mietwohnungen, die mit der Wohnung nach Art und Ausstattung sowie nach Förderungsjahr und Gemeindegrößenklasse vergleichbar sind (vergleichbare Wohnungen); maßgebend sind die Verhältnisse im Zeitpunkt der Bewilligung der öffentlichen Mittel. [2]Die Einzelmiete der vergleichbaren Wohnung ist mit dem Betrag zugrunde zu legen, der auf den Quadratmeter Wohnfläche monatlich entfällt.

(2) [1]Ist eine vergleichbare Wohnung vom Vermieter nicht festzustellen, so darf als Vergleichsmiete der Miethöchstsatz zugrunde gelegt werden, der im Zeitpunkt der Bewilligung der öffentlichen Mittel von der zuständigen obersten Landesbehörde für öffentlich geförderte Mietwohnungen einer entsprechenden Gemeindegrößenklasse und Ausstattungsstufe bestimmt ist; für Wohnungen mit geringerem Wohnwert, insbesondere für Dachgeschoßwohnungen, ist ein angemessener Abschlag vorzunehmen. [2]Die Bewilligungsstelle hat dem Vermieter auf Verlangen den maßgebenden Miethöchstsatz mitzuteilen.

(3) [1]Hat die Bewilligungsstelle bei der Bewilligung der öffentlichen Mittel, insbesondere im Rahmen einer Lastenberechnung, für die Wohnung unter Berücksichtigung ihres Wohnwertes und des nach Absatz 2 maßgebenden Miethöchstsatzes einen bestimmten Mietbetrag zugrunde gelegt, so bestimmt sich die Vergleichsmiete abweichend von Absatz 2 nach diesem Betrag; das gleiche gilt, wenn der Bauherr in der Lastenberechnung einen derartigen Mietbetrag im Einvernehmen mit der Bewilligungsstelle angesetzt hat. [2]Ist der Mietbetrag aus Gründen, die in der Person des Mieters liegen, unter dem nach Absatz 2 zulässigen Betrag angesetzt worden, so bestimmt sich die Vergleichsmiete nach Absatz 2.

(4) [1]Neben der Vergleichsmiete dürfen Umlagen, Zuschläge und Vergütungen erhoben werden, soweit diese nach § 28 in Verbindung mit den §§ 20 bis 27 zulässig sind. [2]§ 10 gilt entsprechend.

§ 12 Änderung der Vergleichsmiete infolge Änderung der laufenden Aufwendungen

(1) [1]Hat sich der Gesamtbetrag der laufenden Aufwendungen gegenüber dem Betrag geändert, der im Zeitpunkt der Bewilligung der öffentlichen Mittel tatsächlich zu entrichten war oder im Rahmen einer Wirtschaftlichkeitsberechnung hätte angesetzt werden können, so ändert sich die Vergleichsmiete vom Ersten des folgenden Monats an um den Änderungsbetrag, der je Monat anteilig auf die Wohnung entfällt, deren Vergleichsmiete zu ermitteln ist. [2]Änderungen der laufenden Aufwendungen, die sich nicht auf diese Wohnung beziehen, bleiben unberücksichtigt. [3]Bei einer Erhöhung der laufenden Aufwendungen tritt eine Änderung der Vergleichsmiete nach Satz 1 nur ein, soweit die Erhöhung auf Umständen beruht, die der Vermieter nicht zu vertreten hat, oder soweit durch Gesetz oder Rechtsverordnung ein höherer Ansatz in der Wirtschaftlichkeitsberechnung zugelassen ist.

(2) [1]Der Änderungsbetrag ist auf Grund einer Zusatzberechnung nach § 39a Abs. 2 der Zweiten Berechnungsverordnung zu ermitteln. [2]Der auf die Wohnung entfallende Anteil ist nach dem Verhältnis der Wohnflächen der einzelnen Wohnungen des Gebäudes zueinander zu berechnen; soweit sich laufende Aufwendungen geändert haben, die sich ausschließlich auf die Wohnung beziehen, sind diese in voller Höhe anzurechnen.

(3) Für die Durchführung einer Erhöhung oder Senkung der Vergleichsmiete gegenüber dem Mieter gelten die Vorschriften des § 4 Abs. 7 und 8 sowie des § 5 Abs. 1 Satz 4 entsprechend.

(4) Für erneute Änderungen des Gesamtbetrages der laufenden Aufwendungen nach einer Änderung gemäß Absatz 1 gelten die Absätze 1 bis 3 sinngemäß.

---

[24] § 8a: Zur Anwendung vgl. § 34 Abs. 1

§ 13 Erhöhung der Vergleichsmiete wegen baulicher Änderungen

(1) [1]Hat der Vermieter für sämtliche öffentlich geförderten Wohnungen bauliche Änderungen auf Grund von Umständen, die er nicht zu vertreten hat, vorgenommen oder hat er mit Zustimmung der Bewilligungsstelle solche bauliche Änderungen vorgenommen, die eine Modernisierung im Sinne des § 11 Abs. 6 der Zweiten Berechnungsverordnung bewirken, so erhöht sich die nach § 11 oder § 12 zulässige Vergleichsmiete vom Ersten des auf die Fertigstellung folgenden Monats an um die zusätzlichen laufenden Aufwendungen, die durch die baulichen Änderungen entstanden sind und je Monat auf die Wohnungen anteilig entfallen. [2]Die Zustimmung gilt als erteilt, wenn Mittel aus öffentlichen Haushalten für die Modernisierung bewilligt worden sind.

(2) [1]Der Erhöhungsbetrag ist auf Grund einer Zusatzberechnung nach § 39a Abs. 4 der Zweiten Berechnungsverordnung zu ermitteln. [2]Für die Aufteilung des Erhöhungsbetrages auf die einzelnen Wohnungen bei unterschiedlichen baulichen Änderungen gilt § 6 Abs. 1 Satz 5 entsprechend.

(3) Bei baulichen Änderungen, die nur für einen Teil der Wohnungen vorgenommen werden, gelten die Vorschriften des § 6 Abs. 2 sinngemäß.

§ 14 Vergleichsmiete nach Ausbau von Zubehörräumen und Wohnungsvergrößerung

(1) [1]Sind Zubehörräume öffentlich geförderter Wohnungen, für die die Vergleichsmiete die zulässige Miete ist, ohne Genehmigung der Bewilligungsstelle zu einer Wohnung ausgebaut worden, so bestimmt sich für diese Wohnung die Vergleichsmiete erstmalig nach den Einzelmieten vergleichbarer Wohnungen. [2]Ist eine vergleichbare Wohnung vom Vermieter nicht festzustellen, so gelten die Vorschriften des § 11 Abs. 2 entsprechend; maßgebend sind die Verhältnisse im Zeitpunkt der Bezugsfertigkeit der Wohnung.

(2) Sind Zubehörräume öffentlich geförderter Wohnungen, für die die Vergleichsmiete die zulässige Miete ist, mit Genehmigung der Bewilligungsstelle zu einer Wohnung ausgebaut worden oder wird der Ausbau nachträglich genehmigt, so gilt die neugeschaffene Wohnung von der Bezugsfertigkeit an nicht als öffentlich geförderter preisgebundener Wohnraum.

(3) Für die Wohnungen, deren Zubehörräume ausgebaut und nicht durch anderen Zubehörraum ersetzt worden sind, ist die bisher zulässige Vergleichsmiete um einen angemessenen Betrag zu senken.

(4) Die Absätze 1 bis 3 gelten entsprechend, wenn die Zubehörräume zu einzelnen Wohnräumen ausgebaut worden sind, die selbständig vermietet werden.

(5) Die Vergleichsmiete einer Wohnung, die durch Ausbau oder Erweiterung um weitere Wohnräume vergrößert worden ist, erhöht sich in dem Verhältnis, in dem die bisherige Wohnfläche vergrößert worden ist.

(6) Für Änderungen der nach Absatz 1, 3 oder 5 ermittelten Vergleichsmiete gelten die Vorschriften der §§ 12 und 13.

§ 15 Übergang von der Vergleichsmiete zur Kostenmiete

(1) Auf Antrag des Vermieters kann die zuständige Stelle genehmigen, daß an Stelle der nach den §§ 11 bis 14 zulässigen Vergleichsmiete die Kostenmiete erhoben wird.

(2) Für Eigenheime, Kaufeigenheime und Kleinsiedlungen mit einer Wohnung und für Eigentumswohnungen soll der Übergang zur Kostenmiete genehmigt werden, wenn der Vermieter die Eigennutzung der Wohnung auf Grund von Umständen, die er nicht zu vertreten hat, aufgeben muß oder wenn aus sonstigen Gründen für ihn die Vergleichsmiete als zulässige Miete unbillig wäre.

(3) Für eine vermietete zweite Wohnung in einem Eigenheim, einem Kaufeigenheim oder einer Kleinsiedlung darf der Übergang zur Kostenmiete nur genehmigt werden, wenn das Beibehalten der Vergleichsmiete für den Vermieter unter Berücksichtigung aller Umstände des Einzelfalles unbillig wäre und wenn die Vermietbarkeit der Wohnung an Wohnberechtigte im Sinne des § 5 des Wohnungsbindungsgesetzes durch den Übergang zur Kostenmiete nicht ausgeschlossen oder erheblich erschwert wird.

(4) [1]Die Kostenmiete ist auf Grund einer Wirtschaftlichkeitsberechnung nach den Verhältnissen im Zeitpunkt der Bewilligung der öffentlichen Mittel unter Berücksichtigung der seitdem eingetretenen Änderungen der laufenden Aufwendungen zu ermitteln. [2]Auf der Grundlage der sich ergebenden Durchschnittsmiete ist für die in Absatz 3 bezeichnete Wohnung die Einzelmiete entsprechend § 3 Abs. 3 zu berechnen; dabei sind neben dem unterschiedlichen Wohnwert auch sonstige Umstände, die für die Höhe der Einzelmiete im Vergleich zum Mietwert der Hauptwohnung von Bedeutung sind, namentlich eine ungleiche Grundstücksnutzung und das Fehlen von Zubehörraum, angemessen zu berücksichtigen. [3]Bei einer Einliegerwohnung darf die Einzelmiete je Quadratmeter Wohnfläche höchstens 80 vom Hundert der Durchschnittsmiete betragen.

(5) [1]Mit dem Zugang des Genehmigungsbescheides tritt die Kostenmiete als zulässige Miete an die Stelle der Vergleichsmiete. [2]In den Fällen des Absatzes 3 ist die nach Absatz 4 berechnete Einzelmiete, die in dem Genehmigungsbescheid bezeichnet ist, maßgebend.

(6) [1]Für Änderungen der Kostenmiete gelten die Vorschriften der §§ 4 bis 9. [2]Der Unterschied der nach Absatz 4 erstmalig berechneten Einzelmiete gegenüber der Durchschnittsmiete ist auch bei späteren Änderungen der Durchschnittsmiete zu erhalten, es sei denn, daß sich die zugrundeliegenden Änderungen der laufenden Aufwendungen nicht auf die Wohnung beziehen, deren Einzelmiete zu errechnen ist.

Teil III: Zulässige Miete für preisgebundene steuerbegünstigte und frei finanzierte Wohnungen

§ 16 Ermittlung der Kostenmiete für Wohnungen, die mit Wohnungsfürsorgemitteln gefördert sind[25]

(1) Wird für steuerbegünstigte oder frei finanzierte Wohnungen, die mit Wohnungsfürsorgemitteln für Angehörige des öffentlichen Dienstes oder ähnliche Personengruppen unter Vereinbarung eines Wohnungsbesetzungsrechts gefördert worden sind, die Kostenmiete erstmalig ermittelt, so ist von dem Mietbetrag auszugehen, der sich für diese Wohnungen auf Grund einer Wirtschaftlichkeitsberechnung als Durchschnittsmiete für den Quadratmeter Wohnfläche monatlich ergibt.

(2) [1]Die Wirtschaftlichkeitsberechnung ist nach den Vorschriften der Zweiten Berechnungsverordnung aufzustellen, die für den steuerbegünstigten Wohnungsbau und für Wohnungen, die mit Wohnungsfürsorgemitteln gefördert worden sind, gelten. [2]Dabei sind die Verhältnisse im Zeitpunkt der Bezugsfertigkeit der Wohnungen zugrunde zu legen.

(3) [1]Auf der Grundlage der Durchschnittsmiete hat der Vermieter für die einzelnen Wohnungen des Gebäudes oder der Wirtschaftseinheit die Einzelmieten entsprechend § 3 Abs. 3 zu berechnen. [2]Die für die Bewilligung der Wohnungsfürsorgemittel zuständige Stelle kann Maßstäbe für die Staffelung der Einzelmieten festsetzen. [3]Die Vorschriften des § 3 Abs. 1 gelten entsprechend.

(4) [1]Für nach der Bezugsfertigkeit der Wohnungen eintretende Änderungen der Kostenmiete infolge Änderung der laufenden Aufwendungen gelten die Vorschriften des § 4 Abs. 1, 4, 5, Abs. 6 Satz 1 und 2, Abs. 7 und 8, des § 5, des § 5a Abs. 1, 2 und Abs. 3 Satz 2 bis 5 und des § 9 entsprechend, § 5a Abs. 3 Satz 2 bis 5 jedoch mit der Maßgabe, daß an die Stelle des Zeitpunkts der Genehmigung im Falle der Aufteilung der Zeitpunkt der Aufstellung der Wirtschaftlichkeitsberechnung, im Falle der Zusammenfassung der Zeitpunkt der Zustimmung des Darlehns- oder Zuschußgebers zur Zusammenfassung tritt. [2]Sind die Wohnungsfürsorgemittel vorzeitig zurückgezahlt oder abgelöst und durch andere Finanzierungsmittel mit höheren Kapitalkosten, als sie zuletzt tatsächlich zu entrichten waren, ersetzt worden, so tritt auf Grund dieser Ersetzung eine Erhöhung der Kostenmiete vor Ablauf des Wohnungsbesetzungsrechts nicht ein.

(5) Hat der Vermieter nach der Bezugsfertigkeit der Wohnungen bauliche Änderungen auf Grund von Umständen, die er nicht zu vertreten hat, oder solche bauliche Änderungen, die eine Modernisierung im Sinne des § 11 Abs. 6 der Zweiten Berechnungsverordnung bewirken, vorgenommen, so gelten für die Erhöhung der Kostenmiete die Vorschriften des § 6 und des § 9 Satz 1 entsprechend.

(6) [1]Werden in einem Gebäude oder einer Wirtschaftseinheit mit in Absatz 1 bezeichneten Wohnungen durch Ausbau oder Erweiterung neue Wohnungen geschaffen, sind die Vorschriften des § 7 Abs. 1, 2 und 5 und des § 26 Abs. 7 sinngemäß anzuwenden. [2]Werden Zubehörräume der in Absatz 1 bezeichneten Wohnungen zu Wohnungen oder Wohnräumen ausgebaut, so gelten die neugeschaffenen Wohnungen oder Räume nicht als preisgebundener Wohnraum.

(7) Für die Vergrößerung der in Absatz 1 bezeichneten Wohnungen um weitere Wohnräume gelten die Vorschriften des § 8 sinngemäß.

(8) Vertragliche Vereinbarungen mit der für die Bewilligung der Wohnungsfürsorgemittel zuständigen Stelle, wonach die Modernisierung, der Ausbau von Zubehörräumen oder Wohnungsvergrößerungen der Genehmigung bedürfen, bleiben unberührt.

§ 17 Ermittlung der Kostenmiete für Wohnungen, die mit Aufwendungszuschüssen oder Aufwendungsdarlehen gefördert sind

(1) Wird für steuerbegünstigte Wohnungen, die mit Aufwendungszuschüssen oder Aufwendungsdarlehen nach § 88 des Zweiten Wohnungsbaugesetzes gefördert worden sind, die Kostenmiete erstmalig ermittelt, so ist von dem Mietbetrag auszugehen, der sich für diese Wohnungen auf Grund einer Wirtschaftlichkeitsberechnung als Durchschnittsmiete für den Quadratmeter Wohnfläche monatlich ergibt und von der für die Bewilligung der Mittel zuständigen Stelle genehmigt worden ist.

(2) Die Wirtschaftlichkeitsberechnung ist entsprechend den für öffentlich geförderte Wohnungen geltenden Vorschriften der Zweiten Berechnungsverordnung aufzustellen; dabei sind die Verhältnisse im Zeitpunkt der Bewilligung der Mittel zugrunde zu legen.

(3) Die zuständige Bewilligungsstelle hat die sich aus der Wirtschaftlichkeitsberechnung ergebende Durchschnittsmiete zu genehmigen und dem Vermieter die genehmigte Durchschnittsmiete mitzuteilen.

(4) [1]Auf der Grundlage der genehmigten Durchschnittsmiete hat der Vermieter für die einzelnen Wohnungen des Gebäudes oder der Wirtschaftseinheit die Einzelmieten entsprechend § 3 Abs. 3 und 4 zu berechnen. [2]Die Vorschriften des § 3 Abs. 1 gelten entsprechend.

(5) Für nach der Genehmigung der Durchschnittsmiete eintretende Änderungen der Kostenmiete infolge Änderung der laufenden Aufwendungen, infolge Änderung der Wirtschaftseinheit oder wegen baulicher Änderungen gelten die Vorschriften der §§ 4 bis 6 und 9 entsprechend.

(6) Bei den in § 16 bezeichneten Wohnungen, die auch mit Aufwendungszuschüssen oder Aufwendungsdarlehen gefördert worden sind, sind an Stelle der Absätze 1 bis 5 nur die Vorschriften des § 16 anzuwenden.

(7) Für die in Absatz 1 bezeichneten Wohnungen gelten hinsichtlich der Zulässigkeit von Mieterleistungen die Vorschriften des § 10 entsprechend.

---

[25] § 16: Zur Anwendung vgl. § 34 Abs. 2

(8) Die Vorschriften der Absätze 1 bis 6 gelten entsprechend für diejenigen steuerbegünstigten Wohnungen, die mit Annuitätszuschüssen nach § 88 des Zweiten Wohnungsbaugesetzes in der bis zum 31. Dezember 1971 geltenden Fassung gefördert worden und nach dem 31. Dezember 1966 bezugsfertig geworden sind.

§ 18 Ermittlung der Vergleichsmiete für Wohnungen, die mit Aufwendungszuschüssen oder Aufwendungsdarlehen gefördert sind

(1) Die Vergleichsmiete für steuerbegünstigte Wohnungen in Eigenheimen und Kleinsiedlungen, die ohne Vorlage einer Wirtschaftlichkeitsberechnung oder auf Grund einer vereinfachten Wirtschaftlichkeitsberechnung mit Aufwendungszuschüssen oder Aufwendungsdarlehen nach § 88 des Zweiten Wohnungsbaugesetzes gefördert worden sind, bestimmt sich erstmalig nach den Einzelmieten solcher steuerbegünstigter, mit Aufwendungszuschüssen oder Aufwendungsdarlehen geförderter Mietwohnungen, die nach Art und Ausstattung sowie nach Förderungsjahr und Gemeindegrößenklasse mit den Wohnungen vergleichbar sind; maßgebend sind die Verhältnisse im Zeitpunkt der Bewilligung der Mittel.

(2) [1]Ist eine vergleichbare Wohnung vom Vermieter nicht festzustellen, so kann die Bewilligungsstelle auf Verlangen des Vermieters bei der Bewilligung der Mittel einen angemessenen Mietbetrag als Vergleichsmiete bestimmen. [2]Die Vorschriften des § 11 Abs. 3 Satz 1, Abs. 4 gelten entsprechend.

(3) Für die Änderungen der Vergleichsmiete infolge Änderung der laufenden Aufwendungen oder wegen baulicher Änderungen gelten die Vorschriften der §§ 12 und 13 entsprechend; dabei sind die für öffentlich geförderte Wohnungen geltenden Vorschriften der Zweiten Berechnungsverordnung entsprechend anzuwenden.

(4) Für die in Absatz 1 bezeichneten Wohnungen gelten hinsichtlich der Zulässigkeit von Mieterleistungen die Vorschriften des § 10 entsprechend.

(5) Die Vorschriften der Absätze 1 bis 3 gelten entsprechend für diejenigen steuerbegünstigten Wohnungen, die mit Annuitätszuschüssen nach § 88 des Zweiten Wohnungsbaugesetzes in der bis zum 31. Dezember 1971 geltenden Fassung gefördert worden und nach dem 31. Dezember 1966 bezugsfertig geworden sind.

§ 19 (weggefallen)

Teil IV: Umlagen, Zuschläge und Vergütungen

§ 20 Umlagen neben der Einzelmiete

(1) [1]Neben der Einzelmiete ist die Umlage der Betriebskosten im Sinne des § 27 der Zweiten Berechnungsverordnung und des Umlageausfallwagnisses zulässig. [2]Es dürfen nur solche Kosten umgelegt werden, die bei gewissenhafter Abwägung aller Umstände und bei ordentlicher Geschäftsführung gerechtfertigt sind. [3]Soweit Betriebskosten geltend gemacht werden, sind diese nach Art und Höhe dem Mieter bei Überlassung der Wohnung bekanntzugeben.

(2) [1]Soweit in den §§ 21 bis 25 nichts anderes bestimmt ist, sind die Betriebskosten nach dem Verhältnis der Wohnfläche umzulegen. [2]Betriebskosten, die nicht für Wohnraum entstanden sind, sind vorweg abzuziehen; kann hierbei nicht festgestellt werden, ob die Betriebskosten auf Wohnraum oder auf Geschäftsraum entfallen, sind sie für den Wohnteil und den anderen Teil des Gebäudes oder der Wirtschaftseinheit im Verhältnis des umbauten Raumes oder der Wohn- und Nutzflächen aufzuteilen. [3]Bei der Berechnung des umbauten Raumes ist Anlage 2 zur Zweiten Berechnungsverordnung zugrunde zu legen.

(3) [1]Auf den voraussichtlichen Umlegungsbetrag sind monatliche Vorauszahlungen in angemessener Höhe zulässig, soweit in § 25 nichts anderes bestimmt ist. [2]Über die Betriebskosten, den Umlegungsbetrag und die Vorauszahlungen ist jährlich abzurechnen (Abrechnungszeitraum). [3]Der Vermieter darf alle oder mehrere Betriebskostenarten in einer Abrechnung erfassen. [4]Die jährliche Abrechnung ist dem Mieter spätestens bis zum Ablauf des zwölften Monats nach dem Ende des Abrechnungszeitraumes zuzuleiten; diese Frist ist für Nachforderungen eine Ausschlußfrist, es sei denn, der Vermieter hat die Geltendmachung erst nach Ablauf der Jahresfrist nicht zu vertreten.

(4) [1]Für Erhöhungen der Vorauszahlungen und für die Erhebung des durch die Vorauszahlungen nicht gedeckten Umlegungsbetrages sowie für die Nachforderung von Betriebskosten gilt § 4 Abs. 7 und 8 entsprechend. [2]Eine Erhöhung der Vorauszahlungen für einen zurückliegenden Zeitraum ist nicht zulässig.

§ 21 Umlegung der Kosten der Wasserversorgung und der Entwässerung[26]

(1) Zu den Kosten der Wasserversorgung gehören die Kosten des Wasserverbrauchs, die Grundgebühren, die Kosten der Anmietung oder anderer Arten der Gebrauchsüberlassung von Wasserzählern sowie die Kosten ihrer Verwendung einschließlich der Kosten der Eichung sowie der Kosten der Berechnung und Aufteilung, die Kosten der Wartung von Wassermengenreglern, die Kosten des Betriebs einer hauseigenen Wasserversorgungsanlage und einer Wasseraufbereitungsanlage einschließlich der Aufbereitungsstoffe.

(2) [1]Bei der Berechnung der Umlage für die Kosten der Wasserversorgung sind zunächst die Kosten des Wasserverbrauchs abzuziehen, der nicht mit der üblichen Benutzung der Wohnungen zusammenhängt. [2]Die verbleibenden Kosten dürfen nach dem Verhältnis der Wohnflächen oder nach einem Maßstab, der dem unterschiedlichen Wasserverbrauch der Wohnparteien Rechnung trägt, umgelegt werden. [3]Wird der Wasserverbrauch, der mit der üblichen Benutzung der Wohnungen zusammenhängt, für alle Wohnungen eines Gebäudes durch Wasserzähler erfaßt, hat der Vermieter die auf die Wohnungen entfallenden Kosten nach dem erfaßten unterschiedlichen Wasserverbrauch der Wohnparteien umzulegen.

[26] § 21: Zur Anwendung vgl. § 34 Abs. 3

(3) [1]Zu den Kosten der Entwässerung gehören die Gebühren für die Benutzung einer öffentlichen Entwässerungsanlage oder die Kosten des Betriebs einer entsprechenden nicht öffentlichen Anlage sowie die Kosten des Betriebs einer Entwässerungspumpe. [2]Die Kosten sind mit dem Maßstab nach Absatz 2 umzulegen.

§ 22 Umlegung der Kosten der Versorgung mit Wärme und Warmwasser

(1) Für die Umlegung der Kosten des Betriebs zentraler Heizungs- und Warmwasserversorgungsanlagen und der Kosten der eigenständig gewerblichen Lieferung von Wärme und Warmwasser, auch aus zentralen Heizungs- und Warmwasserversorgungsanlagen, findet die Verordnung über Heizkostenabrechnung in der Fassung der Bekanntmachung vom 5. April 1984 (BGBl. I S. 592), geändert durch Artikel 1 der Verordnung vom 19. Januar 1989 (BGBl. I S. 109), Anwendung.

(2) [1]Liegt eine Ausnahme nach § 11 der Verordnung über Heizkostenabrechnung vor, dürfen umgelegt werden

1. die Kosten der Versorgung mit Wärme nach der Wohnfläche oder nach dem umbauten Raum; es darf auch die Wohnfläche oder der umbaute Raum der beheizten Räume zugrunde gelegt werden,
2. die Kosten der Versorgung mit Warmwasser nach der Wohnfläche oder einem Maßstab, der dem Warmwasserverbrauch in anderer Weise als durch Erfassung Rechnung trägt.

[2]§ 7 Abs. 2 und 4, § 8 Abs. 2 und 4 der Verordnung über Heizkostenabrechnung gelten entsprechend. Genehmigungen nach den Vorschriften des § 22 Abs. 5 oder des § 23 Abs. 5 in der bis zum 30. April 1984 geltenden Fassung bleiben unberührt.

(3) Werden für Wohnungen, die vor dem 1. Januar 1981 bezugsfertig geworden sind, bei verbundenen Anlagen die Kosten für die Versorgung mit Wärme und Warmwasser am 30. April 1984 unaufgeteilt umgelegt, bleibt dies weiterhin zulässig.

§ 22a Umlegung der Kosten der Müllbeseitigung

(1) Zu den Kosten der Müllbeseitigung gehören namentlich die für die Müllabfuhr zu entrichtenden Gebühren, die Kosten entsprechender nicht öffentlicher Maßnahmen, die Kosten des Betriebs von Müllkompressoren, Müllschluckern, Müllabsauganlagen sowie des Betriebs von Müllmengenerfassungsanlagen einschließlich der Kosten der Berechnung und Aufteilung.

(2) Die Kosten der Müllbeseitigung sind nach einem Maßstab, der der unterschiedlichen Müllverursachung durch die Wohnparteien Rechnung trägt, oder nach dem Verhältnis der Wohnflächen umzulegen.

§ 23 Umlegung der Kosten des Betriebs der zentralen Brennstoffversorgungsanlage

(1) Zu den Kosten des Betriebs der zentralen Brennstoffversorgungsanlage gehören die Kosten der verbrauchten Brennstoffe und ihrer Lieferung, die Kosten des Betriebsstromes und die Kosten der Überwachung sowie die Kosten der Reinigung der Anlage und des Betriebsraumes.

(2) Die Kosten dürfen nur nach dem Brennstoffverbrauch umgelegt werden.

§ 23a - § 23b (weggefallen)

§ 24 Umlegung der Kosten des Betriebs von Aufzügen

(1) Zu den Kosten des Betriebs eines Personen oder Lastenaufzugs gehören die Kosten des Betriebsstromes sowie die Kosten der Beaufsichtigung, der Bedienung, Überwachung und Pflege der Anlage, der regelmäßigen Prüfung ihrer Betriebsbereitschaft und Betriebssicherheit einschließlich der Einstellung durch eine Fachkraft sowie der Reinigung der Anlage.

(2) [1]Die Kosten dürfen nach dem Verhältnis der Wohnflächen umgelegt werden, sofern nicht im Einvernehmen mit allen Mietern ein anderer Umlegungsmaßstab vereinbart ist. [2]Wohnraum im Erdgeschoß kann von der Umlegung ausgenommen werden.

§ 24a Umlegung der Kosten des Betriebs der mit einem Breitbandkabelnetz verbundenen privaten Verteilanlage und der Gemeinschafts-Antennenanlage

(1) [1]Zu den Kosten des Betriebs der mit einem Breitbandkabelnetz verbundenen privaten Verteilanlage gehören die Kosten des Betriebsstroms und die Kosten der regelmäßigen Prüfung ihrer Betriebsbereitschaft einschließlich der Einstellung durch eine Fachkraft oder das Nutzungsentgelt für eine nicht zur Wirtschaftseinheit gehörende Verteilanlage sowie die Gebühren, die nach dem Urheberrechtsgesetz für die Kabelweitersendung entstehen. [2]Satz 1 gilt entsprechend für die Kosten des Betriebs der Gemeinschafts-Antennenanlage. [3]Zu den Betriebskosten im Sinne des Satzes 1 gehören ferner die laufenden monatlichen Grundgebühren für Breitbandkabelanschlüsse.

(2) [1]Die Kosten nach Absatz 1 Satz 1 und 2 dürfen nach dem Verhältnis der Wohnflächen umgelegt werden, sofern nicht im Einvernehmen mit allen Mietern ein anderer Umlegungsmaßstab vereinbar ist. [2]Die Kosten nach Absatz 1 Satz 3 dürfen nur zu gleichen Teilen auf die Wohnungen umgelegt werden, die mit Zustimmung des Nutzungsberechtigten angeschlossen worden sind.

§ 25 Umlegung der Betriebs- und Instandhaltungskosten der Einrichtungen für die Wäschepflege

(1) [1]Zu den Kosten des Betriebs der Einrichtungen für die Wäschepflege gehören die Kosten des Betriebsstromes, die Kosten der Überwachung, Pflege und Reinigung der Einrichtungen und der regelmäßigen Prüfung ihrer Betriebsbereitschaft und Betriebssicherheit sowie die Kosten der Wasserversorgung, soweit diese nicht bereits nach § 21 umgelegt werden. [2]Für die Kosten der Instandhaltung darf ein Erfahrungswert als Pauschbetrag angesetzt werden.

(2) [1]Die Betriebs- und Instandhaltungskosten der Einrichtungen für die Wäschepflege dürfen nur auf die Benutzer der Einrichtung umgelegt werden. [2]Der Umlegungsmaßstab muß dem Gebrauch Rechnung tragen.

(3) Vorauszahlungen auf den voraussichtlichen Umlegungsbetrag sind nicht zulässig.

§ 25a Umlageausfallwagnis

[1]Das Umlageausfallwagnis ist das Wagnis einer Einnahmenminderung, die durch uneinbringliche Rückstände von Betriebskosten oder nicht umlegbarer Betriebskosten infolge Leerstehens von Raum, der zur Vermietung bestimmt ist, einschließlich der uneinbringlichen Kosten einer Rechtsverfolgung auf Zahlung entsteht. [2]Das Umlageausfallwagnis darf 2 vom Hundert der im Abrechnungszeitraum auf den Wohnraum entfallenden Betriebskosten nicht übersteigen. [3]Soweit die Deckung von Ausfällen anders, namentlich durch einen Anspruch gegenüber einem Dritten gesichert ist, darf die Umlage nicht erhöht werden.

§ 25b (weggefallen)

§ 26 Zuschläge neben der Einzelmiete[27]

(1) Neben der Einzelmiete sind nach Maßgabe der Absätze 2 bis 7 folgende Zuschläge zulässig:

1. Zuschlag für die Benutzung von Wohnraum zu anderen als Wohnzwecken (Absatz 2),
2. Zuschlag für die Untervermietung von Wohnraum (Untermietzuschlag, Absatz 3),
3. Zuschlag wegen Ausgleichszahlungen nach § 7 des Wohnungsbindungsgesetzes (Absatz 4),
4. Zuschlag zur Deckung erhöhter laufender Aufwendungen, die nur für einen Teil der Wohnungen des Gebäudes oder der Wirtschaftseinheit entstehen (Absatz 5),
5. Zuschlag für Nebenleistungen des Vermieters, die nicht allgemein üblich sind oder nur einzelnen Mietern zugute kommen (Absatz 6),
6. Zuschlag für Wohnungen, die durch Ausbau von Zubehörräumen neu geschaffen wurden (Absatz 7).

(2) [1]Wird die Wohnung mit Genehmigung der zuständigen Stelle ganz oder teilweise ausschließlich zu anderen als Wohnzwecken, insbesondere zu gewerblichen oder beruflichen Zwecken benutzt und ist dadurch eine erhöhte Abnutzung möglich, so darf der Vermieter einen Zuschlag erheben. [2]Der Zuschlag darf je nach dem Grad der wirtschaftlichen Mehrbelastung des Vermieters bis zu 50 vom Hundert der anteiligen Einzelmiete der Räume betragen, die zu anderen als Wohnzwecken benutzt werden. [3]Ist die Genehmigung zur Benutzung zu anderen als Wohnzwecken von einer Ausgleichszahlung des Vermieters, insbesondere von einer höheren Verzinsung des öffentlichen Baudarlehens, abhängig gemacht worden, so darf auch ein Zuschlag entsprechend dieser Leistung, bei einer vollständigen oder teilweisen Rückzahlung des öffentlichen Baudarlehens höchstens entsprechend der Verzinsung des zurückgezahlten Betrages mit dem marktüblichen Zinssatz für erste Hypotheken, erhoben werden.

(3) Wird Wohnraum untervermietet oder in sonstiger Weise einem Dritten zur selbständigen Benutzung überlassen, so darf der Vermieter einen Untermietzuschlag erheben
in Höhe von 2,50 Euro monatlich, wenn der untervermietete Wohnungsteil von einer Person benutzt wird,
in Höhe von 5 Euro monatlich, wenn der untervermietete Wohnungsteil von zwei und mehr Personen benutzt wird.

(4) Hat der Vermieter einer öffentlich geförderten Wohnung im Hinblick auf ihre Freistellung von Bindungen nach § 7 des Wohnungsbindungsgesetzes eine höhere Verzinsung für das öffentliche Baudarlehen oder sonstige laufende Ausgleichszahlungen zu entrichten, so darf er für die Wohnung einen Zuschlag entsprechend diesen Leistungen erheben.

(5) [1]Ist nach den Vorschriften des § 4 Abs. 6, § 6 Abs. 2 Satz 1 oder § 8 Abs. 2 ein Zuschlag zur Deckung erhöhter laufender Aufwendungen, die nur für einen Teil der Wohnungen des Gebäudes oder der Wirtschaftseinheit entstehen, zulässig, so darf dieser für die einzelnen betroffenen Wohnungen den Betrag nicht übersteigen, der nach der Höhe der zusätzlichen laufenden Aufwendungen auf sie entfällt. [2]Bei der Berechnung der zusätzlichen laufenden Aufwendungen sind die Vorschriften der Zweiten Berechnungsverordnung sinngemäß anzuwenden.

(6) [1]Sind bis zum Inkrafttreten dieser Verordnung für Nebenleistungen des Vermieters, die die Wohnraumbenutzung betreffen, aber nicht allgemein üblich sind oder nur einzelnen Mietern zugute kommen, zulässige Vergütungen erhoben worden, so kann in dieser Höhe ein Zuschlag neben der Einzelmiete erhoben werden. [2]Dies gilt nicht, wenn die für die Nebenleistungen entstehenden laufenden Aufwendungen im Rahmen der Wirtschaftlichkeitsberechnung zur Ermittlung der zulässigen Miete berücksichtigt werden können.

(7) [1]Sind im Falle des § 7 Abs. 2, 3 oder 5 durch Ausbau von Zubehörräumen preisgebundene Wohnungen geschaffen worden, darf für sie ein Zuschlag erhoben werden, wenn durch den Ausbau bisherige Zubehörräume öffentlich geförderter Wohnungen ganz oder teilweise weggefallen sind und hierfür kein gleichwertiger Ersatz geschaffen worden ist. [2]Der Zuschlag darf den Betrag nicht übersteigen, um den die Einzelmieten der betroffenen Wohnungen gemäß § 7 Abs. 1 Satz 2 gesenkt worden sind.

(8) [1]Für die erstmalige Erhebung eines Zuschlags neben der zulässigen Einzelmiete und für die Durchführung einer Erhöhung des Zuschlags gegenüber dem Mieter gilt § 4 Abs. 7 und 8 entsprechend. [2]Für den Wegfall oder die Verringerung des Zuschlags gilt § 5 Abs. 1 Satz 4 sinngemäß.

§ 27 Vergütungen neben der Einzelmiete

[1]Neben der Einzelmiete kann der Vermieter für die Überlassung einer Garage, eines Stellplatzes oder eines Hausgartens eine angemessene Vergütung verlangen. [2]Das gleiche gilt für die Mitvermietung von Einrichtungs- und Ausstattungsgegenständen und für laufende Leistungen zur persönlichen Betreuung und Versorgung, wenn die zuständige Stelle dies genehmigt hat.

---

[27] § 26: Zur Anwendung vgl. § 34 Abs. 2

§ 28 Umlagen, Zuschläge und Vergütungen neben der Vergleichsmiete

Neben der Vergleichsmiete sind Umlagen, Zuschläge und Vergütungen entsprechend den Vorschriften der §§ 20 bis 27 zulässig.

Teil V: Schlußvorschriften

§ 29 Auskunftspflicht des Vermieters

(1) Der Vermieter hat dem Mieter auf Verlangen Auskunft über die Ermittlung und Zusammensetzung der zulässigen Miete zu geben und Einsicht in die Wirtschaftlichkeitsberechnung und sonstige Unterlagen, die eine Berechnung der Miete ermöglichen, zu gewähren.

(2) [1]An Stelle der Einsicht in die Berechnungsunterlagen kann der Mieter Ablichtungen davon gegen Erstattung der Auslagen verlangen. [2]Liegt der zuletzt zulässigen Miete eine Genehmigung der Bewilligungsstelle zugrunde, so kann er auch die Vorlage der Genehmigung oder einer Ablichtung davon verlangen.

§ 30 Entsprechende Anwendung der Mietvorschriften

Die Vorschriften dieser Verordnung über die zulässige Miete für Wohnungen gelten entsprechend für einzelne Wohnräume, die selbständig vermietet werden, und für Wohnungen, die auf Grund eines dem Mietverhältnis ähnlichen entgeltlichen Nutzungsverhältnisses, insbesondere eines genossenschaftlichen Nutzungsverhältnisses, überlassen werden.

§ 31 Zulässige Miete für Untervermietung

(1) [1]Wird von einer Wohnung mehr als die Hälfte der Wohnfläche untervermietet, so darf die Miete für den untervermieteten Teil (Untermiete) den Betrag nicht übersteigen, der nach der für die Wohnung zulässigen Einzelmiete oder Vergleichsmiete anteilig auf die untervermietete Wohnfläche entfällt. [2]Bei der Ermittlung der Wohnfläche und des Anteils bleiben gemeinschaftlich genutzte Räume außer Betracht.

(2) [1]Neben der Untermiete dürfen die für die Wohnung zu entrichtenden Umlagen, Zuschläge und Vergütungen mit dem nach Absatz 1 ermittelten Anteil erhoben werden. [2]Die nach § 26 Abs. 1 Nr. 1 und 2 zu entrichtenden Zuschläge dürfen, soweit sie den untervermieteten Wohnungsteil betreffen, in voller Höhe erhoben werden.

(3) Für die mietweise Überlassung von Einrichtungsgegenständen, für die Mitbenutzung von Räumen oder Einrichtungen und für sonstige Nebenleistungen ist eine Vergütung nur in angemessener Höhe zulässig.

(4) [1]Hat sich die für die Wohnung zu entrichtende Einzelmiete oder Vergleichsmiete geändert, so ändert sich die zulässige Untermiete entsprechend. [2]Die Vorschriften des § 4 Abs. 7 und des § 5 Abs. 1 Satz 4 gelten sinngemäß.

(5) Einer Untervermietung steht es gleich, wenn der Eigentümer oder der sonst Verfügungsberechtigte von der von ihm benutzten Wohnung mehr als die Hälfte der Wohnfläche vermietet.

§ 32 Vom Rechtsnachfolger zu vertretende Umstände

Soweit nach dieser Verordnung die Höhe der zulässigen Miete davon abhängt, ob die Erhöhung von Aufwendungen auf Umständen beruht, die der Vermieter zu vertreten oder nicht zu vertreten hat, stehen solche Umstände gleich, die ein Rechtsvorgänger des Vermieters, insbesondere der Bauherr, zu vertreten oder nicht zu vertreten hatte.

§ 33 (weggefallen)

§ 34 Überleitungsvorschrift

(1) § 4 Abs. 6 und § 8a sind in der mit Inkrafttreten dieser Verordnung geltenden Fassung anzuwenden, wenn die Darlehen nach dem 31. Dezember 1989 vorzeitig zurückgezahlt oder abgelöst wurden oder nach diesem Zeitpunkt auf die weitere Auszahlung von Zuschüssen zur Deckung der laufenden Aufwendungen oder von Zinszuschüssen verzichtet wurde.

(2) Sind für ein Gebäude oder eine Wirtschaftseinheit auf Grund von Ausbau oder Erweiterung Wirtschaftlichkeitsberechnungen oder Teilwirtschaftlichkeitsberechnungen vor dem 29. August 1990 aufgestellt worden, sind die Regelungen der §§ 7, 16 und 26 in der bis zum 29. August 1990 geltenden Fassung anzuwenden.

§ 35 Sondervorschrift für Berlin

Im Land Berlin gilt § 1 Abs. 1 der Verordnung in folgender Fassung:

"(1) Diese Verordnung ist anzuwenden auf preisgebundene Wohnungen, die nach dem 24. Juni 1948 bezugsfertig geworden sind oder bezugsfertig werden."

§ 36 Berlin-Klausel

Diese Verordnung gilt nach § 14 des Dritten Überleitungsgesetzes in Verbindung mit § 33a des Wohnungsbindungsgesetzes und § 125 des Zweiten Wohnungsbaugesetzes auch im Land Berlin.

§ 37 Geltung im Saarland

Diese Verordnung gilt nicht im Saarland.

§ 38 (Inkrafttreten)

-

Zweite Berechnungsverordnung (II. BV)

Verordnung über wohnungswirtschaftliche Berechnungen nach dem Zweiten Wohnungsbaugesetz

Auszug

Rechtsstand: April 2021. Letzte Änderung: 30.11.2007 (BGBl. I S. 2614).

Teil I: Allgemeine Vorschriften

§ 1 Anwendungsbereich der Verordnung

(1) Diese Verordnung ist anzuwenden, wenn

1. die Wirtschaftlichkeit, Belastung, Wohnfläche oder der angemessene Kaufpreis für öffentlich geförderten Wohnraum bei Anwendung des Zweiten Wohnungsbaugesetzes oder des Wohnungsbindungsgesetzes,
2. die Wirtschaftlichkeit, Belastung oder Wohnfläche für steuerbegünstigten oder freifinanzierten Wohnraum bei Anwendung des Zweiten Wohnungsbaugesetzes,
3. die Wirtschaftlichkeit, Wohnfläche oder der angemessene Kaufpreis bei Anwendung der Verordnung zur Durchführung des Wohnungsgemeinnützigkeitsgesetzes

zu berechnen ist.

(2) [1]Diese Verordnung ist ferner anzuwenden, wenn in anderen Rechtsvorschriften die Anwendung vorgeschrieben oder vorausgesetzt ist. [2]Das gleiche gilt, wenn in anderen Rechtsvorschriften die Anwendung der Ersten Berechnungsverordnung vorgeschrieben oder vorausgesetzt ist.

§§ 1a bis 1d (weggefallen)

Teil II: Wirtschaftlichkeitsberechnung

Erster Abschnitt: Gegenstand, Gliederung und Aufstellung der Berechnung

§ 2 Gegenstand der Berechnung

(1) [1]Die Wirtschaftlichkeit von Wohnraum wird durch eine Berechnung (Wirtschaftlichkeitsberechnung) ermittelt. [2]In ihr sind die laufenden Aufwendungen zu ermitteln und den Erträgen gegenüberzustellen.

(2) [1]Die Wirtschaftlichkeitsberechnung ist für das Gebäude, das den Wohnraum enthält, aufzustellen. [2]Sie ist für eine Mehrheit solcher Gebäude aufzustellen, wenn sie eine Wirtschaftseinheit bilden. [3]Eine Wirtschaftseinheit ist eine Mehrheit von Gebäuden, die demselben Eigentümer gehören, in örtlichem Zusammenhang stehen und deren Errichtung ein einheitlicher Finanzierungsplan zugrunde gelegt worden ist oder zugrunde gelegt werden soll. [4]Ob der Errichtung einer Mehrheit von Gebäuden ein einheitlicher Finanzierungsplan zugrunde gelegt werden soll, bestimmt der Bauherr. [5]Im öffentlich geförderten sozialen Wohnungsbau kann die Bewilligungsstelle die Bewilligung öffentlicher Mittel davon abhängig machen, daß der Bauherr eine andere Bestimmung über den Gegenstand der Berechnung trifft. [6]Wird eine Wirtschaftseinheit in der Weise aufgeteilt, daß eine Mehrheit von Gebäuden bleibt, die demselben Eigentümer gehören und in örtlichem Zusammenhang stehen, so entsteht insoweit eine neue Wirtschaftseinheit.

(3) [1]In die Wirtschaftlichkeitsberechnung sind außer dem Gebäude oder der Wirtschaftseinheit auch zugehörige Nebengebäude, Anlagen und Einrichtungen sowie das Baugrundstück einzubeziehen. [2]Das Baugrundstück besteht aus den überbauten und den dazugehörigen Flächen, soweit sie einen angemessenen Umfang nicht überschreiten; bei einer Kleinsiedlung gehört auch die Landzulage dazu.

(4) Enthält das Gebäude oder die Wirtschaftseinheit neben dem Wohnraum, für den die Wirtschaftlichkeitsberechnung aufzustellen ist, noch anderen Raum, so ist die Wirtschaftlichkeitsberechnung unter den Voraussetzungen und nach Maßgabe des Fünften Abschnitts als Teilwirtschaftlichkeitsberechnung oder als Gesamtwirtschaftlichkeitsberechnung oder mit Teilberechnungen der laufenden Aufwendungen aufzustellen.

(5) [1]Ist die Wirtschaftseinheit aufgeteilt worden, so sind Wirtschaftlichkeitsberechnungen, die nach der Aufteilung aufzustellen sind, für die einzelnen Gebäude oder, wenn neue Wirtschaftseinheiten entstanden sind, für die neuen Wirtschaftseinheiten aufzustellen; Entsprechendes gilt, wenn die Wirtschaftseinheit aufgeteilt werden soll und im Hinblick hierauf Wirtschaftlichkeitsberechnungen aufgestellt werden. [2]Auf die Aufstellung der Wirtschaftlichkeitsberechnungen sind die Vorschriften über die Teilwirtschaftlichkeitsberechnung sinngemäß anzuwenden, soweit nicht eine andere Aufteilung aus besonderen Gründen angemessen ist; im öffentlich geförderten sozialen Wohnungsbau bedarf die Wahl einer anderen Aufteilung der Zustimmung der Bewilligungsstelle. [3]Ist Wohnungseigentum an den Wohnungen einer Wirtschaftseinheit oder eines Gebäudes begründet, ist die Wirtschaftlichkeitsberechnung entsprechend Satz 2 für die einzelnen Wohnungen aufzustellen.

(6) [1]Im öffentlich geförderten sozialen Wohnungsbau dürfen mehrere Gebäude, mehrere Wirtschaftseinheiten oder mehrere Gebäude und Wirtschaftseinheiten nachträglich zu einer Wirtschaftseinheit zusammengefaßt werden, sofern sie demselben Eigentümer gehören, in örtlichem Zusammenhang stehen und die Wohnungen keine wesentlichen Unterschiede in ihrem Wohnwert aufweisen. [2]Die Zusammenfassung bedarf der Zustimmung der Bewilligungsstelle. [3]Sie darf nur erteilt werden, wenn öffentlich geförderte Wohnungen in sämtlichen Gebäuden vorhanden sind. [4]In die Wirtschaftlichkeitsberechnungen, die nach der Zusammenfassung aufgestellt werden, sind die bisherigen Gesamtkosten, Finanzierungsmittel und laufenden Aufwendungen zu übernehmen. [5]Die öffentlichen Mittel gelten als für sämtliche öffentlich geförderten Wohnungen der zusammengefaßten Wirtschaftseinheit bewilligt.

(7) [1]Absatz 6 gilt entsprechend im steuerbegünstigten oder freifinanzierten Wohnungsbau, der mit Wohnungsfürsorgemitteln gefördert worden ist. [2]Anstelle der Zustimmung der Bewilligungsstelle ist die Zustimmung des Darlehens- oder Zuschußgebers erforderlich.

(8) Gelten nach § 15 Abs. 2 Satz 2 oder § 16 Abs. 2 oder 7 des Wohnungsbindungsgesetzes eine oder mehrere Wohnungen eines Gebäudes oder einer Wirtschaftseinheit nicht mehr als öffentlich gefördert, so bleibt für die übrigen Wohnungen die bisherige Wirtschaftlichkeitsberechnung mit den zulässigen Ansätzen für Gesamtkosten, Finanzierungsmittel und laufende Aufwendungen in der Weise maßgebend, wie sie für alle bisherigen öffentlich geförderten Wohnungen des Gebäudes oder der Wirtschaftseinheit maßgebend gewesen wäre.

§ 3 Gliederung der Berechnung

Die Wirtschaftlichkeitsberechnung muß enthalten

1. die Grundstücks- und Gebäudebeschreibung,
2. die Berechnung der Gesamtkosten,
3. den Finanzierungsplan,
4. die laufenden Aufwendungen und die Erträge.

§ 4 Maßgebende Verhältnisse für die Aufstellung der Berechnung

(1) [1]Ist im öffentlich geförderten sozialen Wohnungsbau der Bewilligung der öffentlichen Mittel eine Wirtschaftlichkeitsberechnung zugrunde zu legen, so ist die Wirtschaftlichkeitsberechnung nach den Verhältnissen aufzustellen, die beim Antrag auf Bewilligung öffentlicher Mittel bestehen. [2]Haben sich die Verhältnisse bis zur Bewilligung der öffentlichen Mittel geändert, so kann die Bewilligungsstelle der Bewilligung die geänderten Verhältnisse zugrunde legen; sie hat sie zugrunde zu legen, wenn der Bauherr es beantragt.

(2) Ist im öffentlich geförderten sozialen Wohnungsbau der Bewilligung der öffentlichen Mittel eine Wirtschaftlichkeitsberechnung nicht zugrunde gelegt worden, wohl aber eine ähnliche Berechnung oder eine Berechnung der Gesamtkosten und Finanzierungsmittel, so ist die Wirtschaftlichkeitsberechnung nach den Verhältnissen aufzustellen, die der Bewilligung auf Grund dieser Berechnung zugrunde gelegt worden sind; soweit dies nicht geschehen ist, ist die Wirtschaftlichkeitsberechnung nach den Verhältnissen aufzustellen, die bei der Bewilligung der öffentlichen Mittel bestanden haben.

(3) Ist im öffentlich geförderten sozialen Wohnungsbau der Bewilligung der öffentlichen Mittel eine Wirtschaftlichkeitsberechnung oder eine Berechnung der in Absatz 2 bezeichneten Art nicht zugrunde gelegt worden, so ist die Wirtschaftlichkeitsberechnung nach den Verhältnissen aufzustellen, die bei der Bewilligung der öffentlichen Mittel bestanden haben.

(4) Im steuerbegünstigten Wohnungsbau ist die Wirtschaftlichkeitsberechnung nach den Verhältnissen bei Bezugsfertigkeit aufzustellen.

§ 4a Berücksichtigung von Änderungen bei Aufstellung der Berechnung

(1) [1]Ist im öffentlich geförderten sozialen Wohnungsbau der Bewilligung der öffentlichen Mittel eine Wirtschaftlichkeitsberechnung zugrunde gelegt worden, so sind die Gesamtkosten, Finanzierungsmittel oder laufenden Aufwendungen, die bei der Bewilligung auf Grund dieser Berechnung zugrunde gelegt worden sind, in eine spätere Wirtschaftlichkeitsberechnung zu übernehmen, es sei denn, daß

1. sie sich nach der Bewilligung der öffentlichen Mittel geändert haben und ein anderer Ansatz in dieser Verordnung vorgeschrieben ist oder
2. nach der Bewilligung der öffentlichen Mittel bauliche Änderungen vorgenommen worden sind und ein anderer Ansatz in dieser Verordnung vorgeschrieben oder zugelassen ist oder
3. laufende Aufwendungen nicht oder nur in geringerer Höhe, als in dieser Verordnung vorgeschrieben oder zugelassen ist, in Anspruch genommen oder anerkannt worden sind oder auf ihren Ansatz ganz oder teilweise verzichtet worden ist oder
4. der Ansatz von laufenden Aufwendungen nach dieser Verordnung nicht mehr oder nur in geringerer Höhe zulässig ist.

[2]In den Fällen der Nummern 3 und 4 bleiben die Gesamtkosten und die Finanzierungsmittel unverändert. [3]Nummer 3 ist erst nach dem Ablauf von 6 Jahren seit der Bezugsfertigkeit der Wohnungen anzuwenden, es sei denn, daß eine andere Frist bei der Bewilligung der öffentlichen Mittel vereinbart worden ist.

(2) Ist im öffentlich geförderten sozialen Wohnungsbau der Bewilligung der öffentlichen Mittel eine Wirtschaftlichkeitsberechnung nicht zugrunde gelegt worden, wohl aber eine ähnliche Berechnung oder eine Berechnung der Gesamtkosten und Finanzierungsmittel, so gilt Absatz 1 entsprechend, soweit bei der Bewilligung auf Grund dieser Berechnung Gesamtkosten, Finanzierungsmittel oder laufende Aufwendungen zugrunde gelegt worden sind; im übrigen gilt Absatz 3 entsprechend.

(3) Ist im öffentlich geförderten sozialen Wohnungsbau der Bewilligung der öffentlichen Mittel eine Wirtschaftlichkeitsberechnung oder eine Berechnung der in Absatz 2 bezeichneten Art nicht zugrunde gelegt worden und haben sich die Gesamtkosten, Finanzierungsmittel oder laufenden Aufwendungen nach der Bewilligung der öffentlichen Mittel geändert oder sind danach bauliche Änderungen vorgenommen worden, so dürfen diese Änderungen nur berücksichtigt werden, soweit es sich bei entsprechender Anwendung der Vorschriften dieser Verordnung, die die Änderung von Gesamtkosten, Finanzierungsmitteln oder laufenden Aufwendungen oder die bauliche Änderungen zum Gegenstand haben, ergibt.

(4) Haben sich im steuerbegünstigten Wohnungsbau die Gesamtkosten, Finanzierungsmittel oder laufenden Aufwendungen nach der Bezugsfertigkeit geändert oder sind bauliche Änderungen vorgenommen worden, so dürfen diese Änderungen nur berücksichtigt werden, soweit es in dieser Verordnung vorgeschrieben oder zugelassen ist.

(5) Soweit eine Berücksichtigung geänderter Verhältnisse nach dieser Verordnung nicht zulässig ist, bleiben die Verhältnisse im Zeitpunkt nach § 4 maßgebend.

§ 4b Berechnung für steuerbegünstigten Wohnraum, der mit Aufwendungszuschüssen oder Aufwendungsdarlehen gefördert ist

(1) [1]Ist die Wirtschaftlichkeit für steuerbegünstigte Wohnungen, die mit Aufwendungszuschüssen oder Aufwendungsdarlehen nach § 88 des Zweiten Wohnungsbaugesetzes gefördert worden sind, zu berechnen, so sind die Vorschriften für öffentlich geförderte Wohnungen entsprechend anzuwenden. [2]Bei der entsprechenden Anwendung von § 4 Abs. 1 sind die Verhältnisse im Zeitpunkt der Bewilligung der Aufwendungszuschüsse oder Aufwendungsdarlehen zugrunde zu legen.

(2) Sind die in Absatz 1 bezeichneten Wohnungen auch mit einem Darlehen oder einem Zuschuß aus Wohnungsfürsorgemitteln gefördert worden, so sind die Vorschriften für steuerbegünstigte Wohnungen mit den Maßgaben aus § 6 Abs. 1 Satz 4 und § 20 Abs. 3 anzuwenden.

§ 4c Berechnung des angemessenen Kaufpreises aus den Gesamtkosten

[1]Ist in Fällen des § 1 Abs. 1 Nr. 1 oder Nr. 3 der angemessene Kaufpreis zu berechnen, so sind die Vorschriften der §§ 4 und 4a bei der Ermittlung der Gesamtkosten, der Kosten des Baugrundstücks oder der Baukosten entsprechend anzuwenden, soweit sich aus § 54a Abs. 2 Satz 2 letzter Halbsatz des Zweiten Wohnungsbaugesetzes oder aus § 14 Abs. 2 Satz 3 der Durchführungsverordnung zum Wohnungsgemeinnützigkeitsgesetz nichts anderes ergibt. [2]Im übrigen sind die Gesamtkosten, die Kosten des Baugrundstücks und die Baukosten nach den §§ 5 bis 11a zu ermitteln.

Zweiter Abschnitt: Berechnung der Gesamtkosten

§ 5 Gliederung der Gesamtkosten

(1) Gesamtkosten sind die Kosten des Baugrundstücks und die Baukosten.

(2) [1]Kosten des Baugrundstücks sind der Wert des Baugrundstücks, die Erwerbskosten und die Erschließungskosten. [2]Kosten, die im Zusammenhang mit einer das Baugrundstück betreffenden freiwilligen oder gesetzlich geregelten Umlegung, Zusammenlegung oder Grenzregelung (Bodenordnung) entstehen, gehören zu den Erwerbskosten, außer den Kosten der dem Bauherrn dabei obliegenden Verwaltungsleistungen. [3]Bei einem Erbbaugrundstück sind Kosten des Baugrundstücks nur die dem Erbbauberechtigten entstehenden Erwerbs- und Erschließungskosten; zu den Erwerbskosten des Erbbaurechts gehört auch ein Entgelt, das der Erbbauberechtigte einmalig für die Bestellung oder Übertragung des Erbbaurechts zu entrichten hat, soweit es angemessen ist.

(3) [1]Baukosten sind die Kosten der Gebäude, die Kosten der Außenanlagen, die Baunebenkosten, die Kosten besonderer Betriebseinrichtungen sowie die Kosten des Gerätes und sonstiger Wirtschaftsausstattungen. [2]Wird der Wert verwendeter Gebäudeteile angesetzt, so ist er unter den Baukosten gesondert auszuweisen.

(4) Baunebenkosten sind

1. die Kosten der Architekten- und Ingenieurleistungen,
2. die Kosten der dem Bauherrn obliegenden Verwaltungsleistungen bei Vorbereitung und Durchführung des Bauvorhabens,
3. die Kosten der Behördenleistungen bei Vorbereitung und Durchführung des Bauvorhabens, soweit sie nicht Erwerbskosten sind,
4. die Kosten der Beschaffung der Finanzierungsmittel, die Kosten der Zwischenfinanzierung und, soweit sie auf die Bauzeit fallen, die Kapitalkosten und die Steuerbelastungen des Baugrundstücks,
5. die Kosten der Beschaffung von Darlehen und Zuschüssen zur Deckung von laufenden Aufwendungen, Fremdkapitalkosten, Annuitäten und Bewirtschaftungskosten,
6. sonstige Nebenkosten bei Vorbereitung und Durchführung des Bauvorhabens.

(5) Der Ermittlung der Gesamtkosten ist die dieser Verordnung beigefügte Anlage 1 "Aufstellung der Gesamtkosten" zugrunde zu legen.

§ 6 Kosten des Baugrundstücks

(1) [1]Als Wert des Baugrundstücks darf höchstens angesetzt werden,

1. wenn das Baugrundstück dem Bauherrn zur Förderung des Wohnungsbaues unter dem Verkehrswert überlassen worden ist, der Kaufpreis,
2. wenn das Baugrundstück durch Enteignung zur Durchführung des Bauvorhabens vom Bauherrn erworben worden ist, die Entschädigung,
3. in anderen Fällen der Verkehrswert in dem nach § 4 maßgebenden Zeitpunkt oder der Kaufpreis, es sei denn, daß er unangemessen hoch gewesen ist

[2]Für den Begriff des Verkehrswertes gilt § 194 des Baugesetzbuchs. [3]Im steuerbegünstigten Wohnungsbau dürfen neben dem Verkehrswert Kosten der Zwischenfinanzierung, Kapitalkosten und Steuerbelastungen des Baugrundstücks, die auf die Bauzeit fallen, nicht angesetzt werden. [4]Ist die Wirtschaftlichkeitsberechnung nach § 87a des Zweiten Wohnungsbaugesetzes aufzustellen, so darf der Bauherr den Wert des Baugrundstücks nach Satz 1 ansetzen, soweit nicht mit dem Darlehens- oder Zuschußgeber vertraglich ein anderer Ansatz vereinbart ist.

(2) [1]Bei Ausbau durch Umwandlung oder Umbau darf als Wert des Baugrundstücks höchstens der Verkehrswert vergleichbarer unbebauter Grundstücke für Wohngebäude in dem nach § 4 maßgebenden Zeitpunkt angesetzt werden. [2]Der Wert des Baugrundstücks darf nicht angesetzt werden beim Ausbau durch Umbau einer Wohnung, deren Bau bereits mit öffentlichen Mitteln oder mit Wohnungsfürsorgemitteln gefördert worden ist.

(3) Soweit Preisvorschriften in dem nach § 4 maßgebenden Zeitpunkt bestanden haben, dürfen höchstens die danach zulässigen Preise zugrunde gelegt werden.

(4) Erwerbskosten und Erschließungskosten dürfen, vorbehaltlich der §§ 9 und 10, nur angesetzt werden, soweit sie tatsächlich entstehen oder mit ihrem Entstehen sicher gerechnet werden kann.

(5) [1]Wird die Erschließung im Zusammenhang mit dem Bauvorhaben durchgeführt, so darf außer den Erschließungskosten nur der Wert des nicht erschlossenen Baugrundstücks nach Absatz 1 angesetzt werden. [2]Ist die Erschließung bereits vorher ganz oder teilweise durchgeführt worden, so kann der Wert des ganz oder teilweise erschlossenen Baugrundstücks nach Absatz 1 angesetzt werden, wenn ein Ansatz von Erschließungskosten insoweit unterbleibt.

(6) Liegt das Baugrundstück in dem nach § 4 maßgebenden Zeitpunkt in einem nach dem Städtebauförderungsgesetz oder dem Baugesetzbuch förmlich festgelegten Sanierungsgebiet, Ersatzgebiet, Ergänzungsgebiet oder Entwicklungsbereich und wird die Maßnahme nicht im vereinfachten Verfahren durchgeführt, dürfen abweichend von Absatz 1 Satz 1 und den Absätzen 2, 4 und 5 als Wert des Baugrundstücks und an Stelle der Erschließungskosten höchstens angesetzt werden

1. der Wert, der sich für das unbebaute Grundstück ergeben würde, wenn eine Sanierung oder Entwicklung weder beabsichtigt noch durchgeführt worden wäre, der Kaufpreis für ein nach der förmlichen Festlegung erworbenes Grundstück, soweit er zulässig gewesen ist, oder, wenn eine Umlegung nach Maßgabe des § 16 des Städtebauförderungsgesetzes oder des § 153 Abs. 5 des Baugesetzbuches durchgeführt worden ist, der Verkehrswert, der der Zuteilung des Grundstücks zugrunde gelegt worden ist,
2. der Ausgleichsbetrag, der für das Grundstück zu entrichten ist,
3. der Betrag, der auf den Ausgleichsbetrag angerechnet wird, soweit die Anrechnung nicht auf Umständen beruht, die in dem nach Nummer 1 angesetzten Wert des Grundstücks berücksichtigt sind.

§ 7 Baukosten

(1) [1]Baukosten dürfen nur angesetzt werden, soweit sie tatsächlich entstehen oder mit ihrem Entstehen sicher gerechnet werden kann und soweit sie bei gewissenhafter Abwägung aller Umstände, bei wirtschaftlicher Bauausführung und bei ordentlicher Geschäftsführung gerechtfertigt sind. [2]Kosten entstehen tatsächlich in der Höhe, in der der Bauherr eine Vergütung für Bauleistungen zu entrichten hat; ein Barzahlungsnachlaß (Skonto) braucht nicht abgesetzt zu werden, soweit er handelsüblich ist. [3]Die Vorschriften der §§ 9 und 10 bleiben unberührt.

(2) [1]Bei Wiederaufbau und bei Ausbau durch Umwandlung oder Umbau eines Gebäudes gehört zu den Baukosten auch der Wert der verwendeten Gebäudeteile. [2]Der Wert der verwendeten Gebäudeteile ist mit dem Betrage anzusetzen, der einem Unternehmer für die Bauleistungen im Rahmen der Kosten des Gebäudes zu entrichten wäre, wenn an Stelle des Wiederaufbaues oder des Ausbaues ein Neubau durchgeführt würde, abzüglich der Kosten des Gebäudes, die für den Wiederaufbau oder den Ausbau tatsächlich entstehen oder mit deren Entstehen sicher gerechnet werden kann. [3]Bei der Ermittlung der Kosten eines vergleichbaren Neubaues dürfen verwendete Gebäudeteile, die für einen Neubau nicht erforderlich gewesen wären, nicht berücksichtigt werden. [4]Bei Wiederaufbau ist der Restbetrag der auf dem Grundstück ruhenden Hypothekengewinnabgabe von dem nach den Sätzen 2 und 3 ermittelten Wert der verwendeten Gebäudeteile mit dem Betrage abzuziehen, der sich vor Herabsetzung der Abgabeschulden nach § 104 des Lastenausgleichsgesetzes für den Herabsetzungsstichtag ergibt. [5]§ 6 Abs. 2 Satz 2 ist auf den Wert der verwendeten Gebäudeteile entsprechend anzuwenden.

(3) Bei Wiederherstellung, Ausbau eines Gebäudeteils und Erweiterung darf der Wert der verwendeten Gebäudeteile nur nach dem Fünften Abschnitt angesetzt werden.

§ 8 Baunebenkosten

(1) [1]Auf die Ansätze für die Kosten der Architekten, Ingenieure und anderer Sonderfachleute, die Kosten der Verwaltungsleistungen bei Vorbereitung und Durchführung des Bauvorhabens und die damit zusammenhängenden Nebenkosten ist § 7 Abs. 1 anzuwenden. [2]Als Kosten der Architekten- und Ingenieurleistungen dürfen höchstens die Beträge angesetzt werden, die sich nach Absatz 2 ergeben. [3]Als Kosten der Verwaltungsleistungen dürfen höchstens die Beträge angesetzt werden, die sich nach den Absätzen 3 bis 5 ergeben.

(2) [1]Der Berechnung des Höchstbetrages für die Kosten der Architekten- und Ingenieurleistungen sind die Teile I bis III und VII bis XII der Honorarordnung für Architekten und Ingenieure vom 17. September 1976 (BGBl. I S. 2805, 3616) in der jeweils geltenden Fassung zugrunde zu legen. [2]Dabei dürfen

1. das Entgelt für Grundleistungen nach den Mindestsätzen der Honorartafeln in den Honorarzonen der Teile II, VIII, X und XII bis einschließlich Honorarzone III und der Teile IX und XI bis einschließlich Honorarzone II,
2. die nachgewiesenen Nebenkosten und
3. die auf das ansetzbare Entgelt und die nachgewiesenen Nebenkosten fallende Umsatzsteuer

angesetzt werden. [3]Höhere Entgelte und Entgelte für andere Leistungen dürfen nur angesetzt werden, soweit die nach Satz 2 Nr. 1 zulässigen Ansätze den erforderlichen Leistungen nicht gerecht werden. [4]Die in Satz 3 bezeichneten Entgelte dürfen nur angesetzt werden, soweit

1. im öffentlich geförderten sozialen Wohnungsbau die Bewilligungsstelle,
2. im steuerbegünstigten oder freifinanzierten Wohnungsbau, der mit Wohnungsfürsorgemitteln gefördert worden ist, der Darlehns- oder Zuschußgeber

ihnen zugestimmt hat.

(3) [1]Der Berechnung des Höchstbetrages für die Kosten der Verwaltungsleistungen ist ein Vomhundertsatz der Baukosten ohne Baunebenkosten und, soweit der Bauherr die Erschließung auf eigene Rechnung durchführt, auch der Erschließungskosten zugrunde zu legen, und zwar bei Kosten in der Stufe

1. bis 127.822,97 Euro einschließlich 3,40 vom Hundert,
2. bis 255.645,94 Euro einschließlich 3,10 vom Hundert,
3. bis 511.291,88 Euro einschließlich 2,80 vom Hundert,
4. bis 818.067,01 Euro einschließlich 2,50 vom Hundert,
5. bis 1.278.229,70 Euro einschließlich 2,20 vom Hundert,
6. bis 1.789.521,58 Euro einschließlich 1,90 vom Hundert,
7. bis 2.556.459,41 Euro einschließlich 1,60 vom Hundert,
8. bis 3.579.043,17 Euro einschließlich 1,30 vom Hundert,
9. über 3.579.043,17 Euro 1,00 vom Hundert.

[2]Die Vomhundertsätze erhöhen sich

1. um 0,5 im Falle der Betreuung des Baues von Eigenheimen, Eigensiedlungen und Eigentumswohnungen sowie im Falle des Baues von Kaufeigenheimen, Trägerkleinsiedlungen und Kaufeigentumswohnungen,
2. um 0,5, wenn besondere Maßnahmen zur Bodenordnung (§ 5 Abs. 2 Satz 2) notwendig sind,
3. um 0,5, wenn die Vorbereitung oder Durchführung des Bauvorhabens mit sonstigen besonderen Verwaltungsschwierigkeiten verbunden ist,
4. um 1,5, wenn für den Bau eines Familienheims oder einer eigengenutzten Eigentumswohnung Selbsthilfe in Höhe von mehr als 10 vom Hundert der Baukosten geleistet wird.

[3]Erhöhungen nach den Nummern 1, 2 und 3 sowie nach den Nummern 2 und 4 dürfen nebeneinander angesetzt werden. [4]Bei der Berechnung des Höchstbetrages für die Kosten von Verwaltungsleistungen, die bei baulichen Änderungen nach § 11 Abs. 4 bis 6 erbracht werden, sind Satz 1 und Satz 2 Nr. 3 entsprechend anzuwenden. [5]Neben dem Höchstbetrag darf die Umsatzsteuer angesetzt werden.

(4) [1]Statt des Höchstbetrages, der sich aus den nach Absatz 3 Satz 1 oder 4 maßgebenden Kosten und dem Vomhundertsatz der entsprechenden Kostenstufe ergibt, darf der Höchstbetrag der vorangehenden Kostenstufe gewählt werden. [2]Die aus Absatz 3 Satz 2 und 3 folgenden Erhöhungen werden in den Fällen des Absatzes 3 Satz 1 hinzugerechnet. [3]Absatz 3 Satz 5 gilt entsprechend.

(5) [1]Wird der angemessene Kaufpreis nach § 4c für Teile einer Wirtschaftseinheit aus den Gesamtkosten ermittelt, so sind für die Berechnung des Höchstbetrages nach den Absätzen 3 und 4 die Kosten für das einzelne Gebäude zugrunde zu legen; der Kostenansatz dient auch zur Deckung der Kosten der dem Bauherrn im Zusammenhang mit der Eigentumsübertragung obliegenden Verwaltungsleistungen. [2]Bei Eigentumswohnungen und Kaufeigentumswohnungen sind für die Berechnung der Kosten der Verwaltungsleistungen die Kosten für die einzelnen Wohnungen zugrunde zu legen.

(6) Der Kostenansatz nach den Absätzen 3 bis 5 dient auch zur Deckung der Kosten der Verwaltungsleistungen, die der Bauherr oder der Betreuer zur Beschaffung von Finanzierungsmitteln erbringt.

(7) Kosten der Beschaffung der Finanzierungsmittel dürfen nicht für den Nachweis oder die Vermittlung von Mitteln aus öffentlichen Haushalten angesetzt werden.

(8) [1]Als Kosten der Zwischenfinanzierung dürfen nur Kosten für Darlehen oder für eigene Mittel des Bauherrn angesetzt werden, deren Ersetzung durch zugesagte oder sicher in Aussicht stehende endgültige Finanzierungsmittel bereits bei dem Einsatz der Zwischenfinanzierungsmittel gewährleistet ist. [2]Eine Verzinsung der vom Bauherrn zur Zwischenfinanzierung eingesetzten eigenen Mittel darf höchstens mit dem marktüblichen Zinssatz für erste Hypotheken angesetzt werden. [3]Kosten der Zwischenfinanzierung dürfen, vorbehaltlich des § 11, nur angesetzt werden, soweit sie auf die Bauzeit bis zur Bezugsfertigkeit entfallen.

(9) [1]Auf die Eigenkapitalkosten in der Bauzeit ist § 20 entsprechend anzuwenden. [2]§ 6 Abs. 1 Satz 3 bleibt unberührt.

§ 9 Sach- und Arbeitsleistungen

(1) [1]Der Wert der Sach- und Arbeitsleistungen des Bauherrn, vor allem der Wert der Selbsthilfe, darf bei den Gesamtkosten mit dem Betrage angesetzt werden, der für eine gleichwertige Unternehmerleistung angesetzt werden könnte. [2]Der Wert der Architekten-, Ingenieur- und Verwaltungsleistungen des Bauherrn darf mit den nach § 8 Abs. 2 Satz 2 Nr. 1 und Abs. 3 bis 5 zulässigen Höchstbeträgen angesetzt werden. [3]Erbringt der Bauherr die Leistungen nur zu einem Teil, so darf nur der den Leistungen entsprechende Teil der Höchstbeträge als Eigenleistungen angesetzt werden.

(2) Absatz 1 gilt entsprechend für den Wert der Sach- und Arbeitsleistungen des Bewerbers um ein Kaufeigenheim, eine Trägerkleinsiedlung, eine Kaufeigentumswohnung und eine Genossenschaftswohnung sowie für den Wert der Sach- und Arbeitsleistungen des Mieters.

(3) Die Absätze 1 und 2 gelten entsprechend, wenn der Bauherr, der Bewerber oder der Mieter Sach- und Arbeitsleistungen mit eigenen Arbeitnehmern im Rahmen seiner gewerblichen oder unternehmerischen Tätigkeit oder auf Grund seines Berufes erbringt.

§ 10 Leistungen gegen Renten

(1) Sind als Entgelt für eine der Vorbereitung oder Durchführung des Bauvorhabens dienende Leistung eines Dritten wiederkehrende Leistungen zu entrichten, so darf der Wert der Leistung des Dritten bei den Gesamtkosten angesetzt werden,

1. wenn es sich um die Übereignung des Baugrundstücks handelt, mit dem Verkehrswert,
2. wenn es sich um eine andere Leistung handelt, mit dem Betrage, der für eine gleichwertige Unternehmerleistung angesetzt werden könnte.

(2) Absatz 1 gilt nicht für die Bestellung eines Erbbaurechts.

§ 11 Änderung der Gesamtkosten, bauliche Änderungen

(1) [1]Haben sich die Gesamtkosten geändert

1. im öffentlich geförderten sozialen Wohnungsbau nach der Bewilligung der öffentlichen Mittel gegenüber dem bei der Bewilligung auf Grund der Wirtschaftlichkeitsberechnung zugrunde gelegten Betrag,
2. im steuerbegünstigten Wohnungsbau nach der Bezugsfertigkeit,

so sind in Wirtschaftlichkeitsberechnungen, die nach diesen Zeitpunkten aufgestellt werden, die geänderten Gesamtkosten anzusetzen. [2]Dies gilt bei einer Erhöhung der Gesamtkosten nur, wenn sie auf Umständen beruht, die der Bauherr nicht zu vertreten hat. [3]Bei öffentlich gefördertem Wohnraum, auf den das Zweite Wohnungsbaugesetz nicht anwendbar ist, dürfen erhöhte Gesamtkosten nur angesetzt werden, wenn sie in der Schlußabrechnung oder sonst von der Bewilligungsstelle anerkannt worden sind.

(2) Wertänderungen sind nicht als Änderungen der Gesamtkosten anzusehen.

(3) Die Gesamtkosten können sich auch dadurch erhöhen,

1. daß sich innerhalb von zwei Jahren nach der Bezugsfertigkeit Kosten der Zwischenfinanzierung ergeben, welche die für die endgültigen Finanzierungsmittel nach den §§ 19 bis 23a angesetzten Kapitalkosten übersteigen oder
2. daß bei einer Ersetzung von Finanzierungsmitteln durch andere Mittel nach § 12 Abs. 4 einmalige Kosten entstehen oder
3. daß durch die Verlängerung der vereinbarten Laufzeit oder durch die Anpassung der Bedingungen nach der vereinbarten Festzinsperiode eines im Finanzierungsplan ausgewiesenen Darlehens einmalige Kosten entstehen, soweit sie auch bei einer Ersetzung nach § 12 Abs. 4 entstehen würden.

(4) [1]Sind

1. im öffentlich geförderten sozialen Wohnungsbau nach der Bewilligung der öffentlichen Mittel,
2. im steuerbegünstigten Wohnungsbau nach der Bezugsfertigkeit

bauliche Änderungen vorgenommen worden, so dürfen die durch die Änderungen entstehenden Kosten nach den Absätzen 5 und 6 den Gesamtkosten hinzugerechnet werden. [2]Erneuerungen, Instandhaltungen und Instandsetzungen sind keine baulichen Änderungen; jedoch fallen Instandsetzungen, die durch Maßnahmen der Modernisierung (Absatz 6) verursacht werden, unter die Modernisierung.

(5) Die Kosten von baulichen Änderungen dürfen den Gesamtkosten nur hinzugerechnet werden, soweit die Änderungen

1. auf Umständen beruhen, die der Bauherr nicht zu vertreten hat, oder eine Modernisierung (Absatz 6) bewirken und dem gesamten Wohnraum zugute kommen, für den eine Wirtschaftlichkeitsberechnung aufzustellen ist, oder
2. dem Ausbau eines Gebäudeteils oder der Erweiterung dienen und nicht Modernisierung sind, es sei denn, daß es sich nur um die Vergrößerung eines Teils der Wohnungen handelt, für die eine Wirtschaftlichkeitsberechnung aufzustellen ist.

(6) Modernisierung sind bauliche Maßnahmen, die den Gebrauchswert des Wohnraums nachhaltig erhöhen, die allgemeinen Wohnverhältnisse auf Dauer verbessern oder nachhaltig Einsparungen von Energie oder Wasser bewirken.

(7) [1]Eine Modernisierung darf im öffentlich geförderten sozialen Wohnungsbau nur berücksichtigt werden, wenn die Bewilligungsstelle ihr zugestimmt hat. [2]Die Zustimmung gilt als erteilt, wenn Mittel aus öffentlichen Haushalten für die Modernisierung bewilligt worden sind.

§ 11a Nicht feststellbare Gesamtkosten

[1]Sind die Bau-, Erwerbs- oder Erschließungskosten nach § 6 Abs. 4 und 5, den §§ 7 bis 11 ganz oder teilweise nicht oder nur mit verhältnismäßig großen Schwierigkeiten festzustellen, so dürfen insoweit die Kosten angesetzt werden, die zu der Zeit, als die Leistungen erbracht worden sind, marktüblich waren. [2]Die marktüblichen Kosten der Gebäude (§ 5 Abs. 3) können nach Erfahrungssätzen über die Kosten des umbauten Raumes bei Hochbauten berechnet werden. [3]Bei der Berechnung des umbauten Raumes ist die Anlage 2 dieser Verordnung zugrunde zu legen.

Dritter Abschnitt: Finanzierungsplan

§ 12 Inhalt des Finanzierungsplanes

(1) [1]Im Finanzierungsplan sind die Mittel auszuweisen, die zur Deckung der in der Wirtschaftlichkeitsberechnung angesetzten Gesamtkosten dienen (Finanzierungsmittel), und zwar

1. die Fremdmittel mit dem Nennbetrag und mit den vereinbarten oder vorgesehenen Auszahlungs-, Zins- und Tilgungsbedingungen, auch wenn sie planmäßig getilgt sind,
2. die verlorenen Baukostenzuschüsse,
3. die Eigenleistungen.

[2]Vor- oder Zwischenfinanzierungsmittel sind nicht als Finanzierungsmittel auszuweisen.

(2) Werden nach § 11 Abs. 1 bis 3 geänderte Gesamtkosten angesetzt, so sind die Finanzierungsmittel auszuweisen, die zur Deckung der geänderten Gesamtkosten dienen.

(3) [1]Werden nach § 11 Abs. 4 bis 6 die Kosten von baulichen Änderungen den Gesamtkosten hinzugerechnet, so sind die Mittel, die zur Deckung dieser Kosten dienen, im Finanzierungsplan auszuweisen. [2]Für diese Mittel gelten die Vorschriften über Finanzierungsmittel.

(4) [1]Sind

1. im öffentlich geförderten sozialen Wohnungsbau nach der Bewilligung der öffentlichen Mittel oder
2. im steuerbegünstigten Wohnungsbau nach der Bezugsfertigkeit

Finanzierungsmittel durch andere Mittel ersetzt worden, so sind die neuen Mittel an der Stelle der bisherigen Finanzierungsmittel auszuweisen. [2]Sind die Kapitalkosten der neuen Mittel zusammen mit den Kapitalkosten der Mittel, die der Deckung der einmaligen Kosten der Ersetzung dienen, höher als die Kapitalkosten der bisherigen Finanzierungsmittel, so sind die neuen Mittel nur auszuweisen, wenn die Ersetzung auf Umständen beruht, die der Bauherr nicht zu vertreten hat. [3]Bei einem Tilgungsdarlehen ist der Betrag, der planmäßig getilgt ist, unter Hinweis hierauf in der bisherigen Weise auszuweisen; die Sätze 1 und 2 finden auf diesen Betrag keine Anwendung.

(5) [1]Sind die als Darlehen gewährten öffentlichen Mittel gemäß § 16 des Wohnungsbindungsgesetzes vorzeitig zurückgezahlt oder abgelöst worden, so sind die zur Rückzahlung oder Ablösung aufgewandten Finanzierungsmittel an der Stelle der öffentlichen Mittel auszuweisen. [2]Der Betrag des Darlehens, der planmäßig getilgt oder bei der Ablösung erlassen ist, ist unter Hinweis hierauf in der bisherigen Weise auszuweisen.

(6) [1]Ist die Verbindlichkeit aus einem Aufbaudarlehen, das dem Bauherrn gewährt worden ist, nach Zuerkennung des Anspruchs auf Hauptentschädigung gemäß § 258 Abs. 1 Nr. 2 des Lastenausgleichsgesetzes ganz oder teilweise als nicht entstanden anzusehen, so gilt das Aufbaudarlehen insoweit als durch eigene Mittel des Bauherrn ersetzt. [2]Die Ersetzung gilt als auf Umständen beruhend, die der Bauherr nicht zu vertreten hat, und von dem Zeitpunkt an als eingetreten, zu dem der Bescheid über die Zuerkennung des Anspruchs auf Hauptentschädigung unanfechtbar geworden ist.

§ 13 Fremdmittel

(1) Fremdmittel sind

1. Darlehen,
2. gestundete Restkaufgelder,
3. gestundete öffentliche Lasten des Baugrundstücks außer der Hypothekengewinnabgabe,
4. kapitalisierte Beträge wiederkehrender Leistungen, namentlich von Rentenschulden,
5. Mietvorauszahlungen,

die zur Deckung der Gesamtkosten dienen.

(2) Vor der Bebauung vorhandene Verbindlichkeiten, die auf dem Baugrundstück dinglich gesichert sind, gelten als Fremdmittel, soweit sie den Wert des Baugrundstücks und der verwendeten Gebäudeteile nicht übersteigen.

(3) Kapitalisierte Beträge wiederkehrender Leistungen, namentlich von Rentenschulden, dürfen höchstens mit dem Betrage ausgewiesen werden, der bei den Gesamtkosten für die Gegenleistung nach § 10 angesetzt ist.

§ 14 Verlorene Baukostenzuschüsse

[1]Verlorene Baukostenzuschüsse sind Geld-, Sach- und Arbeitsleistungen an den Bauherrn, die zur Deckung der Gesamtkosten dienen und erbracht werden, um den Gebrauch von Wohn- oder Geschäftsraum zu erlangen oder Kapitalkosten zu ersparen, ohne daß vereinbart ist, den Wert der Leistung zurückzuerstatten oder mit der Miete oder einem ähnlichen Entgelt zu verrechnen oder als Vorauszahlung hierauf zu behandeln. [2]Verlorene Baukostenzuschüsse sind auch Geldleistungen, mit denen die Gemeinde dem Eigentümer Kosten der Modernisierung erstattet oder die ihm vom Land oder von der Gemeinde als Modernisierungszuschüsse gewährt werden.

§ 15 Eigenleistungen

(1) Eigenleistungen sind die Leistungen des Bauherrn, die zur Deckung der Gesamtkosten dienen, namentlich

1. Geldmittel,
2. der Wert der Sach- und Arbeitsleistungen, vor allem der Wert der eingebrachten Baustoffe und der Selbsthilfe,
3. der Wert des eigenen Baugrundstücks und der Wert verwendeter Gebäudeteile.

(2) Als Eigenleistung kann auch ganz oder teilweise ausgewiesen werden

1. ein Barzahlungsnachlaß (Skonto), wenn bei den Gesamtkosten die vom Bauherrn zu entrichtende Vergütung in voller Höhe angesetzt ist,
2. der Wert von Sach- und Arbeitsleistungen, die der Bauherr mit eigenen Arbeitnehmern im Rahmen seiner gewerblichen oder unternehmerischen Tätigkeit oder auf Grund seines Berufes erbringt.

(3) Die in Absatz 1 Nr. 2 und 3 bezeichneten Werte sind, vorbehaltlich der Absätze 2 und 4, mit dem Betrage auszuweisen, der bei den Gesamtkosten angesetzt ist.

(4) Bei Ermittlung der Eigenleistung sind gestundete Restkaufgelder und die in § 13 Abs. 2 bezeichneten Verbindlichkeiten mit dem Betrage abzuziehen, mit dem sie im Finanzierungsplan als Fremdmittel ausgewiesen sind.

§ 16 Ersatz der Eigenleistung

(1) Im öffentlich geförderten sozialen Wohnungsbau sind von der Bewilligungsstelle, soweit der Bauherr nichts anderes beantragt, als Ersatz der Eigenleistung anzuerkennen

1. ein der Restfinanzierung dienendes Familienzusatzdarlehen nach § 45 des Zweiten Wohnungsbaugesetzes,
2. ein Aufbaudarlehen an den Bauherrn nach § 254 des Lastenausgleichsgesetzes oder ein ähnliches Darlehen aus Mitteln eines öffentlichen Haushalts,
3. ein Darlehen an den Bauherrn zur Beschaffung von Wohnraum nach § 30 des Kriegsgefangenenentschädigungsgesetzes.

(2) Im öffentlich geförderten sozialen Wohnungsbau kann die Bewilligungsstelle auf Antrag des Bauherrn ganz oder teilweise als Ersatz der Eigenleistung anerkennen

1. der Restfinanzierung dienende verlorene Baukostenzuschüsse, soweit ihre Annahme nach § 50 Abs. 1 des Zweiten Wohnungsbaugesetzes zulässig ist,
2. auf dem Baugrundstück nicht dinglich gesicherte Fremdmittel,
3. im Range nach dem der nachstelligen Finanzierung dienenden öffentlichen Baudarlehen auf dem Baugrundstück dinglich gesicherte Fremdmittel,
4. der Restfinanzierung dienende öffentliche Baudarlehen.

(3) Für die als Ersatz der Eigenleistung anerkannten Finanzierungsmittel gelten im übrigen die Vorschriften für Fremdmittel oder verlorene Baukostenzuschüsse.

§ 17 (weggefallen)

Vierter Abschnitt: Laufende Aufwendungen und Erträge

§ 18 Laufende Aufwendungen

(1) [1]Laufende Aufwendungen sind die Kapitalkosten und die Bewirtschaftungskosten. [2]Zu den laufenden Aufwendungen gehören nicht die Leistungen aus der Hypothekengewinnabgabe.

(2) [1]Werden dem Bauherrn Darlehen oder Zuschüsse zur Deckung von laufenden Aufwendungen, Fremdkapitalkosten, Annuitäten oder Bewirtschaftungskosten für den gesamten Wohnraum gewährt, für den eine Wirtschaftlichkeitsberechnung aufzustellen ist, so verringert sich der Gesamtbetrag der laufenden Aufwendungen entsprechend. [2]Der verringerte Gesamtbetrag ist auch für die Zeit anzusetzen, in der diese Darlehen oder Zuschüsse für einen Teil des Wohnraums entfallen oder in der sie aus solchen Gründen nicht mehr gewährt werden, die der Bauherr zu vertreten hat. [3]Entfallen die Darlehen oder Zuschüsse für den gesamten Wohnraum aus Gründen, die der Bauherr nicht zu vertreten hat, so erhöht sich der Gesamtbetrag der laufenden Aufwendungen entsprechend; dies gilt nicht, soweit Darlehen oder Zuschüsse nach vollständiger Tilgung anderer Finanzierungsmittel verringert werden.

(3) [1]Zinsen und Tilgungen, die planmäßig für Aufwendungsdarlehen im Sinne des § 42 Abs. 1 Satz 2 oder § 88 Abs. 1 Satz 1 des Zweiten Wohnungsbaugesetzes oder im Sinne des § 2a Abs. 9 des Gesetzes zur Förderung des Bergarbeiterwohnungsbaues im Kohlenbergbau zu entrichten sind, erhöhen den Gesamtbetrag der laufenden Aufwendungen. [2]Zinsen und Tilgungen, die planmäßig für Annuitätsdarlehen im Sinne des § 42 Abs. 1 Satz 2 des Zweiten Wohnungsbaugesetzes zu entrichten sind, erhöhen den Gesamtbetrag der laufenden Aufwendungen; dies gilt jedoch nicht für Tilgungsbeträge für Annuitätsdarlehen, soweit diese zur Deckung der für Finanzierungsmittel zu entrichtenden Tilgungen bewilligt worden sind.

(4) Sind Aufwendungs- oder Annuitätsdarlehen gemäß § 16 des Wohnungsbindungsgesetzes vorzeitig zurückgezahlt oder abgelöst worden, dürfen für den zur Rückzahlung oder Ablösung aufgewendeten Betrag vorbehaltlich des § 46 Abs. 2 keine höheren Zinsen und Tilgungen dem Gesamtbetrag der laufenden Aufwendungen hinzugerechnet werden, als im Zeitpunkt der Rückzahlung oder Ablösung für das Aufwendungs- oder Annuitätsdarlehen zu entrichten waren; soweit Annuitätsdarlehen zur Deckung der für Finanzierungsmittel zu entrichtenden Tilgungen bewilligt worden sind, können für das Ersatzfinanzierungsmittel Tilgungsbeträge nicht angesetzt werden.

§ 19 Kapitalkosten

(1) [1]Kapitalkosten sind die Kosten, die sich aus der Inanspruchnahme der im Finanzierungsplan ausgewiesenen Finanzierungsmittel ergeben, namentlich die Zinsen. [2]Zu den Kapitalkosten gehören die Eigenkapitalkosten und die Fremdkapitalkosten.

(2) Leistungen aus Nebenverträgen, namentlich aus dem Abschluß von Personenversicherungen, dürfen als Kapitalkosten auch dann nicht angesetzt werden, wenn der Nebenvertrag der Beschaffung von Finanzierungsmitteln oder sonst dem Bauvorhaben gedient hat.

(3) Für verlorene Baukostenzuschüsse ist der Ansatz von Kapitalkosten unzulässig.

(4) Tilgungen dürfen als Kapitalkosten nur nach § 22 angesetzt werden.

(5) Dienen Finanzierungsmittel zur Deckung von Gesamtkosten, mit deren Entstehen sicher gerechnet werden kann, die aber bis zur Bezugsfertigkeit nicht entstanden sind, dürfen Kapitalkosten hierfür nicht vor dem Entstehen dieser Gesamtkosten angesetzt werden.

§ 20 Eigenkapitalkosten

(1) Eigenkapitalkosten sind die Zinsen für die Eigenleistungen.

(2) [1]Für Eigenleistungen darf eine Verzinsung in Höhe des im Zeitpunkt nach § 4 marktüblichen Zinssatzes für erste Hypotheken angesetzt werden. [2]Im öffentlich geförderten sozialen Wohnungsbau darf für den Teil der Eigenleistungen, der 15 vom Hundert der Gesamtkosten des Bauvorhabens nicht übersteigt, eine Verzinsung von 4 vom Hundert angesetzt werden; für den darüber hinausgehenden Teil der Eigenleistungen darf angesetzt werden

a) eine Verzinsung in Höhe des marktüblichen Zinssatzes für erste Hypotheken, sofern die öffentlichen Mittel vor dem 1. Januar 1974 bewilligt worden sind,
b) in den übrigen Fällen eine Verzinsung in Höhe von 6,5 vom Hundert.

(3) Ist die Wirtschaftlichkeitsberechnung nach § 87a des Zweiten Wohnungsbaugesetzes aufzustellen, so dürfen die Zinsen für die Eigenleistungen nach dem Zinssatz angesetzt werden, der mit dem Darlehns- oder Zuschußgeber vereinbart ist, mindestens jedoch entsprechend Absatz 2 Satz 2.

§ 21 Fremdkapitalkosten

(1) [1]Fremdkapitalkosten sind die Kapitalkosten, die sich aus der Inanspruchnahme der Fremdmittel ergeben, namentlich

1. Zinsen für Fremdmittel,
2. laufende Kosten, die aus Bürgschaften für Fremdmittel entstehen,
3. sonstige wiederkehrende Leistungen aus Fremdmitteln, namentlich aus Rentenschulden.

[2]Als Fremdkapitalkosten gelten auch die Erbbauzinsen. [3]Laufende Nebenleistungen, namentlich Verwaltungskostenbeiträge, sind wie Zinsen zu behandeln.

(2) Zinsen für Fremdmittel, namentlich für Tilgungsdarlehen, sind mit dem Betrage anzusetzen, der sich aus dem im Finanzierungsplan ausgewiesenen Fremdmittel mit dem maßgebenden Zinssatz errechnet.

(3) [1]Maßgebend ist, soweit nichts anderes vorgeschrieben ist, der vereinbarte Zinssatz oder, wenn die Zinsen tatsächlich nach einem niedrigeren Zinssatz zu entrichten sind, dieser, höchstens jedoch der für erste Hypotheken im Zeitpunkt nach § 4 marktübliche Zinssatz. [2]Der niedrigere Zinssatz bleibt maßgebend

1. nach der planmäßigen Tilgung des Fremdmittels,
2. nach der Ersetzung des Fremdmittels durch andere Mittel, deren Kapitalkosten höher sind, wenn die Ersetzung auf Umständen beruht, die der Bauherr zu vertreten hat; § 23 Abs. 5 bleibt unberührt.

(4) Fremdkapitalkosten nach Absatz 1 Nr. 3 und Erbbauzinsen sind, soweit nichts anderes vorgeschrieben ist, in der vereinbarten Höhe oder, wenn der tatsächlich zu entrichtende Betrag niedriger ist, in dieser Höhe anzusetzen, höchstens jedoch mit dem Betrag, der einer Verzinsung zu dem im Zeitpunkt nach § 4 marktüblichen Zinssatz für erste Hypotheken entspricht; für die Berechnung dieser Verzinsung ist bei einem Erbbaurecht höchstens der im Zeitpunkt nach § 4 maßgebende Verkehrswert des Baugrundstücks, abzüglich eines einmaligen Entgeltes nach § 5 Abs. 2 Satz 3, zugrunde zu legen.

§ 22 Zinsersatz bei erhöhten Tilgungen

(1) Bei unverzinslichen Fremdmitteln, deren Tilgungssatz 1 vom Hundert übersteigt, dürfen Tilgungen als Kapitalkosten angesetzt werden (Zinsersatz); das gleiche gilt, wenn der Zinssatz niedriger als 4 vom Hundert ist.

(2) [1]Der Ansatz für Zinsersatz darf bei den einzelnen Fremdmitteln deren Tilgung nicht überschreiten und zusammen mit dem Ansatz für Zinsen nicht höher sein als der Betrag, der sich aus einer Verzinsung des Fremdmittels mit 4 vom Hundert ergibt. [2]Die Summe aller Ansätze für Zinsersatz darf auch nicht die Summe der Tilgungen übersteigen, die aus der gesamten Abschreibung nicht gedeckt werden können (erhöhte Tilgungen).

(3) Im öffentlich geförderten sozialen Wohnungsbau sind Ansätze für Zinsersatz nur insoweit zulässig, als die Bewilligungsstelle zustimmt.

(4) Auf Mietvorauszahlungen und Mieterdarlehen sind die Vorschriften über den Zinsersatz nicht anzuwenden.

(5) [1]Ist vor dem 1. Januar 1971 ein höherer Ansatz für Zinsersatz zugelassen worden oder zulässig gewesen, als er nach den Absätzen 1 bis 4 zulässig ist, darf der höhere Ansatz in Härtefällen für die Dauer der erhöhten Tilgungen in eine nach dem 30. Juni 1972 aufgestellte Wirtschaftlichkeitsberechnung aufgenommen werden, soweit

1. im öffentlich geförderten sozialen Wohnungsbau die Bewilligungsstelle,
2. im steuerbegünstigten oder freifinanzierten Wohnungsbau, der mit Wohnungsfürsorgemitteln gefördert worden ist, der Darlehns- oder Zuschußgeber,
3. im sonstigen Wohnungsbau von gemeinnützigen Wohnungsunternehmen die Anerkennungsbehörde

zustimmt. [2]Dem höheren Ansatz soll zugestimmt werden, soweit der seit dem 1. Januar 1971 zulässige Ansatz unter Berücksichtigung aller Umstände des Einzelfalles für den Vermieter zu einer unbilligen Härte führen würde. [3]Dem Ansatz von Zinsersatz für Mietvorauszahlungen oder Mieterdarlehen darf nicht zugestimmt werden.

§ 23 Änderung der Kapitalkosten

(1) [1]Hat sich der Zins- oder Tilgungssatz für ein Fremdmittel geändert

1. im öffentlich geförderten sozialen Wohnungsbau nach der Bewilligung der öffentlichen Mittel gegenüber dem bei der Bewilligung auf Grund der Wirtschaftlichkeitsberechnung zugrunde gelegten Satz,
2. im steuerbegünstigten Wohnungsbau nach der Bezugsfertigkeit,

so sind in Wirtschaftlichkeitsberechnungen, die nach diesen Zeitpunkten aufgestellt werden, die Kapitalkosten anzusetzen, die sich auf Grund der Änderung nach Maßgabe des § 21 oder des § 22 ergeben. [2]Dies gilt bei einer Erhöhung der Kapitalkosten nur, wenn sie auf Umständen beruht, die der Bauherr nicht zu vertreten hat, und nur insoweit, als der Kapitalkostenbetrag im Rahmen des § 21 oder des § 22 den Betrag nicht übersteigt, der sich aus der Verzinsung des Fremdmittels zu dem bei der Kapitalkostenerhöhung marktüblichen Zinssatz für erste Hypotheken ergibt.

(2) [1]Bei einer Änderung der in § 21 Abs. 4 bezeichneten Fremdkapitalkosten gilt Absatz 1 entsprechend. [2]Übersteigt der erhöhte Erbbauzins den nach Absatz 1 ermittelten Betrag, so darf der übersteigende Betrag im öffentlich geförderten sozialen Wohnungsbau nur mit Zustimmung der Bewilligungsstelle in der Wirtschaftlichkeitsberechnung angesetzt werden. [3]Die Zustimmung ist zu erteilen, soweit die Erhöhung auf Umständen beruht, die der Bauherr nicht zu vertreten hat, und unter Berücksichtigung aller Umstände nach § 9a des Erbbaurechtsgesetzes nicht unbillig ist. [4]Im steuerbegünstigten Wohnungsbau darf der übersteigende Betrag angesetzt werden, soweit die Voraussetzungen der Zustimmung nach Satz 3 gegeben sind.

(3) [1]Absatz 1 gilt nicht bei einer Erhöhung der Zinsen oder Tilgungen für das der nachstelligen Finanzierung dienende öffentliche Baudarlehen nach Tilgung anderer Finanzierungsmittel. [2]Auf eine Erhöhung der Zinsen und Tilgungen nach den §§ 18a bis 18e des Wohnungsbindungsgesetzes oder nach § 44 Abs. 2 und 3 des Zweiten Wohnungsbaugesetzes ist Absatz 1 jedoch anzuwenden.

(4) [1]Werden an der Stelle der bisherigen Finanzierungsmittel nach § 12 Abs. 4 oder Abs. 6 andere Mittel ausgewiesen, so treten die Kapitalkosten der neuen Mittel insoweit an die Stelle der Kapitalkosten der bisherigen Finanzierungsmittel, als sie im Rahmen des § 20, des § 21 oder des § 22 den Betrag nicht übersteigen, der sich aus der Verzinsung zu dem bei der Ersetzung marktüblichen Zinssatz für erste Hypotheken ergibt. [2]Bei einem Tilgungsdarlehen bleibt es für den Betrag, der planmäßig getilgt ist (§ 12 Abs. 4 Satz 3), bei der bisherigen Verzinsung. [3]Sind Finanzierungsmittel durch eigene Mittel des Bauherrn ersetzt worden, so dürfen im öffentlich geförderten sozialen Wohnungsbau Zinsen nur unter entsprechender Anwendung des § 20 Abs. 2 Satz 2 angesetzt werden.

(5) [1]Werden an der Stelle der als Darlehen gewährten öffentlichen Mittel nach § 12 Abs. 5 andere Mittel ausgewiesen, so dürfen als Kapitalkosten der neuen Mittel Zinsen nach Absatz 4 Satz 1 angesetzt werden. [2]Vorbehaltlich des § 46 Abs. 2 darf jedoch keine höhere Verzinsung angesetzt werden, als im Zeitpunkt der Rückzahlung für das öffentliche Baudarlehen zu entrichten war. [3]Ist ein Schuldnachlaß gewährt worden, dürfen Kapitalkosten für den erlassenen Darlehnsbetrag nicht angesetzt werden.

(6) [1]Werden nach § 11 Abs. 4 bis 6 die Kosten von baulichen Änderungen den Gesamtkosten hinzugerechnet, so dürfen für die Mittel, die zur Deckung dieser Kosten dienen, Kapitalkosten insoweit angesetzt werden, als sie im Rahmen des § 20, des § 21 oder des § 22 den Betrag nicht übersteigen, der sich aus der Verzinsung zu dem bei Fertigstellung marktüblichen Zinssatz für erste Hypotheken ergibt. [2]Sind die Kosten durch eigene Mittel des Bauherrn gedeckt worden, so dürfen im öffentlich geförderten sozialen Wohnungsbau Zinsen nur unter entsprechender Anwendung des § 20 Abs. 2 Satz 2 und im steuerbegünstigten und freifinanzierten Wohnungsbau, der mit Wohnungsfürsorgemitteln gefördert worden ist, nur unter entsprechender Anwendung des § 20 Abs. 3 angesetzt werden.

§ 23a Marktüblicher Zinssatz für erste Hypotheken

(1) Der marktübliche Zinssatz für erste Hypotheken im Zeitpunkt nach § 4 kann ermittelt werden

1. aus dem durchschnittlichen Zinssatz der durch erste Hypotheken gesicherten Darlehen, die zu dieser Zeit von Kreditinstituten oder privatrechtlichen Unternehmen, zu deren Geschäften üblicherweise die Hergabe derartiger Darlehen gehört, zu geschäftsüblichen Bedingungen für Bauvorhaben an demselben Ort gewährt worden sind oder
2. in Anlehnung an den Zinssatz der zu dieser Zeit zahlenmäßig am meisten abgesetzten Pfandbriefe unter Berücksichtigung der üblichen Zinsspanne.

(2) Absatz 1 gilt sinngemäß, wenn der marktübliche Zinssatz für einen anderen Zeitpunkt als den nach § 4 festzustellen ist.

§ 24 Bewirtschaftungskosten

(1) [1]Bewirtschaftungskosten sind die Kosten, die zur Bewirtschaftung des Gebäudes oder der Wirtschaftseinheit laufend erforderlich sind. [2]Bewirtschaftungskosten sind im einzelnen

1. Abschreibung,
2. Verwaltungskosten,
3. Betriebskosten,
4. Instandhaltungskosten,
5. Mietausfallwagnis.

(2) [1]Der Ansatz der Bewirtschaftungskosten hat den Grundsätzen einer ordentlichen Bewirtschaftung zu entsprechen. [2]Bewirtschaftungskosten dürfen nur angesetzt werden, wenn sie ihrer Höhe nach feststehen oder wenn mit ihrem Entstehen sicher gerechnet werden kann und soweit sie bei gewissenhafter Abwägung aller Umstände und bei ordentlicher Geschäftsführung gerechtfertigt sind. [3]Erfahrungswerte vergleichbarer Bauten sind heranzuziehen. [4]Soweit nach den §§ 26 und 28 Ansätze bis zu einer bestimmten Höhe zugelassen sind, dürfen Bewirtschaftungskosten bis zu dieser Höhe angesetzt werden, es sei denn, daß der Ansatz im Einzelfall unter Berücksichtigung der jeweiligen Verhältnisse nicht angemessen ist.

§ 25 Abschreibung

(1) [1]Abschreibung ist der auf jedes Jahr der Nutzung fallende Anteil der verbrauchsbedingten Wertminderung der Gebäude, Anlagen und Einrichtungen. [2]Die Abschreibung ist nach der mutmaßlichen Nutzungsdauer zu errechnen.

(2) Die Abschreibung soll bei Gebäuden 1 vom Hundert der Baukosten, bei Erbbaurechten 1 vom Hundert der Gesamtkosten nicht übersteigen, sofern nicht besondere Umstände eine Überschreitung rechtfertigen.

(3) Als besondere Abschreibung für Anlagen und Einrichtungen dürfen zusätzlich angesetzt werden von den in der Wirtschaftlichkeitsberechnung enthaltenen Kosten

1. der Öfen und Herde	3 vom Hundert,
2. der Einbaumöbel	3 vom Hundert,
3. der Anlagen und der Geräte zur Versorgung mit Warmwasser, sofern sie nicht mit einer Sammelheizung verbunden sind,	4 vom Hundert,
4. der Sammelheizung einschließlich einer damit verbundenen Anlage zur Versorgung mit Warmwasser	3 vom Hundert,
5. der Hausanlage bei eigenständig gewerblicher Lieferung von Wärme	0,5 vom Hundert
und einer damit verbundenen Anlage zur Versorgung mit Warmwasser	4 vom Hundert,
6. des Aufzugs	2 vom Hundert,
7. der Gemeinschaftsantenne	9 vom Hundert,
8. der maschinellen Wascheinrichtung	9 vom Hundert.

§ 26 Verwaltungskosten

(1) [1]Verwaltungskosten sind die Kosten der zur Verwaltung des Gebäudes oder der Wirtschaftseinheit erforderlichen Arbeitskräfte und Einrichtungen, die Kosten der Aufsicht sowie der Wert der vom Vermieter persönlich geleisteten Verwaltungsarbeit. [2]Zu den Verwaltungskosten gehören auch die Kosten für die gesetzlichen oder freiwilligen Prüfungen des Jahresabschlusses und der Geschäftsführung.

(2) Die Verwaltungskosten dürfen höchstens mit 230 Euro jährlich je Wohnung, bei Eigenheimen, Kaufeigenheimen und Kleinsiedlungen je Wohngebäude angesetzt werden.

(3) Für Garagen oder ähnliche Einstellplätze dürfen Verwaltungskosten höchstens mit 30 Euro jährlich je Garagen- oder Einstellplatz angesetzt werden.

(4) [1]Die in den Absätzen 2 und 3 genannten Beträge verändern sich am 1. Januar 2005 und am 1. Januar eines jeden darauf folgenden dritten Jahres um den Prozentsatz, um den sich der vom Statistischen Bundesamt festgestellte Verbraucherpreisindex für Deutschland für den der Veränderung vorausgehenden Monat Oktober gegenüber dem Verbraucherpreisindex für Deutschland für den der letzten Veränderung vorausgehenden Monat Oktober erhöht oder verringert hat. [2]Für die Veränderung am 1. Januar 2005 ist die Erhöhung oder Verringerung des Verbraucherpreisindexes für Deutschland maßgeblich, die im Oktober 2004 gegenüber dem Oktober 2001 eingetreten ist.

§ 27 Betriebskosten

(1) [1]Betriebskosten sind die Kosten, die dem Eigentümer (Erbbauberechtigten) durch das Eigentum am Grundstück (Erbbaurecht) oder durch den bestimmungsmäßigen Gebrauch des Gebäudes oder der Wirtschaftseinheit, der Nebengebäude, Anlagen, Einrichtungen und des Grundstücks laufend entstehen. [2]Der Ermittlung der Betriebskosten ist die Betriebskostenverordnung vom 25. November 2003 (BGBl. I S. 2346, 2347) zugrunde zu legen.

(2) [1]Sach- und Arbeitsleistungen des Eigentümers (Erbbauberechtigten), durch die Betriebskosten erspart werden, dürfen mit dem Betrage angesetzt werden, der für eine gleichwertige Leistung eines Dritten, insbesondere eines Unternehmers, angesetzt werden könnte. [2]Die Umsatzsteuer des Dritten darf nicht angesetzt werden.

(3) Im öffentlich geförderten sozialen Wohnungsbau und im steuerbegünstigten oder freifinanzierten Wohnungsbau, der mit Wohnungsfürsorgemitteln gefördert worden ist, dürfen die Betriebskosten nicht in der Wirtschaftlichkeitsberechnung angesetzt werden.

§ 28 Instandhaltungskosten[28]

(1) [1]Instandhaltungskosten sind die Kosten, die während der Nutzungsdauer zur Erhaltung des bestimmungsmäßigen Gebrauchs aufgewendet werden müssen, um die durch Abnutzung, Alterung und Witterungseinwirkung entstehenden baulichen oder sonstigen Mängel ordnungsgemäß zu beseitigen. [2]Der Ansatz der Instandhaltungskosten dient auch zur Deckung der Kosten von Instandsetzungen, nicht jedoch der Kosten von Baumaßnahmen, soweit durch sie eine Modernisierung vorgenommen wird oder Wohnraum oder anderer auf die Dauer benutzbarer Raum neu geschaffen wird. [3]Der Ansatz dient nicht zur Deckung der Kosten einer Erneuerung von Anlagen und Einrichtungen, für die eine besondere Abschreibung nach § 25 Abs. 3 zulässig ist.

(2) [1]Als Instandhaltungskosten dürfen je Quadratmeter Wohnfläche im Jahr angesetzt werden:

1. für Wohnungen, deren Bezugsfertigkeit am Ende des Kalenderjahres weniger als 22 Jahre zurückliegt, höchstens 7,10 Euro,
2. für Wohnungen, deren Bezugsfertigkeit am Ende des Kalenderjahres mindestens 22 Jahre zurückliegt, höchstens 9 Euro,
3. für Wohnungen, deren Bezugsfertigkeit am Ende des Kalenderjahres mindestens 32 Jahre zurückliegt, höchstens 11,50 Euro.

[2]Diese Sätze verringern sich bei eigenständig gewerblicher Leistung von Wärme im Sinne des § 1 Abs. 2 Nr. 2 der Verordnung über Heizkostenabrechnung in der Fassung der Bekanntmachung vom 20. Januar 1989 (BGBl. I S. 115) um 0,20 Euro. [3]Diese Sätze erhöhen sich für Wohnungen, für die ein maschinell betriebener Aufzug vorhanden ist, um 1 Euro.

[28] Hinweis: Zur Anpassung der Beträge nach Absatz 2 bis 5 vgl. § 26 Abs. 4

(3) [1]Trägt der Mieter die Kosten für kleine Instandhaltungen in der Wohnung, so verringern sich die Sätze nach Absatz 2 um 1,05 Euro. [2]Die kleinen Instandhaltungen umfassen nur das Beheben kleiner Schäden an den Installationsgegenständen für Elektrizität, Wasser und Gas, den Heiz- und Kocheinrichtungen, den Fenster- und Türverschlüssen sowie den Verschlußvorrichtungen von Fensterläden.

(4) [1]Die Kosten der Schönheitsreparaturen in Wohnungen sind in den Sätzen nach Absatz 2 nicht enthalten. [2]Trägt der Vermieter die Kosten dieser Schönheitsreparaturen, so dürfen sie höchstens mit 8,50 Euro je Quadratmeter Wohnfläche im Jahr angesetzt werden. [3]Schönheitsreparaturen umfassen nur das Tapezieren, Anstreichen oder Kalken der Wände und Decken, das Streichen der Fußböden, Heizkörper einschließlich Heizrohre, der Innentüren sowie der Fenster und Außentüren von innen.

(5) Für Garagen oder ähnliche Einstellplätze dürfen als Instandhaltungskosten einschließlich Kosten für Schönheitsreparaturen höchstens 68 Euro jährlich je Garagen- oder Einstellplatz angesetzt werden.

(5a) Die in den Absätzen 2 bis 5 genannten Beträge verändern sich entsprechend § 26 Abs. 4.

(6) Für Kosten der Unterhaltung von Privatstraßen und Privatwegen, die dem öffentlichen Verkehr dienen, darf ein Erfahrungswert als Pauschbetrag neben den vorstehenden Sätzen angesetzt werden.

(7) Kosten eigener Instandhaltungswerkstätten sind mit den vorstehenden Sätzen abgegolten.

§ 29 Mietausfallwagnis

[1]Mietausfallwagnis ist das Wagnis einer Ertragsminderung, die durch uneinbringliche Rückstände von Mieten, Pachten, Vergütungen und Zuschlägen oder durch Leerstehen von Raum, der zur Vermietung bestimmt ist, entsteht. [2]Es umfaßt auch die uneinbringlichen Kosten einer Rechtsverfolgung auf Zahlung oder Räumung. [3]Das Mietausfallwagnis darf höchstens mit 2 vom Hundert der Erträge im Sinne des § 31 Abs. 1 Satz 1 angesetzt werden. [4]Soweit die Deckung von Ausfällen anders, namentlich durch einen Anspruch auf Erstattung gegenüber einem Dritten, gesichert ist, darf kein Mietausfallwagnis angesetzt werden.

§ 30 Änderung der Bewirtschaftungskosten

(1) [1]Haben sich die Verwaltungskosten oder die Instandhaltungskosten geändert

1. im öffentlich geförderten sozialen Wohnungsbau nach der Bewilligung der öffentlichen Mittel gegenüber dem bei der Bewilligung auf Grund der Wirtschaftlichkeitsberechnung zugrunde gelegten Betrag,
2. im steuerbegünstigten Wohnungsbau nach der Bezugsfertigkeit,

so sind in Wirtschaftlichkeitsberechnungen, die nach diesen Zeitpunkten aufgestellt werden, die geänderten Kosten anzusetzen. [2]Dies gilt bei einer Erhöhung dieser Kosten nur, wenn sie auf Umständen beruht, die der Bauherr nicht zu vertreten hat. [3]Die Verwaltungskosten dürfen bis zu der in § 26 zugelassenen Höhe, die Instandhaltungskosten bis zu der in § 28 zugelassenen Höhe ohne Nachweis einer Kostenerhöhung angesetzt werden, es sei denn, daß der Ansatz im Einzelfall unter Berücksichtigung der jeweiligen Verhältnisse nicht angemessen ist. [4]Eine Überschreitung der für die Verwaltungskosten und die Instandhaltungskosten zugelassenen Sätze ist nicht zulässig.

(2) Der Ansatz für die Abschreibung ist in Wirtschaftlichkeitsberechnungen, die nach den in Absatz 1 bezeichneten Zeitpunkten aufgestellt werden, zu ändern, wenn nach § 11 Abs. 1 bis 3 geänderte Gesamtkosten angesetzt werden; eine Änderung des für die Abschreibung angesetzten Vomhundertsatzes ist unzulässig.

(3) Der Ansatz für das Mietausfallwagnis ist in Wirtschaftlichkeitsberechnungen, die nach den in Absatz 1 bezeichneten Zeitpunkten aufgestellt werden, zu ändern, wenn sich die Jahresmiete ändert; eine Änderung des Vomhundertsatzes für das Mietausfallwagnis ist zulässig, wenn sich die Voraussetzungen für seine Bemessung nachhaltig geändert haben.

(4) [1]Werden nach § 11 Abs. 4 bis 6 die Kosten von baulichen Änderungen den Gesamtkosten hinzugerechnet, so dürfen die infolge der Änderungen entstehenden Bewirtschaftungskosten den anderen Bewirtschaftungskosten hinzugerechnet werden. [2]Für die entstehenden Abschreibungen und Instandhaltungskosten gelten die §§ 25 und 28 Abs. 2 bis 6 entsprechend.

§ 31 Erträge

(1) [1]Erträge sind die Einnahmen aus Miet- und Pachtverträgen sowie Vergütungen, die bei ordentlicher Bewirtschaftung des Gebäudes oder der Wirtschaftseinheit nachhaltig erzielt werden können. [2]Umlagen und Zuschläge, die zulässigerweise neben der Einzelmiete erhoben werden, bleiben als Ertrag unberücksichtigt.

(2) Als Ertrag gilt auch der Miet- oder Nutzungswert von Räumen oder Flächen, die vom Eigentümer (Erbbauberechtigten) selbst benutzt werden oder auf Grund eines anderen Rechtsverhältnisses als einem Miet- oder Pachtvertrag überlassen sind.

(3) [1]Wird die Wirtschaftlichkeitsberechnung aufgestellt, um für Wohnraum die zur Deckung der laufenden Aufwendungen erforderliche Miete (Kostenmiete) zu ermitteln, so ist der Gesamtbetrag der Erträge in derselben Höhe wie der Gesamtbetrag der laufenden Aufwendungen auszuweisen. [2]Aus dem nach Abzug der Vergütungen verbleibenden Betrag ist die Miete nach den für ihre Ermittlung maßgebenden Vorschriften zu berechnen.

Fünfter Abschnitt: Besondere Arten der Wirtschaftlichkeitsberechnung

§ 32 Voraussetzungen für besondere Arten der Wirtschaftlichkeitsberechnung

(1) Die Wirtschaftlichkeitsberechnung ist, vorbehaltlich des Absatzes 3, als Teilwirtschaftlichkeitsberechnung aufzustellen, wenn das Gebäude oder die Wirtschaftseinheit neben dem Wohnraum, für den die Berechnung aufzustellen ist, auch anderen Wohnraum oder Geschäftsraum enthält.

(2) Enthält das Gebäude oder die Wirtschaftseinheit steuerbegünstigten oder freifinanzierten Wohnraum, für den eine Wirtschaftlichkeitsberechnung nach § 87a des Zweiten Wohnungsbaugesetzes aufzustellen ist, und anderen steuerbegünstigten oder freifinanzierten Wohnraum, so ist die Wirtschaftlichkeitsberechnung als Teilwirtschaftlichkeitsberechnung aufzustellen.

(3) Die Wirtschaftlichkeitsberechnung für öffentlich geförderten Wohnraum ist als Teilwirtschaftlichkeitsberechnung oder mit Zustimmung der Bewilligungsstelle als Gesamtwirtschaftlichkeitsberechnung aufzustellen, wenn das Gebäude oder die Wirtschaftseinheit auch freifinanzierten Wohnraum oder Geschäftsraum enthält.

(4) [1]Die Wirtschaftlichkeitsberechnung für öffentlich geförderten Wohnraum ist in der Form von Teilwirtschaftlichkeitsberechnungen oder als Wirtschaftlichkeitsberechnung mit Teilberechnungen der laufenden Aufwendungen aufzustellen, wenn für einen Teil dieses Wohnraums (begünstigter Wohnraum) gegenüber dem anderen Teil des Wohnraums eine stärkere oder länger dauernde Senkung der laufenden Aufwendungen erzielt werden soll

1. durch Gewährung öffentlicher Mittel als Darlehen oder Zuschüsse zur Deckung von laufenden Aufwendungen, Fremdkapitalkosten, Annuitäten oder Bewirtschaftungskosten (§ 18 Abs. 2) oder
2. durch Gewährung von höheren, der nachstelligen Finanzierung dienenden öffentlichen Baudarlehen.

[2]Anstelle einer besonderen Form der Wirtschaftlichkeitsberechnung nach Satz 1 darf eine Wirtschaftlichkeitsberechnung nach den Vorschriften des Ersten bis Vierten Abschnitts aufgestellt werden, wenn eine Senkung der laufenden Aufwendungen für den begünstigten Wohnraum auf Grund von Umständen, die vom Bauherrn nicht zu vertreten sind, nicht mehr erzielt werden kann oder die besondere Zweckbestimmung für diesen Teil des Wohnraums entfallen ist.

(4a) [1]Ist eine Wirtschaftlichkeitsberechnung nach den Vorschriften des Ersten bis Vierten Abschnitts oder nach den Absätzen 1 bis 4 aufgestellt worden, bleibt diese als Teilwirtschaftlichkeitsberechnung für den Wohnraum, der Gegenstand ihrer Berechnung ist, weiterhin maßgebend, wenn neuer Wohnraum durch Ausbau oder Erweiterung des Gebäudes oder der zur Wirtschaftseinheit gehörenden Gebäude geschaffen worden ist. [2]Ist für den neu geschaffenen Wohnraum eine Wirtschaftlichkeitsberechnung erforderlich, ist sie als Teilwirtschaftlichkeitsberechnung aufzustellen.

(5) [1]Wird eine Wirtschaftlichkeitsberechnung für öffentlich geförderten Wohnraum erstmalig nach dieser Verordnung aufgestellt, so bleibt die der Bewilligung der öffentlichen Mittel zugrunde gelegte Art der Wirtschaftlichkeitsberechnung maßgebend, wenn diese Art auch nach Absatz 1, 3 oder 4 zulässig wäre; ist der Bewilligung der öffentlichen Mittel eine ähnliche Berechnung oder eine Berechnung der Gesamtkosten und Finanzierungsmittel zugrunde gelegt worden, so gilt dies sinngemäß. [2]Wäre die der Bewilligung zugrunde gelegte Art der Berechnung nicht nach Absatz 1, 3 oder 4 zulässig oder ist der Bewilligung eine Berechnung nicht zugrunde gelegt worden, so ist die Wirtschaftlichkeitsberechnung, die erstmalig nach dieser Verordnung aufgestellt wird, unter Anwendung des Absatzes 1, 3 oder 4 und unter Ausübung der dabei zulässigen Wahl aufzustellen.

(6) Die nach den Absätzen 3, 4 oder 5 getroffene Wahl bleibt für alle späteren Wirtschaftlichkeitsberechnungen maßgebend.

(7) Für die Aufstellung der Wirtschaftlichkeitsberechnung gelten

1. bei der Teilwirtschaftlichkeitsberechnung die sich aus den §§ 33 bis 36 ergebenden Besonderheiten,
2. bei der Gesamtwirtschaftlichkeitsberechnung die sich aus § 37 ergebenden Besonderheiten,
3. bei den Teilberechnungen der laufenden Aufwendungen die sich aus § 38 ergebenden Besonderheiten.

§ 33 Teilwirtschaftlichkeitsberechnung

In der Teilwirtschaftlichkeitsberechnung ist die Gegenüberstellung der laufenden Aufwendungen und der Erträge auf den Teil des Gebäudes oder der Wirtschaftseinheit zu beschränken, der den Wohnraum enthält, für den die Berechnung aufzustellen ist.

§ 34 Gesamtkosten in der Teilwirtschaftlichkeitsberechnung

(1) [1]In der Teilwirtschaftlichkeitsberechnung sind nur die Gesamtkosten anzusetzen, die auf den Teil des Gebäudes oder der Wirtschaftseinheit fallen, der Gegenstand der Berechnung ist. [2]Soweit bei Gesamtkosten nicht festgestellt werden kann, auf welchen Teil des Gebäudes oder der Wirtschaftseinheit sie fallen, sind sie bei Wohnraum nach dem Verhältnis der Wohnflächen aufzuteilen; enthält das Gebäude oder die Wirtschaftseinheit auch Geschäftsraum, so sind sie für den Wohnteil und den Geschäftsteil im Verhältnis des umbauten Raumes aufzuteilen. [3]Kosten oder Mehrkosten, die nur durch den Wohn- oder Geschäftsraum entstehen, der nicht Gegenstand der Berechnung ist, dürfen nur diesem zugerechnet werden. [4]Bei der Berechnung des umbauten Raumes ist die Anlage 2 dieser Verordnung zugrunde zu legen.

(2) [1]Enthält das Gebäude oder die Wirtschaftseinheit außer Wohnraum auch Geschäftsraum von nicht nur unbedeutendem Ausmaß, so dürfen die Kosten des Baugrundstücks, die dem Wohnraum zugerechnet werden, 15 vom Hundert seiner Baukosten nicht übersteigen; in besonderen Fällen, namentlich bei Grundstücken in günstiger Wohnlage, kann der Vomhundertsatz überschritten werden. [2]Erhöhte Kosten des Baugrundstücks, die durch die Geschäftslage veranlaßt sind, dürfen nicht dem Wohnraum zugerechnet werden.

(3) [1]Bei Wiederherstellung eines Gebäudes gehört zu den Baukosten auch der Wert der beim Bau des Wohnraums, für den die Berechnung aufzustellen ist, verwendeten Gebäudeteile; er ist entsprechend § 7 Abs. 2 Satz 2 bis 4 zu ermitteln. [2]Kommt eine Wiederherstellung auch dem noch vorhandenen, auf die Dauer benutzbaren Raum zugute, so dürfen Baukosten nur insoweit angesetzt werden, als die Wiederherstellung dem neu geschaffenen Wohnraum zugute kommt; Absatz 1 gilt entsprechend.

(4) [1]Ist Wohnraum durch Ausbau oder Erweiterung neu geschaffen worden, gehören zu den Gesamtkosten, die diesem Wohnraum in der Teilwirtschaftlichkeitsberechnung zuzurechnen sind, nur diejenigen Kosten, die durch den Ausbau oder die Erwei-

terung entstanden sind; dies gilt auch, wenn Zubehörräume von öffentlich geförderten Wohnungen zu neuen Wohnungen ausgebaut werden. [2]Kosten des Baugrundstücks dürfen bei Ausbau nicht, bei Erweiterung nur dann angesetzt werden, wenn das Grundstück für einen Anbau neu erworben worden ist.

§ 35 Finanzierungsmittel in der Teilwirtschaftlichkeitsberechnung

[1]In der Teilwirtschaftlichkeitsberechnung sind zur Deckung der angesetzten anteiligen Gesamtkosten die Finanzierungsmittel, die nur für den Teil des Gebäudes oder der Wirtschaftseinheit bestimmt sind, der Gegenstand der Berechnung ist, in voller Höhe im Finanzierungsplan auszuweisen. [2]Die anderen Finanzierungsmittel sind angemessen zu verteilen.

§ 36 Laufende Aufwendungen und Erträge in der Teilwirtschaftlichkeitsberechnung

(1) In der Teilwirtschaftlichkeitsberechnung sind die laufenden Aufwendungen anzusetzen, die für den Teil des Gebäudes oder der Wirtschaftseinheit, der Gegenstand der Berechnung ist, entstehen.

(2) [1]Bewirtschaftungskosten, die für das ganze Gebäude oder die ganze Wirtschaftseinheit entstehen, sind nur mit dem Teil anzusetzen, der sich nach dem Verhältnis der Teilung der Gesamtkosten nach § 34 ergibt. [2]Bewirtschaftungskosten oder Mehrbeträge von Bewirtschaftungskosten, die allein durch den Wohn- oder Geschäftsraum, der nicht Gegenstand der Berechnung ist, entstehen, dürfen nur diesem zugerechnet werden. [3]Bei Wiederherstellung, Ausbau und Erweiterung dürfen Bewirtschaftungskosten nur insoweit angesetzt werden, als sie für den Teil des Gebäudes oder der Wirtschaftseinheit, der Gegenstand der Berechnung ist, zusätzlich entstehen; ist auch für den vorhanden gewesenen Wohnraum eine Teilwirtschaftlichkeitsberechnung aufzustellen, so dürfen Bewirtschaftungskosten nur nach den Sätzen 1 und 2 angesetzt werden.

(3) In der Teilwirtschaftlichkeitsberechnung sind die Erträge auszuweisen, die sich für den Teil des Gebäudes oder der Wirtschaftseinheit, der Gegenstand der Berechnung ist, nach § 31 ergeben.

§ 37 Gesamtwirtschaftlichkeitsberechnung

(1) In der Gesamtwirtschaftlichkeitsberechnung ist die Gegenüberstellung der laufenden Aufwendungen und der Erträge für das gesamte Gebäude oder die gesamte Wirtschaftseinheit vorzunehmen und sodann der Teil der laufenden Aufwendungen und der Erträge auszugliedern, der auf den öffentlich geförderten Wohnraum entfällt.

(2) Bewirtschaftungskosten für Geschäftsraum sind mit den Beträgen anzusetzen, die zur ordentlichen Bewirtschaftung des Geschäftsraums laufend erforderlich sind.

(3) [1]Zur Ausgliederung des Teils der laufenden Aufwendungen, der auf den öffentlich geförderten Wohnraum fällt, ist der Gesamtbetrag der laufenden Aufwendungen auf diesen Wohnraum und auf den anderen Wohnraum sowie den Geschäftsraum angemessen zu verteilen. [2]Laufende Aufwendungen oder Mehrbeträge laufender Aufwendungen, die allein durch den öffentlich geförderten Wohnraum oder durch den anderen Wohnraum oder den Geschäftsraum entstehen, dürfen jeweils nur dem in Betracht kommenden Raum zugerechnet werden.

(4) Wird für öffentlich geförderten Wohnraum eine Gesamtwirtschaftlichkeitsberechnung aufgestellt, so finden die Absätze 1 bis 3 auch dann Anwendung, wenn in der Berechnung, die der Bewilligung der öffentlichen Mittel zugrunde gelegt worden ist, eine Ausgliederung des auf den öffentlich geförderten Wohnraum fallenden Teiles der laufenden Aufwendungen nicht oder nach einem anderen Verteilungsmaßstab vorgenommen worden ist oder wenn Bewirtschaftungskosten für Geschäftsraum nicht oder nur in geringerer Höhe in Anspruch genommen oder anerkannt worden sind oder wenn auf Ansätze ganz oder teilweise verzichtet worden ist.

§ 38 Teilberechnungen der laufenden Aufwendungen

(1) [1]Für die Teilberechnungen der laufenden Aufwendungen ist der in der Wirtschaftlichkeitsberechnung für den öffentlich geförderten Wohnraum errechnete Gesamtbetrag der laufenden Aufwendungen nach dem Verhältnis der Wohnfläche auf den begünstigten Wohnraum und den anderen Wohnraum aufzuteilen. [2]Laufende Aufwendungen oder Mehrbeträge laufender Aufwendungen, die allein durch den begünstigten Wohnraum oder den anderen Wohnraum entstehen, dürfen nur dem jeweils in Betracht kommenden Wohnraum zugerechnet werden.

(2) Im Falle des § 32 Abs. 4 Nr. 1 ist nach Aufteilung des Gesamtbetrages der laufenden Aufwendungen auf den begünstigten Wohnraum und den anderen Wohnraum die Verminderung der laufenden Aufwendungen nach § 18 Abs. 2 jeweils bei dem Teil der laufenden Aufwendungen vorzunehmen, der auf den Wohnraum fällt, für den die Darlehen oder Zuschüsse zur Deckung von laufenden Aufwendungen, Fremdkapitalkosten, Annuitäten oder Bewirtschaftungskosten gewährt werden.

(3) [1]Im Falle des § 32 Abs. 4 Nr. 2 sind bei Berechnungen des Gesamtbetrages der laufenden Aufwendungen für die der nachstelligen Finanzierung dienenden öffentlichen Baudarlehen Rechnungszinsen in Höhe des im Zeitpunkt nach § 4 marktüblichen Zinssatzes für erste Hypotheken anzusetzen. [2]Nach Aufteilung des Gesamtbetrages der laufenden Aufwendungen auf den begünstigten Wohnraum und den anderen Wohnraum sind wieder abzuziehen

1. von dem Teil der laufenden Aufwendungen, der auf den begünstigten Wohnraum fällt, die für die höheren öffentlichen Baudarlehen angesetzten Rechnungszinsen,
2. von dem Teil der laufenden Aufwendungen, der auf den anderen Wohnraum fällt, die für die anderen öffentlichen Baudarlehen angesetzten Rechnungszinsen.

[3]Die Zinsen, die sich nach § 21 Abs. 2 und 3 für die öffentlichen Baudarlehen ergeben, sind sodann jeweils hinzuzurechnen.

(4) Absatz 3 gilt sinngemäß, wenn Darlehen oder Zuschüsse zur Senkung der Kapitalkosten von Fremdmitteln unmittelbar dem Gläubiger gewährt werden und für den begünstigten Wohnraum höhere Fremdmittel dieser Art ausgewiesen sind als für den anderen Wohnraum; Absatz 2 ist in diesem Falle nicht anzuwenden.

§ 39 Vereinfachte Wirtschaftlichkeitsberechnung

(1) [1]In der vereinfachten Wirtschaftlichkeitsberechnung ist die Ermittlung der laufenden Aufwendungen sowie die Gegenüberstellung der laufenden Aufwendungen und der Erträge in vereinfachter Form zulässig. [2]Die vereinfachte Wirtschaftlichkeitsberechnung kann auch als Auszug aus einer Wirtschaftlichkeitsberechnung aufgestellt werden. [3]Der Auszug aus einer Wirtschaftlichkeitsberechnung muß enthalten

1. die Bezeichnung des Gebäudes,
2. die Höhe der einzelnen laufenden Aufwendungen,
3. die Darlehen und Zuschüsse zur Deckung von laufenden Aufwendungen für den gesamten Wohnraum,
4. die Mieten und Pachten, den entsprechenden Miet- oder Nutzwert und die Vergütungen.

(2) [1]Absatz 1 Satz 3 ist sinngemäß anzuwenden, wenn der Auszug zur Berechnung einer Mieterhöhung nach § 10 Abs. 1 des Wohnungsbindungsgesetzes aufgestellt wird. [2]Aus dem Auszug muß auch die Erhöhung der einzelnen laufenden Aufwendungen erkennbar werden.

§ 39a Zusatzberechnung

(1) [1]Ist bereits eine Wirtschaftlichkeitsberechnung aufgestellt worden und haben sich nach diesem Zeitpunkt laufende Aufwendungen geändert, so kann eine neue Wirtschaftlichkeitsberechnung in der Weise aufgestellt werden, daß die bisherige Wirtschaftlichkeitsberechnung um eine Zusatzberechnung ergänzt wird, in der die Erhöhung oder Verringerung der einzelnen laufenden Aufwendungen ermittelt und der Erhöhung oder Verringerung der Erträge gegenübergestellt wird. [2]Eine Zusatzberechnung kann auch aufgestellt werden, wenn die in § 18 Abs. 2 Satz 1 bezeichneten Darlehen oder Zuschüsse nicht mehr oder nur in verminderter Höhe gewährt werden und der Vermieter den Wegfall oder die Verminderung nicht zu vertreten hat.

(2) [1]Hat der Vermieter den Änderungsbetrag zur Vergleichsmiete nach § 12 oder nach § 14 Abs. 6 der Neubaumietenverordnung 1970 zu ermitteln, sind die einzelnen laufenden Aufwendungen nach den Verhältnissen zum Zeitpunkt der Bewilligung der öffentlichen Mittel zusammenzustellen und eine Zusatzberechnung nach Absatz 1 aufzustellen. [2]Dabei bleiben Änderungen der laufenden Aufwendungen, die sich nicht auf den Wohnraum beziehen, dessen Vergleichsmiete zu ermitteln ist, unberücksichtigt. [3]Enthält das Gebäude neben dem öffentlich geförderten Wohnraum auch anderen Wohnraum oder Geschäftsraum, sind die laufenden Aufwendungen und die Zusatzberechnung entsprechend § 37 aufzustellen.

(3) [1]Ist bereits eine Wirtschaftlichkeitsberechnung aufgestellt und sind nach diesem Zeitpunkt bauliche Änderungen vorgenommen worden, so kann eine neue Wirtschaftlichkeitsberechnung in der Weise aufgestellt werden, daß die bisherige Wirtschaftlichkeitsberechnung um eine Zusatzberechnung ergänzt wird. [2]In der Zusatzberechnung sind die Kosten der baulichen Änderungen anzusetzen, die zu ihrer Deckung dienenden Finanzierungsmittel auszuweisen und die sich danach für die baulichen Änderungen ergebenden Aufwendungen den Ertragserhöhungen gegenüberzustellen.

(4) Hat der Vermieter den Erhöhungsbetrag zur Vergleichsmiete nach § 13 der Neubaumietenverordnung 1970 für sämtliche öffentlich geförderten Wohnungen zu ermitteln, so ist eine Zusatzberechnung nach Absatz 3 Satz 2 aufzustellen.

Teil III: Lastenberechnung

§ 40 Lastenberechnung

(1) [1]Die Belastung des Eigentümers eines Eigenheims, einer Kleinsiedlung oder einer eigengenutzten Eigentumswohnung oder des Inhabers eines eigengenutzten eigentumsähnlichen Dauerwohnrechts wird durch eine Berechnung (Lastenberechnung) ermittelt. [2]Das gleiche gilt für die Belastung des Bewerbers um ein Kaufeigenheim, eine Trägerkleinsiedlung, eine Kaufeigentumswohnung oder eine Wohnung in der Rechtsform des eigentumsähnlichen Dauerwohnrechts.

(2) [1]Wird durch Ausbau oder Erweiterung neuer, fremden Wohnzwecken dienender Wohnraum unter Einsatz öffentlicher Mittel geschaffen, ist hierfür eine Teilwirtschaftlichkeitsberechnung aufzustellen. [2]Die Regelungen des § 32 Abs. 4a und des § 34 Abs. 4 sind entsprechend anzuwenden.

§ 40a Aufstellung der Lastenberechnung durch den Bauherrn

(1) [1]Ist der Eigentümer der Bauherr, so kann er die Lastenberechnung auf Grund einer Wirtschaftlichkeitsberechnung aufstellen. [2]In diesem Fall beschränkt sich die Lastenberechnung auf die Ermittlung der Belastung nach den §§ 40c bis 41.

(2) Wird die Lastenberechnung vom Bauherrn nicht auf Grund einer Wirtschaftlichkeitsberechnung aufgestellt, so muß sie enthalten

1. die Grundstücks- und Gebäudebeschreibung,
2. die Berechnung der Gesamtkosten,
3. den Finanzierungsplan,
4. die Ermittlung der Belastung nach den §§ 40c bis 41.

(3) Die Lastenberechnung ist aufzustellen

1. bei einem Eigenheim, einer Kleinsiedlung oder einem Kaufeigenheim für das Gebäude,
2. bei einer eigengenutzten Eigentumswohnung oder einer Kaufeigentumswohnung

a) für die im Sondereigentum stehende Wohnung und den damit verbundenen Miteigentumsanteil an dem gemeinschaftlichen Eigentum oder
b) in der Weise, daß die Berechnung für die Eigentumswohnungen oder Kaufeigentumswohnungen des Gebäudes oder der Wirtschaftseinheit (§ 2 Abs. 2) zusammengefaßt und die Gesamtkosten nach dem Verhältnis der Miteigentumsanteile aufgeteilt werden,

3. bei einer Wohnung in der Rechtsform des eigentumsähnlichen Dauerwohnrechts für die Wohnung und den Teil des Grundstücks, auf den sich das Dauerwohnrecht erstreckt.

(4) [1]Für die Aufstellung der Lastenberechnung gelten im übrigen § 2 Abs. 3 und 5, § 4 Abs. 1 bis 3, § 4a Abs. 1 bis 3, 5 sowie die §§ 5 bis 15 entsprechend. [2]§ 12 Abs. 4 Satz 2 gilt dabei mit der Maßgabe, daß anstelle der Erhöhung der Kapitalkosten die Erhöhung der Kapitalkosten und Tilgungen zu berücksichtigen ist.

§ 40b Aufstellung der Lastenberechnung durch den Erwerber

(1) Hat der Eigentümer das Gebäude oder die Wohnung auf Grund eines Veräußerungsvertrages gegen Entgelt erworben, so ist die Lastenberechnung nach § 40a Abs. 2 und 3 mit folgenden Maßgaben aufzustellen:

1. An die Stelle der Gesamtkosten treten der angemessene Erwerbspreis, die auf ihn fallenden Erwerbskosten und die nach dem Erwerb entstandenen Kosten nach § 11;
2. im Finanzierungsplan sind die Mittel auszuweisen, die zur Deckung des Erwerbspreises und der in Nummer 1 bezeichneten Kosten dienen.

(2) [1]Für die Aufstellung der Lastenberechnung gelten im übrigen § 2 Abs. 3 und 5 und die §§ 12 bis 15 entsprechend. [2]§ 12 Abs. 4 Satz 2 gilt dabei mit der Maßgabe, daß an Stelle der Erhöhung der Kapitalkosten die Erhöhung der Kapitalkosten und Tilgungen zu berücksichtigen ist.

(3) Die Absätze 1 und 2 gelten entsprechend für die Aufstellung der Lastenberechnung durch einen Bewerber nach § 40 Satz 2.

§ 40c Ermittlung der Belastung

(1) Die Belastung wird ermittelt

1. aus der Belastung aus dem Kapitaldienst und
2. aus der Belastung aus der Bewirtschaftung.

(2) Hat derjenige, dessen Belastung zu ermitteln ist, einem Dritten ein Nutzungsentgelt oder einen ähnlichen Beitrag zum Kapitaldienst oder zur Bewirtschaftung zu leisten, so ist dieses Entgelt in die Lastenberechnung an Stelle der sonst ansetzbaren Beträge aufzunehmen, soweit es zur Deckung der Belastung bestimmt ist.

(3) Bei einer Kleinsiedlung vermehrt sich die Belastung um die Pacht einer gepachteten Landzulage.

(4) Werden von einem Dritten Aufwendungsbeihilfen, Zinszuschüsse oder Annuitätsdarlehen gewährt, so vermindert sich die Belastung entsprechend.

(5) [1]Erträge aus einem Miet- oder Pachtvertrag, die für den Gegenstand der Berechnung (§ 40a Abs. 3) erzielt werden, vermindern die Belastung. [2]Dies gilt nicht für Ertragsteile, die zur Deckung von Betriebskosten dienen, die bei der Berechnung der Belastung aus der Bewirtschaftung nicht angesetzt werden dürfen. [3]Als Ertrag gilt auch der Miet- oder Nutzungswert der Räume, die von demjenigen, dessen Belastung zu ermitteln ist, ausschließlich zu anderen als Wohnzwecken oder als Garagen benutzt werden, sowie der von ihm gewerblich benutzten Flächen.

§ 40d Belastung aus dem Kapitaldienst

(1) Zu der Belastung aus dem Kapitaldienst gehören

1. die Fremdkapitalkosten,
2. die Tilgungen für Fremdmittel.

(2) [1]Die Fremdkapitalkosten sind entsprechend den §§ 19, 21 und 23a zu berechnen. [2]Die Tilgungen für Fremdmittel sind aus dem im Finanzierungsplan ausgewiesenen Fremdmittel mit dem maßgebenden Tilgungssatz zu berechnen. [3]Maßgebend ist der vereinbarte Tilgungssatz oder, wenn die Tilgungen tatsächlich nach einem niedrigeren Tilgungssatz zu entrichten sind, dieser.

(3) Ist im Falle des § 40b im Finanzierungsplan eine Verbindlichkeit ausgewiesen, die ohne Änderung der Vereinbarung über die Verzinsung und Tilgung vom Erwerber übernommen worden ist, so gilt Absatz 2 mit der Maßgabe, daß die Zinsen und Tilgungen aus dem Ursprungsbetrag der Verbindlichkeit mit dem maßgebenden Zins- und Tilgungssatz zu berechnen sind.

(4) Hat sich der Zins- oder Tilgungssatz für ein Fremdmittel geändert, so sind die Zinsen und Tilgungen anzusetzen, die sich auf Grund der Änderung bei entsprechender Anwendung der Absätze 2 und 3 ergeben; dies gilt bei einer Erhöhung des Zins- oder Tilgungssatzes nur, wenn sie auf Umständen beruht, die derjenige, dessen Belastung zu ermitteln ist, nicht zu vertreten hat, und für die Zinsen nur insoweit, als sie im Rahmen der Absätze 2 und 3 den Betrag nicht übersteigen, der sich aus der Verzinsung zu dem bei der Erhöhung marktüblichen Zinssatz für erste Hypotheken ergibt.

(5) Bei einer Änderung der in § 21 Abs. 4 bezeichneten Fremdkapitalkosten gilt Absatz 4 entsprechend.

(6) [1]Werden an der Stelle der bisherigen Finanzierungsmittel nach § 12 Abs. 4 andere Mittel ausgewiesen, so treten die Kapitalkosten und Tilgungen der neuen Mittel an die Stelle der Kapitalkosten und Tilgungen der bisherigen Finanzierungsmittel; dies gilt für die Kapitalkosten nur insoweit, als sie im Rahmen der Absätze 2 und 3 den Betrag nicht übersteigen, der sich aus der

Verzinsung zu dem bei der Ersetzung marktüblichen Zinssatz für erste Hypotheken ergibt. [2]Sind Finanzierungsmittel durch eigene Mittel ersetzt worden, so dürfen Zinsen oder Tilgungen nicht angesetzt werden.

(7) Werden nach § 11 Abs. 4 bis 6 den Gesamtkosten die Kosten von baulichen Änderungen hinzugerechnet, so dürfen für die Fremdmittel, die zur Deckung dieser Kosten dienen, bei Anwendung des Absatzes 2 Kapitalkosten insoweit angesetzt werden, als sie den Betrag nicht überschreiten, der sich aus der Verzinsung zu dem bei Fertigstellung der baulichen Änderungen marktüblichen Zinssatz für erste Hypotheken ergibt.

(8) Soweit für Fremdmittel, die ganz oder teilweise im Finanzierungsplan ausgewiesen sind, Kapitalkosten oder Tilgungen nicht mehr zu entrichten sind, dürfen diese nicht angesetzt werden.

§ 41 Belastung aus der Bewirtschaftung

(1) [1]Zu der Belastung aus der Bewirtschaftung gehören
1. die Ausgaben für die Verwaltung, die an einen Dritten laufend zu entrichten sind,
2. die Betriebskosten,
3. die Ausgaben für die Instandhaltung.

[2]Die Vorschriften der §§ 24, 28 und 30 sind entsprechend anzuwenden.

(2) [1]§ 26 ist entsprechend anzuwenden mit der Maßgabe, daß bei Eigentumswohnungen, Kaufeigentumswohnungen oder Wohnungen in der Rechtsform des eigentumsähnlichen Dauerwohnrechts als Ausgaben für die Verwaltung höchstens 275 Euro angesetzt werden dürfen. [2]Der in Satz 1 bezeichnete Betrag verändert sich entsprechend § 26 Abs. 4.

(3) [1]§ 27 ist entsprechend anzuwenden mit der Maßgabe, daß als Betriebskosten angesetzt werden dürfen
1. laufende öffentliche Lasten des Grundstücks, namentlich die Grundsteuer,
2. Kosten der Wasserversorgung,
3. Kosten der Straßenreinigung und Müllbeseitigung,
4. Kosten der Entwässerung,
5. Kosten der Schornsteinreinigung,
6. Kosten der Sach- und Haftpflichtversicherung.

[2]Bei einer Eigentumswohnung, einer Kaufeigentumswohnung und einer Wohnung in der Rechtsform des eigentumsähnlichen Dauerwohnrechts dürfen als Betriebskosten außerdem angesetzt werden
1. Kosten des Betriebes des Fahrstuhls,
2. Kosten der Gebäudereinigung und Ungezieferbekämpfung,
3. Kosten für den Hauswart.

Teil IV: Wohnflächenberechnung

§ 42 Wohnfläche

[1]Ist die Wohnfläche bis zum 31. Dezember 2003 nach dieser Verordnung berechnet worden, bleibt es bei dieser Berechnung. [2]Soweit in den in Satz 1 genannten Fällen nach dem 31. Dezember 2003 bauliche Änderungen an dem Wohnraum vorgenommen werden, die eine Neuberechnung der Wohnfläche erforderlich machen, sind die Vorschriften der Wohnflächenverordnung vom 25. November 2003 (BGBl. I S. 2346) anzuwenden.

Anlage 1 (zu § 5 Abs. 5)

Aufstellung der Gesamtkosten

Fundstelle des Originaltextes: BGBl. I 1990, 2198 - 2199

Die Gesamtkosten bestehen aus:

I. Kosten des Baugrundstücks

Zu den Kosten des Baugrundstücks gehören:
1. Der Wert des Baugrundstücks
2. Die Erwerbskosten
   Hierzu gehören alle durch den Erwerb des Baugrundstücks verursachten Nebenkosten, z. B. Gerichts- und Notarkosten, Maklerprovisionen, Grunderwerbsteuern, Vermessungskosten, Gebühren für Wertberechnungen und amtliche Genehmigungen, Kosten der Bodenuntersuchung zur Beurteilung des Grundstückswertes.
   Zu den Erwerbskosten gehören auch Kosten, die im Zusammenhang mit einer das Baugrundstück betreffenden freiwilligen oder gesetzlich geregelten Umlegung, Zusammenlegung oder Grenzregelung (Bodenordnung) entstehen, außer den Kosten der dem Bauherrn dabei obliegenden Verwaltungsleistungen.
3. Die Erschließungskosten
   Hierzu gehören:
   a) Abfindungen und Entschädigungen an Mieter, Pächter und sonstige Dritte zur Erlangung der freien Verfügung über das Baugrundstück,
   b) Kosten für das Herrichten des Baugrundstücks, z. B. Abräumen, Abholzen, Roden, Bodenbewegung, Enttrümmern, Gesamtabbruch,
   c) Kosten der öffentlichen Entwässerungs- und Versorgungsanlagen, die nicht Kosten der Gebäude oder der Außenanlagen

sind, und Kosten öffentlicher Flächen für Straßen, Freiflächen und dgl., soweit diese Kosten vom Grundstückseigentümer auf Grund gesetzlicher Bestimmungen (z. B. Anliegerleistungen) oder vertraglicher Vereinbarungen (z. B. Unternehmerstraßen) zu tragen und vom Bauherrn zu übernehmen sind,

d) Kosten der nichtöffentlichen Entwässerungs- und Versorgungsanlagen, die nicht Kosten der Gebäude oder der Außenanlagen sind, und Kosten nichtöffentlicher Flächen für Straßen, Freiflächen und dgl., wie Privatstraßen, Abstellflächen für Kraftfahrzeuge, wenn es sich um Daueranlagen handelt, d. h. um Anlagen, die auch nach etwaigem Abgang der Bauten im Rahmen der allgemeinen Ortsplanung bestehen bleiben müssen,

e) andere einmalige Abgaben, die vom Bauherrn nach gesetzlichen Bestimmungen verlangt werden (z.B. Bauabgaben, Ansiedlungsleistungen, Ausgleichsbeträge).

II. Baukosten

Zu den Baukosten gehören:

1. Die Kosten der Gebäude

Das sind die Kosten (getrennt nach der Art der Gebäude oder Gebäudeteile) sämtlicher Bauleistungen, die für die Errichtung der Gebäude erforderlich sind. Zu den Kosten der Gebäude gehören auch die Kosten aller eingebauten oder mit den Gebäuden fest verbundenen Sachen, z. B. Anlagen zur Beleuchtung, Erwärmung, Kühlung und Lüftung von Räumen und zur Versorgung mit Elektrizität, Gas, Kalt- und Warmwasser (bauliche Betriebseinrichtungen), bis zum Hausanschluß an die Außenanlagen, Öfen, Koch- und Waschherde, Bade- und Wascheinrichtungen, eingebaute Rundfunkanlagen, Gemeinschaftsantennen, Blitzschutzanlagen, Luftschutzanlagen, Luftschutzvorsorgeanlagen, bildnerischer und malerischer Schmuck an und in Gebäuden, eingebaute Möbel,

die Kosten aller vom Bauherrn erstmalig zu beschaffenden, nicht eingebauten oder nicht fest verbundenen Sachen an und in den Gebäuden, die zur Benutzung und zum Betrieb der baulichen Anlagen erforderlich sind oder zum Schutz der Gebäude dienen, z. B. Öfen, Koch- und Waschherde, Bade- und Wascheinrichtungen, soweit sie nicht unter den vorstehenden Absatz fallen, Aufsteckschlüssel für innere Leitungshähne und -ventile, Bedienungseinrichtungen für Sammelheizkessel (Schaufeln, Schürstangen usw.), Dachaussteige- und Schornsteinleitern, Feuerlöschanlagen (Schläuche, Stand- und Strahlrohre für eingebaute Feuerlöschanlagen), Schlüssel für Fenster- und Türverschlüsse usw. Zu den Kosten der Gebäude gehören auch die Kosten von Teilabbrüchen innerhalb der Gebäude sowie der etwa angesetzte Wert verwendeter Gebäudeteile.

2. Die Kosten der Außenanlagen

Das sind die Kosten sämtlicher Bauleistungen, die für die Herstellung der Außenanlagen erforderlich sind.
Hierzu gehören

a) die Kosten der Entwässerungs- und Versorgungsanlagen vom Hausanschluß ab bis an das öffentliche Netz oder an nichtöffentliche Anlagen, die Daueranlagen sind (I 3 d), außerdem alle anderen Entwässerungs- und Versorgungsanlagen außerhalb der Gebäude, Kleinkläranlagen, Sammelgruben, Brunnen, Zapfstellen usw.,

b) die Kosten für das Anlegen von Höfen, Wegen und Einfriedungen, nichtöffentlichen Spielplätzen usw.,

c) die Kosten der Gartenanlagen und Pflanzungen, die nicht zu den besonderen Betriebseinrichtungen gehören, der nicht mit einem Gebäude verbundenen Freitreppen, Stützmauern, fest eingebauten Flaggenmaste, Teppichklopfstangen, Wäschepfähle usw.,

d) die Kosten sonstiger Außenanlagen, z. B. Luftschutzaußenanlagen, Kosten für Teilabbrüche außerhalb der Gebäude, soweit sie nicht zu den Kosten für das Herrichten des Baugrundstücks gehören.

Zu den Kosten der Außenanlagen gehören auch

die Kosten aller eingebauten oder mit den Außenanlagen fest verbundenen Sachen,

die Kosten aller vom Bauherrn erstmalig zu beschaffenden, nicht eingebauten oder nicht fest verbundenen Sachen an und in den Außenanlagen, z. B. Aufsteckschlüssel für äußere Leitungshähne und -ventile, Feuerlöschanlagen (Schläuche, Stand- und Strahlrohre für äußere Feuerlöschanlagen).

3. Die Baunebenkosten

Das sind

a) Kosten der Architekten- und Ingenieurleistungen; diese Leistungen umfassen namentlich Planungen, Ausschreibungen, Bauleitung, Bauführung und Bauabrechnung,

b) Kosten der dem Bauherrn obliegenden Verwaltungsleistungen bei Vorbereitung und Durchführung des Bauvorhabens,

c) Kosten der Behördenleistungen; hierzu gehören die Kosten der Prüfungen und Genehmigungen der Behörden oder Beauftragten der Behörden,

d) folgende Kosten:

aa) Kosten der Beschaffung der Finanzierungsmittel, z. B. Maklerprovisionen, Gerichts- und Notarkosten, einmalige Geldbeschaffungskosten (Hypothekendisagio, Kreditprovisionen und Spesen, Wertberechnungs- und Bearbeitungsgebühren, Bereitstellungskosten usw.),

bb) Kapitalkosten und Erbbauzinsen, die auf die Bauzeit entfallen,

cc) Kosten der Beschaffung und Verzinsung der Zwischenfinanzierungsmittel einschließlich der gestundeten Geldbeschaffungskosten (Disagiodarlehen),

dd) Steuerbelastungen des Baugrundstücks, die auf die Bauzeit entfallen, ee) Kosten der Beschaffung von Darlehen und Zuschüssen zur Deckung von laufenden Aufwendungen, Fremdkapitalkosten, Annuitäten und Bewirtschaftungskosten,

e) sonstige Nebenkosten, z. B. die Kosten der Bauversicherungen während der Bauzeit, der Bauwache, der Baustoffprüfungen des Bauherrn, der Grundsteinlegungs- und Richtfeier.

4. Die Kosten der besonderen Betriebseinrichtungen
Das sind z. B. die Kosten für Personen- und Lastenaufzüge, Müllbeseitigungsanlagen, Hausfernsprecher, Uhrenanlagen, gemeinschaftliche Wasch- und Badeeinrichtungen usw.

5. Die Kosten des Gerätes und sonstiger Wirtschaftsausstattungen
Das sind
die Kosten für alle vom Bauherrn erstmalig zu beschaffenden beweglichen Sachen, die nicht unter die Kosten der Gebäude oder der Außenanlagen fallen, z. B. Asche- und Müllkästen, abnehmbare Fahnen, Fenster- und Türbehänge, Feuerlösch- und Luftschutzgerät, Haus- und Stallgerät usw.,
die Kosten für Wirtschaftsausstattungen bei Kleinsiedlungen usw., z. B. Ackergerät, Dünger, Kleinvieh, Obstbäume, Saatgut.

Anlage 2 (zu den §§ 11a und 34 Abs. 1)

(Fundstelle des Originaltextes: BGBl. I 1990, 2200)

Berechnung des umbauten Raumes

Der umbaute Raum ist in cbm anzugeben.

1.1 Voll anzurechnen ist der umbaute Raum eines Gebäudes, der umschlossen wird:
- 1.11 seitlich von den Außenflächen der Umfassungen,
- 1.12 unten
  - 1.121 bei unterkellerten Gebäuden von den Oberflächen der untersten Geschoßfußböden,
  - 1.122 bei nichtunterkellerten Gebäuden von der Oberfläche des Geländes. Liegt der Fußboden des untersten Geschosses tiefer als das Gelände, gilt Abschnitt 1.121,
- 1.13 oben
  - 1.131 bei nichtausgebautem Dachgeschoß von den Oberflächen der Fußböden über den obersten Vollgeschossen,
  - 1.132 bei ausgebautem Dachgeschoß, bei Treppenhausköpfen und Fahrstuhlschächten von den Außenflächen der umschließenden Wände und Decken. (Bei Ausbau mit Leichtbauplatten sind die begrenzenden Außenflächen durch die Außen- oder Oberkante der Teile zu legen, welche diese Platten unmittelbar tragen),
  - 1.133 bei Dachdecken, die gleichzeitig die Decke des obersten Vollgeschosses bilden, von den Oberflächen der Tragdecke oder Balkenlage,
  - 1.134 bei Gebäuden oder Bauteilen ohne Geschoßdecken von den Außenflächen des Daches, vgl. Abschnitt 1.35.

1.2 Mit einem Drittel anzurechnen ist der umbaute Raum des nichtausgebauten Dachraumes, der umschlossen wird von den Flächen nach Abschnitt 1.131 oder 1.132 und den Außenflächen des Daches.

1.3 Bei den Berechnungen nach Abschnitt 1.1 und 1.2 ist:
- 1.31 die Gebäudegrundfläche nach den Rohbaumaßen des Erdgeschosses zu berechnen,
- 1.32 bei wesentlich verschiedenen Geschoßgrundflächen der umbaute Raum geschoßweise zu berechnen,
- 1.33 nicht abzuziehen der umbaute Raum, der gebildet wird von:
  - 1.331 äußeren Leibungen von Fenstern und Türen und äußeren Nischen in den Umfassungen,
  - 1.332 Hauslauben (Loggien), d. h. an höchstens zwei Seitenflächen offenen, im übrigen umbauten Räumen,
- 1.34 nicht hinzuzurechnen der umbaute Raum, den folgende Bauteile bilden:
  - 1.341 stehende Dachfenster und Dachaufbauten mit einer vorderen Ansichtsfläche bis zu je 2 qm (Dachaufbauten mit größerer Ansichtsfläche siehe Abschnitt 1.42),
  - 1.342 Balkonplatten und Vordächer bis zu 0,5 m Ausladung (weiter ausladende Balkonplatten und Vordächer siehe Abschnitt 1.44),
  - 1.343 Dachüberstände, Gesimse, ein bis drei nicht unterkellerte, vorgelagerte Stufen, Wandpfeiler, Halbsäulen und Pilaster,
  - 1.344 Gründungen gewöhnlicher Art, deren Unterfläche bei unterkellerten Bauten nicht tiefer als 0,5 m unter der Oberfläche des Kellergeschoßfußbodens, bei nichtunterkellerten Bauten nicht tiefer als 1 m unter der Oberfläche des umgebenden Geländes liegt (Gründungen außergewöhnlicher Art und Tiefe siehe Abschnitt 1.48),
  - 1.345 Kellerlichtschächte und Lichtgräben,
- 1.35 für Teile eines Baues, deren Innenraum ohne Zwischendecken bis zur Dachfläche durchgeht, der umbaute Raum getrennt zu berechnen, vgl. Abschnitt 1.134,
- 1.36 für zusammenhängende Teile eines Baues, die sich nach dem Zweck und deshalb in der Art des Ausbaues wesentlich von den übrigen Teilen unterscheiden, der umbaute Raum getrennt zu berechnen.

1.4 Von der Berechnung des umbauten Raumes nicht erfaßt werden folgende (besonders zu veranschlagende) Bauausführungen und Bauteile:
- 1.41 geschlossene Anbauten in leichter Bauart und mit geringwertigem Ausbau und offene Anbauten, wie Hallen, Überdachungen (mit oder ohne Stützen) von Lichthöfen, Unterfahrten auf Stützen, Veranden,
- 1.42 Dachaufbauten mit vorderen Ansichtsflächen von mehr als 2 qm und Dachreiter,
- 1.43 Brüstungen von Balkonen und begehbaren Dachflächen,

1.44 Balkonplatten und Vordächer mit mehr als 0,5 m Ausladung,
1.45 Freitreppen mit mehr als 3 Stufen und Terrassen (und ihre Brüstungen),
1.46 Füchse, Gründungen für Kessel und Maschinen,
1.47 freistehende Schornsteine und der Teil von Hausschornsteinen, der mehr als 1 m über den Dachfirst hinausragt,
1.48 Gründungen außergewöhnlicher Art, wie Pfahlgründungen und Gründungen außergewöhnlicher Tiefe, deren Unterfläche tiefer liegt als im Abschnitt 1.344 angegeben,
1.49 wasserdruckhaltende Dichtungen.

Anlage 3 (weggefallen)

Verbot der Zweckentfremdung von Wohnraum (MietRVerbG)

Gesetz zur Verbesserung des Mietrechts und zur Begrenzung des Mietanstiegs sowie zur Regelung von Ingenieur- und Architektenleistungen

Rechtsstand: April 2021. Letzte Änderung: 19.4.2006 (BGBl. I S. 866).

Art. 1 - 5 (weggefallen)

Art. 6 Verbot der Zweckentfremdung von Wohnraum[29]

§ 1

(1) [1]Die Landesregierungen werden ermächtigt, für Gemeinden, in denen die Versorgung der Bevölkerung mit ausreichendem Wohnraum zu angemessenen Bedingungen besonders gefährdet ist, durch Rechtsverordnung zu bestimmen, daß Wohnraum anderen als Wohnzwecken nur mit Genehmigung der von der Landesregierung bestimmten Stelle zugeführt werden darf. [2]Als Aufgabe des Wohnzweckes im Sinne des Satzes 1 ist es auch anzusehen, wenn Wohnraum zum Zwecke einer dauernden Fremdenbeherbergung, insbesondere einer gewerblichen Zimmervermietung oder der Einrichtung von Schlafstellen verwendet werden soll. [3]Einer Genehmigung bedarf es nicht für

a) die Umwandlung eines Wohnraumes in einen Nebenraum, insbesondere einen Baderaum,
b) die anderweitige Verwendung von Wohnraum, der nach dem 31. Mai 1990 unter wesentlichem Bauaufwand aus Räumen geschaffen wurde, die anderen als Wohnzwecken dienten.

(2) [1]Die Genehmigung kann auch befristet, bedingt oder unter Auflagen erteilt werden. [2]Ist die Wirksamkeit der Genehmigung erloschen, so ist der Raum wieder als Wohnraum zu behandeln.

§ 2

(1) Ordnungswidrig handelt, wer ohne die erforderliche Genehmigung Wohnraum für andere als Wohnzwecke im Sinne des § 1 Abs. 1 verwendet oder überläßt.

(2) Die Ordnungswidrigkeit kann mit einer Geldbuße bis zu fünfzigtausend Euro geahndet werden.

§ 3

§ 27 Abs. 7 des Wohnraumförderungsgesetzes und § 7 Abs. 3 des Wohnungsbindungsgesetzes in Verbindung mit § 27 Abs. 7 des Wohnraumförderungsgesetzes sowie die landesrechtlichen Vorschriften über Belegungsbindungen bleiben unberührt.

Art. 7 - 10 (weggefallen)

Art. 11 Schlußvorschriften

§ 1

[1]Dieses Gesetz gilt nach Maßgabe des § 13 Abs. 1 des Dritten Überleitungsgesetzes vom 4. Januar 1952 (Bundesgesetzbl. I S. 1) auch im Land Berlin. [2]Rechtsverordnungen, die auf Grund dieses Gesetzes erlassen werden, gelten im Land Berlin nach § 14 des Dritten Überleitungsgesetzes.

§ 2

(1) Die Vorschriften dieses Gesetzes treten unbeschadet des Absatzes 2 am Tage nach der Verkündung in Kraft.

(2) [1]Soweit das Mieterschutzgesetz noch in Geltung ist, tritt Artikel 1 mit dessen Außerkrafttreten in Kraft. [2]Das Inkrafttreten des Artikels 4 gemäß Absatz 1 bleibt hiervon unberührt.

[29] Art. 6 § 1 Abs. 1 Satz 1 und Art. 6 § 2: Nach Maßgabe des Entscheidungssatzes mit dem GG vereinbar, BVerfGE 4.2.1975 I 699 - 2 BvL 5/74 -

Baukostenzuschüsse-Rückerstattungsgesetz (WoBauG2ÄndG)

Gesetz über die Rückerstattung von Baukostenzuschüssen

Gesetz zur Änderung des Zweiten Wohnungsbaugesetzes, anderer wohnungsbaurechtlicher Vorschriften und über die Rückerstattung von Baukostenzuschüssen

Auszug

Rechtsstand: April 2021. Letzte Änderung: 19.06.2001 (BGBl. I S. 1149).

Art. VI: Rückerstattung verlorener Zuschüsse

§ 1

[1]Hat ein Mieter oder für ihn ein Dritter dem Vermieter mit Rücksicht auf die Vermietung einer Wohnung auf Grund vertraglicher Verpflichtung einen verlorenen Zuschuß, insbesondere einen verlorenen Baukostenzuschuß, geleistet, und wird das Mietverhältnis nach dem 31. Oktober 1965 beendigt, so hat der Vermieter die Leistung, soweit sie nicht durch die Dauer des Mietverhältnisses als getilgt anzusehen ist, nach Maßgabe des § 347 des Bürgerlichen Gesetzbuchs zurückzuerstatten. [2]Erfolgt die Beendigung des Mietverhältnisses wegen eines Umstandes, den der Vermieter nicht zu vertreten hat, so hat er die Leistung nach den Vorschriften über die Herausgabe einer ungerechtfertigten Bereicherung zurückzuerstatten.

§ 2

[1]Beruht der Zuschuß auf einer nach dem Inkrafttreten dieses Gesetzes getroffenen Vereinbarung, so gilt ein Betrag in Höhe einer Jahresmiete durch eine Mietdauer von vier Jahren von der Leistung an als getilgt. [2]Dabei ist die ortsübliche Miete für Wohnungen gleicher Art, Finanzierungsweise, Lage und Ausstattung zur Zeit der Leistung maßgebend. [3]Leistungen, die den Betrag einer Vierteljahresmiete nicht erreichen, bleiben außer Betracht.

§ 3

Beruht der Zuschuß auf einer vor dem Inkrafttreten dieses Gesetzes getroffenen Vereinbarung, so gilt er als für eine Mietdauer gewährt, die unter Berücksichtigung aller Umstände, insbesondere der Höhe des Zuschusses und der laufenden Miete, der Billigkeit entspricht.

§ 4

Der Anspruch auf Rückerstattung verjährt nach Ablauf eines Jahres von der Beendigung des Mietverhältnisses an.

§ 5

Eine von den Vorschriften der §§ 1 bis 4 zum Nachteil des Mieters abweichende Vereinbarung ist unwirksam.

§ 6

Die §§ 1 bis 5 gelten nicht für verlorene Zuschüsse, die wegen ihrer Unzulässigkeit nach anderen Vorschriften zurückzuerstatten sind.

§ 7

Bei Wohnraum, der nach dem 20. Juni 1948 bezugsfertig geworden ist, hat es sein Bewenden:

a) bei § 1 in der Fassung vom 21. Juli 1961 (Bundesgesetzbl. I S. 1041), wenn das Mietverhältnis vor dem 1. August 1964 beendigt worden ist oder wenn das Mietverhältnis in der Zeit vom 1. August 1964 bis zum 31. Oktober 1965 endigt und im Zeitpunkt der Beendigung das Mieterschutzgesetz nach seinem § 54 Abs. 2, 3 noch nicht unanwendbar geworden ist;
b) bei § 1 in der Fassung des Artikels III Nr. 8 des Zweiten Gesetzes zur Änderung mietrechtlicher Vorschriften vom 14. Juli 1964 (Bundesgesetzbl. I S. 457), wenn das Mietverhältnis in der Zeit vom 1. August 1964 bis zum 31. Oktober 1965 endigt und im Zeitpunkt der Beendigung das Mieterschutzgesetz nach seinem § 54 Abs. 2, 3 unanwendbar ist.

COVID-19-Gesetzgebung (GesRuaCOVBekG)

Gesetz über Maßnahmen im Gesellschafts-, Genossenschafts-, Vereins-, Stiftungs- und Wohnungseigentumsrecht zur Bekämpfung der Auswirkungen der COVID-19-Pandemie

Auszug

Rechtsstand: April 2021. Letzte Änderung: 06.11.2020 (BGBl. I S. 2264).

§ 5 Vereine, Parteien und Stiftungen

(1) Ein Vorstandsmitglied eines Vereins oder einer Stiftung bleibt auch nach Ablauf seiner Amtszeit bis zu seiner Abberufung oder bis zur Bestellung seines Nachfolgers im Amt.

(2) Abweichend von § 32 Absatz 1 Satz 1 des Bürgerlichen Gesetzbuchs kann der Vorstand auch ohne Ermächtigungen in der Satzung vorsehen, dass Vereinsmitglieder

1. an der Mitgliederversammlung ohne Anwesenheit am Versammlungsort teilnehmen, und Mitgliederrechte im Wege der elektronischen Kommunikation ausüben können oder müssen,
2. ohne Teilnahme an der Mitgliederversammlung ihre Stimmen vor der Durchführung der Mitgliederversammlung schriftlich abgeben können.

(2a) Abweichend von § 36 des Bürgerlichen Gesetzbuchs ist der Vorstand nicht verpflichtet, die in der Satzung vorgesehene ordentliche Mitgliederversammlung einzuberufen, solange die Mitglieder sich nicht an einem Ort versammeln dürfen und die Durchführung der Mitgliedersammlung im Wege der elektronischen Kommunikation für den Verein oder die Vereinsmitglieder nicht zumutbar ist.

(3) Abweichend von § 32 Absatz 2 des Bürgerlichen Gesetzbuchs ist ein Beschluss ohne Versammlung der Mitglieder gültig, wenn alle Mitglieder beteiligt wurden, bis zu dem vom Verein gesetzten Termin mindestens die Hälfte der Mitglieder ihre Stimmen in Textform abgegeben haben und der Beschluss mit der erforderlichen Mehrheit gefasst wurde.

(3a) Die Absätze 2 und 3 gelten auch für den Vorstand von Vereinen und Stiftungen sowie für andere Vereins- und Stiftungsorgane.

(4) [1]Absatz 1 gilt für Vorstandsmitglieder und Vertreter in den sonstigen Organen und Gliederungen der Parteien entsprechend. [2]Absatz 2 Nummer 1 gilt für Mitglieder- und Vertreterversammlungen der Parteien und ihrer Gliederungen sowie ihrer sonstigen Organe entsprechend. [3]Dies gilt nicht für die Beschlussfassung über die Satzung und die Schlussabstimmung bei Wahlen nach § 9 Absatz 4 des Parteiengesetzes. [4]Die Wahrnehmung von Mitgliedschaftsrechten kann der Vorstand auch ohne Ermächtigung in der Satzung im Wege der Briefwahl oder auch zeitlich versetzt als Urnenwahl an verschiedenen Orten zulassen. [5]§ 17 Satz 2 des Parteiengesetzes bleibt unberührt.

§ 6 Wohnungseigentümergemeinschaften

(1) Der zuletzt bestellte Verwalter im Sinne des Wohnungseigentumsgesetzes bleibt bis zu seiner Abberufung oder bis zur Bestellung eines neuen Verwalters im Amt.

(2) Der zuletzt von den Wohnungseigentümern beschlossene Wirtschaftsplan gilt bis zum Beschluss eines neuen Wirtschaftsplans fort.

§ 7 Anwendungsbestimmungen

(1) § 1 ist auf Hauptversammlungen und Abschlagszahlungen auf den Bilanzgewinn anzuwenden, die im Jahr 2020 und im Jahr 2021 stattfinden.

(2) § 2 ist auf Gesellschafterversammlungen und -beschlüsse anzuwenden, die im Jahr 2020 und im Jahr 2021 stattfinden.

(3) § 3 Absatz 1 und 2 ist auf General- und Vertreterversammlungen, die im Jahr 2020 und im Jahr 2021 stattfinden, § 3 Absatz 3 ist auf Jahresabschlussfeststellungen, die im Jahr 2020 und im Jahr 2021 erfolgen, § 3 Absatz 4 ist auf Abschlagszahlungen, die im Jahr 2020 und im Jahr 2021 stattfinden, § 3 Absatz 5 ist auf im Jahr 2020 und im Jahr 2021 ablaufende Bestellungen von Vorstands- oder Aufsichtsratsmitgliedern und § 3 Absatz 6 ist auf Sitzungen des Vorstands oder des Aufsichtsrats einer Genossenschaft oder deren gemeinsame Sitzungen, die im Jahr 2020 und im Jahr 2021 stattfinden, anzuwenden.

(4) § 4 ist nur auf Anmeldungen anzuwenden, die im Jahr 2020 vorgenommen werden.

(5) § 5 ist nur auf im Jahr 2020 und im Jahr 2021 ablaufende Bestellungen von Vereins- oder Stiftungsvorständen und im Jahr 2020 und im Jahr 2021 stattfindende Mitgliederversammlungen von Vereinen anzuwenden.

§ 8 Verordnungsermächtigung

Das Bundesministerium der Justiz und für Verbraucherschutz wird ermächtigt, durch Rechtsverordnung ohne Zustimmung des Bundesrates die Geltung der §§ 1 bis 5 gemäß § 7 bis höchstens zum 31. Dezember 2021 zu verlängern, wenn dies aufgrund fortbestehender Auswirkungen der COVID-19-Pandemie in der Bundesrepublik Deutschland geboten erscheint.

Stichwortverzeichnis

(Fundstellen in Gesetzen mit Seitenzahlen)

Mietrecht (MietR)

Aktuelle Gesetze

Bibliografische Information der Deutschen Nationalbibliothek: Die Deutsche Nationalbibliothek verzeichnet diese Publikation in der Deutschen Nationalbibliografie, detaillierte bibliografische Daten sind im Internet über http://dnb.dnb.de abrufbar. Für eine Weiterentwicklung des Werks sind eventuelle Hinweise oder Verbesserungsvorschläge willkommen, die entsprechenden Empfehlungen und Anregungen können an die E-Mail-Adresse service@aktuelle-gesetze.com zugesendet werden.

ISBN: 979-8599303152

Printed in Poland
by Amazon Fulfillment
Poland Sp. z o.o., Wrocław

75105211R00107